陕西师范大学史学丛书

吴越国与吴越钱氏研究

胡耀飞 著

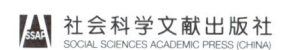

社会科学文献出版社
SOCIAL SCIENCES ACADEMIC PRESS (CHINA)

本书由陕西师范大学历史学重点学科建设经费
陕西师范大学优秀著作出版基金资助出版

丛书总序

在高等院校，教学科研是一般教师关注的主要对象，教师们不仅关注自身的教学科研，也关注他人的教学科研，但对于学校和学院，高度关注的则是学科，即我们通常讲的学科建设。所谓学科建设，一般包含学科平台建设、师资队伍建设、科学研究和人才培养四个方面。学科平台建设，主要指硕士学位授权点和博士学位授权点的设置和建设、博士后科学流动站的设置和建设，另外也包括教育部人文社会科学重点研究基地的设置和建设，以及其他各类研究平台的设置和建设。师资队伍建设，主要指师资队伍的规模、职称结构、学历结构、年龄结构、学缘结构等方面。科学研究，主要指师资队伍成员从事学术研究所产出并公开发表和出版的学术论文、著作以及研究报告等。人才培养，主要指硕士学位授权点和博士学位授权点所培养的硕士研究生和博士研究生的数量、质量及其在学术界的影响和社会各行业的影响。学科建设的四个方面相互依托，相互促进，相辅相成，共同构成了学科建设的有机整体。其中，学科平台是基础，有了学科平台，有利于引进人才和加强队伍建设；有了学科平台，才能招收研究生，进行人才培养。师资队伍是核心，拥有一支合理的师资队伍，才能支撑和维持学科平台，才能有进行科学研究和人才培养的主体。科学研究是关键，科学研究的成果体现学科平台的力量，也是培养人才的前提和基础；没有较强的科学研究能力，就不可能培养出合格的人才。人才培养是目标，人才培养必须依托学科平台，同时，人才培养不但必须要有师资队伍，而且必须要有具备科学研究能力的师资队伍，才能完成合格的人才培养。

与国内大多数高校一样，陕西师范大学的历史学科建设在2012年之前，主要进行的是学科的外延建设。所谓外延建设，就是指增加学科的数量和规模，如拥有几个一级博士学位授权点，几个国家重点学科以及几个教育部人文社会科学重点研究基地等。随着我国改革开放的深化和综合国力的增强，民众对高等教育有更高期待，党的十八大明确提出推动高等教育的内涵发展，走以质量提升为核心的内涵发展道路，高校学科建设进入了一个新的时期，学科建设的重点由外延建设转向内涵建设。外延建设主要强调量，而内涵建设则更加注重质，外延建设为内涵建设奠定了坚实的基础。也就是说，在已有学科平台的基础上，凝练高水平的队伍，产出高水平的成果，培养高质量的人才，将成为学科发展的关键所在，而统领这三方面的正是学科特色。凡大学都应该有自己的特色，大学的特色集中体现在学科特色上。所谓学科特色，主要指在某一学科的某一领域，凝练一支高水平的研究团队，产出一系列有影响的研究成果，同时培养出一批在学术界和相关行业有影响的人才。说学科特色是学科内涵建设的灵魂，原因有三：一是从人力资源配置看，很难有一个高校有能力支撑一个学科（一级学科）所包含的所有学科领域。二是从财物资源配置看，很难有一个高校有能力支持一个学科（一级学科）所包含的所有学科领域发展所需要的财力和物力。支持学科建设不仅必须要有研究团队，而且必须要为研究团队提供从事科学研究所必需的财力和物力，如从事历史学研究所必需的场所设施、网络环境和图书资料等，只有完成人财物的合理配置，才能进行科学研究。三是只有发展学科特色，实现资源配置才能成本最低、效率最高。如果学科领域广泛，需要配置的文献资源也必然广泛，相应地如果学科领域相对集中，需要配置的文献资源也相对集中，成本低而利用率高。另外，发展学科特色，易于传承学术传统，易于形成内部合作，易于产出系列成果，易于培养团队人才，易于形成学术影响，也易于保持学术影响。

发展学科特色需要考虑诸多因素。作为历史学科建设，要充分考虑地方历史文化，形成自己的学科优势，这种优势既能更好地服务地方，也能充分彰显自己的学科特色。要注重已有学术传统，顺应国家长期发展的重大战略目标，着眼未来，长远规划学科特色。要充分考虑学校的实力地位，谋划学校能够实现的规划，因为学科建设规划只有在人财物的可持续投入基础上才能实现。

陕西师范大学的历史学科，依托地处周秦汉唐历史文化中心、考古资源丰富、出土文物规格高和数量大的特点，经过70多年和几代历史人的不懈努力，逐步形成了以周秦汉唐历史为主要研究领域的学科特色，中国古代史国家重点学科的获批也是对这一学科特色的充分肯定。随着国家对历史学科精细化分类管理，原来既是门类也是一级学科的历史学一分为三，调整为中国史、世界史、考古学三个一级学科。根据学校地位的变化和学校对历史学科人财物的持续投入状况，面对三个一级学科的评估和建设，在国家一流大学和一流学科建设中，我们面临着前所未有的巨大挑战。在严峻的挑战面前，思路必须明确，决策必须正确，行动必须快捷。环顾国内外高等院校学科建设成功者，无不具有显著特色。我们在学科内涵建设中，特色发展是唯一选择。中国史作为一级学科，我校的中国古代史和历史地理学作为两个国家重点学科，是我校的特色学科，也是我校的优势学科。在国内学科建设的激烈竞争中，只有加大建设力度，才能保持优势地位；而要保持传统优势学科的地位，除了加大已有建设的力度，还必须不断探索新的学科增长点，才能进一步强化学科优势，彰显学科特色。中央提出的"一带一路"建设，为地处丝绸之路起点的我校历史学科发展迎来了难得的发展机遇，学院"丝绸之路历史文化研究中心"的建立，不仅顺应了国家重大战略需求，也是我院探索新的学科增长点的体现。中国史升格为一级学科后，发展中国近现代史学科势在必行，而从时间和空间上看，中国近现代史学科的研究领域同样极为广泛，我们也必须选择某一领域，重点建设，特色发展。西北地区的近现代史研究是中国近现代史研究的重要组成部分，把西北地区的近现代史作为我校中国近现代史学科的发展方向，同样具有明显的地域优势，也必将成为我校的学科特色和新亮点。

此外，文物博物馆学也是学院谋求学科建设发展特色的一大发力点。2008年1月23日，中宣部、财政部、文化部和国家文物局联合下发《关于全国博物馆、纪念馆免费开放的通知》，根据该通知，全国各级文化文物部门归口管理的公共博物馆、纪念馆，全国爱国主义教育示范基地将全部实行免费开放，博物馆已成为国民素质教育的重要基地。在全国范围内，博物馆如雨后春笋，发展迅猛，但博物馆学的专业人才明显不足，这就为高等院校博物馆学人才培养提出了新的要求。陕西是考古大省、文物大省，更是博物馆大省，博物馆的人才需求也相对较大。基于地缘优势和省内学科建设差异化发展的思路，我校在考古学学科下重点发展博物馆学，经过十多年的发展，取得了一定成就，陕西省文物局与我校签订战略合作框架协议，国家文物局在我校设立"国家文物局人才培训示范基地"，充分说明我校重点发展博物馆学符合陕西省和国家对博物馆人才培养的需求，特色建设博物馆学的思路得到了肯定和支持。我们将在国内博物馆学研究的基础上，学习、借鉴、吸收国外博物馆学的理论和方法，深入探索努力构建我国博物馆学的学科理论体系，彰显我校博物馆学的学科特色。

彰显学科特色的要素很多，但产出颇具影响的系列研究成果尤为重要。为此，学院设计出版"陕西师范大学史学丛书"。丛书的内容广泛，涉及中国古代史、中国近现代史、俄国古代史、中西史学比较、中东历史与国际关系等。希望通过出版本套丛书，集中展现学院教师近年来学术关注的领域和成就。鉴于本丛书是在我校大力推进一流学科建设的开启之年规划的，故以一流学科建设的思路代为本套丛书之总序。

何志龙

陕西师范大学长安校区文汇楼

2019 年 3 月

序

昔家竹汀少詹尝论治史之要云："史家所当讨论者有三端：曰舆地，曰官制，曰氏族。"夫舆地著以山川城阙之广，而古今分合之迹寓焉；氏族统以宗法源流之变，而国政治典之事系焉。是以有见乎地之与系，庶可使群史之棼丝纂绪，得其体要折衷。举斯二者，则宇往宙来，相合而一，可以极幽眇之思致，通古今之变化，信乎治学之枢机而心源之根荄也，吁其大哉！

先武肃起自草莱，定逆戡乱，奄有东南，忠以事国，孝以传家。三王相承，克嗣峻烈，以仁德养民，吴越一境百年之内不闻兵戈之声。洎乎真人承运，乃悉境归朝，以大公之心，不劳卒矢，阖境安全，所谓"视去其国如去传舍"，信如之矣。以故麻泽曾昆，诞裕后来，天水一朝，我庆系真源，自英国文僖公以下，跻膴仕，侍文学，无虑百十数人，更历三百余载，称有宋之一家。予仰荷先德，得以佩诵斯文，窃常以蒐辑世系、次第行年者为志，徒以人事丛脞，碌碌然无所报称。间尝籀诵各家谱乘及古今考吴越史籍，？绎寻索，未尝不有憾焉。盖自先忠靖九世《庆系》亡佚，而世次不得正焉，明清以降，讹谬相承，是宗系不能明也；十四州无专书以传，而地籍莫得晰焉，考订诸籍亦罕条理综核者，是方舆不能明也。斯二者之不能明，是失其枢机体要而莫得折衷，故于治先王遗献者诚有不得不憾者焉。

德清胡子耀飞，博文绩学，才擅英髦，其考订诸史，得乾嘉诸老之正传。于五代间史，最称专门，若《杨吴政权家族政治研究》向已饮誉于士林者久矣。近又出示其新著《吴越国与吴越钱氏研究》，予始得拜诵其论吴越史稿之全者。夷观其文，论地理者有三，言世系者有五，盖居全稿之十八，即予所谓之地之与系者也。胡子之书既得其体要，文辞彬彬，诚先王遗献之功臣也，予敬不能赞一辞。而考订确然精审，渊流悉备，俾向所不明者昭然以明，则予昔之所憾亦从而涣然释矣。己亥嘉平中浣，吴兴钱伟彊述庵父拜手序。

目 录

绪论 近二十年吴越国与吴越钱氏研究的现状和展望 …………… 001

军事编

试论湖州在吴越国国防中的地位 …………………………………… 017
唐宋之际苏州军政史研究 …………………………………………… 027
试论吴越国对福州的控制 …………………………………………… 051

文献编

武人的另一面：吴越武肃王钱镠诗文系年考 …………………… 071
吴越钱氏忠逊王支著述考 …………………………………………… 092
传世与出土：吴越国、两宋时期吴越钱氏家族碑志整理 ……… 130

人物编

吴越国、两宋时期吴越钱氏家族世系综考 ……………………… 157
钱惟演年谱新编 ……………………………………………………… 207

附 录

吴越国与吴越钱氏研究论著目录 ………………………………… 317

后 记 ………………………………………………………………… 379

绪论　近二十年吴越国与吴越钱氏研究的现状和展望[*]

21世纪以来，随着历史研究队伍的逐渐壮大，相关方向的研究日趋细化。以前得不到专门观照的领域，逐渐受到各种单独的关注。以五代十国史而言，在20世纪80年代，仅有湖南师范大学陶懋炳《五代史略》[①]这样的综论。到今天，则已经细化到几乎五代十国每个时期的大小政权都有一部以上的相关著作，加上一些整体性的著作，数量上已有300多种。对此，笔者已有专文梳理，也编制了相关论著目录，自可参看。[②] 本文则试图专门梳理一下近二十年来吴越国与吴越钱氏研究的现状，并进行一点展望。

关于吴越国史研究的学术史，近二十年前出版的浙江省社会科学院何勇强《钱氏吴越国史论稿》已经进行了当时学术环境下的梳理。[③] 近二十年来，又有许多新论著问世。故笔者不揣浅陋，谨就目力所及，对近二十年间吴越国与吴越钱氏相关研究进行梳理，不当之处，尚祈指正。

---

[*] 本文曾宣读于中国唐史学会第十三届年会暨"唐代中国与世界"国际学术研讨会（杭州，浙江大学，2018年11月17~18日）、吴越国史迹遗存发现与研究学术研讨会（杭州，浙江省古迹遗址保护协会、政协杭州市临安区委员会，2018年12月28~29日），此为增订稿。

① 陶懋炳：《五代史略》，人民出版社，1985年。

② 对于五代十国史研究现状的梳理，参见胡耀飞《五代十国史研究的主要史料与论著》，《文汇报》"文汇学人"栏目，2015年6月26日。相关论著目录，中文部分参见胡耀飞整理《五代十国研究中文论著目录》（上），贾二强、拜根兴主编《中国唐史学会会刊》第31期，2012，第32~56页；胡耀飞整理《五代十国研究中文论著目录》（中），贾二强、拜根兴主编《中国唐史学会会刊》第32期，2013，第54~88页；胡耀飞整理《五代十国研究中文论著目录》（下），贾二强、拜根兴主编《中国唐史学会会刊》第33期，2014，第43~83页。日文部分参见胡耀飞整理《唐末五代宋初日人论著综合目录（初稿）》，包伟民主编《宋史研究通讯》第65期，2015，第27~92页。英文部分参见未刊稿 Hongjie Wang, *A Bibliography of Five Dynasties Studies in Western Languages*, 2011。

③ 何勇强：《钱氏吴越国史论稿》，浙江大学出版社，2002，第14~30页。

一　史料整理与研究

根据何勇强的梳理，在他之前，对吴越国史料的整理成就最大的是时任中国地方志指导小组办公室主任的诸葛计及其夫人银玉珍合著的《吴越史事编年》（浙江古籍出版社，1989）一书。[①] 诚然，这部书出自历史学家之手，对史料的收罗和考证都比较精当。不过，在何氏之前，还有几部史料整理可以稍作参考。比如台湾学者钱济鄂《吴越国武肃王纪事》（新加坡木屋学社，1993），台湾学者梁天瑞纂辑、钱济鄂校注《吴越书》（台北宏文艺苑，2000）等，何氏未能提及，或许是当时境外资料不易找寻之故。笔者数年前有幸得到这两部书，翻阅之后，觉得尚有可以参考的地方。虽然这两部书大部分内容是化用已有史料，特别是钱俨《吴越备史》和司马光《资治通鉴》等进行史事编年，但作者都能从不同史料中做出自己的取舍，尚可予以对比史料原文和《吴越史事编年》等书进行综合讨论。

近二十年来，对吴越国史料的梳理，已经不是很多。最明显的例子是《吴越备史》虽然在《五代史书汇编》[②] 中有杭州师范大学李最欣的点校版，从而在其中占有一席之地，但这个点校版并无详细校勘记，无法称精当，亦无法展现李最欣对《吴越备史》众多版本的占有情况，故而还有进一步整理的余地。反而是其他一些史料得到了整理，比如盐城师范学院李之亮《罗隐诗集笺注》[③]、杭州师范大学潘慧惠《罗隐集校注》[④]、上海师范大学李定广《罗隐集系年校笺》[⑤]，以及佛教方面的《永明延寿禅师全书》[⑥]、《永明延寿大师文集》[⑦] 等。

值得一提的是新出土史料的整理。首先是考古材料的陆续公布，如时隔三十多年，由浙江省文物考古研究所、浙江省博物馆、杭州市文物考古研究所、临安市文物馆合作出版的早在1978~1980年就发掘的杭州临安县

[①] 何勇强：《钱氏吴越国史论稿》，第15页。
[②] 傅璇琮、徐海荣、徐吉军主编《五代史书汇编》，杭州出版社，2004。
[③] 李之亮：《罗隐诗集笺注》，岳麓书社，2001。
[④] 潘慧惠：《罗隐集校注》，浙江古籍出版社，2011。
[⑤] 李定广：《罗隐集系年校笺》，人民文学出版社，2013。
[⑥] 《永明延寿禅师全书》，宗教文化出版社，2008。
[⑦] 《永明延寿大师文集》，九州出版社，2014。

钱镠之父钱宽、母水丘氏夫妇墓考古报告《晚唐钱宽夫妇墓》①；又如杭州市文物考古研究所、临安市文物馆整理的在 1996～1997 年发掘的吴越国文穆王王后马氏墓葬的考古报告《五代吴越国康陵》②。此外，吴越国时期出土墓志的整理方面，可通过南京林业大学周阿根《五代墓志汇考》③、成都中医药大学章红梅《五代石刻校注》④ 得到相关墓志的梳理情况。也有比较特殊的一类墓志，即出土于上林湖地区的晚唐五代时期瓷墓志，慈溪市博物馆厉祖浩《越窑瓷墓志》⑤ 曾予以全面整理。在这批瓷墓志中，大多数属于吴越国时期，颇可反映当时上林湖地区中下层社会的状况。⑥

在考古的基础上，结合历史文献的梳理，颇有一些综合性的关注，以近年的学位论文为主，如王征宇《礼制与葬俗——吴越国墓葬相关问题研究》⑦ 从礼制与葬俗的角度，探讨了国家礼制与地方葬俗之间融合的情况及其在吴越国主要墓葬上的反映；魏祝挺《吴越国佛塔经幢通考以及形制分布的初步研究》⑧ 通过传世史料和考古调查综合梳理了吴越国时期的佛塔经幢及其形制和分布，并绘制了颇为可靠的分布地图；张惠敏《五代吴越国衣锦城初步研究》⑨ 探讨了兼具军治、家宅、家庙三重功能的衣锦城的考古遗存和历史沿革。另外，从五代十国整体视角的考察也值得注意，如：丁晓雷《五代十国的墓葬》⑩、李蜀蕾《十国墓葬初步研究》⑪、崔世平《唐宋变革视野下的五代十国墓葬》⑫、郑以墨《五代墓葬美术研究》⑬、

---

① 《晚唐钱宽夫妇墓》，文物出版社，2012。
② 《五代吴越国康陵》，文物出版社，2014。
③ 周阿根：《五代墓志汇考》，黄山书社，2012。
④ 章红梅：《五代石刻校注》，凤凰出版社，2017。
⑤ 厉祖浩：《越窑瓷墓志》，上海古籍出版社，2013。
⑥ 笔者曾两次予以梳理，参见胡耀飞《晚唐五代浙东出土墓志罐辑考》，黎小龙主编《长江文明》第 16 辑，重庆出版社，2014，第 18～40 页；胡耀飞《姓望与家庭：瓷墓志所见晚唐至宋初上林湖地区中下层社会研究》，王刚主编《珞珈史苑·2014 年卷》，武汉大学出版社，2015，第 99～133 页。
⑦ 王征宇：《礼制与葬俗——吴越国墓葬相关问题研究》，硕士学位论文，浙江大学，2014。
⑧ 魏祝挺：《吴越国佛塔经幢通考以及形制分布的初步研究》，硕士学位论文，浙江大学，2016。
⑨ 张惠敏：《五代吴越国衣锦城初步研究》，硕士学位论文，浙江大学，2016。
⑩ 丁晓雷：《五代十国的墓葬》，硕士学位论文，北京大学，2004。
⑪ 李蜀蕾：《十国墓葬初步研究》，硕士学位论文，吉林大学，2004。
⑫ 崔世平：《唐宋变革视野下的五代十国墓葬》，博士学位论文，南京大学，2008。
⑬ 郑以墨：《五代墓葬美术研究》，博士学位论文，中央美术学院，2009。修改后出版为同名专著（台北：花木兰文化出版社，2014）。

王欣《辽墓与五代十国墓的布局、装饰、葬具的共性研究》[1]等。

二 吴越国的政治与军事

政治和军事是传统历史研究中的重中之重,何勇强《钱氏吴越国史论稿》大部分篇幅即围绕吴越国的建立、内争和衰亡进行讨论。此外,也有其他学者的研究,比如曾出版《唐末政治变化研究》[2]的宁波大学何灿浩,即在此后陆续发表了《吴越国方镇体制的解体与集权政治》《吴越国宗室述论》《控御与柔服:赵宋兼并吴越国的特殊方式》等文章,分别探讨吴越国内部的藩镇体制之解体,吴越钱氏族人在吴越国时期的动向,以及北宋对吴越国软硬兼施下的兼并过程。[3]何灿浩这三篇系列文章是学界在何勇强之外第一位真正从历史学角度,且受到当时唐五代史学界流行话题影响的研究,对吴越国时期的藩镇问题颇有发覆。何氏另有文章综合讨论五代时期南方诸国宗室内争的原因,可视之为对吴越国的外部观察。[4]

何勇强、何灿浩之外的研究,较为零星。有继续探讨吴越国历代国王保境安民政策的,比如杭州市文物考古研究所李蜀蕾对吴越国在境内越礼现象的探讨,认为所谓"善事中国"的实质是内外有别。[5]有探讨吴越国地方政治的,比如温州大学罗筱玉对吴越钱氏成员出刺温州的梳理。[6]有整理吴越国政区地理的,比如复旦大学李晓杰《吴越国政区地理考述》一

---

[1] 王欣:《辽墓与五代十国墓的布局、装饰、葬具的共性研究》,硕士学位论文,吉林大学,2013。

[2] 何灿浩:《唐末政治变化研究》,中国文联出版社,2001。

[3] 何灿浩:《吴越国方镇体制的解体与集权政治》,《历史研究》2004年第3期,第39~53页;何灿浩:《吴越国宗室述论》,《南开学报》(哲学社会科学版)2004年第5期,第106~114页;何灿浩:《控御与柔服:赵宋兼并吴越国的特殊方式》,《史学月刊》2008年第9期,第18~28页。

[4] 何灿浩:《试论五代十国时期南方诸国宗室内争的发生原因》,《浙江师范大学学报》(社会科学版)2003年第1期,第32~36页;何灿浩:《五代十国南方诸国的宗室内争》,张国刚主编《中国中古史论集》,天津古籍出版社,2003,第424~441页。

[5] 李蜀蕾:《吴越国"善事中国"之策实质考——从吴越国马氏墓出土铭文石刻谈起》,吉林大学边疆考古研究中心编《庆祝魏存成先生七十岁论文集》,科学出版社,2015,第375~381页;李蜀蕾:《论吴越国钱元瓘墓、马氏墓的越礼现象》,黎毓馨主编《吴越胜览国际学术研讨会论文集》,中国书店,2011,第324~334页。

[6] 罗筱玉:《吴越钱氏皇室刺温考》,《温州职业技术学院学报》2009年第2期,第1~5页。罗文所揭示的吴越钱氏通过家族政治来统治地方,虽有其意义,但标题中称之为"皇室"则有不妥。

文，这是他的专著《中国行政区划通史·五代十国卷》①中的一部分单独发表，可以说是对吴越国政区地理最为全面的整理。②还有近两年从历史地理视角看待吴越国乃至董昌政权的政治、军事的研究，即许昌学院刘闯的一系列文章。③

整体而言，突破性的研究不多，对吴越国政治、军事的研究，不如对其他方面的关注。比如综合讨论吴越国的两篇学位论文——陈凌《吴越钱氏政治史片论》④、孙先文《吴越钱氏政权研究》⑤，基本没有突破何勇强一书。对此，笔者颇有意愿以改变之，故先后撰写了三篇相关论文，分别探讨吴越国境内湖州、苏州、福州的防务，拟系统讨论吴越国的国防问题，从而揭示五代十国时期地方政权的疆界变动与政权防范。⑥但由于兴趣转移，未能将此体系梳理完整。

此外，台湾学界也有关注，比如台湾大学赵雅书跨越三十年的系列文章，先后探讨武肃王钱镠、文穆王钱元瓘、忠献王钱弘佐、忠逊王钱弘倧、忠懿王钱俶。⑦不过赵氏的文章，基本从对人物生平经历的梳理出发，看其对吴越国军政的影响，研究较为模式化。另有周义雄《五代时期的吴

---

① 李晓杰：《中国行政区划通史·五代十国卷》，复旦大学出版社，2014；修订版，复旦大学出版社，2017。
② 李晓杰：《吴越国政区地理考述》，《历史地理》第29辑，2014，第123~141页。
③ 刘闯：《与潮水的抗争——从钱镠"射潮"看五代时期杭州地区居民的生存环境》，《原生态民族文化学刊》2014年第4期，第14~20页；刘闯：《防御与扩张：唐末五代吴越钱氏筑城之时空解析》，《中国历史地理论丛》2017年第2期，第137~143页；刘闯：《唐末董昌研究三题》，《杭州电子科技大学学报》（社会科学版）2018年第1期，第41~45页。
④ 陈凌：《吴越钱氏政治史片论》，硕士学位论文，北京大学，2003。
⑤ 孙先文：《吴越钱氏政权研究》，硕士学位论文，安徽大学，2004。
⑥ 胡耀飞：《试论湖州在吴越国国防中的地位》，《湖州师范学院学报》2009年第5期，第34~38、72页；胡耀飞：《唐宋之际苏州军政史研究》，陈瑞近主编《苏州文博论丛》第4辑，文物出版社，2013，第75~88页；胡耀飞：《试论吴越国对福州的控制》，未刊稿；皆已收入本书。
⑦ 赵雅书：《五代吴越国的创始者——钱镠》，《台大历史学报》第7期，1980，第163~215页；赵雅书：《吴越国的第二代君主——钱传瓘（887—941）》，《台大历史学报》第20期，1996，第465~483页；赵雅书：《吴越国的第三代——守成时期的两位君主钱宏佐（928—947）、钱弘倧（928—971）两兄弟》，台湾大学历史系编《史学：传承与变迁学术研讨会论文集》，1998；赵雅书：《五代吴越国末代君王钱俶（928—988）的历史地位》，刘翠溶主编《中国历史的再思考：许倬云院士八十五岁祝寿论文集》，台北：联经出版社，2015。

越》①，是台湾学界早期综合梳理吴越国的研究，分吴越的建国、吴越的文治武功与纳土归宋、吴越与各国之往来、吴越的宗教与文艺发展等章节，属面面俱到而无突出特点的研究。更早的是日本学界数十年前的研究，如早稻田大学渡边道夫的两篇论文，分别探讨了吴越国的建国过程和统治结构；东京都立大学佐竹靖彦则系统梳理了杭州八都对吴越国的重要影响。②不过由于信息沟通问题，台湾学者颇能引用大陆学者的研究，而大陆学者对台湾学者的论著无缘拜读的多，何勇强、何灿浩等人即未能参考到赵雅书、周义雄和下文将要提及的其他台湾学者的大部分论述，颇为遗憾。对于日本学者的研究成果而言，也是如此。故此点出，可供后人进一步吸收相关研究。

三　吴越国的经济与文化

吴越国地处江南，自古以来是富庶繁华之地。吴越国也凭借这一地理优势，在保境安民的策略下，成为经济上发达的五代十国政权之一。当然，也因为在江南，故而受到了非常多的江南史研究者的关注。但江南史学者多关注明清时期的江南，只是出于学术论证才上溯至唐宋时期。好在有早年撰写五代十国史研究启蒙著作《五代十国史研究》③的厦门大学郑学檬，出版了《中国古代经济重心南移和唐宋江南经济研究》④一书，专门讨论唐宋时期江南经济情况。此外，还有中国社会科学院杜瑜《中国经济重心南移：唐宋间经济发展的地区差异》⑤一书，也是对经济重心南移的讨论，特别是对唐宋时期经济发展地域差异的综合性讨论。

也有绕开唐宋变革视角，单纯讨论唐五代江南地区经济发展的文章。比如上海师范大学张剑光对于唐五代江南城市的经济功能、水上交通、纺织地理、海洋经济、造船业等话题的关注，已经颇为大观，近年来汇集为《唐五

---

① 周义雄：《五代时期的吴越》，硕士学位论文，中国文化大学，1994。
② 渡边道夫「呉越建國の過程」『史觀』第 56 冊、1959；渡边道夫「呉越国の支配構造」『史觀』第 76 冊、1967、33～51 頁。佐竹靖彦「杭州八都から呉越王朝へ」『東京都立大学人文学報』第 127 號、1978、1～36 頁；收入氏著『唐宋變革の地域的研究』、同朋舍、1990。
③ 郑学檬：《五代十国史研究》，上海人民出版社，1991。
④ 郑学檬：《中国古代经济重心南移和唐宋江南经济研究》，岳麓书社，2003。
⑤ 杜瑜：《中国经济重心南移：唐宋间经济发展的地区差异》，台北：五南图书公司，2005。

代江南工商业布局研究》①、《唐五代农业思想与农业经济研究》②、《唐代经济与社会研究》③ 等书，其中许多篇幅涉及吴越国境内的城市。

台湾地区的学者，也有涉及吴越国经济研究的，如彰化师范大学卢胡彬的几篇论文探讨了吴越国的文化、水利和政权本身。④ 环球技术学院朱祖德《唐五代两浙地区经济发展之研究》⑤，梳理了五代时期浙东道、浙西道的经济发展情况。但由于两岸隔阂，卢胡彬、朱祖德等人的研究与大陆郑学檬、张剑光等人的研究不免有所重合。

先有经济之繁荣，方有文化之兴盛。吴越国本身地处江南繁盛地、文化荟萃之处，在唐末立国之初，即吸引了许多受北方战乱影响而南下的文人。其中，或有生长在北方，因避乱南下投靠南方善待文人的地方政治势力的文人，也有本身是南方人，在和平年代进京仕进，而在黄巢严重打击唐廷的情况下不得已回到家乡的文人。当然，在吴越国境内，依然是南方人居多，或为两浙人如皮光业、罗邺、罗隐，或为江西人如元德昭，或为福建人如林鼎、沈崧等。这些文人，或许有些已经是文臣，有些是吴越钱氏家族成员中的善属文者，整理过《吴越备史》的李最欣有《钱氏吴越国文献和文学考论》⑥ 一书专门予以研究。

文人之外，更让人瞩目的是以越窑瓷器和佛教文物为中心的吴越国物质文化的光彩。就越窑瓷器而言，除了厉祖浩编著的《越窑瓷墓志》外，陶瓷学界对越窑和秘色瓷的研究，随着上林湖等地考古发掘的进展，日益丰富。浙江省文物考古研究所作为对越窑窑址进行发掘的负责单位，出版过《秘色越器：上林湖后司岙窑址出土唐五代秘色瓷器》⑦ 等图录。佛教文物方面，则集中于对忠懿王钱俶所造金涂塔和所藏宝箧印陀罗尼经的关注，以及对吴越国统治范围内现存佛塔（特别是颇具传奇色彩的雷峰塔）、经幢的研究，并进一步梳理吴越国统治者的佛教信仰。整体而言，在文献

---

① 张剑光：《唐五代江南工商业布局研究》，江苏古籍出版社，2003。
② 张剑光、邹国慰：《唐五代农业思想与农业经济研究》，上海三联书店，2010。
③ 张剑光：《唐代经济与社会研究》，上海交通大学出版社，2013。
④ 卢胡彬：《吴越国的精致文化》，（台湾）《复兴学报》1999 年第 1 期，第 433～438 页；卢胡彬：《吴越钱氏政权》，（台湾）《复兴学报》2000 年第 1 期，第 415～421 页；卢胡彬：《吴越国水利发展史》，历史、地理与变迁学术研讨会，嘉义大学史地学系，2003 年 10 月。
⑤ 朱祖德：《唐五代两浙地区经济发展之研究》，台北：花木兰文化出版社，2009。
⑥ 李最欣：《钱氏吴越国文献和文学考论》，中国社会科学出版社，2007。
⑦ 《秘色越器：上林湖后司岙窑址出土唐五代秘色瓷器》，文物出版社，2017。

梳理的热情和政治史关注度已经下降的情况下，对吴越国物质文化的研究已经成为吴越国佛教研究之外，目前吴越国研究中一股极具潜力的势头。其中，浙江省博物馆扮演了重要的角色，除了前述私人性的关注，如浙江省博物馆的研究人员魏祝挺的硕士学位论文对吴越国佛塔的梳理外，还有官方性的关注，如在 2011 年举办了"吴越胜览——唐宋之间的东南乐国"展览，汇集 80 余件国家一级文物，并出版图录《吴越胜览——唐宋之间的东南乐国》[1]；同时，也举办了吴越胜览国际学术研讨会，并出版了黎毓馨主编的《吴越胜览国际学术研讨会论文集》[2]。这些展览和研讨会，不仅促进了学界历史、考古与文物界对吴越国的深入研究，还向公众展示了吴越国文化的丰富内涵，扩大了其影响力。

四　吴越国的宗教与外交

吴越国流行的宗教，主要是佛教。吴越国号称东南佛国，这是基于吴越国时期大量高僧活动的存在，以及吴越国统治者与僧侣的密切关系所产生的印象。事实上，在禅宗发展史上，在佛教艺术发展史上，吴越国确曾有其重要的地位。近二十年来，相关学者在前人研究基础上，更进一步研究，从单纯的泛泛而论，逐渐进入佛教史本身的奥堂。

对吴越国佛教的研究，已然蔚为大观，主要集中在两个方向。

一是从整体上对晚唐五代时期东南地区佛教的研究，其中就包含了吴越国境内的禅宗、天台宗、律宗。成果主要有中国社会科学院杨曾文《唐五代禅宗史》[3]、景文科技大学赖建成《晚唐暨五代禅宗的发展——以与会昌法难有关的僧侣和禅门五宗为重心》[4]、澳门大学贾晋华《古典禅研究：中唐至五代禅宗发展新探》[5]、厦门大学吴洲《中晚唐禅宗地理考释》[6] 等

---

[1] 《吴越胜览——唐宋之间的东南乐国》，中国书店，2011。
[2] 黎毓馨主编《吴越胜览国际学术研讨会论文集》，中国书店，2011。
[3] 杨曾文：《唐五代禅宗史》，中国社会科学出版社，1999。
[4] 赖建成：《晚唐暨五代禅宗的发展——以与会昌法难有关的僧侣和禅门五宗为重心》，台北：花木兰文化出版社，2009。
[5] 贾晋华：《古典禅研究：中唐至五代禅宗发展新探》，牛津大学出版社，2010；修订版，上海人民出版社，2013；日文版题「古典禅研究——中唐より五代に至る禅宗の発展についての新研究」，汲古書院，2017。
[6] 吴洲：《中晚唐禅宗地理考释》，宗教文化出版社，2012。

著作以及大量论文。

二是对吴越国高僧永明延寿及其所著《宗镜录》的研究。主要有前文已提及的对包括《宗镜录》在内的永明延寿著作的整理,台湾元智大学胡顺萍《永明延寿"一心"思想之内涵要义与理论建构》[1]、杭州师范大学黄公元《一代巨匠,两宗祖师:永明延寿大师及其影响研究》[2]、军事经济学院田青青《永明延寿心学研究》[3]、铜陵学院杨文斌《一心与圆教——永明延寿思想研究》[4]、湖北医药学院陈全新《永明延寿圆融观研究》[5]、辽宁大学郭延成《永明延寿"一心"与中观思想的交涉》[6]、武汉大学孙劲松《永明延寿佛学思想研究》[7]、日本花园大学柳幹康『永明延寿と「宗鏡録」の研究:一心による中国仏教の再編』[8] 等书对永明延寿佛学思想研究的著作,以及其他许多学者撰写的相关论文。

专门梳理吴越国佛教的,大陆地区有杭州市社会科学院李辉《吴越国佛教史》[9],梳理了吴越国统治者与佛教的关系、吴越国的各宗派情况,以及吴越国境内佛寺、石刻和僧人。台湾学者对吴越国的佛教也有专门关注,最集中的是景文科技大学赖建成的《吴越佛教之发展》[10]、义守大学周箏的《吴越释氏考》[11] 两书。前者是作者修改1986年的硕士学位论文而成,作者可谓台湾地区吴越佛教史研究的先驱之一,全书主要梳理了吴越国之宗教政策、佛教宗派与寺院情况和吴越佛教对文化的贡献,但不免数据整理的价值多于分析论证的创见。后者是作者学术兴趣驱使下的著作[12],主要考察了钱镠世系、钱氏家谱、吴越国地域、吴越国释氏传略,以及寺院编年、各宗派法系等,依然以数据梳理为主。此外有黄绎勋《吴越诸王

---

[1] 胡顺萍:《永明延寿"一心"思想之内涵要义与理论建构》,万卷楼,2004。
[2] 黄公元:《一代巨匠,两宗祖师:永明延寿大师及其影响研究》,宗教文化出版社,2009。
[3] 田青青:《永明延寿心学研究》,巴蜀书社,2010。
[4] 杨文斌:《一心与圆教——永明延寿思想研究》,巴蜀书社,2011。
[5] 陈全新:《永明延寿圆融观研究》,宗教文化出版社,2012。
[6] 郭延成:《永明延寿"一心"与中观思想的交涉》,宗教文化出版社,2012。
[7] 孙劲松:《永明延寿佛学思想研究》,商务印书馆,2013。
[8] 柳幹康『永明延寿と「宗鏡録」の研究:一心による中国仏教の再編』、法藏館、2015。
[9] 李辉:《吴越国佛教史》,中国社会科学出版社,2015。
[10] 赖建成:《吴越佛教之发展》,台北:花木兰文化出版社,2010。
[11] 周箏:《吴越释氏考》,台北:花木兰文化出版社,2011。
[12] 作者的硕士学位论文《六朝志怪小说研究》(台湾政治大学,1971)、博士学位论文《唐碑志所见女子身份与生活之研究》(台湾大学,1990)皆与吴越国研究或佛教研究无关。

（893～978）与佛教》等文章。① 整体而言，对吴越国佛教的专门研究，资料整理有功而深入不足。

至于吴越国的道教，主要集中于对历代吴越国王投龙简的关注，目前已有王士伦、赵幼强等人对吴越国历代国王已知投龙简的全面梳理。② 在此基础上，则有罗争鸣等人进一步讨论吴越国统治者的崇道现象③，孙亦平讨论杜光庭与天台山道教④，曾国富讨论道教、道士与吴越国历史⑤等文章。

笔者将宗教与外交放在一起梳理，主要是基于吴越国佛教发展史上的一件大事：天台教典回流问题。于此，便涉及吴越国与高丽、日本之间的交往，主要是忠懿王钱俶时期，鉴于天台宗教典在中土的失传，钱俶派人前往高丽、日本求回天台教典。对此事件，佛教史学界已有丰富的研究，阿部肇一、桥村爱子、畑中净园等日本学者，方广锠、池丽梅、王心喜、沈海波、邵灿园、宋道发、张风雷等中国学者都有具体的关注，可参见笔者在本书所附的论著目录，此不赘述。

由天台教典回流事件而引发的吴越国与日本、高丽等国之间的交通，则可以进一步延伸为10世纪东亚地区诸政权之间的交往研究。对此，学界早期多从中外关系史角度入手，近年多从海上丝绸之路角度入手，相关论著无论是从史料考辨还是从历史本身而言，都有其存在价值，但更有意思的研究并不太多。日本佛教大学山崎觉士的研究，则突破了传统的中外交流史的视角。身为日本学者，除了具备从周边看中国的视角外，因受知于京都府立大学渡边信一郎的理路而对王权与天下秩序更感兴趣，在其著作『中国五代国家論』⑥中撰文「呉越国王と『真王』概念——五代天下の

---

① 黄绎勋：《吴越诸王（893～978）与佛教》，《中华佛学学报》第17卷，2004，第123～147页。
② 王士伦：《五代吴越国王投简》，《浙江省文物考古研究所学刊：建所十周年纪念专刊（1980—1990）》，科学出版社，1993，第289～294页；赵幼强：《唐五代吴越国帝王投简制度考》，《东南文化》2002年第1期，第31～36页。
③ 罗争鸣：《吴越国钱镠、钱俶崇道简论》，李最欣主编《吴越钱氏家族文化研究》，齐鲁书社，2010，第345～348页。
④ 孙亦平：《杜光庭与天台山道教》，《浙江社会科学》2003年第6期，第123～128页。
⑤ 曾国富：《道教与五代吴越国历史》，《宗教学研究》2008年第2期，第33～39页；曾国富：《五代时期割据政权中道士受宠现象探因》，《兰州学刊》2008年第1期，第134～136页。
⑥ 山崎覺士『中国五代国家論』、思文閣、2010。

形成、其の一」，探讨了吴越国的王号与天下秩序的关系。①

五　吴越钱氏研究

虽然吴越国的国祚十分短暂，不到百年时间，但统治这一国度的吴越钱氏家族一直延续到今天，如今浙江、上海、江苏、安徽、江西等地的钱氏，几乎无一不称是吴越钱氏后裔，且有家谱为证。除了吴越国创立者钱镠所开创的吴越国这一政权有助于吴越钱氏的发展外，北宋时期的吴越钱氏在亡国后的仕宦（如枢密使钱惟演、参知政事钱端礼、宰相钱象祖等）、婚媾（如与赵宋皇室联姻）方面的成功，也有重要作用。到了明清时期，则在庞大的钱氏族人数量基础上，涌现出各领域的知名学者，更加衬托出吴越钱氏的辉煌。对此，相关学者多有讨论。

首先是吴越钱氏族人的重视。吴越钱氏家族之辉煌，其原因部分在于优秀族人通过自身的成功将家族发扬光大，部分也在于大量普通族人对本族文化孜孜不倦的保存之功。其中，存世至今数百部钱氏族谱是其中的基本文献，而像明代《吴越顺存集》、民国《钱氏家乘》这样的家族核心文献辑录，更有助于保存五代宋元以来的早期文献。20世纪，随着现代学术的兴起，部分吴越钱氏成员也纷纷利用家族文献资源整理和传播吴越钱氏文献，比如前文提及的《吴越国武肃王纪事》《吴越书》。此外，还有北京大学钱志熙主编《乐清钱氏文选丛编》②，因其出自乐清白石钱氏，故以其中文系专业知识对乐清钱氏的文献进行了整理。至于目前全国各地各种名目的钱氏宗亲会的交流刊物，比如临安《钱镠研究》、上海《吴越钱氏》等，也经常刊发钱氏族人和族外人士对吴越国和吴越钱氏的研究。钱镠家乡杭州市临安区也出版过当地学者邹小芃等的《两浙第一世家吴越钱氏》③、屠树勋的《钱镠传》④、陶初阳的《吴越钱王文化通典》⑤、屠树勋的《五代·吴越国史》⑥。不过钱氏族人和钱镠家乡文史工作者的关注，虽

---

① 此文中译本题《吴越国王与"真王"含义——五代十国的中华秩序》，收入《宋代社会的空间与交流》，河南大学出版社，2008，第127~154页。
② 钱志熙主编《乐清钱氏文选丛编》，线装书局，2010。
③ 邹小芃等：《两浙第一世家吴越钱氏》，中国文史出版社，2006。
④ 屠树勋：《钱镠传》，浙江工商大学出版社，2013。
⑤ 陶初阳：《吴越钱王文化通典》，华文出版社，2016。
⑥ 屠树勋：《五代·吴越国史》，中国文史出版社，2018。

然有家族资料占有的优势,但有时候不免过于凸显家族本身,以及做一些重复劳动。

其次,吴越钱氏的文献不独为钱氏族人所拥有,早已成为人类文明共同的遗产,故也吸引了国外学者的关注。最知名的就是日本中央大学池泽滋子对宋代钱氏文人的研究,出版有《吴越钱氏文人群体研究》[①],综合梳理了吴越国时期钱氏诸王、诸王子和北宋时期钱惟演、钱易等人的诗文成就和文学活动,并附录《钱易年谱》《钱惟演年谱》。此后,她还进一步整理了《钱勰年谱》,分三篇发表。[②] 整体而言,池泽女史的研究偏重于文学研究,对文献的考辨尚待深入。以钱易而言,关于其知名的笔记《南部新书》,目前已有陕西师范大学黄寿成点校《南部新书》[③]、浙江大学梁太济笺证《南部新书溯源笺证》[④],若能进一步从文献角度全面细致整理钱氏家族成员其他著作,并在此基础上进一步讨论钱氏家族成员在宋代文人群体中的具体定位,当更有意义。

早期从学术视角关注钱氏家族人才辈出的当属台湾学者柳立言和大陆学者姚礼群。前者在 1994 年发表《北宋吴越钱家婚宦论述》[⑤] 一文,后者有《宋代吴越钱氏家族的人才研究》[⑥] 一文,并有其他几篇文章发表。[⑦] 但两人都未能进一步深入。此后,讨论吴越国、两宋时期吴越钱氏成员的论著所在多有,如郑铭德《忠孝世家:宋代吴越钱氏研究》[⑧]、卢婧萍《钱惟演诗歌研究》[⑨]、马天宝《北宋吴越钱氏后裔——钱惟演研究》[⑩]、李辉《钱惟演诗歌创作心态研究》[⑪]。乃至杭州师范大学专门成立了吴越钱氏家

---

① 〔日〕池泽滋子:《吴越钱氏文人群体研究》,上海人民出版社,2006。
② 〔日〕池泽滋子:《钱勰年谱》(上),《吴越钱氏》第 4 期,2010,第 33~42 页;〔日〕池泽滋子:《钱勰年谱》(中),《吴越钱氏》第 5 期,2010,第 34~43 页;〔日〕池泽滋子:《钱勰年谱》(下),《吴越钱氏》第 6 期,2011,第 14~21 页。
③ 黄寿成点校《南部新书》,中华书局,2002。
④ 梁太济笺证《南部新书溯源笺证》,中西书局,2013。
⑤ 柳立言:《北宋吴越钱家婚宦论述》,《中央研究院历史语言研究所集刊》第 65 本第 4 分,1994,第 903~955 页。
⑥ 姚礼群:《宋代吴越钱氏家族的人才研究》,硕士学位论文,杭州大学,1996。
⑦ 姚礼群、张伟:《宋代钱氏家族人才状况初探》,《宁波大学学报》(人文科学版)1998 年第 1 期,第 14~19 页。
⑧ 郑铭德:《忠孝世家:宋代吴越钱氏研究》,硕士学位论文,台湾"清华大学",1999。
⑨ 卢婧萍:《钱惟演诗歌研究》,硕士学位论文,西南交通大学,2011。
⑩ 马天宝:《北宋吴越钱氏后裔——钱惟演研究》,硕士学位论文,河北大学,2011。
⑪ 李辉:《钱惟演诗歌创作心态研究》,硕士学位论文,陕西师范大学,2016。

族研究所,以李最欣为所长。该研究所在 2008 年联合中国社会科学院《文学遗产》编辑部主办了"中国首届吴越钱氏家族文化国际学术研讨会"①,并将会议论文集中编辑为《吴越钱氏家族文化研究》②一书。可惜,该所在此之后基本没有什么活动。

近年来,笔者在进行吴越国边疆州研究之余,也关注吴越钱氏家族研究。首先是受浙江古籍出版社委托,为"浙江文丛"整理了《钱惟演集》③,这是对吴越钱氏在北宋时期的第一位宰相级别人物的文献整理,因其文集已经散佚,故主要是收集散落各处的篇什。在编辑过程中,笔者进一步梳理了吴越钱氏家族在吴越国、两宋时期的世系、艺文和碑铭等信息,形成几篇专文(皆已收入本书,发表信息详见本书所附目录)。不过笔者对吴越钱氏家族成员的关注,目前依然处在从资料整理向历史研究的过渡阶段,主要在于学界对吴越钱氏的研究其实并未建立在对资料的全面掌握的基础上。今后,笔者还将继续梳理吴越钱氏的基本史料,并进一步讨论更多史学问题。

六 吴越国与吴越钱氏研究的展望

以上,笔者大致梳理了近二十年来吴越国与吴越钱氏研究的主要成果,这些主要是在研究中专门探讨吴越国的论著。此外,还有一类研究,将吴越国的情况纳入"十国"范围加以考察,主要见于先后在东北师范大学、辽宁大学任职的任爽所指导的历届硕士学位论文,以及由硕士学位论文增订而成的任爽主编《十国典制考》④一书。由于该书所收硕士学位论文皆以"十国"为题,难以区分其中吴越国部分,故而前文综述未予列入,此处单独做一说明。

综合而言,近二十年学界的研究,已经比何勇强写《钱氏吴越国史论稿》时无疑大大推进了。第一,对吴越国的研究,近年慢慢转向对物质文化的关注,这与其东南佛国的形象,以及越窑产地的特殊区位因素有关。

---

① 会议情况参见李最欣、李亚莉《中国首届吴越钱氏家族文化国际学术研讨会综述》,《文学遗产》2008 年第 4 期,第 159 页。
② 李最欣主编《吴越钱氏家族文化研究》,齐鲁书社,2010。
③ 《钱惟演集》,浙江古籍出版社,2014。
④ 任爽主编《十国典制考》,中华书局,2004。

但传统的政治、军事、经济等方面的研究,依然可以继续下去。比如在藩镇时代这一大背景下,吴越国境内的藩镇,虽然有何灿浩先生所论证的解体问题,但毕竟终吴越国之世都是存在的,不同藩镇内部也有差异,还需要继续讨论。又如对于吴越国历史地位的定位,事实上是唐宋之际全国各地在唐以前基础上不同发展可能性的一种情况,很可惜被北宋统一给掐断,这也需要进一步抉发。

第二,对吴越钱氏的研究,目前依然徘徊在材料梳理阶段,而无明显深入挖掘的前景,甚至有所倒退。诚然,近年有许多新出土墓志,比如钱匡道、钱义光、钱暧、钱文楚等人的墓志,对我们了解五代两宋时期许多钱氏分支的情况有很大的推动作用。但尚需进一步讨论这些钱氏分支的不同生存状况,以明了同样是吴越钱氏,其实都有各自特点,而非仅仅补正世系。此外,吴越国境内除了钱氏家族,还有其他各类家族的活动,他们对吴越国与江浙地域所产生的影响,以及与吴越钱氏之间的互动,也需要更多关注。

第三,对于吴越国和吴越钱氏研究而言,包括《吴越备史》在内的基本典籍,虽有一些成果,但依然没有得到十分完善的整理。对吴越钱氏家族研究十分重要的碑志材料,除了宋人文集中的传世墓志,出土文献中的地下碑刻,还有数量巨大的各种钱氏家谱中的文献,也基本没有得到很好的梳理和辨正。另外,对江浙地区地方志的梳理,对地方文史材料的辨析,也有待于今后的进一步努力。

总之,希望通过本文的梳理,能够提供给大家一个近二十年吴越国和吴越钱氏研究的大致脉络,从而起到抛砖引玉的作用。

军事编

试论湖州在吴越国国防中的地位[*]

五代十国时期，由钱镠（852～932）开创的吴越国（907～978）地处东南，最盛时期由杭、湖、苏、秀、越、明、睦、衢、婺、台、处、温、福十三州组成。其中，湖州位于吴越国全境的西北角，北临太湖，西接吴、南唐国境，肩负起了边州的责任，为吴越国数十年的和平发展做出了贡献。然而，迄今为止，学界对此尚无专门研究。故笔者不揣，欲在还原史料的基础上，揭示其特殊性。为此，笔者试图从三个方面着手：首先是地理，即点明湖州的地理区位及地形特征；其次是政治，即历数晚唐五代时期主政湖州的最高统治者及其在任时间长短以及对湖州之影响；再次是军事，即湖州在晚唐五代时期经历的战争以及湖州在战争中的作用。

一 湖州之地理

要研究一个地区的军事地位，最重要的便是着眼于此地区的地理位置，以及其地形特征。只有搞清楚了湖州的地理，方能进一步研究其在战争中的地位，从而凸显其在吴越国国防中的作用。对此，可从以下三个方面来看。

首先，湖州的地理，即其在地理环境中所处的位置。身处长江中下游平原的湖州，从自然地理而言，北滨太湖，东傍运河，西括天目山，南抵钱塘江；从行政地理而言，东与苏州嘉兴县、海盐县，西北与常州义兴县，西与宣州广德县，南与杭州余杭县、临安县、於潜县接壤。是南通百越，北接勾吴之要冲，自古便是兵家必争之地。春秋吴越争霸时，湖州一带便是交战双方的主战场之一，至今尚有"勾垒"等地名。晚唐五代，由

---

[*] 本文初稿于2006年7月，后刊于《湖州师范学院学报》2009年第5期，第34～38页。因学报体例所限，刊出稿为压缩版，今为收入本书，于2018年11月还原为初稿，并稍作增订。

于杨氏吴国政权与钱氏吴越国政权隔太湖南北对峙，特别是在钱镠受孙儒之乱的影响放弃太湖以北本属浙西道管辖的常、润二州之后①，湖州便成为吴越国西北部边疆的冲要之地，担负起屏翼政治中心杭州的重要任务。

其次，湖州之所以会成为保障杭州的屏障，与其特殊的地形条件密不可分。湖州地处江南丘陵地带，虽然山不甚高，最高峰龙王山海拔仅1587米，但比起钱塘江三角洲的杭嘉湖平原，湖州西南部的天目山余脉，可以说确实起到了屏翼杭州大西北的任务。天目山的存在，导致了从宣州广德县而来的侵犯只能从湖州西北的平原进入。清人顾祖禹（1631~1692）在其《读史方舆纪要》中总结道："吴越时恃为北面重镇，淮南来攻，由宣州出广德必道吴兴之郊，而后及于余杭。余杭之安危，吴兴实操之也。"②

最后，看湖州境内的地形。发源于杭州境内天目山的东、西苕溪分别从武康县的两边向北流入太湖，并在注入太湖前形成一个三角洲平原，再加上由东、西苕溪冲刷而成的两个平原，湖州境内的这三个平原恰好呈"品"字形分布。而"品"字下面两个"口"之间则是湖州境内唯一的多山之县武康。知此，便可以进一步分析另一个事实，即为什么梁太祖开平四年（910）五月，钱镠在平定了湖州刺史高澧之乱，收回了对湖州的控制，并且任命其弟弟钱镖为刺史后，要"割湖州武康县隶杭州"③。因为，正是武康在湖州的特殊地形条件，使得一旦控制了武康，也就相当于控制了整个湖州，进可攻，退可守。而控制了湖州，也就是保障了杭州的大西北，因为此时杨氏吴国早已从钱氏手中夺取了常、润二州，湖州便成为太湖南岸的北边防线。

二　湖州之历史

此处所谓湖州之历史，是指湖州在被吴越国统治以前之历史，以及归属于吴越国时期的历史。

首先，湖州之政区沿革。湖州的主体部分，在战国时期楚国灭越国之后，成为楚国的领土。秦灭六国，隶属于会稽郡乌程县，汉依之。三国吴

---

① 何勇强：《钱氏吴越国史论稿》，浙江大学出版社，2002，第105页。
② （清）顾祖禹：《读史方舆纪要》卷九一《浙江二·湖州府》，中华书局，2005，第4184页。
③ （清）吴任臣：《十国春秋》卷七八《吴越二·武肃王世家》"天宝三年五月"条，中华书局，1983，第1085页。此事未载于《吴越备史》，不知何故。

时置吴兴郡,分乌程县南为永安县,与乌程县共隶吴兴郡。南朝时期,湖州作为吴兴郡的主体部分所在,其辖下之县分分合合,至陈朝已有五县。隋朝仁寿二年(602),改吴兴郡为湖州,领四县。武周天授二年(691),分武康县东置武源县,经过一系列改名后,天宝元年(742)最终定名为德清县。① 此后,直到唐末,湖州一直由乌程、长城、武康、安吉、德清五县组成,隶属于浙江西道观察使以及以后的镇海军节度使。② 五代吴越国时期,除了上文提及的武康县曾经割属于杭州,并于北宋太宗太平兴国四年(979)归还湖州外③,长城县还于后梁太祖开平二年(908)因避朱温父讳而改名长兴④,并沿用至今。

其次,藩镇时代的湖州。晚唐"至德(756~758)之后,中原用兵,刺史皆治军戎,遂有防御、团练、制置之名。要冲大郡,皆有节度之额;寇盗稍息,则易以观察之号"⑤。作为并非战乱之地的江南,湖州隶属于浙西观察使,和其他江南藩镇一样属于财源型藩镇。由于远离战乱,其经济得到迅速发展,为以后日益重要的军事作用提供了保障。虽然也有肃宗上元元年(760)宋州刺史刘展之乱时,其部将孙待封攻占湖州的事情,但不到两月即被平定⑥;以及宪宗元和二年(807)镇海节度使李锜叛乱,其湖州镇将赵惟忠欲杀刺史辛秘,但赵惟忠反倒被辛秘先发制人给斩杀⑦。所以,直到唐末王黄之乱波及全国并奠定以后五代十国格局时,湖州尚且是一个平安之地。

最后,湖州在李师悦之后直到吴越国纳土归宋的历任州守。以下,笔者根据《嘉泰吴兴志》卷一四《郡守题名》记载,间取《吴越备史》《旧五代史》《资治通鉴》等史料以及朱玉龙《五代十国方镇年表》、何勇强《钱氏吴越国史论稿》等书考证,制作自李师悦起历任湖州最高行政长官列表如表1。

---

① (唐)李吉甫:《元和郡县图志》卷二五《江南道一》"湖州"条,中华书局,1983,第605~606页。
② 郭声波:《中国行政区划通史·唐代卷》上编《江南东道·湖州》,复旦大学出版社,2017,第486页。
③ (北宋)王存:《元丰九域志》卷五《湖州》,中华书局,1984,第211页。
④ 《十国春秋》卷七八《吴越二·武肃王世家》,第1081页。此事亦未见于《吴越备史》。
⑤ (后晋)刘昫:《旧唐书》卷三八《地理志一》,中华书局,1975,第1389页。
⑥ (北宋)司马光:《资治通鉴》卷二二一"唐肃宗上元元年十二月"条,中华书局,1956,第7101页。
⑦ 《资治通鉴》卷二三七"唐宪宗元和二年十月"条,第7641页。

表 1　唐末五代湖州刺史

姓名	身份	到任	离任
李师悦	平巢功臣	光启元年（885）八月	乾宁三年（896）十一月
李彦徽	师悦子	乾宁三年（896）十一月	乾宁四年（897）九月
高彦	海昌镇将	乾宁四年（897）九月	天祐三年（906）十一月
高澧	彦子	天祐三年（906）十一月	开平四年（910）二月
钱镖	钱镠弟	开平四年（910）三月	乾化元年（911）九月
钱传瓘	钱镠七子	乾化元年（911）七月	贞明元年（915）正月以后
钱传璟	钱镠十五子		贞明五年（919）四月
钱传球	钱镠九子	龙德二年（922）四月	同光三年（925）
钱传瑾	钱镠十一子	天成元年（926）四月	天成二年（927）卒于任
钱仁捷	钱镠孙辈	天成二年（927）六月	
刘仁杞	钱传瓘部将	长兴二年（931）九月	长兴三年（932）卒
鲍君福	钱传瓘部将	清泰元年（934）八月	清泰三年（936）七月
鲍君福	钱传瓘部将	天福四年（939）九月	天福五年（940）四月卒
沈韬文	左卫上将军	天福五年（940）十一月	
许彦	内衙指挥使	天福六年（941）十一月	
钱弘偡	钱传瓘子	开运三年（946）十二月	乾德四年（966）二月卒
钱昭晏	钱弘偡子	乾德四年（966）二月	
钱弘信	钱传瓘子	开宝三年（970）	太平兴国三年（978）纳土

从被任命的人选上，可以看出吴越国对湖州的重视程度，从侧面反映了湖州在吴越国中的地位。

三　历次战事中湖州所扮演的角色

（一）钱氏完全控制湖州之前

要论述湖州的国防地位，不得不谈到吴越国时期几次与湖州相关的战争，以及湖州在此中所扮演的角色。先看钱氏完全控制湖州之前，即李氏父子与高氏父子控制下的湖州对崛起于杭州的钱氏之影响。

唐僖宗光启二年（886）十二月，为了寻求更大的权位与利益，董昌离开杭州,"徙镇越州"①。光启三年正月,朝廷正式任命董昌为浙东观察使,其部将钱镠则成为杭州刺史。由此,开启了钱、董之间长达十年划江而治的局面。直至昭宗乾宁二年(895)二月,董昌僭号,自称"大越罗平国"②皇帝,便给了钱镠以口实,后者遂于是年六月名正言顺地受唐帝诏发兵讨伐董昌。根据研究,在这场战争的第一阶段,钱镠反而处于守势,而且战线主要在西线展开。③因为董昌和淮南的亲密关系,淮南应董昌的要求东西夹击钱军。在此背景下,淮南弘农王杨行密先派遣泗州防御使台濛攻苏州④,后又派宣州宁国军节度使田頵、润州团练使安仁义一西一北进攻杭州⑤。此时的湖州刺史李师悦也站在了董昌一方,不仅亲自"率兵四千余人"进攻杭州⑥,而且派遣牙将徐淑会同淮南将领魏约包围了苏州的南部重镇嘉兴城⑦,甚至让安仁义取道湖州境渡江以应董昌⑧。从这个角度来说,湖州李师悦的存在对钱军不啻一个严重的后患,更使钱军大将顾全武在战争初期东西战线之间疲于奔命,不能集中力量对董昌采取进攻的态势。最终,虽然由于种种原因⑨钱军取得了胜利,嘉兴之围解除,安仁义没能渡江,田頵也没有对杭州构成致命威胁,但此役让钱镠认识到了湖州的重要作用。

不久,钱镠便得到了一个天赐良机。由于钱、董之间战争的影响,苏州被淮南将台濛包围后,处于孤立无援的境地。乾宁三年(896)三月,苏州终于因为苏州常熟镇使陆郢的背叛而被攻破,刺史成及被俘虏。⑩钱镠听从顾全武的建议⑪,等到攻克了董昌后,才发兵救援。想要救援苏州,则不能不顾及湖州刺史李师悦会不会突然从中间截断援军的退路,所以如

---

① 《资治通鉴》卷二五六"唐僖宗光启二年十二月"条,第8341页。
② 《资治通鉴》卷二六〇"唐昭宗乾宁二年二月"条,第8464页。
③ 何勇强:《钱氏吴越国史论稿》,第111页。
④ 《资治通鉴》卷二六〇"唐昭宗乾宁二年九月"条,第8476页。
⑤ 《资治通鉴》卷二六〇"唐昭宗乾宁二年十月"条,第8477页。
⑥ (北宋)钱俨:《吴越备史》卷一《武肃王》"乾宁二年十月"条,傅璇琮、徐海荣、徐吉军主编《五代史书汇编》第10册,杭州出版社,2004,第6184页。
⑦ 《资治通鉴》卷二六〇"唐昭宗乾宁二年十月"条,第8477页。
⑧ 《资治通鉴》卷二六〇"唐昭宗乾宁三年正月"条,第8482页。
⑨ 比如钱镠师出有名,当时全国政治形势对钱镠有利,董昌集团内部矛盾重重,钱镠对武勇都的依靠等。参见何勇强《钱氏吴越国史论稿》,第113~117页。
⑩ 《资治通鉴》卷二六〇"唐昭宗乾宁三年五月"条,第8486页。
⑪ 《吴越备史》卷一《武肃王》"乾宁三年五月"条,第6186页。

何拿下湖州成为重中之重。恰逢此时湖州在李师悦去世,其子李彦徽嗣位后,内部发生变乱。李彦徽新立不久,难以驭下,希望依附淮南杨行密以取得对本州的控制,而以都指挥使沈攸为首的本地土著牙将们却反对依附淮南。最后到了乾宁四年(897)九月,李彦徽干脆一走了之,逃奔淮南,而沈攸也对钱镠大开欢迎之门。钱镠当然不愿意放弃天上掉下的馅饼,马上派八都将领之一海昌都将高彦为湖州制置使①,从而阻挡了可能从西北过来的宣州田頵的势力,并且保证了救援苏州的顺利进行。

从此以后,湖州一直在高氏父子的控制下垂十三年之久,并作为杭州的藩屏有力地保障了钱镠统一两浙的顺利实现。在其他一些事件中,湖州也出力甚多,特别是昭宗天复二年(902)八月,武勇都将士在徐绾和许再思的领导下乘钱镠巡视衣锦军的时候与宣州田頵里应外合举兵叛乱时,高彦派出了其子高渭率军入援,却不幸遇到徐绾伏兵,高渭阵亡,高彦痛失爱子。②

不过,高氏父子毕竟是外姓,非钱镠亲兵,而是共同以都将起家的盟友。等到高彦去世,其另一个儿子高澧嗣位时,离心力开始加剧。这里的离心力是指高氏统治之下湖州百姓的离心力,由于高澧此人"年十三四,性即暴虐;及嗣父位,恣行杀戮",甚至有"我欲尽杀百姓"的念头,③作为湖州的普通百姓,应该是比较倾向于归附钱氏的。由于高澧的牙将中有反对高氏者,高澧仿效当年李彦徽依附淮南的做法,导引杨氏吴国将领入湖州境,想要消灭反对自己的都将盛师友、沈行思等。然而,依附吴国,对于一向看重湖州的钱氏集团来说,是不可容忍的,因为湖州的丢失直接威胁着统治中心杭州的安全。对此,宋末元初史家胡三省(1230~1302)注曰:"高澧父子以一州之地,介居钱、杨之间,率两附以自存,为日久矣,今专附淮南,钱氏之兵至矣。"④ 所以,当梁太祖开平三年(909)十月,高澧举兵焚烧义和、临平等镇正式宣布起兵后,钱镠马上派其宗室中最骁勇善战的弟弟、指挥使钱镖征讨之。第二年二月,当高澧把吴将常州刺史李简引进来后,钱镠又派宗室中的第二位重量级人物,自己的第六子、后来成为中吴军节度使独当一面的钱传璙增援。终于,吴人孤军深

---

① 《吴越备史》卷一《武肃王》"乾宁四年九月"条,第 6189 页。
② 《资治通鉴》卷二六三"唐昭宗天复二年八月"条,第 8579 页。
③ 《吴越备史》卷一《武肃王》"开平四年二月"条《高澧附传》,第 6204 页。
④ 《资治通鉴》卷二六七"梁太祖开平三年十月"条注,第 8717 页。

入，寡不敌众，"挟澧而遁"。①

开平四年三月，钱镠亲自巡视湖州，为了达到长期控制的目的，任命钱镖为湖州刺史②，从而使其保障作用名副其实。并且于是年五月"割武康县隶杭州"③，此举更是把湖州牢牢控制在了自己的势力范围之内，控一县而保全局。最后，又于是年十月处理了原本归附的盛师友和沈行思之间争功引起的事件，杀沈行思，外放盛师友为婺州刺史④。从此时开始，一直到吴越国纳土归宋，湖州都没有丢失。

（二）钱氏完全控制湖州之后

下面分析在武康县被划归到杭州，湖州被钱氏完全控制后，它在吴越国中的地位以及对政权的影响。

由于控制了武康县，钱氏更容易控制湖州，故而当钱镖也叛逃吴国时，湖州没有发生大乱。当然，钱镖的叛乱没有掀起大浪，也与此次叛乱的起因有关，事实上是由钱镖嗜酒杀人的个人作风问题所导致的。在平定高澧之乱的第二年，即梁太祖乾化元年（911）十月，钱镖因为杀了都监潘长、推官钟德，而畏罪奔吴，甚至连两个儿子都还留在境内。不过，因为是只身逃亡的，吴国并没有乘机进攻。钱镠更没有怪罪钱镖的两个儿子，而是"养于宫，令与诸子同研席"⑤。湖州也没有发生新一轮的叛乱，因为失去了武康的湖州已经彻底被控制住了，根据前文列表，以后历任湖州刺史也大都是钱氏子弟。

钱镖奔吴后担任湖州刺史的是后来成为吴越国第二代国王文穆王的钱镠第七子钱传瓘。当时传瓘才25岁，而钱镠也没有以他为世子的打算，派他守湖州，更多的只是一种锻炼。正是在湖州刺史任上，传瓘第一次掌管一个州，而且是与吴国接壤，直接关系到政权安危的边州，并凭自己的才能参加了北方边境和吴国的数次大战，从而奠定了以后成为世子的基础。梁均王乾化三年（913）三月，吴国行营招讨使李涛率师二万人出千秋岭进攻吴越国

---

① 《吴越备史》卷一《武肃王》"开平四年二月"条，第6204页。
② 《资治通鉴》卷二六七"梁太祖开平四年三月"条，第8721页。
③ 《十国春秋》卷七八《吴越二·武肃王世家》"天宝三年五月"条，第1085页。
④ 《吴越备史》卷一《武肃王》"开平四年十月"条，第6205页。
⑤ 《十国春秋》卷八三《钱镖传》，第1192页。

衣锦军,钱传瓘以湖州刺史受命为北面应援都指挥使率军赴援。① 四月,钱传瓘在千秋岭伐木截断吴军退路,吴军大败,钱传瓘俘虏吴将李涛及将士八千余人②,从而保证了衣锦军的安全。五月,吴国又遣宣州副指挥使花虔将兵会广德镇遏使涡信屯广德,欲再次进攻衣锦军。③ 钱传瓘又在一个月内,亲率骑兵攻破广德城,俘获花虔、涡信④,再次确保了衣锦军的安全。九月,钱传瓘又乘胜北上,与钱传璙、钱传瑛部会合,进攻常州无锡县。然而,由于认为吴国军队长途跋涉而来,产生轻视心理,故而大意之下被吴军夹击而败。⑤ 但吴国也因为同时在北方与朱梁政权以及在西方与马楚政权作战,并且统治阶层内部不断出现内乱等原因⑥,而并未进一步行动。故乾化四年六月,吴军被钱传瓘再次打败,丧师五百人。⑦

钱传瓘在湖州刺史任上,不仅屡次带兵出征,而且加强了湖州的军事防御措施。梁末帝乾化三年(913)十月,钱传瓘在湖州境内德清县之憾山筑城屯戍,号曰"奉国城";又遣兵戍乌程县之东九十里的"乌戍"⑧。事实上,奉国城在盛唐即具有军事功能⑨,乌戍亦是如此⑩。另外,湖州西境隋朝时设置的长兴县四安镇⑪更是阻挡了来自宣州的进攻。从而,使湖州的防御体系更加完善。

梁贞明四年(918)正月,吴国任命右都押牙王祺为虔州行营都指挥使,历时近一年的虔州争夺战开始,吴越国为了自己经过虔州向中原进贡的贡道畅通而出兵与吴交锋。⑫ 但是,吴国率先攻取了虔州⑬,并且骚扰吴越国北境,使钱氏没有取得丝毫利益。即使是想趁吴国内乱而大捞一把的

---

① 《资治通鉴》卷二六八"梁均王乾化三年三月"条,第8771页。
② 《资治通鉴》卷二六八"梁均王乾化三年四月"条,第8771~8772页。
③ 《资治通鉴》卷二六八"梁均王乾化三年五月"条,第8772页。
④ 《资治通鉴》卷二六八"梁均王乾化三年六月"条,第8773页。
⑤ 《资治通鉴》卷二六八"梁均王乾化三年九月"条,第8776页。
⑥ 何勇强:《钱氏吴越国史论稿》,第239~240页。
⑦ 《吴越备史》卷一《武肃王》"贞明四年九月"条,第1192页。
⑧ 《十国春秋》卷七八《吴越二·武肃王世家》"天宝六年十月"条,第1089页。
⑨ 《读史方舆纪要》卷九一《浙江三·湖州府》德清县"奉国城"条,第4194页。
⑩ 《读史方舆纪要》卷九一《浙江三·湖州府》归安县"乌镇"条,第4189页。
⑪ 《读史方舆纪要》卷九一《浙江三·湖州府》长兴县"四安镇"条,第4193~4194页。
⑫ 关于虔州争夺战及虔州在唐末五代南方诸国之间的重要性,详见胡耀飞《唐末五代虔州军政史——割据政权边州研究的个案考察》,杜文玉主编《唐史论丛》第20辑,三秦出版社,2015,第274~295页。
⑬ 《资治通鉴》卷二七〇"梁均王贞明四年十一月"条,第8836页。

狼江山之役胜利了①，但也因为随后的几次失败而未能取得绝对优势，钱、杨之间从此开始了友好通聘时代。

此时的湖州刺史钱传瓘，由于战功的积累已经充任清海军节度使②，他的继任钱传璟也于贞明五年（919）四月从湖州刺史任上调离③。之后，湖州刺史频繁更替，但大部分是钱氏子弟。即使是非钱氏之刘仁杞、鲍君福、沈韬文、许彦，任期总计只在十年到十五年之间。随着整个吴越国与其周边政权政局的稳定，湖州的军事地位进一步下降，最终在宋初吴越国纳土后失去其军事价值。

从钱、杨议和到吴越献国的几十年时间里，还有两件事情跟湖州有关：第一，周太祖广顺三年（953）二月，湖州所隶建州降卒郑怀嵩等率其党二百余人作乱，但不到一天的时间就被镇压并全部被诛杀④；第二，宋太祖开宝七年（974）十月，吴越忠懿王钱俶受宋诏亲征常州时，命时任湖州刺史的钱俨督漕运⑤。前一事在钱弘偡任上，表明湖州在钱氏宗亲手中非常稳固；后一事表明湖州在吴越国北方的军事行动中，尚且有其积极意义。

四　军事之外的事实

以上数节所论，是从纯军事角度来看湖州在吴越国中的地位。然而，作为一个上州⑥，在军事上对吴越国的作用，也可以从吴越国政权在各个方面对湖州的重视中得出。综观吴越国五世国王，从梁太祖开平四年（910）钱镖为刺史，到宋太宗太平兴国三年（978）钱俶纳土归宋，这近七十年间，对湖州在军事以外的特殊照顾，有以下数事。

其一，后唐明宗长兴二年（931）十一月，吴越国重修位于武康县境内的防风山灵德王庙，钱镠亲自撰写《庙记》。虽说当时武康县被划进杭州已经二十余年，但是毕竟几百年来武康一直都是湖州的，连《庙记》本

---

① 《资治通鉴》卷二七〇"梁均王贞明五年四月"条，第8844页。
② 《吴越备史》卷二《文穆王》"贞明七年十月"条，第6212页。
③ 《吴越备史》卷一《武肃王》"贞明五年四月"条，第6210页。
④ 《吴越备史》卷四《大元帅吴越国王》"广顺三年二月"条，第6251页。
⑤ 《十国春秋》卷八三《钱俨传》，第1208页。
⑥ 《元和郡县图志》卷二五《江南道一》"湖州"条，第605页。

身也承认:"又按《史记》云,'汪罔氏之君,守封禺之山',今在吴兴武康县。"① 因此,对位于湖州旧属县境内的防风庙进行重修,不仅为了纪念历史上和大禹同时代的治水英雄防风氏,还折射出武康县本属湖州之事实,其被割属杭州,只是出于军事上之目的。

其二,后唐废帝清泰二年(935)十一月,后唐朝廷根据吴越国文穆王钱传瓘所提供的名单,"敕杭州护国庙改封崇德王,城隍神改封顺义保宁王,铜官庙改封福善通灵王,湖州城隍神封阜俗安城王,越州城隍神封兴德保阇王"②。可以看出,湖州在三州中的排名甚至在越州之前,虽然历来都是杭、越并称。这无疑是对湖州在吴越国中重要地位的一个肯定。

除此之外,还有一些事件,如周世宗显德六年(959)二月升湖州为宣德军,也是对湖州地位的一个提升。可是,在吴越国境内,此时藩镇体制已经不合时宜③,宣德军所属只有湖州一州而已,这样的节度使不过是对时任湖州刺史钱弘偡的一种尊崇。

结　语

以上,笔者对湖州在吴越国国防中的地位问题进行了讨论,但并不认为湖州在吴越国国防中的作用是第一位的,事实也并非如此。比起在西北的苏州,湖州所遭受的来自吴国的进攻次数明显要少,即使任湖州刺史的钱传瓘都要去苏州防御吴军。这说明两点:一是湖州的防御体系确实牢固,不然李氏、高氏父子也不会据守二十多年;二是湖州对杭州的保障屏翼作用确实发挥了出来,不然吴国对衣锦军的频繁进攻也不会总是落空。事实上,湖州的军事地位是在吴越国建立后,即在以杭州为中心的钱氏军事集团崛起后才日益凸显的,并且随着吴越国的消亡而降低。正是湖州和南面的睦州,以及北面的苏州共同保障了吴越国的政治中心杭州。

---

① 《十国春秋》卷七八《吴越二·武肃王世家》"宝正六年十一月"条,第1104页。
② 《十国春秋》卷七九《吴越三·文穆王世家》"清泰二年十一月"条,第1122页。
③ 参见何灿浩《吴越国方镇体制的解体与集权政治》,《历史研究》2004年第3期,第39~53页。

唐宋之际苏州军政史研究[*]

唐末五代天下大乱，许多本来的内地州县因为割据政权的崛起而成为各自的边疆州县，又以南方为最。地处太湖东岸、浙西中心地区的苏州，也在唐末五代的淮浙混战中，饱受战乱之苦，周边各个割据政权皆欲取之以为己域。吴越国最终对苏州的控制，以及吴越国与吴、南唐政权的对立状态，更使苏州成为名副其实的"边州"。但这一段混乱的历史，却一直没能得到很好的梳理。[①] 作为一个后世以文化闻名的城市，欲知苏州在经历了唐末五代的战乱后如何能够在宋代以后发展为"天堂"，则势必对其战乱经历有所了解。故笔者不揣浅陋，以此为题，希望能够得到更多指正。

一 苏州的地理

既然关注苏州的战乱，首先得考虑苏州地理环境。据《元和郡县图志》载：

> 苏州（原注：吴郡。紧）……
> 八到（原注：西北至上都三千三十里，西北至东都二千一百七十里，南至杭州三百七十里，正南微西至湖州二百一十里，东北至海三百三十里，西北至常州一百九十里）：……

---

[*] 本文初稿于2006年10月，修订于2013年5月，后刊于陈瑞近主编《苏州文博论丛》第4辑，文物出版社，2013，第75~88页。
[①] 较多涉及的研究，有何勇强《钱氏吴越国史论稿》，浙江大学出版社，2002，第89~119、231~233页；丁贞权《五代时期的杨吴政权》，硕士学位论文，安徽大学，2004，第46~48页；孙先文《吴越钱氏政权研究》，硕士学位论文，安徽大学，2004，第63~65页。

管县七：吴、长洲、嘉兴、海盐、常熟、昆山、华亭。①

根据《中国历史地图集》的绘制可知，长洲在吴县北，西与常州之无锡县交界；常熟在长洲北，西与常州之江阴县交界；嘉兴在吴县南，西南与杭州之盐官县交界，西与湖州之乌程县和德清县交界；海盐在嘉兴南，西与杭州之盐官县交界；吴县本身西南与湖州之乌程县交界。直至唐末，这一格局都没有改变。故而，唐末苏州实际上是包括了现今苏州、嘉兴、上海三个行政区的地域。② 当然，由于当时上海市的陆域尚未完全形成，苏州的实际面积也要大打折扣。不过鉴于其东临大海，西滨太湖，南控钱塘，北倚长江的特殊区位，以及南通杭州盐官县，西北通常州无锡县，西南通湖州乌程县的交通优势，加上得天独厚的气候和土地资源所造就的发达的经济，苏州被其周围的割据者所觊觎。

当苏州为吴越国长期控制后，由于其为边州的地位因素，以及出于全国的统治政策需要，吴越国统治者对其进行了一番调整。包括，后梁开平三年（909）闰八月"置苏州吴江县"③，后唐同光二年（924）十一月"升苏州为中吴军"④，以及后晋天福五年（940）三月"升嘉兴县为秀州，以嘉兴、崇德、华亭三县隶焉"⑤。只是由于吴越国与吴、南唐此后的长期和平关系，这些调整的军事意义不大。

就是在这片水乡泽国，作为扼守长江口与钱塘江口间之要冲的苏州，变成了被乱世军阀相继觊觎的"蛋糕"，却也保卫了吴越国的北部疆土。其所由造成的地缘政治，不仅对吴越国的独立至关重要，甚至在一定程度上左右了全国的局势。当然，要研究苏州的边州地位，一切得从唐末开始讲起。

二　张雄与徐约对苏州的先后控制

黄巢南北转战，彻底打破了旧有藩镇格局，也使北方藩镇的军乱传统

---

① （唐）李吉甫：《元和郡县图志》卷二五《江南道一·浙西观察使·苏州》，中华书局，1983，第600页。
② 谭其骧主编《中国历史地图集》第5册，中国地图出版社，1982，第55～56页。
③ （北宋）钱俨：《吴越备史》卷一《武肃王》"开平三年闰八月"条，《五代史书汇编》第10册，杭州出版社，2004，第6203页。
④ 《吴越备史》卷一《武肃王》"同光二年十一月"条，第6213页。
⑤ 《吴越备史》卷二《文穆王》"天福五年三月"条，第6229页。

传播到了南方。光启二年（886）十月，隶属于感化军节度使时溥的牙将，泗州涟水人"张雄、冯弘铎得罪于节度使时溥，聚众三百，走渡江，袭苏州，据之。雄自称刺史，稍聚兵至五万，战舰千余，自号'天成军'"①。这次小小军变的发生，是因为两人"皆为武宁军偏将。弘铎为吏辱，雄为辩数，并见疑于节度使时溥，二人惧祸"②。于是这位出身淮北的下层军官张雄，便凭借武力一跃而控制了苏州的军政大权。

但苏州作为江南财赋重镇，身为浙西观察使的周宝不能眼看着苏州易主。故光启三年（887）三月，周宝虽然因为自己内部的兵变而逃离润州，依附亲信常州刺史丁从实，但还要在危机时刻，派遣本可以作为自己夺回润州重要援助的六合镇使徐约及其精兵，去攻打苏州。③ 于是，光启三年四月，同样身为北方军将④的徐约便继张雄之后，占据苏州。张雄转而逃亡入海，趁乱占据润州上元县，私自升上元县为西州，再次当上了刺史。⑤

不过，据《吴越备史》，"浙西周宝子婿杨茂宝为苏州刺史，约攻破之，遂有其地"⑥。则当徐约进取苏州时，身为周宝子婿的杨茂宝已经率先占据其地。又，《吴越备史》在叙述徐约进取苏州时，只云"夏四月，六合镇使徐约攻陷苏州"⑦，而并未说明受周宝指使。因此，很有可能周宝在微讽徐约进取苏州之后，怕徐约尾大难掉，让自己的女婿杨茂宝率先攻取苏州。徐约毕竟从润州六合镇赶到苏州，比杨茂宝从常州到苏州远得多，所以能够让杨茂宝占取先机。只是张雄轻易失守，却让人大惑不解，或与其初到江南立足不稳有关。

---

① （北宋）司马光：《资治通鉴》卷二五六"唐僖宗光启二年十月"条，中华书局，1956，第8340页。
② （北宋）欧阳修、宋祁：《新唐书》卷一九〇《张雄传》，中华书局，1975，第5489页。
③ 《资治通鉴》卷二五六"唐僖宗光启三年三月"条，第8347页。
④ 《新唐书》卷一九〇《张雄传》："徐约者，曹州人。"（第5490页）《吴越备史》卷一《武肃王》"龙纪元年三月"条《徐约传》亦云："约，曹州人，从黄巢攻天长，遂归高骈，为六合镇将。"（第6179页）另外，李最欣点校《吴越备史》，在"六合镇将"后加逗号，接下文"浙西周宝子婿"，然后加句号。按其意，以徐约为周宝子婿，似误。盖高骈与周宝不合，徐约不可能既归高骈，又是周宝子婿，何况徐约出身黄巢降将，周宝也不会贸然接纳其为女婿。
⑤ 《资治通鉴》卷二五七"唐僖宗光启三年四月"条，第8348页。
⑥ 《吴越备史》卷一《武肃王》"龙纪元年三月"条附《徐约传》，第6179页。
⑦ 《吴越备史》卷一《武肃王》"光启三年四月"条，第6176页。

据州而立的现象增多，是地方动乱在唐末的新特点。[1] 苏州作为浙西观察使辖区的大州，交通南北，并拥有巨大的财赋，使得张雄、周宝、徐约相继窥视其统治权，让苏州一下子成为军事重镇，以后数十年再也无法享受和平。

三　浙西混战中苏州的归属不定

黄巢殁后，秦宗权叛乱，而秦宗权叛乱又导致孙儒劫掠江淮。孙儒的南下，正好遭逢淮南杨氏、浙西钱氏的崛起，此两大势力无疑不利于孙儒想要趁乱割据一方。因此，孙儒如无头苍蝇般地左冲右突，加之杨行密艰难地争夺地盘，以及钱镠不紧不慢地扩张势力，使得浙西之地数年之内陷于混战。因此，要了解苏州在混战中的归属，必须先搞清楚整个浙西混战的史实。

根据史料记载，发生在浙西的混战可以大致分为以下三个阶段。

（一）钱镠以助周宝勘定内乱的名义进取润、常、苏三州

这一阶段，起于光启三年（887）五月，"钱镠遣东安都将杜棱、浙江都将阮结、静江都将成及将兵讨薛朗"[2]。是年"六月，师次阳羡，与贼将李君旺遇，大破之，获船八百余艘"。九月，"遂进攻常州，丁从实弃城宵遁"。[3] 三州之中居于中间位置的常州被率先攻破。

光启三年十二月，"钱镠以杜棱为常州制置使。命阮结等进攻润州，丙申，克之；刘浩走，擒薛朗以归"[4]。又据《吴越备史》，文德元年（888）正月丙寅，"我师克润州，生擒薛朗而还，王命剖心以祭周宝。刘浩走之，王命阮结为制置使"[5]。《吴越备史》或以薛朗到杭州之日追述润州的攻克，则润州被攻下当在此前的光启三年十二月。于是，润州也被破，浙西北三州只剩苏州一地。

---

[1] 何灿浩：《唐末政治变化研究》，中国文联出版社，2001，第52页。
[2] 《资治通鉴》卷二五七"唐僖宗光启三年五月"条，第8357页。
[3] 《吴越备史》卷一《武肃王》"光启三年九月"条，第6177页。
[4] 《资治通鉴》卷二五七"唐僖宗光启三年十二月"条，第8372页。
[5] 《吴越备史》卷一《武肃王》"文德元年正月"条，第6179页。

作为进攻苏州的准备，文德元年正月，"又命筑嘉兴县城"①。同年"秋九月，王命从弟铧率兵讨徐约于苏州"②，开始了钱氏集团第一次对苏州的战役。龙纪元年（889）"三月，我师破徐约于苏州，约奔入海，中箭而死。王命海昌都将沈粲权知苏州事"③。至此，浙西北三州尽入钱氏政权，并且在道义上，钱镠以继承周宝浙西观察使的名义，收复了浙西诸州。因此，以后淮南杨氏以及孙儒对三州的侵犯，都是钱氏政权所不能容忍的。

需要说明的还有湖州，《新唐书·杨行密传》云："昭宗诏行密检校司徒、宣歙池观察使。时韩守威以功拜池州刺史，行密表徙湖州，以兵护送。而李师悦在湖州，与杭州刺史钱镠战不解。苏、湖、常、润乱甚。"④此时，恰逢杨行密进取宣州赵锽之时，⑤也想趁乱进取湖州，且湖州与宣州为邻州，如果杨行密得手宣州趁势从西进攻，李师悦必将陷入两面作战的境地，取之必易。不过，考虑到文德元年（888）李师悦由湖州刺史升为忠国军节度使⑥，很有可能李师悦为了不陷于两面作战，以争取杨行密的援助来帮其抵御钱镠，而依附于杨行密，并通过杨行密取得节镇的名号。

第一阶段结束，此时太湖沿岸的势力分布大致为：钱镠控制苏、常、润三州，杨行密控制宣、湖二州，而孙儒正在扬州虎视眈眈。

（二）杨行密与孙儒对浙西北三州的反复争夺

首先梳理在杨、孙的争夺战之前，钱氏对三州主政者的任命情况：（1）润州，文德元年（888）春正月"丙寅，我师克润州……王命阮结为制置使"⑦，龙纪元年（889）"五月，甲辰，润州制置使阮结卒，钱镠以静江

---

① 《吴越备史》卷一《武肃王》"文德元年正月"条，第6179页。
② 《吴越备史》卷一《武肃王》"文德元年九月"条，第6179页。
③ 《吴越备史》卷一《武肃王》"龙纪元年三月"条，第6179页。
④ 《新唐书》卷一八八《杨行密传》，第5453页。
⑤ 《资治通鉴》卷二五七"唐昭宗文德元年八月"条至卷二五八"唐昭宗龙纪元年六月"条，第8381~8388页。
⑥ 《新唐书》卷六八《方镇表五》，第1924页。但《资治通鉴》与《吴越备史》皆曰李师悦在去世之前闻持授节钺的使节将要到达湖州，过于激动而死，此事在乾宁三年（896）末。《新唐书》卷一八六《周宝传》谓其"昭宗时，迁忠国军节度使"，但未详昭宗何时。
⑦ 《吴越备史》卷一《武肃王》"文德元年正月"条，第6179页。

都将成及代之"①；（2）常州，光启三年（887）"十二月，命杜棱为常州制置使"②；（3）苏州，龙纪元年冬十月，"以给事中杜孺休为苏州刺史。钱镠不悦，以知州事沈粲为制置指挥使"③。

对于浙西北部三州的争夺，由于孙儒要照顾到江北扬州不被朱全忠袭击，故需在长江南北之间反复来回，也造成了三州，特别是常、润二州在孙、杨之间数次易主。因此，必须分阶段叙述这一史实。

第一阶段，杨行密进取常、润二州。《新唐书》云："行密虽得宣州，而蔡俦为孙儒所破，以庐州降。儒进攻行密，行密复入扬州，北结时溥扞儒。全忠（朱温）遣庞师古将兵十万，自颍度淮助行密，败于高邮。行密惧，退还宣州，遣安仁义袭成及，取润州，自将三万屯丹杨。仁义又取常州，杀钱镠将杜棱。"④ 如此，则杨行密在渡江后，本部屯润、常之间的丹杨，让安仁义先后进取润、常二州。故《吴越备史》云：龙纪元年（889）十一月，"宣州杨行密遣将李宥陷我毗陵，执杜棱而去。初，李宥攻毗陵，凿穿地道而入，兵甲俱以土中夜入于棱之寝室，因执棱于卧榻而去"⑤。《资治通鉴》又云：龙纪元年十一月，"田頵攻常州，为地道入城；中宵，旌旗甲兵出于制置使杜棱之寝室，遂虏之，以兵三万戍常州"。⑥

第二阶段，孙儒渡江从杨行密手中拿下常、润二州。龙纪元年（889）十二月"戊寅，孙儒自广陵引兵渡江。壬午，逐田頵，取常州，以刘建锋守之。儒还广陵，建锋又逐成及，取润州"⑦。关于此时润州的归属问题，《吴越备史》云：龙纪元年"十二月，淮南孙儒遣其下刘建锋帅众陷我润州，成及奔归"⑧。大致是杨行密将安仁义于十一月下润州之后，转攻常州，使钱氏降将成及继续代理润州，孙儒将刘建锋便于十二月从成及之手

---

① 《资治通鉴》卷二五八"唐昭宗龙纪元年五月甲辰"条，第8387页。
② 《吴越备史》卷一《武肃王》"光启三年十二月"条，第6177页。
③ 《资治通鉴》卷二五八"唐昭宗龙纪元年冬十月"条，第8389页。
④ 《新唐书》卷一八八《杨行密传》，第5453页。
⑤ 《吴越备史》卷一《武肃王》"龙纪元年十一月"条，第6180页。
⑥ 《资治通鉴》卷二五八"唐昭宗龙纪元年十一月"条，第8391页。关于记载不一之杨行密进取常州所派何人为将帅问题，可以参见何勇强《钱氏吴越国史论稿》第96页之考证。
⑦ 《资治通鉴》卷二五八"唐昭宗龙纪元年十二月戊寅"条，第8392页。亦见《新唐书》卷一〇《昭宗纪》，第285页。
⑧ 《吴越备史》卷一《武肃王》"大顺元年十二月"条，第6180页。

中攻下润州。①

第三阶段，杨行密复于孙儒手中得常、润二州。大顺元年（890）二月，"杨行密遣其将马敬言将兵五千，乘虚袭据润州。李友将兵二万屯青城，将攻常州。安仁义、刘威、田頵败刘建锋于武进，敬言、仁义、威屯润州"。② 其谓"乘虚"，指孙儒此时与朱全忠将庞师古战于江北。又，杨行密让马敬言、安仁义、刘威三人守润州，是因为控制了润州便可以控制江北扬州与江南常州的交通，上年末对此问题的忽视也是使润州得而复失的原因之一。

第四阶段，孙儒对常、润二州的再控制以及对苏州进取。不过，这一阶段有些复杂，姑且先列各书自大顺元年二月杨行密占领常、润二州之后的史料于下。

《新唐书·昭宗纪》曰：

> 大顺元年……七月，杨行密陷润州。……八月，钱镠杀苏州刺史杜孺休。杨行密陷苏州。淮南节度使孙儒陷润州。……九月……杨行密陷润、常二州。闰月，孙儒陷常州。……十一月……孙儒陷苏州。③

《吴越备史》曰：

> 大顺元年……秋七月，常州李宥陷我姑苏，制置使沈粲害刺史杜孺休及兄延休而奔于我。王以其失备，复害刺史，将欲诛之，粲遂奔孙儒。是月，杨行密遣将张行周为常州制置使。……闰九月，孙儒复

---

① 据《新唐书》卷一〇《昭宗纪》有龙纪元年十月"钱镠陷润州"之记载，依何勇强《钱氏吴越国史论稿》第96页之考证，乃是史官误记，何认为杨氏没有进取过润州，而润州被孙儒在此年十二月所得。但笔者认为也有可能是此年十月杨氏的确取了润州，而润州守将成及有可能暂时投降杨氏，并因为杨氏兵力不足而帮其守城，以防孙儒南下，如此孙儒才能从成及手中拿下润州，而成及后来还是逃回了钱氏，钱氏出于隐恶而未提及成及投降杨氏之事。或成及在受到杨氏攻击时，暂时撤出润州城，并趁杨氏全力进取常州之时，收回润州，如此，孙儒也方能从成及手中拿下润州。总之，成及防守能力不足，这也可以从他之后在苏州任上被杨氏俘虏看出来。

② 《资治通鉴》卷二五八，唐昭宗大顺元年二月，第8394页。

③ 《新唐书》卷一〇《昭宗纪》，第286页。

遣刘建封攻毗陵，杀张行周，而复困姑苏。……冬十一月，孙儒陷姑苏，李友奔常熟。十二月，孙儒归淮南，仍以沈粲为制置使。①

《资治通鉴》曰：

大顺元年……八月……丙寅，孙儒攻润州。苏州刺史杜孺休到官，钱镠密使沈粲害之。会杨行密将李友（李宥）拔苏州，粲归杭州。镠欲归罪于粲而杀之，粲奔孙儒。……九月……杨行密以其将张行周为常州制置使。闰月，孙儒遣刘建锋攻拔常州，杀行周，遂围苏州。……十二月，己丑，孙儒拔苏州，杀李友。安仁义等闻之，焚润州庐舍，夜遁。儒使沈粲守苏州，又遣其将归传道守润州。②

首先，《新唐书》所云"七月，杨行密陷润州"，之前二月润州已在杨氏手中，为何又陷之？则或许二月到七月间润州复被孙儒占取过一次，而杨氏再陷。因此，《新唐书》云：八月，"淮南节度使孙儒陷润州"。而《资治通鉴》亦云：八月"丙寅，孙儒攻润州"。

其次，杨氏常州守将李宥在孙儒南下的威胁下，担心常州不保，便向南之苏州发展，并进取之。此事，唯《吴越备史》系于秋七月，其余二书皆系于八月。而《吴越备史》于八月未记载战事，故或当以八月为准。

再次，九月杨氏任命常、苏二州守将，即《资治通鉴》云"以其将张行周为常州制置使"。而《吴越备史》又系之于七月李宥取苏州之后。又《新唐书》云是年九月"杨行密陷润、常二州"，则实际上杨氏全部占有了浙西三州之地。

复次，闰月孙儒遣刘建锋攻克常州，此事三书记载相同，不作辩论。

最后，年末孙儒攻克苏州，进而全有浙西三州之地。攻克苏州，即《吴越备史》于十一月所系"孙儒陷姑苏，李友奔常熟"，及《新唐书》所云十一月"孙儒陷苏州"，又《资治通鉴》所云"十二月，己丑，孙儒

---

① 《吴越备史》卷一《武肃王》，第 6180 页。
② 《资治通鉴》卷二五八"唐昭宗大顺元年八月至十二月"条，第 8402~8410 页。

拔苏州，杀李友"则当为孙儒在十一月下苏州城后，又于十二月克李友所避之常熟地，全有苏州。既克苏州，孙儒"归淮南"，在杨氏守润州之将安仁义"焚润州庐舍，夜遁"的情况下，顺便任命降将沈粲守苏州，归传道守润州。

从而，浙西北三州争夺战之第四阶段结束，整个浙西北争夺战也以孙儒的尽据三州而结束。这时太湖沿岸势力分布为：孙儒占据苏、常、润三州，杨行密依旧控制宣、湖二州，而钱镠失去了到手的一切。

（三）孙儒的溃败以及浙西三州势力范围的初步定型

浙西混战，实际上主要是孙儒与杨行密争夺淮南霸权而造成的，最后杨行密被孙儒逼到了宣州，而孙儒自己又受到朱全忠在北方的步步紧逼，以致战火烧到了江南，并祸及钱镠在浙西的利益，最终孙儒全有浙西之地。因此，钱镠想要重新取得浙西三州，必须依靠杨行密的力量。所以，在第三阶段，钱、杨便联合起来，对孙儒进行夹攻。

首先是孙儒第一次渡江南下。大顺二年（891）正月，"孙儒尽举淮、蔡之兵济江。癸酉，自润州转战而南，田頵、安仁义屡败退，杨行密城戍皆望风奔溃。儒将李从立奄至宣州东溪，行密守备尚未固，众心危惧，夜，使其将合肥台濛将五百人屯溪西；濛使士卒传呼，往返数四，从立以为大众继至，遽引去。儒前军至溧水，行密使都指挥使李神福拒之。神福阳退以示怯，儒军不设备，神福夜帅精兵袭之，俘斩千人"。①

可见，孙儒从润州进攻宣州，战而复败。又《吴越备史》云：大顺"二年春正月，孙儒自淮南复入姑苏，将乘胜以图我。王出舟师以御之，儒遂绝南顾"。② 以及《新唐书》云：大顺二年正月，"钱镠陷苏州"。③ 则在孙儒全有浙西三州北还后，苏州已为钱氏乘虚而取，而当孙儒南下攻杨行密于宣州顺便想夺回苏州时，又为钱氏所败。孙儒进攻宣州失利，便返回江北与杨行密争夺淮南诸州。

然后是孙儒在尽失淮南之地后，第二次南下与杨行密做最后一次决战。大顺二年七月，"于是悉焚扬州庐舍，尽驱丁壮及妇女渡江，杀老弱

---

① 《资治通鉴》卷二五八"唐昭宗大顺二年正月"条，第8412页。
② 《吴越备史》卷一《武肃王》"大顺二年正月"条，第6180页。
③ 《新唐书》卷一〇《昭宗纪》，第286页。

以充食"。① 此后，孙儒又进攻宣州，八月"乙未，孙儒自苏州出屯广德，杨行密引兵拒之。儒围其寨，行密将上蔡李简帅百余人力战，破寨，拔行密出之"。② 这场战役，是孙儒从苏州行进至宣州广德县。因广德在宣州南，可知孙儒第二次渡江后，直接以苏州为根据地进攻广德。因此，钱氏对苏州的控制再次失去。然而此战孙儒依旧没有胜利，所以又有了之后的第二次，也是最后一次进攻。

大顺二年十二月，"孙儒焚掠苏、常，引兵逼宣州，钱镠复遣兵据苏州。儒屡破杨行密之兵，旌旗辎重亘百余里。行密求救于钱镠，镠以兵食助之"。③ 因孙儒欲决死一战，所以他在战前焚掠了苏、常二州，以致景福元年（892）二月，"钱镠陷苏州"④，并"命从弟铧为姑苏招辑使"⑤。又《资治通鉴》云："孙儒围宣州。初，刘建锋为孙儒守常州，将兵从儒击杨行密，甘露镇使陈可言帅部兵千人据常州。行密将张训引兵奄至城下，可言仓猝出迎，训手刃杀之，遂取常州。行密别将又取润州。"⑥ 则常州、润州也被杨行密顺便拿下。⑦ 而此一格局，初次奠定了浙西三州的势力范围，此后的数十年间，钱氏与杨氏虽然互战不休，但终未能改变之。⑧

至于孙儒，景福元年六月，在失去了后方，决死力于宣州后，受到杨、钱两方的进攻，最终溃败。⑨

因此，经过浙西一场牵涉三方的混战之后，苏州归属钱氏，常、润二州归属杨氏。这样，苏州在钱氏政权中首次成为边疆州，从而在以后数十

---

① 《资治通鉴》卷二五八"唐昭宗大顺二年七月"条，第8417页。亦见《新唐书》卷一〇《昭宗纪》，第287页。
② 《资治通鉴》卷二五八"唐昭宗大顺二年八月"条，第8417页。
③ 《资治通鉴》卷二五八"唐昭宗大顺二年十二月"条，第8422页。亦见《吴越备史》卷一《武肃王》"大顺二年十二月"条，第6180～6181页。
④ 《新唐书》卷一〇《昭宗纪》，第287页。对于钱氏两次收复苏州的时间记载问题以及由此而引出的苏州的重要战略地位问题，《钱氏吴越国史论稿》第98～101页已有详细论述。笔者只是更加详细地根据具体时间，分别叙述了两次不同的收复苏州事件而已。而钱大昕《廿二史考异》卷四二《唐书二》所谓"上年正月已书镠陷苏州，此重出"（上海古籍出版社，2004，第675页），当是其不明具体战争进程所致。
⑤ 《吴越备史》卷一《武肃王》"景福元年二月"条，第6181页。
⑥ 《资治通鉴》卷二五九"唐昭宗景福元年二月"条，第8426页。
⑦ 关于常州甘露镇使陈可言，参见何勇强《钱氏吴越国史论稿》第102页之考证。
⑧ 关于孙儒之乱对钱镠政权的影响，以及从地缘政治角度观察苏、常、润三州，可参见何勇强《钱氏吴越国史论稿》，第105页。
⑨ 《资治通鉴》卷二五九"唐昭宗景福元年六月"条，第8429～8430页。

年的边疆州争夺战中，凸显了其重要的战略地位。

四 苏州在唐末所拥有的战略地位

浙西战乱结束后，一直和平的情况并未长久。首先是浙东董昌的叛乱，其次是吴越国与吴国的边疆战争。因此，对于苏州此一时段的战略地位的作用，可以分前、后两期考察。

（一）前期：钱、董战争中苏州的失守

董昌作为钱镠的上级，两人一直处于"董昌是政治领袖，钱镠是军事统帅"[1] 的微妙关系中。随着钱镠在历次战争中势力的增长，两人嫌隙加深。因此，当两人联合击败盘踞在浙东的黄巢残部刘汉宏势力后，或出于浙东财赋，或出于政治前途，[2] 董昌都要去浙东越州，从而出现了两人隔江对峙的局面。

钱镠作为军事领袖，虽然占据杭州，但无疑杭州隔江便是越州，随时可能受到董昌的攻击。又浙西经过长期战乱，经济凋敝，钱镠所占领的苏州已非昔日可比。紧邻杭州北部的湖州一直由李师悦占据，而李师悦又倾向于杨氏。只有杭州南部睦州刺史陈晟尚可以利用，但虽然同样出身八都旧将，在钱镠根本处于势弱的时候，陈晟不一定会听从钱镠。于是，唯一的出路便是乘机消灭董昌，而董昌在乾宁二年（895）二月称帝，就是最好的机会。

根据战争进程，以及战火延及范围，此次征讨董昌的战役，有东、西线两个战场。苏州的失守，导致了西线战场的吃紧，因为杨行密对董昌的支持无疑会加重钱镠的军事压力。又当时苏州的守将，是乾宁元年二月任命的曾经在浙西混战中失守润州的成及[3]，失败经历并没有改变他的再次失守的命运[4]。《资治通鉴》曰：

---

[1] 何勇强：《钱氏吴越国史论稿》，第 110 页。
[2] 何勇强：《钱氏吴越国史论稿》，第 109 页。
[3] 《吴越备史》卷一《武肃王》乾宁元年二月条："王命成及权苏州刺史。"（第 6182 页）
[4] 据《吴越备史》卷一《成及传》："乾宁时，淮人围姑苏，常熟镇将陆郧、巡检郭用与其党赵郿以城应寇，邯手刃其母、妻、子以盟。"（第 6207 页）则成及之败有叛徒出卖。

乾宁二年……九月……董昌求救于杨行密，行密遣泗州防御使台濛攻苏州以救之。

冬，十月……杨行密遣宁国节度使田頵、润州团练使安仁义攻杭州镇戍以救董昌，昌使湖州将徐淑会淮南将魏约共围嘉兴。钱镠遣武勇都指挥使顾全武救嘉兴，破乌墩、光福二寨。淮南将柯厚破苏州水栅……

乾宁三年，春，正月……辛未，安仁义以舟师至湖州，欲渡江应董昌，钱镠遣武勇都指挥使顾全武、都知兵马使许再思守西陵，仁义不能渡……

五月……癸未，苏州常熟镇使陆郢以州城应杨行密，虏刺史成及。①

可见，台濛在围攻了苏州之后，顺便给予润州安仁义南下配合宣州田頵及湖州李师悦进攻苏州嘉兴和杭州周边军寨的机会。钱镠则全靠顾全武在东西线之间来回奔波，才得以保住杭州不被攻破，从而阻止杨行密的军队渡过浙江与董昌的军队会合。但苏州最终还是被杨行密进取，嘉兴也被长期围攻。因此，即使在苏州被攻破的当月擒获董昌，平定浙西之后，钱镠还是要面临随即而来的对北部地区的再控制问题。

（二）后期：钱、杨战争中苏州的光复

钱镠与杨行密虽然在浙西混战中，曾经共同讨伐过孙儒，但是毕竟两者都处在军事上的上升阶段。杨行密对常州、润州的实际占有和对湖州的间接控制，都使钱镠的浙西观察使衔有名无实。而在董昌之役中，杨行密更是直接出兵占领了苏州，由此所造成的对杭州的威胁已经使钱镠无法忍受。苏州之役随之而来。以下亦分阶段叙述之。

第一阶段：解围嘉兴、进取湖州。

苏州州治在中心地带，欲克苏州，必先下周边诸县。因此，对近在咫尺的嘉兴的收复，是成功光复苏州的关键。又因当年杨行密的军队和嘉兴以西的湖州将一起围攻嘉兴，所以要保证嘉兴的安全，还需解决湖州

---

① 《资治通鉴》卷二六〇"唐昭宗乾宁二年九月"条至"乾宁三年五月"条，第8476~8486页。

问题。

解围嘉兴的进程,《吴越备史》详载如下:

> 乾宁四年(897)……夏四月,命顾全武与王弟镇并武胜军都指挥使沈夏、陈璋、高遇、许再思等,率兵自海道以救嘉禾。时诸将皆欲缓进,惟全武请倍道兼行,王从之。一日,师次嘉禾,围逼已久,城中莫知所之,遽见我旗号,皆大悦,贼亦神之。是日,遂内外夹击,擒贼将李宗礼、偏将顾金等二十余人,俘馘不可胜计,乘胜大破贼寨十有八所,又擒贼将魏约、张宣、杨璠、阎建等士卒三千余人。嘉禾平。①

嘉禾即嘉兴。钱氏将领顾全武乘浙东大胜,加上杨氏将领久围不下,士气低落,从而出奇制胜。从乾宁二年十月开始被围,到此时围解,一共经历了二十个月,嘉兴未被攻破,可见嘉兴足以独当一面的实力,也许是以后嘉兴单独设州的原因之一。

嘉兴县城已克,而淮南宣州将田頵尚且"屯驿亭埭",于是"两浙兵乘胜逐之"。四月"甲戌,頵自湖州奔还,两浙兵追败之,頵众死者千余人"②。此次胜利,也有地利因素,史载:"全武等又乘胜逐田頵于驿亭埭,頵由吴兴而遁。于时大水,我师逐之,斩馘沉溺者亘于十里。"③ 由于田頵从湖州逃走,顾全武追击之,也就顺便肃清了残留在湖州的杨行密势力,基本上已经控制了湖州全境。因此,湖州城内的李师悦之子李彦徽也几被围城。

此年七月,钱镠放心地"命顾全武率师复姑苏"④。此年九月,"湖州刺史李彦徽欲以州附于杨行密,其众不从;彦徽奔广陵,都指挥使沈攸以州归钱镠"⑤。如此,钱镠便在形式上正式接管了湖州的军政大权,并"命海昌镇将高彦为湖州制置使"⑥。于是,作为保卫杭州北部边疆的湖州便正

---

① 《吴越备史》卷一《武肃王》"乾宁四年四月"条,第6188页。
② 《资治通鉴》卷二六一"唐昭宗乾宁四年四月"条,第8503页。
③ 《吴越备史》卷一《武肃王》"乾宁四年四月"条,第6188页。
④ 《吴越备史》卷一《武肃王》"乾宁四年七月"条,第6188页。
⑤ 《资治通鉴》卷二六一"唐昭宗乾宁四年九月"条,第8508页。
⑥ 《吴越备史》卷一《武肃王》"乾宁四年九月"条,第6189页。

式承担起了其协助克复苏州之重要任务。①

第二阶段：进取苏州周围县城。

欲取苏州，必先取其周围之县城，对苏州城形成合围之势，方可顺利实现。于是，顾全武在解围苏州城南方之嘉兴之后，首先便依次进取县城。

据《资治通鉴》载，乾宁四年（897）七月，"庚戌，钱镠还杭州，遣顾全武取苏州；乙未，拔松江；戊戌，拔无锡；辛丑，拔常熟、华亭"②。这样一来，除了嘉兴以及嘉兴南部的海盐以外，苏州城以东之松江、华亭，苏州城以北之常熟，以西北之无锡，皆为顾全武所下。全力夺取苏州近在咫尺。

又据《吴越备史》，乾宁四年"八月，我师屯昆山"③。则顾全武以全军之力，欲从离苏州最近之昆山向西南光复姑苏。昆山县，"因县有昆山，故取名焉"，且"西至州八里"④，如此居高临下之地势，必然是最好的屯师之地。

第三阶段：淮南援军的到来以及吴越军的反应。

杨行密对于苏州的危机并非无动于衷，毕竟苏州的地理位置决定了行密不得不坚持支持前线，甚至不惜派最得力的将领前往。乾宁四年"冬十月，淮人以台濛守姑苏，代朱党也"⑤。台濛便是上年攻克苏州之将，此时又被派出，表明了杨行密欲救援苏州之决心。

当然，钱镠的军队也并非无所作为，《吴越备史》云，光化元年（898）正月，"我师救苏州，生擒淮将李近思，斩首千余级。再战，又斩其将梁琮、张颙等，而杨行密复遣将李简率兵五千余众，屯于无锡。我师复攻之，获其偏将陈益等而还，余皆走之"⑥。

不过，又据《九国志·张崇传》："迁苏州防遏使。越人攻苏州，崇从台濛败越兵于小白。"⑦如此，则敌对两方互有胜负。而光化元年三月，

---

① 关于湖州的军事地位，参见胡耀飞《试论湖州在吴越国国防中的地位》，《湖州师范学院学报》2009 年第 5 期，第 34～38、72 页。已收入本书。
② 《资治通鉴》卷二六一"唐昭宗乾宁四年七月"条，第 8505 页。
③ 《吴越备史》卷一《武肃王》"乾宁四年八月"条，第 6188 页。
④ （唐）李吉甫：《元和郡县图志》卷二五《江南道一·浙西观察使·苏州》，第 602 页。
⑤ 《吴越备史》卷一《武肃王》"乾宁四年十月"条，第 6190 页。
⑥ 《吴越备史》卷一《武肃王》"光化元年正月"条，第 6190 页。
⑦ （北宋）路振：《九国志》卷一《张崇传》，《五代史书汇编》第 6 册，杭州出版社，2004，第 3234 页。

"淮南将秦裴以兵三千人拔昆山而戍之"。① 反过来控制了对苏州足以造成重大威胁的昆山,更使双方相持不下。

第四阶段:艰难的围攻战以及最终的克复苏州。对此,先引述相关史料如下。

《资治通鉴》光化元年(898)九月条记载:

> 顾全武攻苏州,城中及援兵食皆尽。甲申,淮南所署苏州刺史台濛弃城走,援兵亦遁。全武克苏州,追败周本等于望亭。独秦裴守昆山不下,全武帅万余人攻之;裴屡出战,使病者被甲执矛,壮者彀弓弩,全武每为之却。全武檄裴令降。全武尝为僧,裴封函纳款,全武喜,召诸将发函,乃佛经一卷,全武大惭,曰:"裴不忧死,何暇戏予!"益兵攻城,引水灌之,城坏,食尽,裴乃降。钱镠设千人馔以待之,及出,羸兵不满百人。镠怒曰:"单弱如此,何敢久为旅拒!"对曰:"裴义不负杨公,今力屈而降耳,非心降也。"镠善其言。顾全武亦劝镠宥之,镠从之。时人称全武长者。②

《吴越备史》曰:

> 冬十月,王遣顾全武率师克苏州,台濛、李德诚等皆宵遁,其下秦裴因力屈而降,苏州平。(原注:初,遣顾全武等攻苏州,淮将刺史台濛等皆弃城宵遁,独秦裴守昆山不下。全武攻之,裴屡出战,复靳侮全武。全武怒,益兵引水灌城。城坏,乃出降。王曰:"尔军弱如此,何敢久为旅拒?"裴曰:"裴义不负杨公,今力屈而降耳。"王善其言,而全武亦请宥之,王从其请。)③

《新唐书·杨行密传》曰:

> 光化元年……行密诸将数败,全武遂围苏州,台濛固守,镠自以舟师至。濛食尽,行密遣李简、蒋勋迎之,败全武兵,濛得还。后军

---

① 《资治通鉴》卷二六一"唐昭宗光化元年三月"条,第 8514 页。
② 《资治通鉴》卷二六一"唐昭宗光化元年九月"条,第 8517~8518 页。
③ 《吴越备史》卷一《武肃王》"光化元年十月"条,第 6190 页。

溃，裴援绝，全武劝其降。决水灌城，城坏，裴乃降。镠喜，具千人食以待。既至，士不及百。镠曰："军寡，何拒之久？"裴曰："粮尽归死，非仆素也。"①

《九国志·台濛传》曰：

乾宁三年，破苏州，以濛守之。越人水陆大至，濛击败之。钱镠亲率舟师至，会粮尽，濛拔众遁归。②

同书《秦裴传》曰：

乾宁五年，率兵破越昆山镇，以千兵守之。钱镠遣顾全武引万众来复，裴援绝，全武以檄说裴。裴封函纳款，全武颇自负，召诸将聚观，全武曾为僧，发函乃佛经一卷，全武大惭。裴战无虚日，士卒多病伤死，未几粮尽告降。钱镠预设千人食以待之，及出，士卒不满百。镠让之曰："军孤众寡，何苦相拒？"裴曰："但事君尽节，死而后已，今食尽归命，非本志也！"镠大赏之。③

上引诸书所记略同，当注意者有五点。

第一，时间问题。《资治通鉴》系之于光化元年（898）九月，《吴越备史》系之于当年十月，《新唐书》未明言月份，《九国志·台濛传》则从苏州失守之乾宁三年（896）开始简述全过程。

第二，苏州守将之撤退。《资治通鉴》云台濛弃城走，又追败周本于苏州城东北之望亭，则周本或与台濛共守，而在台濛撤退时殿后也；《吴越备史》云台濛、李德诚皆宵遁；而《新唐书》尚且记有李简、蒋勋等淮南将领在击败全武追兵后，掩护台濛得以安全撤退。

第三，苏州被克原因。除《吴越备史》以外，皆云苏州城中，粮食用尽，不得已而降。又观从上年十月台濛开始固守苏州以来，至城破，当有一年时间，加上苏州本身不久前经历过孙儒之乱，粮食窘绝当为事实。而

---

① 《新唐书》卷一八八《杨行密传》，第 5457 页。
② 《九国志》卷一《台濛传》，第 3223 页。
③ 《九国志》卷一《秦裴传》，第 3226 页。

《吴越备史》欲表彰自家攻克苏州之功，宜其未明也。

第四，秦裴占据昆山而复败。除《九国志》外，皆有顾全武决水灌城一事记载。又诸书皆云秦裴本志非降，因为粮食同样告罄，所以才归命钱镠的。

第五，钱镠亲自督战。诸书都有钱镠在前线为秦裴降卒预先摆好一千人的食物，以收拢军心，并责备秦裴顽固抵抗导致士卒死伤大半，以及在听了秦裴解释后又嘉赏之的事实。可知，钱镠确曾亲临战场，虽非亲自出马，毕竟临阵督战。①

于是，苏州终于被钱氏重新收复，再次成为钱氏政权的东北边防重镇，并"以嘉兴都将曹珪权苏州制置使，寻命为本州刺史"②。曹珪此人，便是当初淮南围攻嘉兴之时钱氏的守将。在顶住了二十个月的对嘉兴的围攻之后，终于因功被任命为苏州刺史，这不仅是对曹珪的信任，也是对苏州的重视。苏州作为吴越钱氏政权的北部边疆州，在其初期，保证钱镠得以在浙西站稳脚跟的作用已经完成。此后数年间，钱氏向南，杨氏向西，各自发展自己的势力范围。因此，当数年之后，两国在苏州重启战端时，各自军事势力以及全国政治形势，都发生了重大变化。

五　苏州在五代时期所处之地位

当朱温于天祐四年（907）四月正式篡唐称帝时，为了求得各地藩镇的承认，广泛散爵，于此年五月己卯加封"镇海、镇东节度使吴王钱镠为吴越王"③。杨吴政权方面，也在开疆拓土的势头上，在杨行密死后，大将徐温专权，为了树立权威，外出扩张便是显示其军事力量的不二法门。对于钱镠来说，无论是出于和朱梁政权的联盟需要，还是自己为了加强北部边防甚至图谋常、润旧地，都不得懈怠对苏州的控制。于是，从开平二年（908）开始，双方断断续续的战争便持续了十多年。在吴越国之苏州与吴

---

① 何勇强认为，钱镠亲自出战的可能性甚小，仅《新唐书》有载，参见何勇强《钱氏吴越国史论稿》，第120页。但观笔者所列史料，可知钱镠亲临战场不虚。
② 《吴越备史》卷一《武肃王》"光化元年十月"条，第6190页。
③ 《资治通鉴》卷二六六"梁太祖开平元年五月己卯"条，第8680页。

国之常州的边疆地带,此一时期的战争据记载一共有三次。

(一) 开平年间吴国进攻吴越国

此次战争,为徐温初掌吴国大权之后,在进攻湖南失利的情况下,欲东进以弥补败绩的一次军事行动。从开平二年(908)末围攻苏州开始,到第二年苏州围解,整个进程分为前后两个阶段。其初围苏州,据《资治通鉴》:开平二年八月,"淮南遣步军都指挥使周本、南面统军使吕师造击吴越,九月,围苏州。吴越将张仁保攻常州之东洲,拔之。淮南兵死者万余人。淮南以池州团练使陈璋为水陆行营都招讨使,帅柴再用等诸将救东洲,大破仁保于鱼荡,复取东洲"。① 又据《九国志·陈璋传》:"越将张仁保陷东洲,授璋水陆行营都招讨使。击仁保于海曲,夺战船三百艘,尽复东洲旧地。复乘轻舟入松江九溪,侦还,越师大集,围之数重。璋独射舵工心目,皆应弦而倒,因奋锐击,长围遂解。"②

如此,则是在淮南徐温派遣周本、吕师造围攻吴越国苏州之后,吴越将张仁保欲进攻常州之东洲,以切断淮南军的退路,并一度拔之。而《旧五代史》也记载:开平二年十月己亥,"两浙节度使奏,于常州东州镇杀淮贼万余人,获战船一百二只"。③ 不过,由于受到淮南援军陈璋和柴再用的攻击,东洲失守,使得陈璋又进入苏州城以东之松江进行侦察,虽然深入敌境被围,但还是靠着勇敢冲杀而出。

但面对被围攻的苏州,据《九国志·郑璠传》:郑璠"复从柴再用与越人战,败。及陈璋复东洲,璠城而守之。复会吕师造攻苏州,与越人战,虏其次将陈绾"。④ 即使已经有了一定的战果,还是久久不能下。

直到第二个阶段,即第二年四月,最终无功而返。而此次吴越军队解围苏州具有一定传奇色彩,据《资治通鉴》:

> 淮南兵围苏州,推洞屋攻城,吴越将临海孙琰置轮于竿首,垂縆投锥以揭之,攻者尽露,炮至则张网以拒之,淮南人不能克。吴越王镠遣牙内指挥使钱镖、行军副使杜建徽等将兵救之。苏州有水通城

---

① 《资治通鉴》卷二六七"梁太祖开平二年八月"条,第8703页。
② 《九国志》卷一《陈璋传》,第3232页。
③ 《旧五代史》卷四《太祖纪四》,中华书局,1976,第65页。
④ 《九国志》卷二《郑璠传》,第3252~3253页。

中，淮南张网缀铃悬水中，鱼鳖过皆知之。吴越游弈都虞候司马福欲潜行入城，故以竿触网；敌闻铃声举网，福因得过，凡居水中三日，乃得入城。由是城中号令与援兵相应，敌以为神。……辛亥，吴越兵内外合击淮南兵，大破之，擒其将何朗等三十余人，夺战舰二百艘。周本夜遁，又追败之于皇天荡。钟泰章将精兵二百为殿，多树旗帜于菰蒋中，追兵不敢进而还。①

《吴越备史》则以"内外夹攻"②概括之。经此一役，此年五月，钱镠"亲巡姑苏"③，又闰八月，"敕置苏州吴江县"④。这样，苏州之防御功能经过数次战争也在不断加强之中。以至于之后的两次战役，都是吴越国主动进攻吴国。

（二）乾化年间吴越国进攻吴国

乾化之役据史料记载，乃是为配合对吴国的反攻而进行的。《资治通鉴》云：乾化三年（913）三月，"吴行营招讨使李涛帅众二万出千秋岭，攻吴越衣锦军"。为了牵制吴国对钱氏老家衣锦军的进攻，钱镠在积极准备防御的同时，主动派"睦州刺史（钱）传璙为招讨收复都指挥使，将水军攻吴东洲以分其兵势"。⑤

不过，此次主动出击却并未成功。据《资治通鉴》：乾化三年九月，"吴越王镠遣其子传瓘、传璙及大同节度使传瑛攻吴常州，营于潘葑。徐温曰：'浙人轻而怯。'帅诸将倍道赴之。至无锡，黑云都将陈祐言于温曰：'彼谓吾远来罢倦，未能决战，请以所部乘其无备击之。'乃自他道出敌后，温以大军当其前，夹攻之，吴越大败，斩获甚众"。⑥又据《九国志·米志诚传》：天祐"十年，从徐温败钱瑛于梁溪"。可知身为沙陀人的

---

① 《资治通鉴》卷二六七"梁太祖开平三年四月"条，第8708~8709页。
② 《吴越备史》卷一《武肃王》"开平三年四月"条，第6201页。
③ 《吴越备史》卷一《武肃王》"开平三年五月甲寅"条，第6201页。
④ 《吴越备史》卷一《武肃王》"开平三年闰八月"条，第6203页。
⑤ 《资治通鉴》卷二六八"梁太祖乾化三年三月"条，第8771页。
⑥ 《资治通鉴》卷二六八"梁太祖乾化三年九月"条，第8776页。此役《九国志·陈祐传》亦有记载，但其中"天祐七年"当为"十年"之误，吴国不承认朱梁政权，用唐朝旧年号，天祐十年即乾化三年。见路振《九国志》卷二《陈祐传》，第3254页。

米志诚也参与了此役,则不仅黑云都,沙陀骑兵也有功劳。①

但此战最初目的在于缓解吴国军队对衣锦军的压力,吴军未趁胜南下。但也从另一方面表明,"淮浙均势未被打破"②。而且据《吴越备史》,乾化四年九月,钱镠还曾"命文穆王率兵攻常州无锡县,获将卒五百余人而还"③,但依旧没有占领无锡。

(三) 贞明年间吴越国进攻吴国

吴国徐温在前一次胜利之后,虽未乘胜南下,但经过虔州攻防战一举扫平了自唐末以来便盘踞在其地的谭全播,在实际上全部占有了江南西道。而且,此前"吴越王镠常自虔州入贡,至是道绝,始自海道出登、莱,抵大梁"④。可知吴国的这一扩张也切断了吴越国的入贡之途。徐温则开始劝吴王称帝,为自己以后的归宿谋取私利。此举必然会激怒朱梁政权,于是,贞明五年(919)三月,梁末帝"诏吴越王镠大举讨淮南"。⑤

而吴越国方面,在前一次进攻吴国失败之后,出于开辟贡路的原因;或者也是为了趁徐温与养子徐知诰矛盾激化,想出奇制胜;又或者是出于长期培养接班人的目的,响应朱梁之号召,"以节度副大使传瓘为诸军都指挥使,帅战舰五百艘,自东洲击吴"⑥。也正因为如此,《吴越备史》对于此战之记载甚是详细:

> 夏四月乙巳,大战淮人于狼山江。将战之夕,王召指挥使张从宝,计之曰:"彼若径下,当避其初以诱之,制胜之道也。"乃命军中宿理帆樯,每舟必载石灰、黑豆、江沙以随焉。翌日昧爽,淮人果乘风自西北而下,危樯巨舰,势若云合,我师皆避之。贼舟既高且巨,不能复上,我师反乘风以逐之,复用小舟围其左右。贼回舟而斗,因

---

① 《九国志》卷二《米志诚传》,第3250页。关于沙陀将领在杨吴政权的活动,参见两篇拙文:胡耀飞《出入杨吴政权之"空间转移":以沙陀武将为例》,〔韩〕任大熙主编《亚洲研究》第8辑,2010,第67~86页;胡耀飞《吴、南唐政权境内沙陀人考》,杜文玉主编《唐史论丛》第14辑,陕西师范大学出版社,2012,第391~410页。皆已收入拙著《杨吴政权家族政治研究》,台北:花木兰文化出版社,2017。
② 何勇强:《钱氏吴越国史论稿》,第236页。
③ 《吴越备史》卷一《武肃王》"乾化四年九月"条,第6208页。
④ 《资治通鉴》卷二七〇"梁末帝贞明四年十一月"条,第8836页。
⑤ 《资治通鉴》卷二七〇"梁末帝贞明五年三月"条,第8843页。
⑥ 《资治通鉴》卷二七〇"梁末帝贞明五年三月"条,第8843页。

扬石灰，贼不能视。及轴轳相接，乃撒豆于贼舟，我舟则沙焉。战血既渍，践豆者靡不颠踣，命进火油焚之。火油得之海南大食国，以铁筒发之，水沃其焰弥盛。武肃王以银饰其筒口，脱为贼中所得，必剥银而弃其筒，则火油不为贼所有也。斩其将百胜军使彭彦章，获士卒七千余人、贼船四百余艘，余皆焚之。其斩馘之甚，自江及岸数十里，皆殷焉。淮师自是遂求通聘。①

综观上述，吴越国的胜利：首先由于钱元瓘善于用计，兵不厌诈，使得吴国军队纷纷失去战斗力；其次是吴越国军队用新式的，从大食国贸易所得之火油攻击吴国军队，使得对方再次受到重创；最后，吴国将领陈汾对彭彦章的见死不救，导致后者自杀，使得已经受到致命打击的军队最终溃败。

这样，吴越国的主动进攻终于得到了一次成功，接下来便要乘胜北上了。而乘胜北上得到的却是失败。先是一场小败，贞明五年（919）六月，"吴人败吴越兵于沙山"②。又据《九国志·刘权传》："六月，从徐温与越人战于沙山洛社，败之，俘其卒数千。"③ 又同书《张可琮传》："天祐中，除江阴县镇遏使，遂城江阴。沙山之役，可琮以江阴之众，供军旅，展斥候，无阙谋。徐温喜之，擢拜常州刺史。"④ 虽然吴越国方面的将领是谁，我们不得而知，但徐温亲自征讨，并与其将领刘权，在江阴张可琮的协助下，取得了沙山之役的胜利。

沙山之役过后，则是更大的失败。据《资治通鉴》：

秋，七月，吴越王镠遣钱传瓘将兵三万攻吴常州，徐温帅诸将拒之，右雄武统军陈璋以水军下海门出其后。壬申，战于无锡。会温病热，不能治军，吴越攻中军，飞矢雨集，镇海节度判官陈彦谦迁中军旗鼓于左，取貌类温者，擐甲胄，号令军事，温得少息；俄顷，疾稍间，出拒之。时久旱草枯，吴人乘风纵火，吴越兵乱，遂大败，杀其

---

① 《吴越备史》卷二《文穆王》，第 6223 页。略见司马光《资治通鉴》卷二七〇"梁末帝贞明五年四月"条，第 8844 页。
② 《资治通鉴》卷二七〇"梁末帝贞明五年六月"条，第 8846 页。
③ 《九国志》卷二《刘权传》，第 3255 页。
④ 《九国志》卷二《张可琮传》，第 3252 页。

将何逢、吴建，斩首万级。传瓘遁去，追至山南，覆败之。①

《九国志·陈彦谦传》亦云："无锡之役，未战而温疾，吴越兵攻其帐，我军相顾失色。彦谦即引旗鼓，诡迁于左，其攻稍息。"② 又据马令《南唐书》："越人寇毗陵，温伐越，（徐）知诰以王府兵会战于无锡。前军败，贼乘之甚急，温暴得热疾，不能治军。知诰率所领疾战，大破之，斩首数千级。越人弃辎重夜遁。"③

对于此战中，徐温突然生病后，是谁在关键时刻发挥了稳定局势的作用，或陈彦谦，或徐知诰。何勇强认为："是由于吴国参战的两支军队属于不同系统造成的。"④ 但又可以明显看出，陈彦谦是在徐温生病后，以徐温亲将的便利身份，用"影武者"的方法稳定了军心。然后才是徐知诰乘机出战，最终大破越兵。⑤

经过四个月之内的三场战斗，虽然作为主攻一方的吴越国并未得到实际的利益，但作为其进攻无锡与常州的大本营的苏州，却是从未失守过，防御作用已经得到发挥。吴国以及南唐在以后的岁月里也没有再次进取过苏州，一直到后周、北宋时期吴越国响应中原号召协助进攻南唐为止，苏州一直处于和平状态近四十年。

六　苏州和平年代战略地位形成之大背景

和平年代的苏州，作为财赋重地的优势，又很快被发挥出来。在太湖流域的苏州，经过吴越国统治者对圩田系统的维护⑥，又恢复了唐时期的繁荣景象。此时控制苏州的军政大权的人，也不再因为数次易主而频繁更换了，自从乾化三年（913）"十二月，王（钱镠）命子传瓘权苏州刺

---

① 《资治通鉴》卷二七〇"梁末帝贞明五年七月"条，第8846页。
② 《九国志》卷二《陈彦谦传》，第3257页。
③ 马令：《南唐书》卷一《先主书》，《五代史书汇编》第9册，杭州出版社，2004，第5258页。
④ 何勇强：《钱氏吴越国史论稿》，第241页。
⑤ 参加此战之吴国其他将领，据《九国志》，尚有数人：卷一《柴再用传》，第3231页；卷二《杨彪传》，第3253页；卷二《刘权传》，第3255页。
⑥ 何勇强：《钱氏吴越国史论稿》，第292~311页。

史"① 以来，一直到数十年后钱传璙之子钱文奉继承镇守苏州的重任。其间，同光二年（924）"十一月，升苏州为中吴军，制授镇东军节度、检校太保、兼中书令、大彭郡侯王子传璙充中吴军节度使"②。又天福五年（940）三月，"升嘉兴县为秀州，以嘉兴、崇德、华亭三县隶焉"③。

如此，苏州正式成为吴越国一个不可忽视的北部重镇，一个进取南唐的基地。至于为什么苏州起到了这样的作用，除了苏州本身的原因外，吴国以及它之后的南唐统治者的和平政策也是关键。这个政策最初由徐温提出，南唐烈祖李昪（即徐温养子徐知诰）继承之，虽然南唐元宗曾经有一段时间大肆扩张，但其军队在福州的战败，以及从湖南的退出，使得他还是延续了这个政策。

根据《九国志·徐温传》：

> 越人攻常州，温率众拒之，战于无锡，大败越军。越人多舟师，是岁旱，江河皆竭。诸将白温曰："此天亡越之时也，可尽车徒之势，一举而灭之。"温曰："天下纷纭，民甚困矣，钱公亦未可轻也。若连兵不解，方为诸君之忧。今战胜以惧之，戢兵以怀之，其势不得不服。使两地之民，各保室家，吾辈亦高枕为乐，岂不快哉！多杀何为？"乃遣使尽以俘归之，于是越人请和。④

这大致表达了徐温的真实想法，包括对徐知诰想借战功来成就自己军事力量的防范之心。但依吴国实力，继续南下未必会不利，实际上徐温还是失去了一次可以吞并吴越的机会，从而无法彻底解决之后数十年一直牵绊淮南政权的吴越后方问题。⑤

对于徐知诰来说，在徐温生前与吴越罢兵言和或许是不得已而为之。等徐知诰本人掌握吴国大权并取而代之，建立了南唐之后，还是一直奉行和平政策，则可能出于其本人的悯民。因为他早年流离失所，饱受兵祸之

---

① 《吴越备史》卷一《武肃王》"乾化三年十二月"条，第 6208 页。
② 《吴越备史》卷一《武肃王》"同光二年十一月"条，第 6213 页。
③ 《吴越备史》卷二《文穆王》"天福五年三月"条，第 6229 页。
④ 《九国志》卷三《徐温传》，第 3267 页。
⑤ 何剑明：《论南唐与吴越的战争及其对南唐失国的影响》，《南京政治学院学报》2002 年第 4 期，第 68~71 页。

苦，故而即位后两国一直处于和平状态，甚至在天灾发生时互相帮助。

结　语

唐末五代十国前期，各个政权之间的领土战争一直存在，直至中期，疆域才基本固定下来。到了后期，则在北宋政权的强大攻势下，归于统一。而从疆域奠定期到疆域稳定期，各个政权的边疆地区如何形成，便值得我们重视。本文仅就苏州在唐末五代杨吴政权和吴越国政权之间的战争和归属问题做一个案研究，所揭示的是苏州从唐王朝的地方行政区到自立政权，再经过吴越国与吴国之间反复争夺，最终固定为吴越国最北边疆州的过程。

综观这一过程，决定苏州归属的因素，更多的是地形便于吴越国所擅长的水军。而孙儒来自淮西集团，杨吴政权起自淮南道，两人帐下多江北武将，在河网纵横的苏州地区无法发挥优势。此外，对苏州城周围一些制高点的占据，也有利于对苏州城的控制，比如昆山。而苏州能够在数十年之间一直处于和平状态，则与时代背景有关，北方中原政权对杨吴、南唐的牵制，以及杨吴、南唐，吴越国的保境安民政策，都使得两国疆界一直保持原有状态。当然，吴越国本身对苏州的重视也不能忽略，钱镠让钱传璙祖孙三代世守苏州，避免了更换长官所引发的政局动荡。

至于在延续数十年的和平年代，苏州作为吴越国的边州，其内部社会文化经济方面的情形，则尚待进一步研究。

试论吴越国对福州的控制[*]

五代十国时期，在南方诸国中，由于疆域交界的情况很多，地缘关系非常复杂。特别是各个边州的得失，直接决定了一个甚至数个政权的兴衰。处于闽国东北，身为闽国曾经政治中心的福州，就在王闽政权灭亡后成为这么一个极具战略意义的地方。对它的控制，直接关系吴越、南唐，以及清源军三个政权的国防政策走向。因此，对闽国灭亡后福州最后的归属进行一番研究，能够更好地认清南方诸国地缘政治的大概。

一 作为闽都的福州

唐末黄巢起义刚刚平息，蔡州秦宗权之乱又起，光州固始人王潮、王审邽、王审知三兄弟乘乱随刺史王绪南下。王氏兄弟在一场军变中夺取了王绪的军权后，逃至泉州，驱逐刺史廖彦若而占据其地。随后数年，王氏兄弟以泉州为基础，乘福建观察使换任之际，攻克福州。进而，"尽有闽岭五州之地"[①]。五州即福、建、泉、漳、汀。王潮死后，王审知继任，并随"梁朝开国，累加中书令，封闽王"[②]。从此，建立了闽国，定都福州。

---

[*] 本文初稿于2006年9月，当时贴于笔者的和讯网（http://www.hexun.com/）博客"五代十国研究"，并转贴于天涯社区（http://www.tianya.cn/）"煮酒论史"栏目等处。惜2009年2月，笔者在阅读何剑明《沉浮：一江春水——李氏南唐国史论稿》（南京大学出版社，2007）时，发现拙稿被何氏抄袭，散处于该书第七章，十分遗憾。此后，笔者虽取得了何氏道歉，但不打算将拙稿直接发表，故大幅修改为《地理位置·政治势力·国际环境：王闽政权灭亡后福建地区之分裂探因》，刊载于《中山大学研究生学刊》（社会科学版）2011年第1期，第10～18页。今为收入本书，于2018年11月检出初稿，修改注释格式，以备存览。

① （北宋）薛居正：《旧五代史》卷一三四《王审知传》，第1791页。
② 《旧五代史》卷一三四《王审知传》，第1792页。

于是，从后梁开平三年（909）四月"庚子，以王审知为闽王"① 开始，到后晋开运元年（944）三月乙酉，"文进、重遇使拱宸马步使钱达弑（王）曦于马上"②，王闽绝国为止，福州作为王氏闽国的首府，一共持续了 35 年。其间，由于王氏内部争权夺利，福州受到重大军事威胁的事件发生过两次。

其一，后唐天成元年（926），王审知之子王延翰即位后，受到"自审知时与延翰不叶"③ 的王审知养子建州刺史王延禀，以及对王延翰的任命不满的王延翰之弟泉州刺史王延钧的合军进攻。史载，此年"十二月，延禀、延钧合兵袭福州。延禀顺流先至，福州指挥使陈陶帅众拒之，兵败，陶自杀。是夜，延禀帅壮士百余人趣西门，梯城而入，执守门者，发库取兵仗。及寝门，延翰惊匿别室；辛卯旦，延禀执之，暴其罪恶，且称延翰与妻崔氏共弑先王，告谕吏民，斩于紫宸门外。是日，延钧至城南，延禀开门纳之，推延钧为威武留后"④。

其二，后唐长兴二年（931），王延钧受到觊觎权力的建州刺史王延禀的进攻。史载，此年四月"癸卯，延禀攻西门，（王）继雄攻东门；延钧遣楼船指挥使王仁达将水军拒之。仁达伏甲舟中，伪立白帜请降，继雄喜，屏左右，登仁达舟慰抚之；仁达斩继雄，枭首于西门。延禀方纵火攻城，见之，恸哭，仁达因纵兵击之，众溃，左右以斛舁延禀而走，甲辰，追擒之"⑤。

综观两战，前次受到来自泉州和建州的两支军队共同进攻，但实际上建州的军队利用沿闽江而下的顺流优势，率先攻破福州，泉州的军队乘其利而已。而后次，同样是由王延禀率领的建州军队，在五年之后再次进攻福州，却反而被福州军队击败。但究其原因，应该说是王延禀之子继雄年轻气盛，骄傲轻敌。而且，继雄进攻的是东门，但前一次战役中率先攻破福州则是从西门进入的，而当延禀再次亲自进攻西门时，却因为丧子之痛而在心理上把自己击溃了。

因此，可以说在福州作为首府的 35 年时间里，它的守备至少是不完备

---

① （北宋）司马光：《资治通鉴》卷二六七"梁太祖开平三年四月庚子"条，第 8708 页。
② 《资治通鉴》卷二八四"晋末帝开运元年三月乙酉"条，第 9269 页。
③ （北宋）欧阳修：《新五代史》卷六八"闽世家"，中华书局，1974，第 847 页。
④ 《资治通鉴》卷二七五"唐明宗天成元年十二月"条，第 8996 页。
⑤ 《资治通鉴》卷二七七"唐明宗长兴二年四月"条，第 9058 页。

的。特别是福州处于闽江下游,一旦遭到从上游顺流而下的建州方面军队的进攻,其西门很容易被率先攻破,进而占领全城。薛爱华对此也有观察。①

然而,当王闽政权灭亡,福州处于四战之地,成为吴越、南唐两国都极力争取的战略要地之后,却从一开始就发挥了其相当大的防御潜能。此为何因?下文将论及。

二 吴越、南唐对闽国的态度

王闽政权与钱越政权,历来保持着良好的睦邻关系,"贞明二年冬,王(王审知)与吴越为昏,吴越牙内先锋指挥使钱传珦来逆妇"②,从而建立了姻亲关系。历来在闽国内部政治斗争中的失败者,也大都以吴越国为首选避难之地。③ 究其原因,则在于吴越国北面和西面一直处于吴、南唐政权的包围之中,只有积极通好南面闽国,并联合湖南的马楚政权,才有可能建立起共同防御机制,不被南唐所兼并。贞明四年(918),吴、楚、吴越、闽四方对虔州的争夺战便充分体现了这一点。④

然而,长久以来,闽国内乱不断,使得它的邻邦,特别是吴、南唐不断有取闽国而治之的念头。吴国与闽国互为敌国,但一则吴国初得江西地,对其控制不够,轻易出兵闽地容易引起江西后方的动摇,二则闽国以奉事中原为务,若出兵,容易引来中原王朝对吴国淮南地的骚扰。所以,唐末五代初期吴、闽之间没有大动作。直到南唐代吴之后,中宗李璟自恃国力强盛,又恰逢闽国内乱,便有了窃取闽地的打算。而这时,吴越国也感到了紧张,对于南唐的动作以及闽国的国情便密切关注。

长兴四年(933)七月,建州土豪吴光因为闽国国计使薛文杰对其聚敛,率众出逃吴国,并求救于吴国信州刺史蒋延徽出兵建州。延徽知道建

---

① 〔美〕薛爱华(Edward H. Schafer):《闽帝国:10世纪中国南方的王国》,上海文化出版社,2019,第8~10页。
② (清)吴任臣:《十国春秋》卷九〇《闽太祖世家》"贞明二年冬"条,中华书局,1983,第1312页。
③ 参见《十国春秋》卷九一《惠宗本纪》《康宗本纪》所记三次闽人避难吴越之事,第1322~1334页。
④ 胡耀飞:《唐末五代虔州军政史——割据政权边州研究的个案考察》,杜文玉主编《唐史论丛》第20辑,三秦出版社,2015,第274~295页。

州对于闽国的重要性，因为一旦控制建州，福州便指日可下，所以不等吴国中央的命令便出兵建州。然而事实是，"蒋延徽攻建州垂克，徐知诰以延徽吴太祖（杨行密）之婿，与临川王（杨）濛素善，恐其克建州奉濛以图兴复，遣使召之。延徽亦闻闽兵及吴越兵将至，引兵归；闽人追击，败之，士卒死亡甚众，归罪于都虞候张重进，斩之。知诰贬延徽为右威卫将军，遣使求好于闽"①。

此次战役，虽然吴越国是作为闽国的后援一方出现的，但没有直接参战的表现。可是此后，吴越国便开始正式关注闽国的前途问题了。其时，吴越国的统治者为文穆王钱元瓘，长兴三年即位，天福二年（937）四月，被后晋册封为吴越国王，吴越国正式恢复武肃王钱镠时期的王国体制。这时，身为闽人而出仕吴越的林鼎，也因"国建，乃掌教令，寻拜丞相"②。不管林鼎的出任丞相是否考虑了其身为闽人的特殊背景，但至少在之后发生的又一场建州战役中，林鼎的作用不应被忽视。

三　吴越国控制闽国的初步尝试

先看一下闽国国内的情况。天福四年（939）闰七月，从王审知时期便效忠于王氏的牙兵——拱宸、控鹤两都——因为闽康宗王昶对他们的疏远，以及对康宗与自己心腹宸卫都亲近不满，而发动兵变，杀闽康宗，扶持王叔王延羲即位。于是，"延羲自称威武节度使、闽国王，更名曦，改元永隆，赦系囚，颁赉中外"③。

而此时，任建州刺史的王延羲之弟王延政已经在建州站稳脚跟，开始向王延羲谋求更大的权力。一年后发生的一件事更是加剧了两人之间的矛盾，天福五年（940）正月：

> 闽王曦既立，骄淫苛虐，猜忌宗族，多寻旧怨。其弟建州刺史延政数以书谏之，曦怒，复书骂之；遣亲吏业翘监建州军，教练使杜汉崇监南镇军，二人争据延政阴事告于曦，由是兄弟积相猜恨。一日，

---

① 《资治通鉴》卷二七八"唐潞王应顺元年正月"条，第9101页。
② （北宋）钱俨：《吴越备史》卷三《林鼎传》，傅璇琮等主编《五代史书汇编》第10册，杭州出版社，2004，第6237页。
③ 《资治通鉴》卷二八二"晋高祖天福四年闰七月辛巳"条，第9205～9206页。

翘与延政议事不叶,翘诃之曰:"公反邪!"延政怒,欲斩翘;翘奔南镇,延政发兵就攻之,败其戍兵。翘、汉崇奔福州,西鄙戍兵皆溃。①

在这里,通过"西鄙戍兵皆溃"可以看出,福州对来自西面建州的防范还是不够,一不小心,便会重蹈覆辙。于是,王曦干脆冒险出兵越境作战,此年"二月,曦遣统军使潘师逵、吴行真将兵四万击延政。师逵军于建州城西,行真军于城南,皆阻水置营,焚城外庐舍"②。

不过,王延政毕竟有实力以及占据地理上的优势,他一边请兵于吴越以壮声势,一边积极准备兵马反攻。"三月,戊辰,师逵分兵三千,遣都军使蔡弘裔将之出战,延政遣其将林汉彻等败之于茶山,斩首千余级。……丁丑,王延政募敢死士千余人,夜涉水,潜入潘师逵垒,因风纵火,城上鼓噪以应之,战棹都头建安陈海杀师逵,其众皆溃。戊寅,引兵欲攻吴行真寨,建人未涉水,行真及将士弃营走,死者万人。延政乘胜取永平、顺昌二城。"③ 经过三次战斗,福州兵已经被完全打败,且"自是建州之兵始盛"④。

正当建州军队大胜之时,吴越国的援兵才迟迟来到,而且出兵之前,吴越国内还经历了一番争论。作为吴越国的南方屏障,闽国的安危关系吴越国的存亡,所以当闽国内乱之时,为了不被南唐乘势进占,吴越国必须尽快保证对闽国的控制。只是,当时的吴越文穆王钱元瓘不免急功近利,没有理会丞相林鼎的"指陈天文人事,累疏切谏"⑤。二月"壬戌,吴越王元瓘遣宁国节度使、同平章事仰仁诠、内都监使薛万忠将兵四万救之"⑥。

不知道林鼎的"疏"的内容具体是什么,但林鼎"生于明州大隐村"⑦,一直生活在吴越国境内,对闽国的感情势必淡薄,不存在什么私人隐晦问题,而以一个身居丞相重位的吴越人的身份,对仓促出兵进行"切谏"。况且,此时吴越虽然是出于对自身安危的考虑出兵建州,甚至想以建州的地理优势顺便东向夺取福州,控制闽国,但时机远远没有成熟。事

---

① 《资治通鉴》卷二八二"晋高祖天福五年正月"条,第9211页。
② 《资治通鉴》卷二八二"晋高祖天福五年二月"条,第9211页。
③ 《资治通鉴》卷二八二"晋高祖天福五年三月"条,第9211~9212页。
④ 《资治通鉴》卷二八二"晋高祖天福五年三月"条,第9212页。
⑤ 《吴越备史》卷三《林鼎传》,第6238页。
⑥ 《资治通鉴》卷二八二"晋高祖天福五年二月"条,第9211页。
⑦ 《吴越备史》卷三《林鼎传》,第6237页。

实上，吴越兵在建州也确实无所作为，受到了已经取得胜利的王延政的遣返。虽然当王延政要求吴越军离开时，"仁诠等不从，营于城之西北"①，但由于受到了闽主王曦在道义上的逼迫，又加上天雨且食尽，最后反倒被延政以武力给赶了出来。

于是，吴越国第一次对闽国的控制尝试，便这样失败了。不过，虽然失败得极不光彩，但它至少反映了吴越国对闽国的重视，并为之后数年出兵福州提供了经验。

四 福州城主的不断更替

正当闽主王曦和王延政不断发生军事冲突之时，在福州城内，爆发了直接导致王闽政权灭亡的变故，以及一系列争夺对福州的控制权的权力斗争。

此前扶持王曦上台的拱宸、控鹤二都，因为篡弑前主康宗的缘故，惧怕闽人对自己有所不利，于是在二都的上层领导人之间，互相结为婚姻，以图自保。然而却遇上王曦"果于诛杀，尝游西园，因醉杀控鹤指挥使魏从朗"②。因此，拱宸指挥使朱文进，以及阁门使连重遇便和王曦的皇后，妒忌王曦宠妾尚贤妃的李氏联手，在开运元年（944）三月乙酉，乘王曦去李氏的父亲李真家探望李真病情时，"使拱宸马步使钱达弑曦于马上"。③

朱文进既然已经两次弑主，也就不再顾什么君臣之义，摒弃王氏子孙，自己直接南面即位，"以羽林统军使黄绍颇为泉州刺史，左军使程文纬为漳州刺史"④，又接受汀州刺史许文稹的归附，俨然闽国之主。此年八月，为了取得中原的承认，又"自称威武留后，权知闽国事，遣使奉表称藩于晋"⑤。后晋也承认事实，于"十二月，癸丑，加朱文进同平章事，封闽国王"⑥。

---

① 《资治通鉴》卷二八二"晋高祖天福五年四月"条，第9213页。
② 《资治通鉴》卷二八四"晋高祖开运元年三月"条，第9268页。
③ 《资治通鉴》卷二八四"晋高祖开运元年三月"条，第9269页。
④ 《资治通鉴》卷二八四"晋高祖开运元年三月"条，第9269～9270页。
⑤ 《资治通鉴》卷二八四"晋高祖开运元年八月"条，第9275页。
⑥ 《资治通鉴》卷二八四"晋高祖开运元年十二月"条，第9277页。

然而，朱氏政权毕竟并非王氏正统，不光其派去泉州和漳州的两位刺史都被其地部将以恢复王氏基业为借口诛灭，在建州的早已被封为富沙王并称大殷皇帝的王延政，首先就不希望自己的家族遭此劫难。于是，王延政一边积极抵御南唐的进攻，一边发兵帮助泉州击退朱文进的讨伐。

不过，此时的福州，已经陷入一片混乱。时世的混乱，也导致了史事记载的混乱。根据《资治通鉴》的记载，开运元年闰十二月：

> 殷吴成义闻有唐兵，诈使人告福州吏民曰："唐助我讨贼臣，大兵今至矣。"福人益惧。乙未，朱文进遣同平章事李光准等奉国宝于殷。丁酉，福州南廊承旨林仁翰谓其徒曰："吾曹世事王氏，今受制贼臣，富沙王至，何面见之！"帅其徒三十人被甲趣连重遇第，重遇方严兵自卫，三十人者望之，稍稍遁去。仁翰执槊直前刺重遇，杀之，斩其首以示众曰："富沙王且至，汝辈族矣！今重遇已死，何不亟取文进以赎罪！"众踊跃从之，遂斩文进，迎吴成义入城，函二首送建州。①

按此，则是林仁翰受到殷人的妄言，先后诛杀连重遇、朱文进，以归建州。然后，王延政才"以从子门下侍郎、同平章事继昌都督南都内外诸军事，镇福州；以飞捷指挥使黄仁讽为镇遏使，将兵卫之"②。而据马令《南唐书》：

> 王延政遣统军使吴承祐以游兵巡福州境，绐曰："唐助我讨贼，大军至矣！"福州信之，连重遇杀朱文进，裨将林仁翰杀重遇，函其首归承祐。延政以其子继昌守福州，亲率众以拒我师。③

若此，则是王延政亲自教唆吴承祐（当为《通鉴》之吴成义）去福州散布谣言，并且先是朱文进被连重遇所杀，然后连重遇被林仁翰所杀。

此二者史料尚有相通之处，而据宋人无名氏之《五国故事》：

---

① 《资治通鉴》卷二八四 "晋高祖开运元年闰十二月" 条，第 9279～9280 页。
② 《资治通鉴》卷二八四 "晋高祖开运二年正月" 条，第 9283 页。
③ （北宋）马令：《南唐书》卷二《嗣主书》，《五代史书汇编》第 9 册，第 5270 页。

连重遇乃杀文进，传首建州。以从子继昌来守福州，为淮兵所阻，不得进。指挥使李孺赟乃推僧卓俨明为主。……未几，杀之，遂自立。①

如果这个记载可信，那么，甚至连连重遇的下落都不知道，而有无林仁翰此人更是未知，且王继昌也没有进入福州城内。而又根据宋人钱俨《吴越备史》记载：

闰十二月，闽人杀朱文进，寻以僧岩明为主。未几，为其下李仁达所杀而自立，归款金陵。②

这样的话，连重遇在这场变故中根本没有出现，或者作用不大，被史家省略了，而林仁翰也一样没有记载。而在宋人龙衮《江南野史》中，更节省为"时福州民李义杀延政之子，自称留后，遣使纳款降，嗣主使以义为抚州刺史"③这一句话。

以上所有混乱的记载，都令后世的史家们头疼，以致何勇强《钱氏吴越国史论稿》也只是含糊地说了一句："走投无路的朱文进被迫投降。但还没等他见到王延政，肩上的人头已经被忠于王氏的一群老兵拿走了。王延政暂时重新统一了福建。"④并没有指明连重遇以及林仁翰的具体情况。

而综合诸多史料，则不难发现，《资治通鉴》和马令《南唐书》都认为是林仁翰最终在朱文进和连重遇都死了以后，投诚于王延政的。而王延政事先是否知道吴成义去谎报军情？从两书都说延政事后派出了自己的儿子继昌去接管福州来看，应该是即使延政没有亲自教诲成义，至少也是默许他的做法的，因为在南唐军队压境的情况下尽快夺取福州以为后退做准备是很有必要的，只是不敢明言后退的准备怕影响士气罢了。关于朱文进和连重遇是以什么顺序并被什么人杀掉，则《五国故事》和《吴越备史》都没有讲明白，那么或许这个小问题已经成为千古之谜，而两人都在大乱中死去，则是无疑的，但这些人也不一定就是忠于王氏的。关于王继昌到

---

① 佚名：《五国故事》卷下，《五代史书汇编》第6册，第3198页。
② 《吴越备史》卷三《忠献王》"开运元年闰十二月"条，第6238页。
③ （北宋）龙衮：《江南野史》卷二《嗣主》，《五代史书汇编》第9册，第5160页。
④ 何勇强：《钱氏吴越国史论稿》，浙江大学出版社，2002，第249页。

底有没有进入福州城,除了《五国故事》说没有,以及《吴越备史》没提及外,都认为继昌是进入了,而《五国故事》所说的"为淮兵所阻,不得进",这个理由似乎有些牵强,因为淮兵在不熟悉闽地的情况下,不大可能阻断建州和福州之间的道路,所以应该认为继昌是进去了。

既然王继昌以王延政的代表的身份进入了福州,那么《吴越备史》的"闽人杀朱文进"后,"寻以僧岩明为主"的情况就可以排除了。而之后的情况,则变得清晰起来。据《九国志》记载,王继昌在被王延政派遣进入福州后,受到同时被派遣的福州在城镇遏使黄仁讽的辅佐。但由于"继昌庸懦,无驭下才,人心不安",且"会江南兵逼建安,将吏知其必破",所以,福州"上下思乱"。① 于是,曾经"仕闽为元从指挥使,十五年不迁职"②的李仁达,伙同陈继珣,一起鼓动黄仁讽杀了王继昌,并在开运二年(945)三月己亥,立僧人卓俨明为主。不久,开运二年五月,心怀叵测的李仁达又借口杀了继珣与仁讽,并在阅兵的时候干脆除掉了卓俨明这个幌子,自己当起闽国的主人来了。并且"自称威武留后,用保大年号,奉表称藩于唐,亦遣使入贡于晋……又遣使修好于吴越"③,取得了所有的能够争取得到的支持。至于《江南野史》中提到的"福州民李义"当为李仁达之误(李仁达降南唐后,受赐姓名为李弘义,入籍南唐宗室,李义当为李弘义的省称,避宋人讳),其杀延政之子而自立恰也属实。

于是,这场从开运元年三月开始,到开运二年五月结束的福州城主的争夺战,以李仁达的最后胜出而告终,历时一年零两个月。而另一场更大的福州主城争夺战,则还在后面等着这座不幸的城市。

五 南唐对建州的控制

福州城内连续一年多的混乱状态,使得其周边的政权都蠢蠢欲动,想要第一时间占据这块要地。对于南唐来说,这是一个夺取全闽之地,以"恢复"大唐辉煌的绝好时机;对于吴越国来说,这是一个巩固南部边防,顺便训练数十年没打过仗的庸兵劣将的好机会;对于殷国来说,这是一个

---

① (北宋)路振:《九国志》卷一〇《黄仁讽传》,《五代史书汇编》第6册,第3338页。
② 《资治通鉴》卷二八四"晋高祖开运二年三月"条,第9286页。
③ 《资治通鉴》卷二八四"晋高祖开运二年三月己亥"条、"五月丁巳"条,第9287、9293页。

重新回都闽中，重建王氏基业的时刻；而对于闽地境内的其他各州，这个时候，恰好是他们发展自身实力，以趁乱谋求独立的难得机遇。所以，从开运元年（944）十二月南唐进军建州开始，一场牵动各方利益的福州争夺战便拉开了帷幕。

这场战争的准备阶段，则是在福州内乱之后数月，南唐军队对建州进行长达九个月的攻坚战。最初，在朱文进发动政变两个月之后，即南唐中宗保大三年（后晋开运元年）"夏五月，闽将朱文进弑其君曦，自称闽王，遣使来告"①。此时南唐方才知道闽国内部发生了如此巨大的动乱，于是便想以弑君之罪为借口，乘机消灭闽国。不过，南唐朝廷内部对此的意见颇不一致，加上小朝廷一直受到党争问题的缠绕，直到此年十二月，方才"诏以文徽为江西安抚使，往觇建州……乃以边镐为行营招讨，共攻延政"。②

而最后攻下建州，已是在八个月之后的第二年（开运二年，945）八月，通过陆续到来的援军的帮助，才"克建州，执王延政，归于金陵，拜羽林大将军"③。然后，"九月，许文稹以汀州，王继勋以泉州，王继成以漳州，皆降于唐。唐置永安军于建州"④。这样，南唐通过对建州的决定性胜利，才取得了闽地除福州以外其他三州的策略性归附，但这本身并不意味着南唐已经实际控制了闽地，所以，必须要在短时间内拿下福州，才能奠定控制全闽的基础。

只是，此时的福州，已经在李仁达的控制下三个多月了，到保大四年八月南唐陈觉矫诏发兵福州开始第一次战役时，则已经一年多过去了。在这段时间内，李仁达曾经于开运三年"四月，遣弟弘通（降南唐所受赐之名）将兵万人伐之（泉州王继勋）"⑤，但不幸被泉州的新兴军阀留从效在夺取泉州的统治权后击败。从此，留从效便以泉州为基地，走上了割据道路，虽然名义上尚且受南唐统治。于是，福州西有南唐镇守建州的永安军节度使王崇文，南有南唐镇守泉州的泉州刺史留从效，北靠吴越国，形成

---

① （南宋）陆游：《南唐书》卷二《元宗本纪》"保大二年夏五月"条，《五代史书汇编》第9册，第5473页。
② （南宋）陆游：《南唐书》卷二《元宗本纪》"保大二年冬十二月"条，第5474页。
③ （南宋）陆游：《南唐书》卷二《元宗本纪》"保大三年八月"条，第5474页。
④ 《资治通鉴》卷二八五"晋末帝开运二年九月"条，第9297页。
⑤ 《资治通鉴》卷二八五"晋末帝开运三年四月"条，第9302～9303页。

了各方都欲争取的四战之地，在这种情况下，战争不可避免。

六　南唐和吴越对福州的初次争夺

虽然福州对于南唐控制全闽至关重要，但当有人"欲乘胜取福州"时，"唐主不许"。只有枢密使陈觉在当时南唐政坛元老宋齐丘的支持下，向南唐中宗求得了福建宣谕使的职务前往福州，打算以口舌之辩让李仁达自愿入朝。但李仁达根本没有意愿入朝，且"知其谋，见觉，辞色甚倨，待之疏薄；觉不敢言入朝事而还"。[1] 这样，陈觉便在回到剑州（南唐在割建州与汀州接壤之地置）后，"矫诏使侍卫官顾忠召弘义（仁达）入朝，自称权福州军府事，擅发汀、建、抚、信州兵及戍卒，命建州监军使冯延鲁将之，趣福州迎弘义"。[2] 第一次福州之役正式开始。

根据史料，此战可以分以下诸阶段来叙述。

首先，是南唐对福州形成的包围之势。开运三年（946）八月"丁丑，（陈）觉、（冯）延鲁败杨崇保（福州楼船指挥使）于候官，戊寅，乘胜进攻福州西关。弘义（仁达）出击，大破之，执唐左神威指挥使杨匡邺"。初战一胜一负。南唐中宗虽然愤怒于陈觉的矫诏，但也不得不听从冯延鲁之弟冯延巳的劝告，"以永安节度使王崇文为东南面都招讨使，以漳泉安抚使、谏议大夫魏岑为东面监军使，延鲁为南面监军使，会兵攻福州"。[3] 于是，在福州城外，"延鲁、魏岑、王崇文等各领兵万数，四面俱至，围城数匝，声动天地。有国以来，出师之盛，未之有也！"[4] 并因此而"克其外郭，弘义（仁达）固守第二城"。[5]

其次，是吴越军队的介入。开运三年九月辛丑，"弘达更名达，遣使奉表称臣，乞师于吴越"[6]。但使者直到十月，方到吴越国首府杭州，即《吴越备史》所谓"开运三年……冬十月，金陵攻福州，节度使李弘义遣客将徐仁宴、李廷谔等求救于王"[7]。此时的吴越国内，新王钱弘佐即位才

---

[1]《资治通鉴》卷二八五"晋末帝开运三年六月"条，第9305页。
[2]《资治通鉴》卷二八五"晋末帝开运三年八月"条，第9308页。
[3]《资治通鉴》卷二八五"晋末帝开运三年八月"条，第9309页。
[4]《南唐书》卷二一《冯延鲁传》，第5395页。
[5]《资治通鉴》卷二八五"晋末帝开运三年八月"条，第9309页。
[6]《资治通鉴》卷二八五"晋末帝开运三年九月辛丑"条，第9310页。
[7]《吴越备史》卷三《忠献王》"开运三年十月"条，第6239页。

不过四年，年方十九，年轻气盛，且在大臣的辅佐下，很快就组建了一支新招募的军队，①"命统军使张筠、赵承泰等率水陆兵三万人以救无诸"②，无诸即福州古称。随后，一个月内，即十一月"己酉，吴越兵至福州，自曾浦南潜入州城"③。从九月到十一月，不过两个月，吴越军队便抵达福州，远比当初出兵建州救王延政迅速。这也可表明，吴越国此次介入福州战事，是经过了数年的准备，并抱了必下决心的。

再次，是南唐援军的到来。就在吴越兵到达福州之后，"唐兵进据东武门，李达与吴越兵共御之，不利。自是内外断绝，城中益危"④。但在这种大好形势下，"觉、延鲁、岑各欲功在己，不相应接，偏裨莫肯用命，故未能克"，于是"觉奏请（王）建封济师，建封率五千人会之，破福州版寨，入东武门"。⑤ 东武门属于福州夹城（即本城之外城，上文所谓之外郭），王建封率军占据福州东面之东武门，把吴越援军与福州守军困在城内。当时，出援南唐军队的还有留从效。

第四，是吴越第二支援军的抵达。在围城数月之中，福州之所以迟迟没有被攻克，则是由于南唐几位将领之间的"欲功在己，不相应接"。于是，吴越国于第二年（947）三月，"复发水军，遣其将余安将之，自海道救福州。己亥，至白虾浦"⑥。

最后，则是南唐军的溃败。先从吴越援军在城南大破南唐军开始，史称：

（白虾浦）海岸泥淖，须布竹簣乃可行，唐之诸军在城南者，聚而射之，簣不得施。冯延鲁曰："城所以不降者，恃此救也。今相持不战，徒老我师，不若纵其登岸尽杀之，则城不攻自降矣。"裨将孟坚曰："浙兵至此已久，不能进退，求一战而死不可得。若纵其登岸，彼必致死于我，其锋不可当，安能尽杀乎！"延鲁不听，曰："吾自击之。"吴越兵既登岸，大呼奋击，延鲁不能御，弃众而走，孟坚战死。吴越兵乘胜而

---

① 何勇强：《钱氏吴越国史论稿》，第251页。
② 《吴越备史》卷三《忠献王》"开运三年十月"条，第6240页。
③ 《资治通鉴》卷二八五"晋末帝开运三年十一月己酉"条，第9314页。
④ 《资治通鉴》卷二八五"晋末帝开运三年十一月己酉"条，第9314页。
⑤ 《南唐书》卷八《王建封传》，第5526页。
⑥ 《资治通鉴》卷二八六"汉高祖天福十二年三月"条，第9349页。

进，城中兵亦出，夹击唐兵，大破之。唐城南诸军皆遁，吴越兵追之。王崇文以牙兵三百拒之，诸军陈于崇文之后，追者乃还。①

与此同时，在王建封所占的东武门方面：

> 或言浙兵欲弃福州，拔李达之众归钱唐。东南守将刘洪进等白王建封，请纵其尽出而取其城。留从效不欲福州之平，建封亦忿陈觉等专横，乃曰："吾军败矣，安能与人争城！"是夕，烧营而遁。②

既然王建封拔寨而回，自然是从陆路的福州城北经过，这样围攻福州城北的南唐军也随之而逃。而福州西门原本在战役的第一阶段就处于李仁达的控制之下，南唐军也就无可奈何了。于是，"唐兵死者二万余人，委弃军资器械数十万，府库为之耗竭。余安引兵入福州，李达举所部授之"。③

从而，长达八个月的第一次福州争夺战以吴越国与李仁达联军的胜利而告终，南唐不仅没有占得尺寸之土，而且还大败而还。

七　吴越国对福州的初步统治

虽然吴越国趁着南唐军队的腐败，以及福州守将的归降而取得了对福州的统治权，但李氏兄弟毕竟只是出于紧急情况才主动献土的，这种热情在福州的军事包围问题得到解决后，还是慢慢地消沉了。

根据《吴越备史》，开运四年（947）三月：

> 戊戌，王（钱弘佐）遣将余安率水军救福州，大败淮师，获其将都指挥使杨匡业、蔡遇等，伪东南面行营都统王建封等走之，擒戮裨将孟坚等并余党二万余众，器械数十万。李弘义归附于我，更名孺赟。夏四月，李孺赟遣弟孺宾来请入觐，从之。④
> 秋七月，闽帅李孺赟来觐。……闰七月，王（钱弘倧）命李孺赟

---

① 《资治通鉴》卷二八六"汉高祖天福十二年三月"条，第9349页。
② 《资治通鉴》卷二八六"汉高祖天福十二年三月"条，第9349~9350页。
③ 《资治通鉴》卷二八六"汉高祖天福十二年三月"条，第9350页。
④ 《吴越备史》卷三《忠献王》"开运四年三月"条，第6240~6241页。

复任无诸，王亲饯于碧波亭。①

身为曾经的福州统帅的李氏兄弟，在福州归吴越国后相继入觐，虽然各自见到的吴越王不同，但两人都尝到了寄人篱下的滋味。于是，在吴越国权臣胡进思的帮助下，李仁达回到了福州。但是，这样一来，又和吴越派往镇守福州的大将鲍修让处不到一起了。此年十二月，"威武节度使李孺赟与吴越戍将鲍修让不协，谋袭杀修让，复以福州降唐；修让觉之，引兵攻府第，是日，杀孺赟，夷其族"②。这样，吴越国最终还是以武力控制住了福州的局势，保证了已经取得的胜利成果不再失去。

然后，"吴越王弘倧以丞相山阴吴程知威武节度事"③。吴程"始在东越，以父荫不事苦学。有谓程曰：'观子骨法与群儒类，但恨他日登将相，不长谈论耳。'程遂勤学"④。吴程以勤学之士、丞相之位管理福州边疆，可见吴越国对刚刚归附的福州的重视程度。

从开运四年十二月，直到乾祐三年（950）二月南唐再次进攻福州，吴程对福州的和平治理一直持续了两年有余，福州的防御功能也因此得到了加强，从而为第二次福州战役的成功做足了准备。

八　南唐对福州第二次出兵

虽然南唐军队在福州的失利有主观上的原因，但南唐军队的实力确实不能忽视，南唐新占领的建州，在经过王崇文的治理之后，也确实有更加强大的趋向，再加上建州之战中降唐的建州骁将陈诲受命出任为剑州刺史，福州的形势日趋危急。不过，这时不利的条件，则是"是岁（949），唐泉州刺史留从效兄南州副使从愿，鸩刺史董思安而代之。唐主不能制，置清源军于泉州，以从效为节度使"⑤。这样，福州留氏就彻底摆脱了南唐的阴影，清源军成为独立的藩镇，留氏坚持明哲保身的原则，对福州保持

---

① 《吴越备史》卷三《忠逊王》"开运四年七月"、"闰七月"条，第6242页。
② 《资治通鉴》卷二八七"汉高祖天福十二年十二月"条，第9380页。
③ 《资治通鉴》卷二八七"汉高祖天福十二年十二月"条，第9380页。
④ 《吴越备史》卷四《吴程传》，第6257页。
⑤ 《资治通鉴》卷二八八"汉隐帝乾祐二年"条，第9417页。《南唐书》卷二《元宗本纪》具体为十二月，第5476页。

了中立的态度，使得南唐失去了一部分可以援助的力量。①

对福州的觊觎始终是南唐的心病，进而统治全闽更是其梦寐以求的愿望，加上清源军的独立对其造成的打击，作为当初第一个攻打建州的南唐将领，时任建州永安军留后的查文徽一直在寻找机会再次出兵福州。因此，当有人告诉他驻扎在福州的吴越"弃城"而归时，他毫不犹豫地相信了，并马上出兵福州，开始了第二次福州之役。

对于此次战役的进程，综合诸多史料不尽相同的记载，可以分为以下几个进程。

首先，查文徽轻信谣言。《资治通鉴》记载，乾祐三年（950）二月，"福州人或诣建州告唐永安留后查文徽，云吴越兵已弃城去，请文徽为帅。文徽信之"。② 又《吴越备史》记载："初，福人告查文徽曰：'吴越兵已弃城去，请公为帅。'文徽信之。"③ 而《新五代史》所云"福州诈言'吴越戍兵乱，杀李仁达而遁'，遣人请建州节度使查文徽"④，以及陆游《南唐书》所云"时李弘义挟吴越兵据福州，伪遣谍来告福州乱，文徽喜"⑤，则明显为误，因为李仁达早已为吴越国所杀。或许查文徽身在南唐尚未得知李仁达的生死，而福州方面的吴越守将正是利用这点散布谣言，因为在南唐方面看来，李仁达毕竟是闽人，他如果真的被吴越所杀，正好可以借为闽人报仇的机会出兵福州。

其次，陈诲首战告捷。《资治通鉴》载："文徽信之，遣剑州刺史陈诲将水军下闽江，文徽自以步骑继之。会大雨，水涨，诲一夕行七百里，至城下，败福州兵，执其将马先进等。"⑥ 又陆游《南唐书》云："文徽喜，率剑州刺史陈诲赴之。诲将舟师至福州下，击败其兵，执吴越将马先进等三人。"⑦ 而《吴越备史》没有陈诲战胜之事⑧，毕竟是吴越王室钱俨所

---

① 对于《吴越备史》卷四《大元帅吴越国王》"乾祐三年春二月"条中有"遣……泉州刺史留从效率兵犯我无诸"（第6247页）等文，笔者认为不一定可信。从效即使口头答应了，也不一定从行，且同书描述战役之文中并无从效参与具体战事，更多的可能是查文徽为了扩大声势而已。
② 《资治通鉴》卷二八九"汉隐帝乾祐三年二月"条，第9419页。
③ 《吴越备史》卷四《今大元帅吴越国王》"乾祐三年春二月"条，第6247页。
④ 《新五代史》卷六二《南唐世家》，第772页。
⑤ 《南唐书》卷五《查文徽传》，第5503页。
⑥ 《资治通鉴》卷二八九"汉隐帝乾祐三年二月"条，第9419页。
⑦ 《南唐书》卷五《查文徽传》，第5503页。
⑧ 《吴越备史》卷四《今大元帅吴越国王》"乾祐三年春二月"条，第6247页。

作，出于面子关系，败仗能省即略。《新五代史》把陈诲战胜并俘虏马先进之事置于战役的最后叙述，则是为接下去的"（李）景送（马）先进还越，越亦归景（查）文徽"①这句话做铺垫罢了。而且陆游《南唐书》亦明言其所擒吴越将三人为马先进、叶仁安、郑彦华，并通过吴越败将之口，"始知福州未尝有变"②。所谓的变乱应该正是吴越军散布的谣言。

再次，查文徽一战即败。《资治通鉴》云："庚寅，文徽至福州，吴越知威武军吴程诈遣数百人出迎。诲曰：'闽人多诈，未可信也，宜立寨徐图。'文徽曰：'疑则变生，不若乘机据其城。'因引兵径进。诲整众鸣鼓，止于江湄。文徽不为备，程勒兵出击之，唐兵大败。文徽堕马，为福人所执，士卒死者万人。"③又《吴越备史》云："闽州刺史吴诚（程）诈遣兵数百出迎文徽，诲谏曰：'闽人多诈，未可图也，宜立寨徐徐图之。'文徽曰：'疑则生变，不若乘机据其城。'乃引兵径进。诲整众鸣鼓，还于江湄，吴诚（程）与潘审燔等勒兵击贼，大败之，遂执文徽等，士卒战溺死者一万余人。"④两书所载几乎一样，可以为信。而《新五代史》云"留诲屯江口，进至西门，伏兵发，文徽被擒"⑤，则可以补文徽被擒之地为福州西门。但《南唐书》所云"弘义阳遣卒数百人出迎，而设伏西门以待，文徽传令径入其城，陷伏中，大败，坠马被执，送钱塘，将士死者万人"⑥，虽则"弘义"之事明显有误，却也可以证明文徽被擒之处为福州西门。

最后，则是几乎没什么疑问的两军带着各自的俘虏回家。《资治通鉴》云："诲全军归剑州。程送文徽于钱唐，吴越王弘俶献于五庙而释之。"⑦又《吴越备史》云："陈诲等率亲部而遁。"⑧又云："夏四月，王以查文徽等献于五庙，国人为之耸观。"⑨在此之后，两国又遣还各自的俘虏，重

---

① 《新五代史》卷六二《南唐世家》，第772页。此句之前有"诲与越人战，大败之，获其将马先进"语。
② 《南唐书》卷一二《陈诲传》，第5558页。
③ 《资治通鉴》卷二八九"汉隐帝乾祐三年二月"条，第9419~9420页。
④ 《吴越备史》卷四《今大元帅吴越国王》"乾祐三年春二月"条，第6247页。
⑤ 《新五代史》卷六二《南唐世家》，第772页。
⑥ 陆游：《南唐书》卷五《查文徽传》，第5503页。
⑦ 《资治通鉴》卷二八九"汉隐帝乾祐三年二月"条，第9420页。
⑧ 《吴越备史》卷四《今大元帅吴越国王》"乾祐三年春二月"条，第6247页。
⑨ 《吴越备史》卷四《今大元帅吴越国王》"乾祐三年夏四月"条，第6249页。

新和好，即所谓"（李）景送（马）先进还越，越亦归景（查）文徽"①。

因此，对于这场吴越国精心准备的，利用南唐将领查文徽的弱点，一举击溃的战争，已经可以从上面的推论中搞清楚了。②而吴越国之所以主动发起此次战役，则是对其福州这块新领地的防御力量的一次巩固，并借此向南唐证明，福州已经是吴越国的领土了。而在此次战役之后不久的"六月，敕授王（钱弘俶）兄东府安抚使弘偡知福州威胜军事"③，则更向世人昭示着吴越国对福州的绝对控制以及重视。

九 吴越对福州的长久控制

经过两次说不上多么伟大的战役，吴越国最终实现了控制福州的愿望，并不顾福州只有一州的事实，继续任命威武军节度使，以表明福州在吴越国南疆国防中不可替代的重要作用。而且，根据朱玉龙所编《五代十国方镇年表·福州》所考，在吴越国对福州长达三十年的统治中，有二十年是以钱氏宗室为节度使的。不过，虽说从此之后，一直到吴越王纳土归宋，福州都在吴越国的统治之下，但它也并未从此相安无事。

南唐方面，在第二次战役失败之后，再次变更在建州的人事。因为剑州刺史陈"诲在兵间，皆有功，号为名将，遂为建州节度使兼侍中，训兵积谷，隐然为大镇"④，他对福州的威胁依然存在，并因此在显德三年（956）五月对福州发动了最后一次军事进攻。《资治通鉴》记载，显德三年五月丙申，"唐永安节度使陈诲败福州兵于南台江，俘斩千余级"⑤。又《吴越备史》载，显德三年五月乙酉，"金陵……建州刺史陈诲以小船沿溪而下，福州指挥使马进、姚章等执于贼，未几诲亦宵遁"⑥。

而为什么这次是南唐胜利了，但之后的二十年内，南唐再也没有进攻福州，此次南台江之役成为南唐唯一能够挽回面子的事件，则是其时南唐正在北方与后周世宗争夺江北之地，并最终于显德五年（958）三月，"唐

---

① 《新五代史》卷六二《南唐世家》，第772页。
② 关于一些细节问题，诸如吴越将领潘审燔是否参战等等，参看何勇强《钱氏吴越国史论稿》，第255页。
③ 《吴越备史》卷四《今大元帅吴越国王》"乾祐三年六月"条，第6249页。
④ 《南唐书》卷一二《陈诲传》，第5558页。
⑤ 《资治通鉴》卷二九三"周世宗显德三年五月丙申"条，第9555页。
⑥ 《吴越备史》卷四《今大元帅吴越国王》"显德三年夏五月乙酉"条，第6253页。

主复遣刘承遇奉表称唐国主,请献江北四州,岁输贡物十万。于是江北悉平,得州十四,县六十"。① 南唐的首府金陵未被攻下已属万幸,对于东南之福州,更是无暇顾及了。

吴越国方面,这次小战之后,"六月,王命兄仁俊知福州彰武军事(原注:周改威武军为彰武军,史失书)"②。而作为吴越文穆王长子的钱仁俊曾经长期在内牙军中担任要职,并一度被文穆王作为其王位继承人来培养③,让这样一位能干之宗室镇守福州,可以想见其重视程度。因此,吴越国对福州的控制可以说是很成功的。

结　语

通过对闽国、吴越国、南唐国、殷国、清源军、威武军、永安军这诸多政权围绕福州这一地区的一系列事件的描述,大致能够想见福州在当时南方诸国地缘政治中的重要作用。过多的话语也无须再说了,最终吴越国取得了对福州控制权斗争的胜利,是诸多历史因素作用的结果,并非吴越国有多么强大的军事力量。但确实,对福州的控制,对吴越国的南方边疆的巩固起了重大作用。

---

① 《资治通鉴》卷二九四"周世宗显德五年三月"条,第 9581 页。
② 《吴越备史》卷四《今大元帅吴越国王》"显德三年六月"条,第 6253 页。
③ 何勇强:《钱氏吴越国史论稿》,第 171～172 页。

文献编

武人的另一面：吴越武肃王钱镠诗文系年考[*]

前　言

钱镠作为吴越国开国君主，崛起于唐末乱世，是一位地地道道的武将。但以他为始祖的吴越钱氏家族，从第三代钱俶开始，成就主要转向了文化方面。无论是钱俶《政本集》还是入宋后钱易《南部新书》，以及钱惟演的西昆体创作，都使得钱氏家族得以跻身宋代文化世家的行列。在五代十国的帝王家族中，取得如此成就的，似乎仅有吴越钱氏而已。其他如南唐李氏、后蜀孟氏，在李煜、孟昶之后，多寂寂无闻。而吴越钱氏之所以出现这样的情况，其实跟钱镠本人的重文分不开。钱俨《吴越备史》[①]卷一曰："王少时倜傥有大度，志气雄杰，机谋沉远，善用长矟、大弩，又能书写，甚得体要，有知人之鉴，及通图纬之学。"又元人夏文彦《图绘宝鉴》[②]卷二曰："吴越王钱镠，善墨竹。"可知钱镠能书写、绘画，又通图纬之学。当然，作为一位善用长矟、大弩的乡下武士，这种文化水平或为军旅生涯中向幕僚文人习得，特别是罗隐的影响当功不可没。

鉴于钱镠的这一两面性，笔者主要从金石文献中整理出归于钱镠名下的诗文，并予以系年，以期全面反映其形象。在此基础上，笔者又制作表

---

[*] 本文是拙编未刊稿《吴越国、两宋时期钱氏艺文考》的钱镠部分，因体例所限，所引史料皆仅随文标出版本，不注页码，敬祈读者谅解！本文写作过程中，承蒙钱志熙、陈伟扬等师友襄助，又在宣读于"唐代江南社会"国际学术研讨会暨中国唐史学会第十一届年会第二次会议（南京师范大学，2013年9月13～14日）时承蒙冯培红先生指教，谨此致谢！本文初刊于冻国栋、李天石主编《"唐代江南社会"国际学术研讨会暨中国唐史学会第十一届年会第二次会议论文集》，江苏人民出版社，2015，第333～350页。

① （北宋）钱俨：《吴越备史》，《五代史书汇编》本，杭州出版社，2004。
② （元）夏文彦：《图绘宝鉴》，《文渊阁四库全书》本。

1，以便更为直观地得到钱镠诗文创作的信息。

表1　吴越武肃王钱镠诗文系年

时间	诗	文
光启三年（887）		《辟书》（沈崧代撰）
景福二年（893）		《罗城记》（罗隐代撰）
乾宁三年（896）		《谢赐铁券表》（罗隐代撰）
乾宁四年（897）	《平湖州题婴兰堂》（残）	
光化三年（900）		《天柱观记》（罗隐代撰）
开平二年（908）		《重修墙隍神庙兼奏进封崇福侯记》
开平二年（908）		《真圣观碑》
开平二年（908）		《陈取淮南策》
开平三年（909）前	《无了期歌》（罗隐代撰）	
开平三年（909）	《题罗隐宅壁》	
开平四年（910）	《为筑捍海塘祠胥山》（残）	《乞原宦者表》
开平四年（910）	《还乡歌》	
乾化元年（911）		《钱唐湖水府告文》一、二
乾化二年（912）		《钱唐湖水府告文》三
乾化四年（914）		《刘仁规等改补节度散子将牒》
贞明二年（916）		《嘉泽广润龙王庙碑》
贞明二年（916）		《钟廷翰摄安吉主簿牒》
贞明三年（917）		《钱唐湖水府告文》四
龙德元年（921）		《吴山题名》
龙德元年（921）		《拜郊台题名》
龙德二年（922）		《举崇吴禅院僧嗣匡牒》
同光二年（924）		《竹林寺石幢题记》
同光二年（924）		《开慈云岭记》
天成（926~930）初		《与安重诲书》
天成三年（928）		《太湖水府告文》一、二
天成四年（929）		《舜井石记》
长兴二年（931）		《题钱明观桥记》
长兴二年（931）		《凤山灵德王庙记》

续表

时间	诗	文
时间不详	《排衙石诗刻并序》	《金山忠烈昭应庙祭献文》
	《隐岳洞》	《远劳帖》
	《浮石寺》	
		《赐童颀拜西扇都岩将诰》疑似
		《授张蕴江阴令牒》疑似
		《钱氏大宗谱序》伪托
		《奏请出师讨董昌表》伪托
		《武肃王筑塘疏》伪托
		《劝董昌仍守臣节书》伪托
		《复邗沟杨氏书》伪托
		《钱氏九州庙碑》伪托

通过表1，我们可以发现钱镠名下的这些诗文，大致有以下几个特点。

第一，钱镠名下的诗文中，诗歌出自钱镠亲笔的可能性比文章要大。因为所见诗歌的口语化更重，比如有名的《还乡歌》，除了《楚辞》风格的原文，甚至还有口语版本。而文章方面，大多是长篇骈体文，当出自幕僚笔下，并得到钱镠的认可。比如明确出自罗隐手笔的《天柱观记》。

第二，无论是归于钱镠名下，但为幕僚所起草的辟书、上表、牒文、告文，还是各种题记、碑文，乃至后人伪托的表、奏、书等，都可以反映钱镠在建立吴越国之后治国方面的崇文特色。宋代崇文抑武是众所周知的，这起始于宋太祖、太宗的提倡，从而一改五代武风。但在此之前半个多世纪，崛起于唐末乱世的钱镠早已充分认识到文书行政的作用，这在五代十国政权中尚不多见。另外，《刘仁规等改补节度散子将牒》等能够见于宋人之手，虽然得归功于宋人对吴越国文物的妥善保存，但其能够流传到宋代，也得益于吴越国政权延续三代的崇文之风。相反，诸如朱梁、王闽、马楚、前蜀等二代而亡，虽然各有因果，但大多与统治者的文化修养不高，且第一代去世后第二代陷于内讧、侈靡无度有关，这也导致相关文物无法得到很好的保存与流传。

第三，钱镠名下的这些文章，颇能反映钱镠本人以及吴越政权对各种信仰的态度。比如反映道教思想的水府告文、反映尊崇佛教的《举崇吴禅院僧嗣匡牒》，以及反映地方信仰的《风山灵德王庙记》（湖州防风氏信仰）等，这表明各种信仰都能在吴越国政权内得以存在。

第四，即便是出于后人伪托的《钱氏大宗谱序》《钱氏九州庙碑》，也可以从中看出钱镠作为吴越钱氏家族的直接祖先，在后世钱氏子孙眼中，已经成为联系五代以前钱氏先人和五代以下钱氏成员的一座桥梁，即把后世钱氏子孙所杜撰的一些五代以前的谱系，伪托为钱镠所撰，便可以通过钱镠的身份来证明钱氏家族的连续性。

第五，通过对署名钱镠文章的辑考，可以发现，虽然清人在整理《全唐文》《全唐诗》时，没有给出文献来源，但相关诗文还是能够追寻出处的。比如《平湖州题婴兰堂》等能够反映《全唐诗》对《吴越顺存集》的引用，又如《天柱观记》等能够反映《全唐文》中一些文章也是根据《吴越顺存集》辑录。因此，必须重视《吴越顺存集》等清人整理唐代诗文时所依据的诗文辑本。不过限于篇幅，关于《吴越顺存集》，笔者拟另文考察。

总之，对钱镠诗文的系年辑考，能够让我们对钱镠及其所创建的吴越政权有一个更加多样化的认识，并为将来整理吴越国文献有一个初步准备，以及加深对清人关于唐代诗文整理工作的学术史研究。

一　钱镠著作

《吴越石壁记》，佚。

《崇文总目》① 卷五"别集类"："二卷。钱镠撰。"秦鉴按："《宋志》一卷。"

《通志·艺文略》② "制诰"："《吴越石壁记》，二卷。吴越王钱镠以唐末贡奉答诏刻石于临安。"

《宋史·艺文志七》③ "别集类"："钱镠《吴越石壁记》一卷。"又《宋史·艺文志八》"总集类"有"《吴越石壁集》二卷"。

二　钱镠诗歌

《平湖州题婴兰堂》（拟）一首，残句。

---

① 《崇文总目》，《文渊阁四库全书》本。
② 《通志·艺文略》，中华书局，1995。
③ 《宋史·艺文志七》，中华书局，1985。

《吴越备史》卷一《高彦传》："及湖州李彦徽弃郡奔淮南，王亲巡吴兴，其将沈攸等皆以己功，有牧守之望。王遂题诗一章于婴兰堂，在湖州东南溪。次末云：'须将一片地，付与有心人。'众亦不测。王将登舟，始言曰：'我以此郡付汝，宜善抚之。'彦性淳厚，居十一载，政颇简便。"

明人吴允嘉《吴越顺存集》① 卷一、清人董诰编《全唐诗》② 卷八皆据《吴越备史》录此数句。

按：此诗撰于钱镠取湖州之时，在乾宁四年（897）。

《无了期歌》（疑）一首，存。

《丁晋公谈录》③："钱塘武肃王不识文字，然凡所言皆可律下。忽一日，杂役兵士于公署壁题之曰：'无了期，无了期，营基才了又仓基。'由是部辖者皆怒，王见而谓曰：'不必怒。'命罗隐从事续书之，曰：'无了期，无了期，春衣才了又冬衣。'卒伍见之，于是怡然力役，不复怨咨。"

按：《吴越顺存集》卷一据《丁晋公谈录》录此诗，《全唐诗》卷八同之，然"无了期"皆作"没了期"，且作者归属于钱镠本人，今存疑。此歌若以罗隐在世为限，则撰于开平三年（909）之前。

《题罗隐宅壁》（拟）一首，存。

《吴越备史》卷一《罗隐传》："一日，隐寝疾，王亲临抚问，因题其壁云：'黄河信有澄清日，后代应难继此才。'隐起而续末句云：'门外旌旗屯虎豹，壁间章句动风雷。'隐由是以红纱罩覆其上，其后果无文嗣。"

《吴越顺存集》卷一、《全唐诗》卷八皆据《吴越备史》辑录此句。

按：罗隐卒于开平三年（909）十一月乙酉日，则此半首诗当在此日前不久所题。

《为筑捍海塘祠胥山》（拟）一首，残句。

《吴越备史》卷一：开平四年（910）"八月，始筑捍海塘，王因江涛冲激，命强弩以射涛头，遂定其基，复建候潮、通江等城门。初，定其基而江涛昼夜冲激沙岸，板筑不能就，王命强弩五百以射涛头，又亲筑胥山祠，仍为诗一章，函钥置于海门。其略曰：'为报龙神并水府，钱塘借取铸钱城。'既而潮头遂趋西陵，王乃命运巨石，盛以竹笼，植巨材捍之，城基始定，其重濠累堑通衢广陌亦由是而成焉"。

---

① （明）吴允嘉：《吴越顺存集》，《四库全书存目丛书》本，齐鲁书社，1997。
② （清）董诰编《全唐诗》，中华书局增订本，1999。
③ 《丁晋公谈录》，《全宋笔记》本，大象出版社，2003。

按：陆心源（1834~1894）《唐文拾遗》①卷一一据《吴越备史》辑录《祭潮神祷词》曰："六丁神君，王女阴神，从官兵六千万人。镠以此丹羽之矢，射蛟减怪，渴海枯渊。千精百鬼，勿使妄干。唯愿神君，佐我助我，令我功行早就。"然今本《吴越备史》并无此段。又考雍正《浙江通志》②卷二七九："《吴越备史》：武肃王以梁开平四年八月筑捍海塘，怒潮急湍，昼夜冲激，版筑不就。表告于天云：'愿退一两月之怒涛，以建数百年之厚业。'祷胥山祠云：'愿息忠愤之气，暂收汹涌之潮。'函诗一章置海门，云：'传语龙王并水府，钱塘借与筑钱城。'因采山阳之竹，令矢人造为箭三千只……以丙夜三更子时属丁日上酒三行，祷云：'六丁神君……'祷讫，明日，募强弩五百人以射涛头，人用六矢，每潮一至，射以一矢，射止五矢，潮乃退。"则《唐文拾遗》所本当为《浙江通志》所引《吴越备史》。唯《浙江通志》所引《吴越备史》仅"为报龙神并水府，钱塘借取铸钱城"一句与今本《吴越备史》同，其他三条祷词未见，故附记于此，以俟后考。

《还乡歌》一首，存。

《吴越备史》卷一：开平四年"冬十月戊寅，王亲巡衣锦军，制《还乡歌》。歌曰：'玉节还乡兮挂锦衣，碧天朗朗兮爱日晖。功臣道上兮列旌旗，父老远来兮相追随。家山乡眷兮会时稀，今朝设宴兮觥散飞。斗牛无字兮民无欺，吴越一王兮驷马归。'"

《湘山野录》③卷中："镠起，执爵于席，自唱《还乡歌》以娱宾曰：'三节还乡兮挂锦衣，吴越一王驷马归。临安道上列旌旗，碧天明明兮爱日辉。父老远近来相随，家山乡眷兮会时稀，斗牛光起兮天无欺。'时父老虽闻歌进酒，都不之晓，武肃觉其欢意不甚浃洽。再酌酒，高揭吴喉唱山歌以见意，词曰：'你辈见侬底欢喜，别是一般滋味子，永在我侬心子里。'歌阕，合声赓赞，叫笑振席，欢感闾里，今山民尚有能歌者。"

《新五代史》卷六七《吴越世家》节略为："三节还乡兮挂锦衣，父老远来相追随。牛斗无字人无欺，吴越一王驷马归。"

《吴越顺存集》卷一据《吴越备史》录此诗，题作《巡衣锦军制还乡歌》。

---

① （清）陆心源：《唐文拾遗》，《全唐文》所附，中华书局，1983。
② 雍正《浙江通志》，《文渊阁四库全书》本。
③ 《湘山野录》，中华书局，1984。

按：此歌当撰于开平四年（910）十月，《吴越备史》与《湘山野录》记载不一，当取《吴越备史》为准。又，《全唐诗》卷八亦收入此诗，与《吴越顺存集》同题，当吴允嘉编撰之《吴越顺存集》为《全唐诗》所采录。前文《没了期歌》并其他残句同此。

《排衙石诗刻并序》一首，残存。

阮元《两浙金石志》[①]卷四存之，序有"七言八韵"之语，诗云："□□□□□□，东南一剑定长鲸。□□□□□□，□帝匡扶立正声。□□□□□□，□辉争不仗神明。□□□□□□，□建瑶坛礼玉京。□□□□□□，□□常爇不曾停。□□□□□□，□□恒传宝藏经。□□□□□□，□□今为显真灵。□□□□□□，□□□来镇上清。"阮元跋语曰："右诗刻在钱塘县凤凰山排衙石上。前刻诗序十行，行书，径一寸，文多磨灭。序后一行，仅存'王'字，当是武肃衔系。诗则七言八韵，共九行十六句，上半截亦阙。按：《咸淳临安志》云：旧传钱武肃王凿山见怪石，排列两行，如从卫拱立趋向，因名排衙石。及刻诗石上，即谓此也。惜其文未载。《十国春秋》云：武肃暇时命诸子讽诵诗赋，或以所制诗赐丞相将吏，亦间能书写，画墨竹，然不以呫哔废正务。是武肃性耽吟咏，此刻可以窥见一斑。其书亦刚劲有法度。"

按：《全唐诗补逸》卷一据《两浙金石志》补此诗，中华书局《全唐诗》增订本点校者注曰："《六艺之一录》卷一一〇收此诗，第二句'□南'作'东南'，第六句'伏神明'作'仗神明'。"据文意，当以《六艺之一录》（文渊阁四库全书本）为佳。然《六艺之一录》无序文，故以《两浙金石志》为底本，增改《六艺之一录》两处。唯不知此诗年月，待考。

《隐岳洞》一首，存。

万历《新昌县志》卷三《洞》："隐岳洞，在石城山，五代时有隐岳寺。"注曰："钱镠王诗：'百尺金容连翠岳，三层宝阁倚青霄。手炉香暖申卑愿，愿降殊祥福帝尧。'"

童养年（1909～2001）《全唐诗续补遗》卷一二据《新昌县志》载之。

《浮石寺》一首，存。

陈尚君《全唐诗续拾》卷四五据同治十一年（1872）刊区作霖纂《余

[①] （清）阮元：《两浙金石志》，浙江古籍出版社，2012。

干县志》载之："滟滟霞光映碧流，潭湾深处有龙湫。危楼百尺临江渚，石在波心千古浮。"

按：此诗他处未见，待考。

三 钱镠文章

《辟书》一篇，存。

《吴越备史》卷一《罗隐传》："及来谒王，惧不见纳，遂以所为《夏口》诗，标于卷首，云'一个祢衡容不得，思量黄祖慢英雄'之句。王览之大笑，因加殊遇，复命简书辟之曰：'仲宣远托刘荆州，都缘乱世；夫子辟为鲁司寇，只为故乡。'隐曰：'是不可去矣。'"

陈尚君《全唐文补编》[①]卷一一三载之，拟题《简辟罗隐书》。

按：此书据《罗隐传》下文"王初授镇海节度，时命沈崧草谢表"之语，可知由沈崧所草。时间则在罗隐依附钱镠之时，即光启三年（887）左右。

《罗城记》一篇，存。

罗隐《罗昭谏集》[②]卷五载之，末曰："爰自秋七月丁巳，迄于冬十有一月某日。……某年月日记。"

《吴越备史》卷一：景福二年秋七月"丁巳，王率十三都兵，涓役徒二十余万众，新筑罗城，自秦望山，由夹城东亘江干，泊钱塘湖、霍山、范浦，凡七十里"。

《文苑英华》[③]卷八一一载之，同《罗昭谏集》。

董诰（1740~1818）等编《全唐文》[④]卷一三〇载之，末曰："爰自秋七月丁巳，迄于冬十有一月某日。……景福二年十一月日记。"

按：此文为罗隐代撰，当撰于景福二年（893），然《罗昭谏集》未书年月，《全唐文》据罗城之时间补之。

《谢赐铁券表》一篇，存。

《全唐文》卷一三〇载之，署名钱镠。

[①]《全唐文补编》，中华书局，2005。
[②]（唐）罗隐：《罗昭谏集》，潘慧惠《罗隐集校注》，浙江古籍出版社，2011。
[③]《文苑英华》，中华书局，1966。
[④]《全唐文》，中华书局，1983。

《钱氏家乘》卷八载之,署名钱镠。

　　按:据《续湘山野录》①:"唐昭宗以钱武肃镠平董昌于越,拜镠为镇海镇东节度使、中书令,赐铁券恕九死、子孙二死。罗隐撰谢表。"则罗隐代撰此文。陈尚君《全唐文补编》卷一一四亦据《续湘山野录》之文移正于罗隐名下。时间则在平董昌后,即乾宁三年(896)。

《天柱观记》 一篇,存。

《吴越顺存集》卷一据《洞霄志》载之,吴允嘉按:"此文佳处可方唐太宗《圣教序》,度非江东生不能办,而《昭谏集》中不载,殆为尊者削稿欤?"

《全唐文》卷一三〇载之,末曰:"时光化三年七月十五日记。"

《钱氏家乘》卷八载之,题《武肃王天柱观记》。

　　按:此文撰于光化三年(900),吴允嘉疑其为罗隐所撰,当得其实。

《重修墙隍神庙兼奏进封崇福侯记》 一篇,存。

明吴允嘉《吴越顺存集》卷一据《绍兴府志》辑录此文。

顾炎武(1613~1682)《求古录》② 全文载之,并有跋文,专论碑文以避讳改"戊"为"武"及城隍溯源之事,文长不录。

叶奕苞(1629~1686)《金石录补》③ 卷二三有跋文,亦论避讳,文长不录。

朱彝尊(1629~1709)《金石文字跋尾》④ 卷五有《镇东军墙隍庙记跋》,文长不录。

王昶(1724~1806)《金石萃编》⑤ 卷一一九亦全文载之,题下注曰:"碑连额高六尺一寸,广三尺九寸二分。共大小字二十五行,大字行十九字,小字前十行行三十八字,后八行行四十字。正书。在绍兴府卧龙山。"末附诸家跋文。

钱大昕(1728~1804)《潜研堂金石文跋尾》⑥ 卷一〇《后梁》:"右

---

① 《续湘山野录》,中华书局,1984。
② 《求古录》,《文渊阁四库全书》本。
③ 《金石录补》,《历代碑志丛书》本,江苏古籍出版社,1998。
④ 《金石文字跋尾》,藏修书屋本。
⑤ 《金石萃编》,《石刻史料新编》第1辑第3册,台北:新文丰出版公司,1979。
⑥ 《潜研堂金石文跋尾》,《嘉定钱大昕全集》本,江苏古籍出版社,1997。

碑题'重修墙隍庙兼奏进封崇福侯记',而额称'崇福侯庙之记'。顾宁人、朱锡鬯但称为'镇东军墙隍庙记'者,未见其额也。记文吴越王镠撰。前十行、后八行,字大径寸。中列敕文六行,字大径二寸许。此式他碑所未见。庞玉尝守越州,既没,州人祀以为城隍神。至是,请于朝而得封号。……碑末武肃署衔云'启圣匡运同德功臣',云'守侍中',亦《五代史》所未载也。"

《全唐文》卷一三〇载《镇东军墙隍神庙记》。

孙星衍（1753~1818）《寰宇访碑录》[①] 卷五:"崇福侯庙记。钱镠撰。行书。开平二年。浙江山阴。"

阮元（1764~1849）《两浙金石志》卷四全文载之,并有阮元跋语一则,略曰:"右碑在山阴县卧龙山城隍庙中,额题篆书,'崇福侯庙之记'六字,径二寸三分。记文十九行,行书,径八分。中列敕文六行,行书,径一寸四分。"

洪颐煊（1765~1833）《平津读碑记》[②] 卷八:"右崇福侯庙记,在绍兴府卧龙山,记为吴越王钱镠撰。《新五代史》称：梁太祖即位,封镠吴越王兼淮南节度使。《旧五代史》止言:乾宁四年,镠乃兼镇海、镇东两藩节制。梁祖革命,以镠为尚父、吴越国王。此记作于开平二年,结衔称淮南、镇海、镇东等军节度使,梁祖敕亦云'况钱镠任隆三镇,功显十臣',与新史同,而旧史不书兼淮南节度者,阙文也。"

陆增祥（1816~1882）《八琼室金石补正》[③] 卷七九《后梁》著录,题下注曰:"崇福侯庙记。开平二年。《萃编》载卷一百十九,作《镇东军墙隍庙记》。篆额三行,题'崇福侯庙之记'六字。"末附诸家跋文,并陆增祥跋语:"此碑疑经重刻,故有西使始牧之讹。"

陆心源（1834~1894）《唐文拾遗》卷一一据《册府元龟》载《请封镇东军神祠奏》,然仅"镇东军神祠,颇有灵验,救灾祈福,人民赖之,请赐封崇"一句,盖史家省文,非庙记原话,今不取。

按:据文中"时大梁开平二年岁在戊辰",可知此文撰于开平二年（908）。据钱大昕跋尾,此碑额题"崇福侯庙之记",而碑文题

---

① 《寰宇访碑录》,《丛书集成初编》本,中华书局,1985。
② 《平津读碑记》,《槐庐丛书》本。
③ 《八琼室金石补正》,《石刻史料新编》第1辑第7册,台北：新文丰出版公司,1979。

"重修墙隍庙兼奏进封崇福侯记",张兴武《五代艺文考》① 四《五代金石辑录》误分为二。此文不一定是钱镠原作,或为幕僚代笔。除了上述跋文外,日人中村裕一有论文「五代『鎮東軍墻隍記』に引用された『勅』について」② 一篇,可参考。

《真圣观碑》 一篇,存。

《舆地碑记目》卷一:"真圣观碑,在天庆观,开平二年刻。"

《六艺之一录》卷一〇一:"真圣观碑,在天庆观,开元二年刻。"

《全唐文》卷一三〇载《真圣观碑》,署名钱镠。

按:此碑所刻时间有开平、开元之异,据《旧五代史》卷四:开平二年八月,"两浙钱镠奏改管内紫极宫为真圣观"。可知确实在开平二年(908),《六艺之一录》误。然《全唐文》所载原文并无署衔与时间。

《陈取淮南策》 (拟) 一篇,佚。

《资治通鉴》③ 卷二六七后梁太祖开平二年(908):"八月,吴越王镠遣宁国节度使王景仁奉表诣大梁,陈取淮南之策。景仁即茂章也,避梁讳改焉。"

按:王景仁所奉之表,为钱镠所呈,然撰者或非钱镠本人,存此备览。

《乞原宦者表》 (拟) 一篇,存。

《资治通鉴》卷二六七后梁太祖开平四年(910):"吴越王镠表'宦者周延诰等二十五人,唐末避祸至此,非刘、韩之党,乞原之。'上曰:'此属吾知其无罪,但今革弊之初,不欲置之禁掖,可且留于彼,谕以此意。'"

陈尚君《全唐文补编》卷一一三据《资治通鉴》载之,拟题《上梁太祖表》。

按:此表亦署钱镠而未必为镠所撰,且或非全文,陈氏所拟之题亦较粗,不取。

《钱唐湖水府告文》 四篇,存。

---

① 张兴武:《五代艺文考》,巴蜀书社,2003。
② 中村裕一「五代『鎮東軍墻隍記』に引用された『勅』について」『汲古』第21期、1992。
③ 《资治通鉴》,中华书局,1956。

按：王士伦《五代吴越国王投简》①一文著录并注释了吴越国王钱镠、钱元瓘、钱弘佐、钱弘俶四人的十篇水府投简告文。其中钱镠一人独占六篇，时间分别为：乾化元年（911）八月两篇于钱塘湖、乾化二年二月一篇于钱塘湖、贞明三年（917）三月一篇于钱塘湖、天成三年（928）三月两篇于太湖。关于钱镠告文的发现和研究，亦可参见梁志明《"水府告文"考释》②、丁培仁《钱镠道教〈水府告文〉新释——兼谈龙简与醮》③等文。

《刘仁规等改补节度散子将牒》（托名）一篇，存。

岳珂（1183～1243）《宝真斋法书赞》④卷八《吴越三王判牍帖·武肃王》载之，末云："乾化四年四月日牒。使尚父守尚书令吴越王。"

《全唐文》卷一三〇载牒文，署名钱镠。

按：此文撰于乾化四年（914），钱镠所署，内容则或为幕僚所草。

《嘉泽广润龙王庙碑》一篇，存。

陈思《宝刻丛编》⑤卷一四《两浙西路·临安府》："梁新建钱塘湖广润龙王庙碑。钱镠记。行书。篆额。贞明二年丙子正月十五日庚午建。《复斋碑录》。"

不著撰人《宝刻类编》⑥卷一《国主·钱镠》："新建钱湖广润龙王庙碑。□行书篆额。梁贞明三年正月十五日建。杭。按：陈思《宝刻丛编》载《复斋碑录》作'新建钱塘湖广润龙王庙碑'，此本疑脱'塘'字。"

《舆地碑记目》卷一《临安府碑记》："钱塘龙王庙碑。钱塘湖有广润龙王庙碑，云钱镠正明二年建。"张兴武《五代艺文考》四《五代金石辑录》按："钱镠不曾有正明年号，此乃后梁贞明之讹。"

《六艺之一录》卷一一〇："钱镠嘉泽广润龙王庙碑。贞明二年岁丙子正月丙辰朔十五日，天下兵马都元帅淮南镇海镇东等军节度使尚父守尚书

---

① 王士伦：《五代吴越国王投简》，《浙江省文物考古研究所学刊：建所十周年纪念专刊（1980—1990）》，科学出版社，1993。
② 梁志明：《"水府告文"考释》，《东南文化》1993年第3期。
③ 丁培仁：《钱镠道教〈水府告文〉新释——兼谈龙简与醮》，《弘道》2001年第10期，收入氏著《求实集——丁培仁道教学术研究论文集》，巴蜀书社，2006。
④ 《宝真斋法书赞》，《文渊阁四库全书》本。
⑤ （南宋）陈思：《宝刻丛编》，《石刻史料新编》第1辑第24册，台北：新文丰出版公司，1979。
⑥ 《宝刻类编》，《石刻史料新编》第1辑第24册，台北：新文丰出版公司，1979。

令吴越王钱镠撰。旧在宝石山大佛寺傍,见《咸淳临安志》。"

《全唐文》卷一三〇载《建广润龙王庙碑》。

按:张兴武《五代金石辑录》据《宝刻类编》和《舆地碑记目》著录为两篇,误。《宝刻丛编》《六艺之一录》明言此碑撰于丙子岁,即贞明二年(916)正月十五日,《宝刻类编》亦有"正月十五日",且皆为广润龙王庙碑,则"贞明三年"当为"贞明二年"之讹。

《钟廷翰摄安吉主簿牒》(托名)一篇,存。

洪迈(1123~1202)《容斋三笔》① 卷一六《唐世辟僚佐有词》:"钱武肃在镇,牒钟廷翰摄安吉主簿云:'敕淮南·镇海·镇东等军节度使牒,将仕郎、试秘书省校书郎钟廷翰牒,奉处分:……故牒,贞明二年三月日。'牒后衔云'使尚父守尚书令吴越王押'。此牒今藏于王顺伯家,其字画端严有法,其文则掌书记所撰,殊为不工,但印记不存矣。谓主簿为印曹,亦佳。"

董斯张(1587~1628)《吴兴备志》② 卷七《州邑佐》:"吴越时,钟廷翰摄安吉主簿。《尧山堂偶镌》。"

吴任臣《十国春秋》③ 卷八五《钟廷翰传》:"钟廷翰,□□人,流寓湖州。素有贤名,武肃王命摄安吉主簿。牒曰:'……'后不知所终。"

《全唐文》卷一三〇载牒文,署名钱镠。

按:钟廷翰,确有其人,然洪迈已指出此牒为掌书记所撰,时间在贞明二年(916),时罗隐已卒,当是别有其人。

《吴山题名》一则,存。

《金石录补》卷二三:"嘉靖庚申春吾邑张石川先生寰登吴山,徙倚上方悬崖见数字,类颜鲁公,命从者拓之,乃钱王题名也。题曰:'梁龙德元年岁辛巳二月戊午一日朔,天下都元帅吴越国王钱镠题。'无锡赵骏烈《纪元汇考》云,梁五月改元龙德,与《通鉴》同,而此于而二月已称龙德,何也?吴任臣《十国春秋》是年为钱氏天宝十二年,于三月梁王诏王大举兵伐吴,岂镠于梁改元诏到之时,即题名奉新号以示恭顺耶?或石崖残泐,字画讹异耶?"

按:张兴武《五代金石辑录》据《宝刻类编》《金石录补》著

---

① 《容斋三笔》,中华书局,2005。
② 《吴兴备志》,嘉业堂刊本。
③ (清)吴任臣:《十国春秋》,中华书局,1983。

录，曰："梁龙德元年十一月□日正书磨崖。杭州。"事实上，其所据当是《宝刻类编》所著录之拜郊台题名，即"题名。梁龙德元年十一月□日。正书磨崖。杭"，而非《金石录补》所载题名。据《金石录补》，此题名乃龙德元年（921）二月一日，此日据陈垣《二十史朔闰表》，正是戊午日，可知与十一月之题名有差。张考非是。

《拜郊台题名》一则，存。

《宝刻丛编》卷一四《两浙西路·临安府》："吴越国王钱镠题名。梁龙德元年十一月一日。天下都元帅吴越国王镠建置。正书。在南郊登圣寺磨崖。《复斋碑录》。"

《宝刻类编》卷一《国主·钱镠》："题名。梁龙德元年十一月□日。正书磨崖。杭。"

田汝成（1503~1557）《西湖游览志》卷六："登云台，后梁龙德中，钱王建，又名拜郊台。盖钱王僭郊天地之所也。台侧有灵化洞，武肃王勒壁存焉。洞深百步，阔十余丈，和靖、东坡题名。"

厉鹗（1692~1752）《樊榭山房集》①卷五有《九月一日，同丁敬身、张希亮、金以宁、符圣几游天龙寺，石壁上有太平兴国六年心经，门外八卦田，即宋郊坛故迹。次登天真寺，灵化洞侧刻字云："梁龙德元年岁次辛巳十一月壬午朔一日，天下都元帅吴越国王镠建置。"钱王拜郊台也，此寺登眺最为江山胜处》一诗。

《寰宇访碑录》卷五："拜郊台钱镠题名。正书。龙德元年十一月。浙江钱唐。"

《两浙金石志》卷四载之，阮元跋语曰："右题名在西湖天真寺后灵化洞石壁，文四行，正书，径三寸余。《十国春秋》载天宝十三年建天真院于天真山后，旧名登云台，亦云拜郊台，盖钱王郊天之所也。按：天下都元帅授于贞明三年，与此合；吴越国王之封则在龙德三年，而此已称之，岂纪年有误耶？"

《八琼室金石补正》卷八一《吴越》著录，题下注曰："高一尺四寸，广二尺。四行，行字不一。字径三寸余。正书。在钱塘。"题名内容即"梁龙德元年岁次辛巳十一月壬午朔一日天下都元帅吴越国王镠建置"，与厉鹗诗题同。

---

① 厉鹗：《樊榭山房集》，上海古籍出版社，1992。

《全唐文补编》卷一一三据《八琼室金石补正》载之。

《举崇吴禅院僧嗣匡牒》（托名）一篇，存。

《全唐文补编》卷一一三，《文物》1960 年第 1 期王士伦《五代吴越的两件文书》录此牒，1959 年发现于浙江省象山县钱渭昌家中，文末曰："龙德二年十二月日牒。都元帅吴越王。"

> 按：此牒属于钱镠押署之牒文，原撰者不详，时间在龙德二年（922）。相关考证参见王士伦之文。

《竹林寺石幢题记》一则，存。

《潜研堂金石文跋尾》卷一一《吴越》："右《竹林寺双石幢》，在临安县。东西相向，制极雄伟，皆吴越钱武肃王所立。东幢刻《佛说守护国界主陀罗尼经》，西幢刻《千手千眼大悲心陀罗尼经》。后有跋语数行，皆俪语。末题：'宝大元年岁次甲申五月一日，天下都元帅吴越国王镠建。'则两幢皆同。其云'七帝酬恩'者，谓唐懿宗、僖宗、昭宗、哀帝，梁太祖、末帝，后唐庄宗也。甲申者，后唐同光二年。王顺伯《复斋碑录》搜录吴越纪元石幢甚多，而此两幢独未之及。王象之《舆地碑目》亦遗之。顷岁，何梦华始访得，椎拓其文，颇完好可诵，予因与寓目焉。亦晚年一快也。《风山碑》'宝正'字颇磨泐，而此幢'宝大'字未经镵损。吴任臣《十国春秋》于建塔修庙，皆大书于世家，此幢独不著录。今距吴氏著书，又百余年，而予乃得见之，斯亦足以傲前贤矣。"

《寰宇访碑录》卷五："海会寺经幢二。吴越国王钱镠建。宝大元年五月。浙江临安。"

《两浙金石志》卷四载之，末云："时宝大元年岁次甲申五月一日，天下都元帅吴越国王镠建。"阮元跋语："右二幢在临安县西二里海会寺前。嘉庆元年何梦华访碑至此，始拓得之。二幢东西相对，制极雄伟。石高六尺二寸，八面，周广八尺八寸。一题《千手千眼大悲真言》，每面十四行，正书，径八分。一题《守护国界主陀罗尼经》，每面十五行，正书，字径八分。二幢皆有武肃记文一篇，末行题'天下都元帅吴越国王镠建'十一字，字体更大，书径一寸八分。宋蔡襄《海会寺记》云：海会寺，梁大同中始作，号曰竹林。及五代正明之初，钱吴越王又新之。王，县人也，少尝往来里中，困甚。已而跨有全吴，名贵地大，私自省所从来，岂非有阴相我者邪？且竹林最得山水佳处，因大治之，益广前制。当是时，吴中浮屠居虽百千数，无是伦者。大中祥符，寺例，易天下寺名，遂锡今额。

（记文今见《咸淳临安志》）然则武肃王以桑梓故里，念神功，重新梵宇，更选浮屠。蔡端明记文与此幢记甚合。而吴氏《十国春秋》诸国营建佛刹，无不备书，且分注记文于下，独此二幢反从阙略，殊所未解。吴越改元，始于梁开平二年，此刻题宝大元年甲申岁，为后唐庄宗同光二年。欧阳《五代史》、温公《通鉴》诸书于吴越改元只载宝正一号，得此可补史家之阙。"

《唐文拾遗》卷一一据《两浙金石志》辑录。

按：海会寺旧称竹林寺，《寰宇访碑录》所著录者即钱大昕所得。时间在宝大元年，即同光二年（924）。

《开慈云岭记》一篇，存。

《宝刻丛编》卷一四《两浙西路·临安府》："后唐开慈云岭路记。篆书。梁单阏之岁兴建龙山，至涒滩之岁开慈云岭。盖兴建于梁贞明五年，开岭于唐同光二年。碑在慈云岭。《复斋碑录》。"

《寰宇访碑录》卷五："开慈云岭记。吴越国王记。篆书。甲申岁六月。按甲申为吴越宝大元年。浙江钱唐。"

《两浙金石志》卷四《吴越武肃王开慈云岭记》："梁单阏之岁兴建龙山，至涒滩之年开慈云岭。使建西关城宇、台殿水阁，今勒贞珉，用纪年月。甲申岁六月十五日，吴越国王记。"阮元跋曰："右刻在西湖慈云岭山石壁，文八行，篆书，径三寸余"云云。

《金石续编》卷一二《吴越》收录此记，题下注："高二尺八寸，广三尺六寸，篆书，八行，行六字，第七行七字。在杭州西湖慈云岭石壁。"记文曰："梁单阏之岁兴建龙山，至涒滩之年开慈云岭。便建西关城宇、台殿水阁，今勒贞珉，用纪年月。甲申岁六月十五日，吴越国王记。"陆耀遹按："梁单阏之岁，乃梁末帝贞明五年己卯，涒滩之年，即甲申岁。后唐庄宗同光二年，吴越武肃王宝大元年。今临安海会寺经幢书'宝大元年，岁次甲申'可证。考详宝正三年投龙简文。'便建西关城宇台殿水阁'，《两浙金石志》释'便'作'使'，误。"

《唐文拾遗》卷一一据石刻辑录此文。

按：由前可知，此记撰于甲申岁宝大元年，即同光二年（924），乃开岭之年。记文未必原撰，慈云岭当其所开。

《与安重诲书》（拟）一篇，佚。

《旧五代史》卷一三三《钱镠传》："明宗即位之初，安重诲用事，镠尝与重诲书，云'吴越国王谨致书于某官执事'，不叙暄凉，重诲怒其无礼。"

　　按：此封书信在明宗即位之初，当即天成（926~930）初年。

《太湖水府告文》两篇，存。

　　《全唐文》卷一三〇载宝正三年于太湖之投龙文，署名钱镠。

　　《两浙金石志》卷四载吴越投龙简文："大道弟子、天下都元帅、尚父、守中书令、吴越国王钱镠，年七十七岁，二月十六日生。……谨诣太湖水府金龙驿，传于吴越国苏州府吴县洞庭乡东皋里太湖水府告文。宝正三年，岁在戊子，三月丁未朔，二十六日壬申投。"阮元跋曰："右吴越投龙简文，高六寸，广五寸，以银为之，四周以龙云为饰，正书，十行。国初土人获于太湖包山之下，当时所谓水府也"云云。

　　《金石续编》卷一二《吴越》收录其中一篇，题下注曰："□白金，重一镒，高八寸，广五寸二分。上云下水，周以龙文，中镌正书十行，每行二十字至二十二字不等。顺治元年出于太湖包山下，今佚。此从湘潭周子坚诒朴藏本录入。"末附陆耀遹跋文，文长不录。

　　按：据前文，此告文在天成三年（928）投。又据《金石录补》卷二七："钱镠常于林屋洞投金简，宋淳祐丁未七年，大旱，山间人于水滨得之，长一尺五寸，阔六寸，上刻字曰'天下兵马大元帅吴越钱王'十一字。"林屋洞即在太湖西山，此或即另一篇乎。

《舜井石记》一则。

　　《金石录补》卷二四："右记云：'吴越国王宝正三年八月十九日重开舜井，取得重华石一片，窃恐年移代远，莫测端由，特令镌刻，用记年月。己丑岁林钟之月二十九日，天下都元帅吴越王记。'"

　　《全唐文》卷一三〇载《开舜井得重华石记》，以"取得"为"收得"，"天下都元帅吴越王"为"天下兵马都元帅吴越国王"，然当以《金石录补》为准。

　　按：此记所提供之信息甚多，详参《金石录补》剩余文字，文繁不录。此记时间在己丑岁林钟月，即天成四年（929）六月。

《题钱明观桥记》一则，存。

　　《宝刻丛编》卷一四《两浙西路·临安府》："吴越王题钱明观桥记。吴越宝正六年岁次辛卯四月八日，因建钱明观，造此石桥，吴越国王记。《复斋碑录》。"

《宝刻类编》卷一《国主·钱镠》："题钱明观桥记。吴越。宝正六年四月八日记。杭。"

按：此题记在宝正六年，即长兴二年（931），因建观而造桥，遂有此记。

《风山灵德王庙记》 一篇，存。

《十国春秋》卷七八《吴越二·武肃王世家下》宝正六年冬十一月条载之。

《潜研堂金石文跋尾》卷一一《吴越》："右《新建风山灵德王庙记》。后题'宝正六年重光单阏岁为相之月二十有三日记'。最后一行题'天下都元帅吴越国王'九字。……《尔雅·释天》云：'七月为相。'此题'为相之月'，必七月矣。吴氏《十国春秋》载：'宝正六年冬十一月，重建防风山灵德王庙成，王敕撰《庙记》。'即谓此碑。但记文明言，丙戌年八月二十四日起首，至其年十一月毕功。丙戌者，宝正元年。以八月兴工，十一月告成。洎辛卯岁立碑，相距已五载。吴氏误以立碑之年为庙成之年，又误以'相月'为十一月，皆考之未审尔。"

《全唐文》卷一三〇载《新建风山灵德王庙记》。

《寰宇访碑录》卷五："风山灵德王庙记。钱镠撰。行书。宝正六年为相之月。浙江武康。"

《两浙金石志》卷四载此文，阮元跋语："右碑在武康县东风山麓，庙额篆书'新建风山灵德王庙'九字，径二寸五分。文二十六行，行书，径一寸二三分不等。末行'天下都元帅吴越国王'九字较大"云云。

《八琼室金石补正》卷八一《吴越》著录碑文，题下注曰："高四尺六寸五分，广二尺五寸。廿五行，行卅五卅六字，末半行九字较大。行书。篆额。题'新建风山灵德王庙记'九字。在浙江武康。"末附钱大昕跋文，并陆增祥跋语："据碑所称，庙于唐元和年再建。立庙之初，具载唐碑。碑久无存，欧、赵亦未著录，末由考其原始矣。"

按：此记撰于宝正六年为相之月，即长兴二年（931）七月。笔者曾于2012年2月4日亲至其地观摩，然碑已为玻璃所罩，无由细绎。

《金山忠烈昭应庙祭献文》 一篇，佚。

《宝刻丛编》卷一四《两浙西路·秀州》："吴越钱镠金山庙刻石文。《复斋碑录》。"

杨潜《云间志》① 卷中《寺观》："金山忠烈昭应庙。在海中金山，去县九十里，别庙在县东南八十步。庙有吴越王镠祭献文云：'以报冠军之阴德。'《吴越备史》云：'大将军霍光。自汉室既衰，旧庙亦毁。'按：霍去病为冠军将军，而霍子孟为大将军，今《备史》以为霍光，或者吴越祭文不考也。《嘉禾志》冠军神庙，又有金山庙，皆云忠烈昭应，则以一庙为二矣。"

单庆《至元嘉禾志》② 卷一二："金山忠烈昭应庙，其一在海中金山，去府治九十里。其别庙在府东南八十步。考证：庙有吴越王镠祭献文云：'以报冠军之阴德。'"

《全唐文补编》卷一一三据《云间志》卷中辑录之，题《金山忠烈昭应庙祭献文》。

按：此祭献文署名钱镠，或非钱镠亲笔，时间则不详。参见拙文《嘉兴历史上一篇重要文献——钱镠〈金山忠烈昭应庙祭献文〉》③。又，《全唐文补编》卷一一三亦据《云间志》卷中辑录《广卫将军祠祭献文》，此文亦见《至元嘉禾志》卷一二，曰："寺有石刻载吴越王祭献文云：'晋贤陆机之祖。'"云云。陈尚君按："《云间志》仅云此为吴越王文。姑附此。"可知虽亦吴越王之文，然不知何王，故亦附识于此。

《远劳帖》一则，存。

卞永誉《式古堂书画汇考》④ 卷八《后唐》："吴越王钱真美远劳帖。行书。纸本。远劳致贺，备已知悉，遣此回谕，不具。付报正月日。"其中"真美"当为"具美"之误。

《全唐文补编》卷一一三据《式古堂书画汇考》载之，然误"不具"为"不报"。

（疑）《赐童頵拜西扇都岩将诰》一篇，存。

《十国春秋》卷八五《童頵传》："童頵，青溪人也，素有勇力。武肃时多著勤劳，拜西扇都岩将。王赐诰曰"云云。末有吴任臣注曰："又青

---

① （宋）杨潜：《云间志》，《宋元方志丛刊》本，中华书局，1990。
② （元）单庆：《至元嘉禾志》，《宋元方志丛刊》本，中华书局，1990。
③ 胡耀文：《嘉兴历史上一篇重要文献——钱镠〈金山忠烈昭应庙祭献文〉》，《嘉兴日报》2014年9月25日，第19版"梅花洲"。
④ 卞永誉：《式古堂书画汇考》，浙江人民美术出版社，2012。

溪王延寿，叔唐太尉克俭，与武肃同事征伐，延寿官吴越主簿。"

《全唐文》卷一三〇载诰文，署名钱镠。

  按：童颋、王延寿二人，吴任臣并未注明史源，或得自严州地区方志，当确有其人。然武肃王所赐诰恐非钱镠本人所撰，存疑。

（疑）《授张蕴江阴令牒》一篇，存。

《全唐文》卷一三〇载牒文，署名钱镠。

  按：其文有"前摄苏州长洲县令、文林郎、前守洪州都督府参军张蕴，牒奉处分：……御札承制，正授常州江阴县令，表次录奏，仍牒举者"之语，然常州时在杨吴、南唐政权境内，不得正授之，除《全唐文》外，亦不知此文史源，故存疑。

（伪托）《钱氏大宗谱序》。

《全唐文》卷一三〇载之。

《钱氏家乘》卷一，其署名曰"启圣扶运同德功臣淮南镇海镇东等军节度使观察处置营田安抚兼两浙盐铁制置发运等使淮南宣运等道四面行营都统开府仪同三司尚父守尚书令食邑二万户食实封一千七百户吴越国王镠撰"，其末曰"乾化五年八月十八日书"。

  按：《钱氏家乘》系衔不见于《全唐文》。然系衔及序文内容错漏甚多，恕不一一详述，且从钱镠一生行迹来看，并无编撰所谓《钱氏大宗谱》并作序的可能，当为后人托名。钱志熙《吴越王钱镠先世考略——并论先世对其霸业的影响关系》一文认为杨凝式《大唐故天下兵马都元帅尚父吴越国王谥武肃神道碑》、钱俨《吴越备史》并未参考《钱氏大宗谱》，故而仍旧把钱镠祖先记为钱九陇。其实，钱镠出身微贱，发迹之后以钱九陇为祖先本出于伪托，与河南钱若水家族伪托钱九陇如出一辙，更与所谓钱镠让罗隐撰《钱氏大宗谱》而实为钱氏后人伪托手法相似，皆不足以为信史。潘慧惠《罗隐集校注》依然录《钱氏大宗谱》，误。

（伪托）《奏请出师讨董昌表》一篇，存。

《钱氏家乘》卷八。

  按：据湖州师范学院历史系2009级本科生陈伟扬《民国〈钱氏家乘〉辑佚辨伪》一文考证，此表为明清人伪作，信然。又，《钱氏家乘》收文不注出处，颇多可疑，皆类此也。

（伪托）《武肃王筑塘疏》一篇，存。

《钱氏家乘》卷八载之。

（伪托）《劝董昌仍守臣节书》一篇，存。

《钱氏家乘》卷八载之。

> 按：据陈伟扬《民国〈钱氏家乘〉辑佚辨伪》考证，此文为清人伪作，年代不详，信然。

（伪托）《复邗沟杨氏书》一篇，存。

《钱氏家乘》卷八载之。

> 按：此文亦后人托名。

（伪托）《钱氏九州庙碑》一篇，存。

《全唐文》卷一三〇载之，末曰："两浙渠魁已殄，十州内获安。将示后代宗支，知于祖祢。文德元年七月七日记。"

《钱氏家乘》卷八载之。

> 按：陈尚君《全唐文补编》卷一一三《罗隐》按："见《诚应武肃王集》卷四，为罗隐代钱镠作。《咸淳临安志》卷二五引钱逵一节，亦云隐作。《全唐文》卷一三〇收钱镠下，今移正。"此碑据《全唐文》，撰于文德元年（888），然其时董昌未平，不得谓"两浙渠魁已殄"。又据《咸淳临安志》卷二五："九州山。在县西十二里，旧有九祖儒堂及庙九所，俗谓钱九州庙。罗隐作碑"云云。则罗隐确曾撰此碑文。

吴越钱氏忠逊王支著述考[*]

关于有宋一代吴越钱氏家族的研究，柳立言、郑铭德[①]、姚礼群[②]、何勇强[③]皆有论述。但在分支方面颇不平衡，研究得最多的是忠懿王支，特别是钱惟演，近年有马天宝、卢婧萍的两篇硕士学位论文专门涉及。[④] 至于忠逊王支在北宋的发展情况，柳立言的论文有一定篇幅涉及，但主要是池泽滋子曾就钱易的文学成就进行论述，并编有忠逊王之子钱易、曾孙钱勰两份年谱。[⑤] 近年，陈志坚、梁太济笺证了《宋史·钱易传》，但尚未涉

---

[*] 本文选取自未刊拙稿《吴越国、两宋时期吴越钱氏艺文考》，初刊于王水照、朱刚主编《新宋学》第4辑，上海人民出版社，2015，第250~277页。因体例所限，所引史料皆仅随文标出版本，不注页码。

[①] 柳立言：《北宋吴越钱家婚宦论述》，《中央研究院历史语言研究所集刊》第65本第4分，1994，第903~955页，收入氏著《宋代的家庭和法律》，上海古籍出版社，2008，第109~152页；郑铭德：《忠孝世家：宋代吴越钱氏研究》，硕士学位论文，台湾"清华大学"，1999。郑文未见原文，仅参考了台湾硕博士论文信息网上所提供的摘要。2012年5月21日，承蒙郑铭德兄来函，他十分谦虚，认为文章不足以参考，故不对外公开，十分遗憾！不过他推荐笔者参考柳立言的大作，拜读之后十分受益，谨此致谢！

[②] 姚礼群：《宋代吴越钱氏家族的人才研究》，硕士学位论文，杭州大学，1996；姚礼群：《宋代钱氏家族人才简述》，《钱镠研究》第6辑，杭州临安钱镠研究会，1997，第26~39页；姚礼群、张伟：《宋代钱氏家族人才状况初探》，《宁波大学学报》（人文科学版）1998年第1期，第14~19页。

[③] 何勇强：《吴越钱氏宗族发达探源》，王建华主编《钱镠研究》第7辑，杭州临安钱镠研究会，1998，第48~55页。

[④] 马天宝：《北宋吴越钱氏后裔——钱惟演研究》，硕士学位论文，河北大学，2011；卢婧萍：《钱惟演诗歌研究》，硕士学位论文，西南交通大学，2012。

[⑤] 〔日〕池泽滋子：《吴越钱氏文人群体研究》第四章"钱易"，上海人民出版社，2006，第56~70页；〔日〕池泽滋子：《钱易年谱》，氏著《吴越钱氏文人群体研究》，第188~209页；〔日〕池泽滋子：《钱勰年谱》（上），《吴越钱氏》第4期，上海钱镠文化研究会，2010，第33~42页；〔日〕池泽滋子：《钱勰年谱》（中），《吴越钱氏》第5期，上海钱镠文化研究会，2010，第34~43页；〔日〕池泽滋子：《钱勰年谱》（下），《吴越钱氏》第6期，上海钱镠文化研究会，2011，第14~21页。

及整个忠逊王支。① 故本文就忠逊王支成员及其著述进行辑考,以备他日对该支进行全面研究。下文根据诸种史料,按照辈分先后整理忠逊王支各代成员及其著述。唯引书较多,为节省篇幅,除今人论著外,不再一一出注,版本信息于第一次出现时注。

第一代

吴越忠逊王钱弘倧（928 或 929~971）

关于钱弘倧的一生,学界已有讨论,兹不赘述。②

钱弘倧的著作,童养年《全唐诗续补遗》③ 卷一二《钱弘倧小传》谓其"著有《越中吟》二十卷",然除《越中吟》一书不见其他著录。

此外,钱弘倧尚有散见诗文。

(1) 明吴允嘉编《吴越顺存集》④ 卷一据《绍兴府志》辑录其《小能仁寺》残句"有时风掣浪声到,半夜月排山影来"。

(2) 南宋施宿《嘉泰会稽志》⑤ 卷一三"古器物"存其《禹剑》残句"尘埃共镮梅梁在,星斗仍分剑韣存"。亦见《吴越顺存集》卷一。

其佚文有两篇。

(1) 清叶奕苞《金石录补》⑥ 卷二四所载《大慈山甘露院牒》一则跋文,有会同十年（947）七月牒文一道。

(2) 据北宋欧阳修《新五代史》⑦ 卷六七《吴越世家》,有题《钟馗击鬼图》一诗。

---

① 陈志坚、梁太济：《〈宋史·钱易传〉笺证》,《徽音永著：徐规教授纪念文集》,华东师范大学出版社,2012,第 162~171 页。此文亦收入于梁太济笺证的《南部新书溯源笺证》（中西书局,2013）一书中。
② 赵雅书：《吴越国的第三代——守成时期的两位君主钱宏佐（928—947）、钱弘倧（928—971）两兄弟》,台湾大学历史系编《史学：传承与变迁学术研讨会论文集》,1998；何勇强：《养子、内牙军与吴越国中期政局》,《杭州师范学院学报》（社会科学版）2002 年第 6 期,第 77~81 页。
③ 童养年：《全唐诗续补遗》,《全唐诗：增订本》,中华书局,1999。
④ （明）吴允嘉编《吴越顺存集》,《四库全书存目丛书》,齐鲁书社,1997。
⑤ （南宋）施宿：《嘉泰会稽志》,《宋元方志丛刊》,中华书局,1990。
⑥ （清）叶奕苞：《金石录补》,《历代碑志丛书》,江苏古籍出版社,1998。
⑦ （北宋）欧阳修：《新五代史》,中华书局,1974。

第二代

钱昆

钱昆为钱弘倧之子，生平见北宋曾巩《隆平集》[①]卷一四《钱昆传》、南宋王称《东都事略》[②]卷四八《钱昆传》。

钱昆著述，据《隆平集》，有文集十卷。李最欣《钱氏吴越国文献和文学考论》按："《全宋诗》第一一八三页据《钱氏传芳集》云有集《谏议诗文集》十卷，当即《钱昆文集》十卷。"[③]然钱昆虽曾官谏议大夫，其文集是否即曰"谏议诗文集"，尚待考证。

钱昆另有诗如下。

（1）《题淮阴侯庙》一首，存。见北宋吴处厚《青箱杂记》[④]卷五、南宋曾慥《类说》[⑤]卷四，又见《吴越顺存集》卷三、北宋阮阅《诗话总龟》[⑥]卷一五，《全宋诗》[⑦]卷一〇四亦据《青箱杂记》载之。唯南宋胡仔《苕溪渔隐丛话》[⑧]前集卷二四曰："《淮阴侯庙》诗'筑坛拜日恩虽重'之句，《青箱杂记》谓是钱昆作，《桐江诗话》谓是黄好谦作，是一诗而有二说也。"然《桐江诗话》久佚，亦不知撰人，今从《青箱杂记》。

（2）~（3）《宿延庆院》《游铁岸》二首，存。《济源县志》卷一六载此二诗，《全宋诗》卷一〇四据此载之。

钱易（968~1026）

钱易为钱昆之弟，生平参见池泽滋子《钱易年谱》和陈志坚、梁太济对《宋史·钱易传》之笺证，此处不赘。其著述开列如下。

（1）~（4）《金闺集》《瀛州集》《西垣集》《内制集》，佚。《隆平

[①] （北宋）曾巩：《隆平集》，王瑞来校证《隆平集校证》，中华书局，2012。
[②] （南宋）王称：《东都事略》，《文渊阁四库全书》本。
[③] 李最欣：《钱氏吴越国文献和文学考论》，中国社会科学出版社，2007，第145页。
[④] （北宋）吴处厚：《青箱杂记》，中华书局，1995。
[⑤] （南宋）曾慥：《类说》，文学古籍刊行社，1955。
[⑥] （北宋）阮阅：《诗话总龟》，人民文学出版社，1987。
[⑦] 《全宋诗》，北京大学出版社，1998。
[⑧] （南宋）胡仔：《苕溪渔隐丛话》，人民文学出版社，1981。

集》卷一四《钱易传》:"有《金闺集》六十卷、《瀛州集》五十卷、《西垣集》三十卷、《内制集》二十卷、《寿云总录》一百卷、《新书》十卷。子彦远、明逸。"《东都事略》卷四八《钱易传》:"易俊逸过人,为文数千百言,顷刻而就。又善行草书。有集一百六十卷、《寿云总录》一百卷、《洞微志》十卷。"《秘书省续编到四库阙书目》① 卷一:"钱易《文集》六十卷。"南宋郑樵《通志·艺文略》②"别集五":"《钱易集》六十卷。"尤袤《遂初堂书目》③"别集类":"钱希白《金闺集》。"元脱脱等《宋史·艺文志七》④"别集类":"《钱易集》六十卷。"《宋史》卷三一七《钱易传》:"有《金闺》、《瀛洲》、《西垣》、《制集》一百五十卷。"按:就卷数而言,《隆平集》所载之《金闺集》即《通志·艺文略》和《宋史·艺文志七》所载之《钱易集》,且《通志·艺文略》和《宋史·艺文志七》仅录此书,而无《金闺集》以下数集,故当《钱易集》或即《金闺集》之异名。李最欣《钱氏吴越国文献和文学考论》以《钱易集》别为一种,似误。⑤《东都事略》所谓一百六十卷,则恰为金闺、瀛州、西垣、内制四集卷数之和。另外,《宋史》点校本以"西垣制集"四字合划书名线,与"金闺""瀛洲"并列,然据《隆平集》,则"制集"二字当别为一种,即"内制集"之省称,故别为标点。

(5)《钱希白甲乙集》,佚。北宋王尧臣《崇文总目》⑥ 卷五"别集类":"《钱希白甲乙集》一卷。"

(6)《钱希白歌诗》,佚。《秘书省续编到四库阙书目》卷一:"钱易《歌诗》二卷。"南宋陈振孙《直斋书录解题》⑦ 卷二十:"《钱希白歌诗》二卷。翰林学士吴越钱易希白撰。……易有集百五十卷,未见,家止有此及《滑稽集》四卷而已。"按:一百五十卷的集子,与前文所引《宋史》同,或即《隆平集》所述之《金闺集》《瀛州集》《西垣集》《内制集》,然后四者总计一百六十卷。

---

① 《秘书省续编到四库阙书目》,《文渊阁四库全书》本。
② (南宋)郑樵:《通志·艺文略》,中华书局,1995。
③ (南宋)尤袤:《遂初堂书目》,《文渊阁四库全书》本,《中国历代书目丛刊》,现代出版社,1987。
④ (元)脱脱等:《宋史·艺文志七》,中华书局,1985。
⑤ 李最欣:《钱氏吴越国文献和文学考论》,第149页。
⑥ (北宋)王尧臣:《崇文总目》,《丛书集成初编》本,商务印书馆,1937。
⑦ (南宋)陈振孙:《直斋书录解题》,中华书局,1987。

(7)《拟唐诗》，佚。《秘书省续编到四库阙书目》卷一："钱易《拟唐诗》一卷。"叶德辉按："宋志有《钱易集》六十卷，无此二种。"此书池泽滋子《钱易年谱》系于景德三年（1006），未知何据。

(8)《青云总录》，佚。《隆平集·钱易传》："《寿云总录》一百卷。"《宋史·钱易传》："《青云总录》、《青云新录》、《南部新书》、《洞微志》一百三十卷。"《隆平集》所言《寿云总录》一百卷，当即《宋史》本传之《青云总录》，青云者，道教用词，寿云或误。撰写时间则不可考。

(9)《青云新录》，佚。《宋史·钱易传》："《青云总录》、《青云新录》、《南部新书》、《洞微志》一百三十卷。"李最欣《钱氏吴越国文献和文学考论》按语曰："据《宋史》卷三百七十'《青云总录》、《青云新录》、《南部新书》、《洞微志》一百三十卷'，又知《青云总录》一百卷、《南部新书》十卷、《洞微志》十卷，则《青云新录》为十卷。"[1] 然而后文《洞微志》亦有三卷之说，《南部新书》亦有五卷之说，故而尚不可遽断。

(10)《钱氏家话》，佚。司马光《资治通鉴》[2] 卷二七二后唐庄宗同光元年二月条"考异"："刘恕以为……弘倧子易撰《家话》……"《通志·艺文略》："《钱氏家话》一卷。钱易编。"此书已佚，前揭《资治通鉴·考异》存其佚文一条："钱易《家话》称：'缪公宴不贰羹胾，衣必三浣然后易。'"

(11)《洞微志》，残。南宋晁公武《郡斋读书志》[3] 卷一三："十卷。右皇朝钱希白述，记唐以来谲诡事。"《直斋书录解题》卷一一："三卷。学士钱希白撰。"《宋史·艺文志五》"小说类"："钱易《洞微志》三卷。"《现存宋人著述总录》"子部小说类"："《洞微志》一卷。钱易撰。说郛（宛委山堂本）卷三十九。"十卷、三卷之异，当有别本，或流传残缺所致。又，此书虽已佚，《说郛》尚存数条，故《现存宋人著述总录》著录为一卷。[4] 宋不著撰人之《分门古今类事》[5] 亦存数条引文，包括钱易本人自述一条，详见后文考证。

(12)《滑稽集》，佚。《秘书省续编到四库阙书目》卷一："钱希伯

---

[1] 李最欣：《钱氏吴越国文献和文学考论》，第147页。
[2] （北宋）司马光：《资治通鉴》，中华书局，1956。
[3] （南宋）晁公武：《郡斋读书志》，孙猛校证，上海古籍出版社，1990。
[4] 刘琳、沈治宏编著《现存宋人著述总录》，巴蜀书社，1995，第162页。
[5] 《分门古今类事》，《文渊阁四库全书》本。

《滑稽集》五卷。"叶德辉按:"宋志子部小说类有钱易'《滑稽集》一卷',陈录云,《滑稽集》四卷,钱易希白撰。"《直斋书录解题》卷一七:"四卷。翰林学士吴越钱易希白撰。多谲讽之词。淳化癸巳自序。"卷二〇又曰:"易有集百五十卷,未见,家止有此(《钱希白歌诗》)及《滑稽集》四卷而已。"《宋史·艺文志五》"小说类":"钱易……又《滑稽集》一卷。"按:《滑稽集》与《钱希白歌诗》并行,又入小说类,则当非文集,且成书于淳化四年(993)之后。惜书已佚,五卷、四卷、一卷之差别,亦无从甄辨。又,《分门古今类事》卷七有"孙蟾除官"一条据《钱希白小说》引述,此《钱希白小说》或为《洞微志》《滑稽集》之其中一种,待考。

(13)《南部新书》,存。《隆平集·钱易传》:"《新书》十卷。"《遂初堂书目》"小说类":"《南部新书》。"《郡斋读书志》卷六:"五卷。右皇朝钱希白撰,记唐故事。"《直斋书录解题》卷七:"十卷。翰林学士钱易希白撰。倧之子也。所记多唐遗事。"《宋史·艺文志五》"小说类":"钱易……《南部新书》十卷。"《现存宋人著述总录》"史部杂史类"琐记之属:"《南部新书》十卷。钱易传。明刻本,清钱曾、胡珽校,周锡瓒、顾广圻校(北京);清抄本,清黄丕烈校(上海);粤雅堂丛书初编第一集;一九五八年中华书局排印本(据学津讨原本排印,用粤雅堂丛书本校正)。"[1] 关于此书,可参考虞云国《〈南部新书〉小考》、黄寿成点校《南部新书·前言》、李志杰《〈南部新书〉考述》,此处不赘。[2] 池泽滋子《钱易年谱》据钱明逸所撰序言,系此书于大中祥符五年(1012)。另,《五代艺文考》此书条目下引钱谦益《绛云楼书目》收载信息,并附陈景云(1670~1747)注,然所引注的内容有其他文字窜入,误植《五代艺文考》前文关于《敦煌新录》的注释内容。[3]

(14)《殊祥录》,佚。《东都事略·钱易传》:"真宗封泰山,献《殊祥录》,迁太常博士、直集贤院。"南宋王应麟《玉海》[4] 卷五八"祥符殊

---

[1] 刘琳、沈治宏编著《现存宋人著述总录》,第44~45页。
[2] 虞云国:《〈南部新书〉小考》,《文献》2001年第4期;黄寿成点校《南部新书·前言》,中华书局,2002;李志杰:《〈南部新书〉考述》,硕士学位论文,陕西师范大学,2006。
[3] 张兴武:《五代艺文考》,巴蜀书社,2003,第147、175页。
[4] (南宋)王应麟:《玉海》,江苏古籍出版社、上海书店,1987。

祥录"条:"《钱易传》:东封泰山,献《殊祥录》。"又卷二〇〇"殊祥录"条:"真宗东封泰山,秘书丞钱易献《殊祥录》。"《宋史·钱易传》:"东封泰山,献《殊祥录》,改太常博士、直集贤院。"此书在东封泰山时所上,据池泽滋子《钱易年谱》,即大中祥符元年(1008)。

(15)《土训纂录》,佚。《东都事略·钱易传》:"真宗祀汾阴,易修《车驾所过图经》,转祠部员外郎。"《玉海》卷一四"祥符州县图经"条:"祥符四年正月戊子,命钱易、陈越、刘子仪、宋绶修所过图经。六年十月甲戌,命直集贤院石中立、钱易修车驾所过图经,以备顾问。"又卷一五"祥符土训录"条:"四年正月戊子,命直集贤院钱易、直史馆陈越、秘阁集贤校理刘筠、宋绶修所过图经,每顿进一卷,赐名《土训纂录》。"《宋史·宋绶传》:"及祀汾阴,召赴行在,与钱易、陈越、刘筠集所过地志、风物、故实,每舍止即以奏。"《宋史·钱易传》:"祀汾阴,幸亳州,命修《车驾所过图经》,献《宋雅》一篇,迁尚书祠部员外郎。"按:此书成于大中祥符四年(1011),为钱易与陈越、刘筠、宋绶等人同修,据《玉海》,可知名《土训纂录》,始于祥符四年,终于祥符六年。池泽滋子《钱易年谱》于四年、六年分系两次,其实当为同一事之不同阶段。

钱易其他散见诗词大略如下。

(1)王禹偁《小畜集》① 卷二〇《送江翊黄序》:"仆直翰林时,进士钱易数以文相售,其中往往有赠江翊黄诗。"可知,钱易曾有《赠江翊黄》等诗文。王禹偁直翰林,据徐规《王禹偁事迹著作编年》,在至道元年(995)。② 池泽滋子《钱易年谱》系于淳化三年(992),或有误差。

(2)~(3)南宋林师蒧等编《天台续集》③ 卷上收录《送张无梦归天台山》《送僧归护国寺》二首七律。《全宋诗》据《天台续集》载之。前一首,池泽滋子《钱易年谱》据《三洞群仙录》"祥符中"一语,系于大中祥符九年(1016),未知何据。

(4)~(5)《吴越顺存集》卷三、《全宋诗》卷一〇四据《宋文鉴》辑录《温泉诗》《南兵》二首。又据刘后村《千家诗》辑录《日》一首。

(6)《陈朝柏》二首,存。南宋李流谦《澹斋集》④ 卷八:"富池罗汉

---

① (北宋)王禹偁:《小畜集》,《文渊阁四库全书》本。
② 徐规:《王禹偁事迹著作编年》,中国社会科学出版社,1982,第118页。
③ (南宋)林师蒧等编《天台续集》,《文渊阁四库全书》本。
④ (南宋)李流谦:《澹斋集》,《文渊阁四库全书》本。

院有钱希白中大科赴信州别驾时所题诗,有《陈朝柏》二绝句。……"此二绝句池泽滋子《钱易年谱》未见提及。据流谦文,在钱易赴任信州途中,即景德三年(1006)。又,流谦此卷为诗集,然其文曰:"富池罗汉院有钱希白中大科赴信州别驾时所题诗,有《陈朝柏》二绝句。"似非诗题,且二绝句后接流谦本人《题富池罗汉院》一首,则此二绝句当为钱易原诗。

(7)元方回《桐江续集》①卷三六《余干州学记》:"余干风俗甲天下,……登所谓养正堂而怀前修,邀所谓笔峰亭而览绝景。刘长卿、张佑、钱希白、杨大年之诗具在。"可见,钱希白曾题诗于余干养正堂或笔峰亭,时间或在信州任上。

(8)~(9)《拟张籍上裴晋公》《拟卢仝诗》二首,存。前一首,南宋初许顗《彦周诗话》②卷一"钱希白内翰"条载之,并可知出自《拟唐诗》。《吴越顺存集》卷三据《彦周诗话》辑录此诗。《全宋诗》卷一〇四据《彦周诗话》载之。后一首,胡仔《苕溪渔隐丛话》据《彦周诗话》载之,《全宋诗》又据《苕溪渔隐丛话》载之。《拟唐诗》、池泽滋子《钱易年谱》系于景德三年(1006),未知何据,待考。

(10)宋蒲积中《古今岁时杂咏》③卷一八载《上巳至玉津园赐宴》一首,此诗用韵与杨亿在《西昆酬唱集》中的同题诗相同,当为同时唱和之作,故池泽滋子《钱易年谱》据曾枣庄《论西昆体》第二章中的编年,系此诗于大中祥符元年(1008)。《全宋诗》卷一〇四据《古今岁时杂咏》载之。

(11)~(15)《古今岁时杂咏》卷一九载《初夏病中》《和人首夏池上雨中闻笛》二首,卷二七载《七夕作》一首,卷三二载《中秋夜守让南厅玩月》《中秋》二首。《全宋诗》卷一〇四据《古今岁时杂咏》并载之。

(16)《闲忙令》一则,存。北宋文莹《湘山野录》④卷上:"祥符中,日本国忽梯航称贡,非常贡也。盖因本国之东有祥光现,其国素传中原天子圣明则此光现,真宗喜,敕本国建一佛祠以镇之,赐额曰'神光'。朝辞日,上亲临遣。贡使回乞:令词臣撰一寺记。时当直者虽偶中魁选,词

---

① (元)方回:《桐江续集》,《文渊阁四库全书》本。
② (南宋)许顗:《彦周诗话》,《文渊阁四库全书》本。
③ (宋)蒲积中:《古今岁时杂咏》,辽宁教育出版社,1998。
④ (北宋)文莹:《湘山野录》,中华书局,1984。

学不甚优赡，居常止以张学士君房代之，盖假其稽古才雅也。既传宣，令急撰寺记。时张尚为小官，醉饮于樊楼，遣人遍京城寻之不得，而贡使在阁门翘足而待。又中人三促之，紫微大窘。后钱、杨二公玉堂暇日，改《闲忙令》，大年曰：'世上何人最得闲？司谏拂衣归华山。'盖种放得告，还山养药之时也。钱希白曰：'世上何人号最忙？紫微失却张君房。'时传此事为雅笑。"此则故事亦见载于其他笔记小说，如《类说》卷一八、元陶宗仪《说郛》①卷六〇，又载于《全宋诗》卷一〇四，不重录。《五代诗话》卷一亦因钱易为吴越国钱氏子孙而辑录此条，则失之泛滥。池泽滋子《钱易年谱》系于大中祥符七年（1014），未知何据。据刘全波《〈云笈七签〉编纂者张君房事迹考》一文，知张君房此年为著作佐郎，负责编纂《道藏》，似非小官，亦不可能有时间醉饮。疑此事在大中祥符三年（1010）前后张君房为开封府功曹参军之时。②又南宋李焘《续资治通鉴长编》③卷七一，种放归山在大中祥符二年（1009）四月，则更可精确在此后。

（17）北宋魏野《东观集》④卷九有《次韵和酬知开封县钱易学士见寄三首》，可知钱易有寄魏野三首。全文佚，《东观集》中此诗第二首有自注，存两句："莫叹鬓如雪，且教心似灰。"《全宋诗》卷一〇四据《东观集》载之。池泽滋子《钱易年谱》据诗题"知开封县"系此诗于大中祥符五年（1012）。

（18）《嵇康小舞词并序》一首，存。清厉鹗《宋诗纪事》⑤卷七"钱易"据《补侍儿小名录》载之。《全宋诗》卷一〇四据《补侍儿小名录》载之。据此词序，当在南唐灭亡之后所撰，具体时间待考。

（19）《西游曲》一首，存。《吴越顺存集》卷二、《宋诗纪事》卷七、《全宋诗》卷一〇四皆据《宋文鉴》辑录。据诗意，当为钱易西出函谷关时所撰，具体时间待考。

（20）《芭蕉》残句。《吴越顺存集》卷三辑录之，注曰："《诗人玉屑》作丁谓句，俟考。"《宋诗纪事》卷七"钱易"亦据《杨文公谈苑》

---

① （元）陶宗仪：《说郛》，上海古籍出版社，1988。
② 刘全波：《〈云笈七签〉编纂者张君房事迹考》，《中国道教》2008年第4期。
③ （南宋）李焘：《续资治通鉴长编》，中华书局，2004。
④ （北宋）魏野：《东观集》，《文渊阁四库全书》本。
⑤ （清）厉鹗：《宋诗纪事》，上海古籍出版社，2008。

辑录此句。《全宋诗》卷一〇四据《诗话总龟》卷一〇四载之。

（21）《宋史·钱易传》："真宗在东宫，图山水扇，会易作歌，赏爱之。"又南宋祝穆《方舆胜览》① 卷一所载钱易《题山水扇》残句，似即此歌。《全宋诗》卷一〇四据《方舆胜览》载之。

（22）《吴越顺存集》卷三辑录无题残句，不知何据："双蜂上帘额，独鹊枭庭柯。"《宋诗纪事》卷七"钱易"亦据《诗人玉屑》辑录此句。《全宋诗》卷一〇四据《诗话总龟》前集卷一二载之。

（23）楼钥《攻媿集》② 卷七四《又钱希白三经堂歌》："绍兴二十四年，岁在甲戌，先银青部纲过仪真，钥实侍行。时七伯父方以漕使兼扬州，遂到郡斋。公余出示书画卷，有草书一轴，末章云'君家世世为好官'，后书'钱希白'。今五十年矣，偶以问诸孙，而桂始出此卷，盖《三经堂歌》也。"又同卷《跋晁深甫所藏东莱吕舍人九经堂诗》："伯父扬州家有钱内翰希白《三经堂歌》，其迹甚伟。初不知为谁氏作，后阅宋谏议所著《东京志》，始知为崇庆坊李司空家。三经乃《孝经》、《道经》、《德经》也。末章云'三经不灭堂不坏，君家世世为好官'，兹见东莱紫微公《题晁氏九经堂》诗，益知大家文献相承，未始不以经术为本也。"按：此歌乃为李昉三经堂所作，池泽滋子《钱易年谱》附于谱后待考。

（24）《海棠》残句。《苕溪渔隐丛话》后集卷二二载之。《全宋诗》卷一〇四据《海棠赞》卷上载之。此诗池泽滋子《钱易年谱》未及。

（25）《梦越州小江》一首，存。北宋孔延之《会稽掇英总集》③ 卷五载此诗。《全宋诗》卷一〇四据《会稽掇英总集》载之。

（26）《览越僧诗集有寄》一首，存。孔延之《会稽掇英总集》卷一二载此诗。《全宋诗》卷一〇四据《会稽掇英总集》载之。

（27）《习家池大堤》一首，存。南宋王象之《舆地纪胜》④ 卷八二《京西南路·襄阳府》载此诗。《全宋诗》卷一〇四据《舆地纪胜》载之。

（28）《芦花》一首，存。《全宋诗》卷一〇四据《新编增广事联诗苑丛珠》卷一〇载之。

（29）《全宋诗》卷一〇四据《甘竹胡氏十修族谱》载《咏华林书院》

---

① （南宋）祝穆：《方舆胜览》，中华书局，2003。
② （南宋）楼钥：《攻媿集》，《楼钥集》，浙江古籍出版社，2010。
③ （北宋）孔延之：《会稽掇英总集》，《文渊阁四库全书》本。
④ （南宋）王象之：《舆地纪胜》，中华书局，1992。

一首，待考。

以下考其文。

（1）～（3）试文三篇，佚。

北宋魏泰《东轩笔录》① 卷一："孙何榜，太宗皇帝自定试题《厄言日出赋》，顾谓侍臣曰：'比来举子浮薄，不求义理，务以敏捷相尚。今此题渊奥，故使研穷意义，庶浇薄之风可渐革也。'语未已，钱易进卷子，太宗大怒，叱出之。自是科场不开者十年。"

《长编》卷三三淳化三年三月："戊戌，上御崇政殿，覆试合格进士。……内出《厄言日出赋》题，试者骇异，不能措词，相率扣殿槛上请。会稽钱易，时年十七，日未中，所试三题皆就，言者指其轻俊，特黜之。"

《隆平集·钱易传》："十七举进士，御试三题，日未中而就，言者指其轻俊而黜之。……卒，年五十九。"

《东都事略·钱易传》："年十七举进士，御试三题，日中而就，言者以其轻俊而黜之。……卒，年五十九。"

《宋史·钱易传》："易年十七，举进士，试崇政殿，三篇，日未中而就。言者恶其轻俊，特罢之。"

《分门古今类事》卷七《钱公自述》据钱易本人所撰《洞微志》引录钱易自述云："余淳化三年落第尧阶之下，便久卧病于京师。五月六日，伏枕困睡，忽梦有老道士请登一红泥坛，握手曰：'成名二十六，章服二十九。'时年二十二，心极喜，谓：'果然，则进趋稍达也。'无何，十年词场不开。咸平元年，又以期服免。咸平二年，方叨第，时已三十二矣。意疑梦之无证，细思而后得之云：'二十六非二个十六乎？'隐密神告之言，其前定若此。至于二十九章服之兆，则已过矣。后捷制策，通闱籍，直集贤，宰南部，凡十五年。五品之消息，寂无闻焉。及摄鸿胪少卿，又修道书。凡四上殿奏事，皆是二十九日。又无恩命，不可望也。及修道书毕，与秘阁校理慎镛并蒙改赐章服，时大中祥符九年四月二日。于阁门受赐秉笏之际，见笏上大书二十九字，询之库吏，云：'此笏是第二等第二十九面也。'笏尚前定，况官名乎？时士大夫皆异之，惜其字，不敢洗去者数日焉。"

---

① （北宋）魏泰：《东轩笔录》，中华书局，1997。

按：据前引《东轩笔录》《长编》《隆平集》《东都事略》《宋史》《分门古今类事》可知，钱易在淳化三年（992）因交卷过早而举进士不中，已是定论。唯此事牵涉钱易生年，故稍辨之。据池泽滋子《钱易年谱》，钱易卒于天圣四年（1026），已为定论。池泽据《隆平集》《东都事略》钱易"卒年五十九"，推算其生年为开宝二年（968），且淳化三年为二十五岁。然虞云国《〈南部新书〉小考》一文据《长编》《隆平集》《东都事略》《宋史》皆言钱易年十七举进士不中一事，推得淳化三年上溯17年为太平兴国元年（976），从而怀疑"年五十九"是"年五十一"的传刻之讹。随后，虞氏又举出《洞微志》的记载，讨论道："钱易正式中进士确为咸平二年（999），倘据此条自称为三十二岁，则其生年为968年，应属无疑。但《洞微志》本为小说家言，其中所说是否确切无误则大有疑问。本条即颇与史实抵牾。淳化三年（992）以后到咸平元年（998），宋朝确停科举，但连头带尾亦仅七年，何来'十年词场不开'，故他自称淳化三年'时年二十二'，即难征信。因此，仅以这条自相矛盾的小说家言坐实钱易生于968年，而排斥《长编》等史料的不同记载，似有失偏颇。故钱易卒年在未发现新史料之前，似应持968年或976年两说为宜。"① 然而，虞氏似乎忘了一个事实，即《洞微志》本身就是钱易所撰，这条记载又是钱易的自述，则何得视为"小说家言"？因此，《洞微志》此条应属可信。则咸平二年上推32年，即钱易生年，与天圣四年上推59年，皆为968年。至于《洞微志》所说淳化三年时年二十二，则可能是"二十五"传刻之讹，"五"字易剥落成"二"字。而"年十七"举进士，《长编》《隆平集》《东都事略》《宋史》所载皆非钱易本人之辞，当是相沿成误。至于"十年词场"，盖取约数，《东轩笔录》可证。

（4）《净光大师行业碑》一篇，存。《全宋文》卷二一〇据《螺溪振祖集》载之。

（5）《上宰相启》一篇，佚。南宋王庭珪《卢溪文集》② 卷四九《跋钱希白上宰相启》："钱希白自吴越入朝，折节学问，晚以能文章入翰苑。当杨、刘力变文体，号曰'西昆'，学者病之，唯希白博古，能逐追其间。方投时相，启求识擢，时年尚少，词虽博赡，犹余五季文辙。然不蹈袭陈

---

① 虞云国：《〈南部新书〉小考》，《文献》2001年第4期。
② （南宋）王庭珪：《卢溪文集》，《文渊阁四库全书》本。

言，至昆体亦出，自然知变，而冠绝于时，非才大莫能然也。"此处王庭珪所跋钱易之文，为钱易年少时上时相之启，池泽滋子《钱易年谱》漏载。然据钱易生平推测之，所谓时相，或即淳化四年（993）之参知政事苏易简。《长编》卷四三咸平元年十月条："易初以轻俊被黜，既而太宗与苏易简论唐时文人，且叹不与李白同时，易简言：'易能为歌诗，殆不下李白。'太宗惊喜曰：'诚如是，吾当白衣召置禁林。'会盗起剑南，事乃止。"其中"盗起剑南"，即指王小波、李顺起事，在淳化四年，故太宗与苏易简对话当亦此年，而前一年即钱易下第之时，则钱易下第后上时相苏易简启，欲"求识擢"，方可引出苏易简在太宗面前推荐钱易。故此启当撰于淳化三年、四年之间。

（6）《滑稽集自序》一篇，佚。按：据前文，可知钱易在淳化四年（993）撰《滑稽集》自序。

（7）《朽索之驭六马赋》一篇，佚。《长编》卷四三咸平元年（998）十月："癸丑，命修《太祖实录》官钱若水等覆考开封府得解进士试卷。故事，京府解十人已上谓之等甲，非文业优赡有名称者不取。时以高辅尧为首，钱易次之。易颇为流辈所推许，辄不平，遂上书指陈发解官所试《朽索驭六马赋》及诗、论、策题，意涉讥讪。又进士数百辈诣府讼荐送不当，辅尧亦投牒逊避，请以易为首。开封府以闻，故有是命，仍令两制议所讼题。"《宋史·钱易传》："易再举进士，就开封府试第二。自谓当第一，为有司所屈，乃上书言试《朽索之驭六马赋》，意涉讥讽。真宗恶其无行，降第三。"

（8）试文一篇，佚。《宋史·钱易传》："召试中书，改光禄寺丞、通判蕲州。"按：此文为钱易再举进士后第二年，召试中书时所撰，据池泽滋子《钱易年谱》，在咸平二年（999）。

（9）《请除非法之刑》一篇，存。《长编》卷六一景德二年九月："易尝通判蕲州，奏疏言：'……'上嘉纳其言。"《宋史·钱易传》："通判蕲州。奏疏曰：'……'帝嘉纳其言。"南宋吕祖谦编《宋文鉴》[①]卷四二载此文。《吴越顺存集》卷三据《宋文鉴》辑录，题下注曰："真宗朝。"南宋赵汝愚编《宋朝诸臣奏议》[②]卷九九亦载此文。此文为钱易通判蕲州时

[①] （南宋）吕祖谦编《宋文鉴》，中华书局，1992。
[②] （南宋）赵汝愚编《宋朝诸臣奏议》，上海古籍出版社，1999。

所撰,据池泽滋子《钱易年谱》,在咸平二年(999)之后,景德二年(1005)之前。

(10)《望令常朝两班并赴常参奏》一篇,存。《全宋文》卷二一○据《长编》卷六一载之。

(11)策一道,佚。《长编》卷六四景德三年九月:"丙辰,御崇政殿亲试贤良方正直言极谏,光禄寺丞钱易、广德军判官石待问,并入第四等,以易为秘书丞,待问为殿中丞。"《玉海》卷六一《景德策林》:"景德中,设贤良方正科,钱易拟白居易《策林》十篇上之,召赴中书试六论。又见'箴类'。"《宋史·钱易传》:"景德中,举贤良方正科,策入等,除秘书丞、通判信州。"此策据《长编》卷六四,在景德三年(1006)所撰。

(12)《潘阆墓碣》一篇,残。《郡斋读书志》卷十九:"《潘逍遥诗》三卷。右皇朝潘阆字逍遥,大名人。……钱易、张逵皆碣其墓。"《全宋文》卷二一○据《舆地纪胜》卷二收录《潘阆墓志》残文。观《舆地纪胜》文意,此文当为墓碣,而非墓志铭。又,潘阆卒于大中祥符二年(1009),故墓碣当作于此年或稍后。关于潘阆行事,参见池泽滋子《钱易年谱》。

(13)《宋雅》一篇,佚。《宋史·钱易传》:"祀汾阴,幸亳州,命修《车驾所过图经》,献《宋雅》一篇,迁尚书祠部员外郎。"此文撰于大中祥符四年(1011),详见前文。

(14)表一篇,存部分。《宋史·钱易传》:"久之,判三司磨勘司。上言:'……'"据池泽滋子《钱易年谱》,此表上于大中祥符五年(1012)。

(15)《欺给官物轻者请除籍奏》一篇,存。《全宋文》卷二一○据《长编》卷九○载之。

(16)《三司磨勘司题名记》一篇,佚。郑獬《郧溪集》[①]卷一五《三司续磨勘司题名记》:"题名旧有记,龛于西壁,天禧己未岁彭城钱易始为之。"此记不传,时间在天禧己未年,即天禧三年(1019)。

(17)《宋故枢密直学士礼部尚书赠左仆射张公墓志铭》一篇,存。《全宋文》卷二一○据《乖崖先生文集》附录载之。此文当撰于张咏殁后,即大中祥符八年(1015)后。池泽滋子《钱易年谱》系于天禧四年

---

① (北宋)郑獬:《郧溪集》,文渊阁四库全书本。

(1020),不知何据。

(18)《惠崇诗序》一篇,佚。《宋诗纪事》卷九一"惠崇":"钱易序云:步骤高下,去古人不远,释子之诗,可相等者不易得。"池泽滋子《钱易年谱》据惠崇卒年,系此事于天禧元年(1017)。然钱易序文未见他书,不知厉鹗所据何书也。

(19)《上徐州文学刘颜辅弼名对表》(题拟)一篇,佚。《宋会要辑稿·崇儒五》①"献书升秩":"仁宗天圣元年七月十七日,龙图阁直学士冯元,御史中丞刘筠,知制诰钱易,龙图阁待制滕涉、刘烨,知杂蔡齐,表上徐州文学刘颜集《辅弼名对》并目录四十一卷。"此云"表上",当有上书表,钱易亦上表人之一,故拟题,以存备览。时间在天圣元年(1023)。

(20)《大雄庵记》(题拟)一篇,佚。陈舜俞《庐山记》②卷二《叙山南篇第三》:"五崒峰之下,有大雄庵,去慧日三里。山势环耸,屹若城壁,亦别一奥处也。内翰钱易记云:贞观二年梵僧寻山,爱其深远,有若大雄演法之地,故名大雄。大稣(大和)中,宣宗避难,与僧志闲尝居焉。"据此文,可知钱易曾为大雄庵撰记,池泽滋子《钱易年谱》未系年,仅附于谱后,待考。或为通判信州,路过庐山时所作。

(21)《仁寿院碑》一篇,存。《吴越顺存集》卷三据《宋文鉴》辑录此文。然今本《宋文鉴》似无此文,俟考。《全宋文》卷二一○据《广信府志》卷二七载之。

(22)《杀生戒》一篇,佚。杨亿《武夷新集》③卷一八《答钱易书》:"某白:辱示《戒杀生文》,披绎数四,不能释手。……"《宋史·钱易传》:"著《杀生戒》。"按:此文池泽滋子《钱易年谱》未系年,仅附于谱后。

(23)跋董北苑画一则,佚。此跋池泽滋子《钱易年谱》漏载。据明程本立《巽隐集》④卷三《具区林屋图记》:"家有董北苑画一幅,晁无咎、钱希白跋语在也。……"可知钱易有题南唐董源(曾任北苑副使)画作跋语一则。

---

① 《宋会要辑稿·崇儒五》,中华书局,1957。
② (北宋)陈舜俞:《庐山记》,《大正大藏经》本。
③ (北宋)杨亿:《武夷新集》,《文渊阁四库全书》本。
④ (明)程本立:《巽隐集》,《文渊阁四库全书》本。

第三代

忠逊王支第三代包括《隆平集》卷一四《钱昆传》所载钱昆三子孟孙、孟荀、孟回，以及钱易二子彦远、明逸。然钱昆三子后事不详。其中钱孟回一支，见后文第六代对钱之望的考述。此处就有名的钱易二子进行整理。

钱彦远（994～1050）

钱彦远为钱易长子，传见《隆平集》卷一四、《东都事略》卷四八、《宋史》卷三一七，及苏颂《苏魏公文集》①卷五二《钱起居神道碑》。

钱彦远著述有两种。

（1）《谏垣集》，佚。苏颂《苏魏公文集》卷五二《钱起居神道碑》："公风度器识，奥学精艺。趣尚超俗，文章尔雅。凡所著述，其科举、应诏之文，为士人传诵外，得遗藁，撼为十五卷，名《谏垣集》。故友龙图学士宋公次道叙之详矣。"《秘书省续编到四库阙书目》卷一："《钱子高集》三十卷。"《通志·艺文略》"别集五"："《钱子高集》三十卷。"《遂初堂书目》"章奏类"："钱彦远《谏垣集》。"《宋史·艺文志七》"别集类"："钱彦远《谏垣集》三十卷。"按：《秘书省续编到四库阙书目》《通志》所谓"钱子高集"，《宋史》所谓"谏垣集"，皆三十卷，与遂初目合观，可知钱彦远子高有文集三十卷，或题《钱子高集》，或题《谏垣集》。唯神道碑所谓《谏垣集》十五卷，卷数不同。

（2）《谏垣遗藁》，佚。《宋史·艺文志七》"别集类"："又《谏垣遗藁》五卷。"按：前引《钱起居神道碑》有"得遗藁，撼为十五卷，名《谏垣集》"之语，可知钱彦远文集皆殁后所集。此处《宋史》之《谏垣集》与《谏垣遗藁》并存，似《谏垣集》为生前所编，《谏垣遗藁》为殁后所集。存疑。

钱彦远散篇诗有一篇。

《题溪口广慈寺》，存。《会稽掇英总集》卷九载此诗。《全宋诗》卷一七七据《会稽掇英总集》载之。

---

① （北宋）苏颂：《苏魏公文集》，《文渊阁四库全书》本。

散见文章如下。

（1）~（2）《宋会要辑稿·选举》：天圣七年（1029）"五月二十二日，大理寺丞王素召试学士院，赋、诗平，太常寺奉礼郎钱彦远赋平、诗落韵，诏素升陟差遣"。可知有诗、赋各一篇。

（3）《吴越顺存集》卷三据《绍兴府志》辑录《广惠禅院》一首，题下注曰："在萧山玉峰山，旧名保安院，宋景德间改此名。"诗曰："寺跨长溪山四匝，松杉微径尽莓苔。门前潮上不须看，常恐尘埃随水来。"诗后注曰："《绍兴府志》原作钱彦达，当是彦远之误。"

（4）~（9）《宋会要辑稿·选举》：庆历六年"七月二十八日，命权御史中丞张方平、知制诰彭乘、杨伟、集贤校理胡宿就秘阁考试制科，方平等上钱彦远、齐唐论六首：《大有上吉》、《三王之郊用夏正》、《史记不记少皞》、《道非明民》、《大史掌叙事之法》、《乐循理为君子论》，唐以吉者为无履行，罢之"。《隆平集·钱彦远传》："彦远，字子高，以父任太庙斋郎，至大理寺丞。登进士第，至太常博士，举贤良方正策入等，授祠部员外郎。"

（10）《宋朝诸臣奏议》卷四〇收入钱彦远《上仁宗答诏论旱灾》一文，序言曰"庆历七年三月"云云。《吴越顺存集》卷三据《历代名臣奏议》辑录此文，题曰《灾异陈言》，题下注："庆历七年，时知润州。"《全宋文》[①]卷四一〇据《国朝诸臣奏议》收入此文，题下注："庆历七年四月。"又据《宋史·钱彦远传》："举贤良方正能直言极谏科，擢尚书祠部员外郎、知润州。上疏曰：'……'时旱蝗，民乏食，彦远发常平仓赈救之。"知此文当撰于庆历七年（1047）三四月间，即钱彦远于庆历六年举贤良方正能直言极谏科之后。

（11）《吴越顺存集》卷三据明人唐顺之《荆川稗编》辑录《上请焚瘗物故妖僧》一篇，题下注："仁宗庆历八年。"此文见收于《宋朝诸臣奏议》卷八四。

（12）~（23）《宋朝诸臣奏议》又有卷三四《上仁宗论不可令李璋管军》，卷四九《上仁宗乞限定学士待制员数》，卷五一《上仁宗论台谏不许风闻言人过失是非》，卷六八《上仁宗条奏牧宰利害》，卷七一《上仁宗乞在朝文武官举州县官二人为京官》，卷九八《上仁宗乞禁戚里权要之家

[①] 《全宋文》，上海辞书出版社、安徽教育出版社，2006。

涂金》,卷一〇五《上仁宗乞置劝农司》,卷一二二《上仁宗论步直兵士作过》并第三状、第四状、第七状,《上仁宗乞拨并诸路军额放停老弱》。此数文,除《上仁宗乞禁戚里权要之家涂金》一文外,《吴越顺存集》卷三皆据《历代名臣奏议》辑录。《全宋文》卷四一〇据《国朝诸臣奏议》辑录。

(24) ~ (26)《宋文鉴》亦有卷八七《奉国军衙司都目序》、卷一〇三《敦俭》、卷一一六《贺杜相公书》三篇,皆钱彦远所撰,并收录于《吴越顺存集》卷三、《全宋文》卷四一〇。

此外,据《钱起居神道碑》,钱彦远尚有上疏八十余篇,就内容而言,与《宋朝诸臣奏议》所载相似,疑皆《谏垣集》中之文。相关内容大略见于苏颂《钱起居神道碑》、袁韶《钱塘先贤传赞》[①]、南宋潜说友编《咸淳临安志》[②] 卷六五《钱彦远传》。

钱明逸(1015 ~ 1071)

钱明逸为钱彦远之弟,生平可参《宋史》卷三一七《钱明逸传》。著述如下。

(1)《皇朝衣冠盛事》,佚。《秘书省续编到四库阙书目》卷一:"钱明逸撰《皇朝衣冠盛事》一卷。"《通志·艺文略》"科第":"《宋朝衣冠盛事》一卷。钱明逸撰。"《宋史·艺文志五》"小说类":"钱明逸《衣冠盛事》一卷。"

(2)《熙宁姓纂》,佚。《秘书省续编到四库阙书目》卷一:"钱明逸《熙宁姓纂》六卷。"《通志·艺文略》"总谱":"六卷。钱明逸撰。"《宋史·艺文志三》"谱牒类":"钱明逸《熙宁姓纂》六卷。"刘兆祐《宋史艺文志史部佚籍考》按语:"《玉海》(卷五〇)云:'《熙宁姓纂》六卷,熙宁中钱明逸撰,用声韵类次,以国姓为首。'"[③]

(3)《西国七曜历》,佚。《宋史·艺文志六》"历算类":"钱明逸《西国七曜历》一卷。"

(4)《刻漏规矩》,佚。《宋史·艺文志六》"历算类":"钱明逸《刻漏规矩》一卷。"

---

① 袁韶:《钱塘先贤传赞》,《文渊阁四库全书》本。
② (南宋)潜说友编《咸淳临安志》,《宋元方志丛刊》,中华书局,1990。
③ 刘兆祐:《宋史艺文志史部佚籍考》,编译馆中华丛书编审委员会,1984,第719页。

钱明逸散见诗作如下。

《垂虹亭》一首，存。明钱谷《吴都文粹续集》① 卷三六载此诗，《全宋诗》卷四〇一据此载之。

钱明逸散篇文章如下。

（1）～（6）《宋会要辑稿·选举》："庆历二年（1042）七月十一日，命翰林学士吴育、权御史中丞贾昌朝、直集贤院张方平就秘阁考试制科。育等上钱明逸、齐唐论六首：《左氏崇君父》、《孝何以在德上下》、《王吉贡禹得失孰优》、《经正则庶民兴》、《有常德以立武事》、《序卦杂卦何以始终不同论》。"

（7）～（8）《长编》卷一五四庆历五年（1045）："明逸疏奏，即降诏罢仲淹、弼。"又见《宋史·钱明逸传》："为吕夷简所知，擢右正言。首劾范仲淹、富弼：'……'疏奏，二人皆罢；其夕，杜衍亦免相。明逸盖希章得象、陈执中意也。"《全宋文》卷一〇四六据《长编》载《劾富弼奏》、《乞早废黜范仲淹奏》二文。

（9）《乞听谏臣上殿求对奏》一篇，存。《全宋文》卷一〇四六据《长编》卷一五四载之。时间在庆历五年。

（10）《乞中书五房提点等毋与臣僚往还奏》一篇，存。《全宋文》卷一〇四六据《长编》卷一五五载之。时间在庆历五年。

（11）康熙《山东通志》② 卷三五载钱明逸《左山兴化寺宝乘塔碑》全文。《全宋文》卷一〇四六据此载之。又清孙星衍《寰宇访碑录》③ 卷八："重修宝乘塔碑。钱明逸撰。正书。政和二年。山东曹县。"按：此文据《山东通志》所载原文，则当在皇祐五年（1053）冬钱明逸出守济阴时所撰。至于《寰宇访碑录》之"政和二年"，或为"至和二年"之误，盖至和二年（1055）距钱明逸上任不远，而政和二年（1112）则钱氏已殁久矣。唯原文并无立碑时间，不知《寰宇访碑录》之时间得自何处，或碑文有残泐。

（12）《五老阁诗序》一篇，存。《吴越顺存集》卷三据《商丘县志》辑录此文，文末曰"至和丙申（1056）中秋日序"。《全宋文》卷一〇四六据《式古堂书画汇考》卷四五载之。此序真迹，今见于《睢阳五老图》，

---

① （明）钱谷：《吴都文粹续集》，《文渊阁四库全书》本。
② 康熙《山东通志》，《文渊阁四库全书》本。
③ （清）孙星衍：《寰宇访碑录》，《丛书集成初编》本，中华书局，1985。

藏于美国大都会艺术博物馆,参见王连起《宋人〈睢阳五老图〉考》一文①。

(13)《南部新书序》一篇,存。《南部新书》今存,序文可参见中华书局点校本和梁太济笺证本、《全宋文》卷一〇四六。据序文,知其撰于嘉祐元年(1056)十一月十二日。

(14)《乞皆除欠负奏》一篇,存。《全宋文》卷一〇四六据《宋会要辑稿·食货七〇》载之。时间在治平二年(1065)。

(15)《朱寿昌弃官寻母事奏》一篇,存。《全宋文》卷一〇四六据《长编》卷二一二载之。时间在熙宁三年(1070)。又据《丹渊集》卷二六载《乞褒奖朱寿昌奏》,并疑同一文不同部分,然也。

第四代

忠逊王支第四代有事迹可考者,主要包括钱彦远和钱明逸的后裔。

钱彦远之子,据苏颂《苏魏公文集》卷五二《钱起居神道碑》可知其详:"四男子:觊,翰林学士、朝议大夫;燮,朝奉大夫、通判临江军;酥,朝奉郎、通判陈州;临,以滑州韦城县主簿卒官。三女:长婿,奉议郎李之邵;次即升卿,今为朝请郎、知泰州;幼,西京军巡判官沈述。"

钱明逸子孙不详,然有从子钱藻。《东都事略》卷四八《钱藻传》曰"藻,字醇老,吴越王镠五世孙也。"《宋史》卷三一七《钱藻传》:"藻字醇老,明逸之从子也。幼孤,刻厉为学。"又据北宋曾巩《曾巩集》②卷四二《故翰林侍讲学士钱公墓志铭》,"公钱氏也,故为王家,有吴越之地。五世祖镠,号武肃王;高祖元瓘,文穆王;曾祖俨,昭化军节度使;祖昭慈,赠左卫将军;考顺之,左侍禁閤门祗候,赠尚书刑部侍郎。……公幼孤,家贫母嫁,既长,还依其族之大人。……公讳藻,字纯老……"可知钱藻为钱俨之后,随母外嫁后又还依钱氏族中大人钱明逸。今亦列入忠逊王支讨论。

以下依出生先后整理第四代的成员和著述。

---

① 王连起:《宋人〈睢阳五老图〉考》,《故宫博物院院刊》2003 年第 1 期。
② (北宋)曾巩:《曾巩集》,中华书局,1984。

钱藻（1022~1082）

钱藻生平可参见曾巩所撰墓志铭。其著述不多，仅一种。

《贤良策》，佚。《宋史·艺文志七》"别集类"："钱藻《贤良策》五卷。"

其散见诗作如下。

（1）《送程给事知越州》一首，存。黄康弼《续会稽掇英集》卷二载此诗。《全宋诗》卷五九九据《续会稽掇英集》载之。

（2）《天平山白云泉》一首，存。范成大《吴郡志》① 卷二九载此诗。《全宋诗》卷五九九据《续会稽掇英集》载之。

（3）《静照堂》一首，存。元陈世隆《宋诗拾遗》卷七载此诗。《全宋诗》卷五九九据《宋诗拾遗》载之。

散见文章数篇如下。

（1）《周易重注序》一篇，佚。李静《〈中兴馆阁书目〉考略》辑得南宋冯椅《厚斋易学》引《中兴馆阁书目》一条："《周易重注》十卷。治平中建昌军司户鲍极撰。右司谏郑獬表进秘阁，校理钱藻序。宣和中，秘书少监孙近重行改定，取翼赞附经之末，以全一家之书。"②

（2）《易解序》一篇，佚。《直斋书录解题》卷一："《易解》十四卷。尚书右丞皇甫泌撰。……刘彝、钱藻皆为之序。"

（3）策一篇，佚。《东都事略》卷四八《钱藻传》："举进士，又中制科。"《长编》卷一九〇，嘉祐四年（1059）八月："乙亥，御崇政殿，策试应才识兼茂明于体用科明州观察推官陈舜俞、贤良方正直言极谏旌德县尉钱藻、汪辅之。"

（4）《宋故赠宫苑使兴州刺史冯君墓志铭并序》一篇，存。按：此墓志出土于河南省孟津县送庄乡营庄村，1997年10月9日征集，现藏洛阳市第二文物工作队，全文收录于《洛阳新获墓志续编》③。墓志撰者署名"无为军判官将仕郎试秘书省校书郎充国子监直讲钱藻撰"。墓主嘉祐五年（1060）十一月二十五日卒，嘉祐六年（1061）正月六日葬，则撰写时间当在两者之间。

---

① （南宋）范成大：《吴郡志》，《宋元方志丛刊》，中华书局，1990。
② 李静：《〈中兴馆阁书目〉考略》，硕士学位论文，吉林大学，2006，第55页。
③ 《洛阳新获墓志续编》，科学出版社，2008。

（5）~（7）三篇上书，佚。曾巩《故翰林侍讲学士钱公墓志铭》："英宗之初，慈圣光献皇后听政，公三上书，请还政天子。"《东都事略·钱藻传》："英宗时，为秘书校理，上书请太后还政。"《宋史·钱藻传》："慈圣后临朝，藻三上书乞还政。"按：此处三上书，当在英宗之初年，即1064~1068年初期。

（8）《瑞石庵记》一篇，残。《全宋文》卷一四二七据康熙《常熟县志》卷一三载之。时间在治平二年（1065）。《吴越顺存集》卷三据《苏州志》辑录此文，题下注："庵在常熟县顶山，宋明道元年建。"文末注曰："此庵记略非全文。"

（9）《欧阳修谥议》一篇，存。《全宋文》卷一四二七据《欧阳文忠公集》附录卷一载之。时间在熙宁五年（1072）。

（10）《乞一新五帝坛斋宫奏》一篇，存。《全宋文》卷一四二七据《宋会要辑稿·礼一四》载之。时间在元丰二年（1079）。

钱勰（1034~1097）

钱勰，字穆父，钱彦远之子，生平见李纲《李纲全集》①卷一六七《宋故追复龙图阁直学士赠少师钱公墓志铭》。钱勰著述如下。

《会稽公集》，佚。李纲《宋故追复龙图阁直学士赠少师钱公墓志铭》曰："有文集一百卷，名《会稽公集》。"又据《遂初堂书目》"别集类"："《钱穆父集》。"此书或即《会稽公集》而以作者名字命名者，待考。

钱勰散见诗篇如下。

（1）~（5）董棻《严陵集》②卷五有钱勰《睦州秀亭》《甘棠楼》《高峰寺》《东馆楼》《玉泉庵》五首。《全宋诗》卷七四七据《严陵集》载之。五首皆撰于治平元年（1064），参见池泽滋子《钱勰年谱》（上）。

（6）~（7）毕仲游《西台集》③卷二〇收录《次韵和钱穆父提刑九日登郓州乐郊》《和钱穆父舍人》两首诗，池泽滋子《钱勰年谱》据此推测钱勰于熙宁五年（1072）九月九日登郓州乐郊，与毕仲游唱和，唯诗不存。

（8）《奉使高丽》（拟）一首，存两句。李纲《宋故追复龙图阁直学士

---

① （宋）李纲：《李纲全集》，岳麓书社，2004。
② （宋）董棻：《严陵集》，《文渊阁四库全书》本。
③ （宋）毕仲游：《西台集》，《文渊阁四库全书》本。

赠少师钱公墓志铭》:"乃与左番祭奠使自密州同日发洋,公舟五日而达,左番飘泊四明,逾月始至。……公有诗曰:'屡却张旃使,犹留返璧飧。'诗因平安奏,偶至上前,激赏者久之。"《长编》卷三三九:元丰六年九月"丙辰,承议郎、左司郎中杨景略为高丽祭奠使,供备库副使兼阁门通事舍人王舜封副之;朝散郎钱勰为吊慰使,西头供奉官、阁门祗候宋球副之"。按:此诗仅存句,今据墓志铭录出,并以《长编》为出使时间提示,回国当在元丰七年(1084),诗当撰于其年,详见池泽滋子《钱勰年谱》(上)。

(9)池泽滋子《钱勰年谱》(上)据北宋刘攽《彭城集》① 卷六《次韵穆父送仲至使北》,推得钱勰于元祐元年(1086)曾赋诗送王钦臣使北,今佚。

(10)~(13)苏轼《苏轼诗集》② 卷二六有《次韵钱穆父》《次韵穆父舍人再赠之什》,卷二七有《再次韵答完夫、穆父》《次韵钱舍人病起》等诗作,可知钱勰与苏轼有诗作往来,然已不存。池泽滋子《钱勰年谱》(上)系此数诗于元祐元年。

(14)苏辙《苏辙集》③ 卷一五有《次韵钱勰待制秋怀》一首,可知钱勰有《秋怀》一诗,今佚。池泽滋子《钱勰年谱》(上)系于元祐元年。

(15)《黄庭坚诗集注》④ 卷三有黄庭坚《和答钱穆父咏猩猩毛笔》一诗,可知钱勰有《咏猩猩毛笔》诗,今佚。池泽滋子《钱勰年谱》(上)系于元祐元年,但并未指出钱勰亦有诗。

(16)《苏轼诗集》卷二九有《和穆父新凉》一首,可知钱勰有《新凉》一诗,今佚。据《清江三孔集》⑤,北宋孔文仲亦有《次钱穆父新凉可喜》诗。池泽滋子《钱勰年谱》(中)系于元祐二年(1087)。

(17)《苏轼诗集·增补》收录苏轼《次韵钱穆父还张天觉行县诗卷》一首,可知钱勰有《还张天觉行县诗卷》一诗,今佚。池泽滋子《钱勰年谱》(中)系于元祐二年。

(18)《黄庭坚诗集注》卷七有《次韵钱穆父赠松扇》一诗,可知钱

---

① (北宋)刘攽:《彭城集》,《文渊阁四库全书》本。
② (北宋)苏轼:《苏轼诗集》,中华书局,1982。
③ (北宋)苏辙:《苏辙集》,中华书局,1990。
④ 《黄庭坚诗集注》,中华书局,2003。
⑤ 《清江三孔集》,《文渊阁四库全书》本。

勰有《赠松扇》一诗，今佚。此卷又有《戏和文潜谢穆父松扇》一诗，文潜为张耒字，其《张耒集》[①]卷一二亦有《谢钱穆父惠高丽扇》一诗。可见，钱勰送张耒松扇并赠诗《赠松扇》一首，张耒遂以诗谢钱勰赠扇，而黄庭坚则次韵钱勰《赠松扇》一诗。池泽滋子《钱勰年谱》（中）系此诗于元祐二年。

（19）《苏轼诗集》卷三〇有《仆领贡举未出，钱穆父雪中作诗见及，三月二十日，同游金明池，始见其诗，次韵为答》一诗，可知钱勰有诗赠苏轼，然不知其题，今佚。池泽滋子《钱勰年谱》（中）系此诗于元祐三年（1088）。

（20）北宋杨杰《无为集》[②]卷三有《和穆父待制蓬莱观雪》一诗，可知钱勰有《蓬莱观雪》一诗。池泽滋子《钱勰年谱》（中）据杨杰诗中"戊辰岁历长"一句系此诗于元祐三年。

（21）杨杰《无为集》卷五有《和穆父待制竹堂》一诗，可知钱勰有《竹堂》一诗，今佚。池泽滋子《钱勰年谱》（中）据杨杰诗中"会稽风土竹相宜"一句认为此诗撰于钱勰元祐三年出守越州之后，又作文彦博诗，俟考。

（22）《贺子瞻内翰浙西开府》一首，存，缺二句。《古今合璧事类备要》后集卷七三"暂朱幡"条有引钱祈父《谢子瞻内翰浙西开府》一诗。《全宋诗》卷七四七据《古今事文类聚外集》卷一〇载之。孔凡礼《苏轼年谱》卷二八元祐四年（1089）此事下考证："原题作者'祈父'乃穆父之误；味此诗与次韵诗，'谢'实为'贺'之误。"[③]池泽滋子《钱勰年谱》（中）亦据《苏轼年谱》，系此诗于此年七八月间。此外，钱勰在越州时，与在杭州的苏轼，据李纲《宋故追复龙图阁直学士赠少师钱公墓志铭》记载，"唱和往来无虚日，当时以比元白"，参见池泽滋子《吴越钱氏文人群体研究》第三章"钱勰"部分。

（23）《走笔代书寄思仲七弟》一首，存。《苏轼诗集》卷三一有苏轼《和钱四寄其弟龢》一首，其注文存钱勰原诗。《全宋诗》卷七四七据王十朋《东坡诗集注》卷一一载此诗。池泽滋子《钱勰年谱》（中）系此诗于元祐四年（1089）。又据诗意，当在此年春天。

---

① 《张耒集》，中华书局，1990。
② （北宋）杨杰：《无为集》，《文渊阁四库全书》本。
③ 孔凡礼：《苏轼年谱》，中华书局，1998，第887~888页。

(24)《题万年妙莲阁》一首,存。《天台续集》卷中收入此诗。《全宋诗》卷七四七据《天台续集》载之。此诗未知年月,池泽滋子《钱勰年谱》(中)按曰:"天台离越州近,此诗可能在越州任时作。"故系之于元祐四年。今从之。

(25)《苏轼诗集》卷三二有苏轼《次韵钱穆父紫薇花二首》,可知钱勰有《紫薇花》诗一首,今佚。池泽滋子《钱勰年谱》(中)系于元祐五年(1090),今从之。

(26)《和辩才法师舸亭初成诗韵》一首,存。《咸淳临安志》卷七八载之。《吴越顺存集》卷三据《天竺志》辑录此诗。《宋诗纪事》卷二四亦据《天竺志》辑录。《全宋诗》卷七四七据《咸淳临安志》载之。池泽滋子《钱勰年谱》(中)系此诗于元祐五年,题《与辩才东坡道潜唱和》。

(27)《咏辩才大师》(拟)一首,存。《咸淳临安志》卷七八载之。《全宋诗》卷七四七据《咸淳临安志》载之。池泽滋子《钱勰年谱》(中)系此诗于元祐五年,题《咏辩才大师》,今从之。

(28)《苏轼诗集》卷三四载苏轼《次韵答钱穆父,穆父以仆得汝阴,用杭越酬唱韵作诗见寄》一诗,清人王文诰按语曰"时钱穆父知瀛洲",可知钱勰有诗赠苏轼,今佚。池泽滋子《钱勰年谱》(中)系于元祐六年(1091),并按曰:"苏轼到汝阴(颍州)是是年八月二十二日。"

(29)《苏轼诗集》卷三六载苏轼《次韵蒋颖叔、钱穆父从驾景灵宫二首》,范祖禹《范太史集》[①]卷三亦有《和钱穆父尚书、蒋颖叔侍郎从驾景灵宫二首》,可知钱勰有《从驾景灵宫》诗,今佚。池泽滋子《钱勰年谱》(中)据《苏轼诗集》注文系于元祐七年(1092)十一月。

(30)《苏轼诗集》卷三六载苏轼《次韵钱穆父会饮》一诗,可知钱勰有《会饮》一诗,今佚。池泽滋子《钱勰年谱》(中)据南宋施元之所注系于元祐七年。

(31)《苏轼诗集》卷三六载苏轼《次韵穆父尚书侍祠郊丘,瞻望天光,退而相庆,引满醉吟》一诗,可知钱勰有《侍祠郊丘,瞻望天光,退而相庆,引满醉吟》一诗,今佚。池泽滋子《钱勰年谱》(中)系于元祐七年十一月。

(32)~(35)《苏轼诗集》卷三六《次韵奉和钱穆父、蒋颖叔、王

---

① (北宋)范祖禹:《范太史集》,《文渊阁四库全书》本。

仲至诗四首》题下载苏轼《见和西湖月下听琴》《见和仇池》《玉津园》《藉田》四首,可知钱勰有和苏轼《西湖月下听琴》《仇池》两首,又赋《玉津园》《藉田》两首,今并佚。池泽滋子《钱勰年谱》(中)系于元祐七年,今从之。

(36)《苏轼诗集》卷三六载苏轼《送蒋颖叔帅熙河》诗,序曰:"颖叔出使临洮,轼与穆父、仲至同饯之,各赋诗一篇,以今我来思为韵,致遄归之意,轼得我字。"可知钱勰有送蒋颖叔帅熙河诗一篇,今佚。池泽滋子《钱勰年谱》(下)据钱勰《出省马上有怀蒋颖叔二首》诗中"春雪"二字,系于元祐八年(1093)初春。孔凡礼《苏轼年谱》卷三二据《苏轼文集》卷五一"与勰第二十四简"系于正月①,从之。

(37)《出省马上有怀蒋颖叔二首》,存。《秦观集编年校注》② 卷一一载秦观《次韵出省马上有怀蒋颖叔》一诗,并附钱勰原诗二首。《苏轼诗集》卷三六亦载苏轼《次韵钱穆父马上寄蒋颖叔二首》。《全宋诗》卷七四七据秦观《淮海集》卷一一载之。池泽滋子《钱勰年谱》(下)系于元祐八年初。孔凡礼《苏轼年谱》卷三二据《苏轼文集》卷五一"与勰第二十二简"系于六月③,从之。

(38)《苏轼诗集》卷三六载苏轼《次韵钱穆父、王仲至同赏田曹梅花》,可知钱勰有诗咏田曹梅花,今佚。据施元之注,当在钱勰犹为户部尚书时,故池泽滋子《钱勰年谱》(下)系于元祐八年初。

(39)《宋史·钱勰传》曰:"复知开封,临事益精。苏轼乘其据案时遗之诗,勰操笔立就以报。轼曰:'电扫庭讼,响答诗筒,近所未见也。'"可见,此诗在钱勰再知开封府时所撰,诗佚。池泽滋子《钱勰年谱》(下)系于五月。孔凡礼《苏轼年谱》卷三二据《苏轼文集》卷五一"与勰第二十五简"系于元祐八年六月④,从之。

(40)《分韵奉送中济侍郎出帅环庆得启字会稽钱勰》一首,存。岳珂《宝真斋法书赞》⑤ 卷一七《元祐八诗帖》载之。《全宋诗》卷七四七据《宝真斋法书赞》载之。按:孔凡礼《苏轼年谱》据《元祐八诗帖》序

---

① 孔凡礼:《苏轼年谱》,第1075页。
② 《秦观集编年校注》,人民文学出版社,2001。
③ 孔凡礼:《苏轼年谱》,第1094页。
④ 孔凡礼:《苏轼年谱》,第1095页。
⑤ (南宋)岳珂:《宝真斋法书赞》,《文渊阁四库全书》本。

文,系于元祐八年三月二十四日①,从之。池泽滋子《钱勰年谱》(下)同。

(41)《苏轼诗集》卷三七有苏轼《和钱穆父送别并求顿递酒》一诗,可知钱勰有《送别》一诗送苏轼赴定州,今佚。孔凡礼《苏轼年谱》卷三二据此系于元祐八年九月,并认为苏轼与钱勰文字交往记载止于此。②池泽滋子《钱勰年谱》(下)系时同。

(42)《次韵秦少游春日偶题》二首,存。《秦观集编年校注》卷一一有秦观《春日偶题呈上尚书丈丈》,并附钱勰次韵二首。《全宋诗》卷七四七据秦观《淮海集》卷一〇载之。池泽滋子《钱勰年谱》(下)据徐培均《淮海集笺注》考证系于元祐八年,从之。

(43)《贻奉秦少游并答诗》一首,存。《秦观集编年校注》卷一一附钱勰"又二十八字"。又见《诗话总龟》卷二七。《全宋诗》卷七四七据秦观《淮海集》卷一〇载之。《吴越顺存集》卷三据诗话辑录此诗。池泽滋子《钱勰年谱》(下)系于元祐八年,从之。

(44)《次韵秦少游观辱户部钱尚书和诗饷禄米再成二章上谢》(拟)一首,存。《秦观集编年校注》卷一一有秦观《观辱户部钱尚书和诗饷禄米再成二章上谢》一诗,并附钱勰"再答二十八字"。《全宋诗》卷七四七据秦观《淮海集》卷一〇载之。池泽滋子《钱勰年谱》(下)系于元祐八年,从之。

(45)《和阁老舍人曝书会》一首,存。《宋诗纪事》卷二四据《事文类聚后集》载之。《全宋诗》卷七四七据《古今合璧事类备要》后集卷三六载之。《吴越顺存集》卷三亦据《事文类聚后集》辑录此诗。

(46)《题齐山寺壁》一首,存。《吴越顺存集》卷三据《池州府志》辑录此诗。《全宋诗》卷七四七据陈蔚《齐山岩洞志》卷一七载之。此诗当是钱勰在池州任上所题,据池泽滋子《钱勰年谱》(下),在绍圣二年至四年(1095~1097)。然池泽氏仅据《明一统志》卷一六录此诗前两句。

(47)《送奉使钤辖高侯之任成都》一首,存。《宋诗纪事》卷二四据《合璧事类后集》载之。《全宋诗》卷七四七据《古今合璧事类备要》后集卷七五载之。

---

① 孔凡礼:《苏轼年谱》,第1082页。
② 孔凡礼:《苏轼年谱》,第1121~1122页。

（48）《苏魏公文集》卷一〇有《次韵和钱穆甫答签判殿丞临安道中作》一诗，可知钱勰有《答签判殿丞临安道中》一诗，今佚。

（49）《苏轼文集》卷五一《与钱穆父二十八首》其二："承和揉菊词，次公处幸见之。"孔凡礼《苏轼年谱》卷二八考证苏轼词为《浣溪沙》，作于元祐四年（1089）九月九日①，则钱勰和词当在此后不久。池泽滋子《钱勰年谱》（中）据孔谱系之。

（50）《赴越书呈杭州熊侍郎》一首，存。《宝真斋法书赞》卷一七载此诗。《全宋诗》卷七四七据《宝真斋法书赞》载之。

（51）《成都》一首，存。明周复俊《全蜀艺文志》卷五载之。《全宋诗》卷七四七据《全蜀艺文志》载之。

（52）~（57）《全宋诗》卷七四七辑录残句六句，不赘。

钱勰又有文章如下。

（1）《钓台赋》一篇，存。董棻《严陵集》卷六收录此文。《全宋文》卷一七九二据《严陵集》载之。开首曰："治平之初元孟春，某之役于新定，道出严子陵祠下，作《钓台赋》，其词曰"云云。可知撰于治平元年（1064）。参见池泽滋子《钱勰年谱》（上）。

（2）《睦州新作浮桥记》一篇，存。董棻《严陵集》卷八收录此文。《全宋文》卷一七九二据《严陵集》载之。末尾曰："治平三年，岁在癸丑，正月丁亥，会稽钱勰记。"可知撰于治平三年（1066），然池泽滋子《钱勰年谱》（上）此年条失察。

（3）（疑）《灵香阁记》一篇，存。董棻《严陵集》卷八收录此文。《全宋文》卷一七九二据《严陵集》载之。此文紧随钱勰《睦州新作浮桥记》一文，当亦钱勰所撰。然文末曰："时熙宁五年二月十五日记。元祐元年正月十五日上石。"可知此文撰于熙宁五年（1072）。而此年钱勰在京城，此文内容与钱勰经历亦有差，当存疑俟考。

（4）试文一篇，佚。《宋史·钱勰传》："熙宁三年（1070）试应，既中秘阁选，廷对入等矣，会王安石恶孔文仲策，迁怒罢其科，遂不得第。"

（5）《傀偶除镇南军节度使制》一篇，佚。吴曾《能改斋漫录》② 卷

---

① 孔凡礼：《苏轼年谱》，第891页。
② （南宋）吴曾：《能改斋漫录》，上海古籍出版社，1979。

一四《记文》"傀儡起于王家"条:"钱穆父试贤良对策日,东坡晓往迓其归,置酒相劳,各举令为文。穆父得《傀儡除镇南军节度使制》,首句云:'具官勤劳王家,出入幕府。'东坡见此两句,大加叹赏,盖世以傀儡起于王家也。"池泽滋子《钱勰年谱》(上)以"试贤良对策日",系此事于熙宁三年。

(6)《上神宗乞择经术耆艾之士以备顾问》一篇,存。《宋名臣奏议》卷七《君道门·帝学下》收录此文,《吴越顺存集》卷三、《全宋文》卷一七九二据《宋名臣奏议》辑录此文。池泽滋子《钱勰年谱》(上)系于熙宁四年(1071)八月钱勰为盐铁判官之时。

(7)《上神宗乞参举才德之士》一篇,存。《宋名臣奏议》卷一五《君道门·用人三》收录此文,《吴越顺存集》卷三、《全宋文》卷一七九二据《宋名臣奏议》辑录此文,题下注曰:"熙宁四年,时官司盐铁判官。"池泽滋子《钱勰年谱》(上)系于熙宁四年八月钱勰为盐铁判官之时。与《吴越顺存集》同。

(8)《马铺题记》一则,佚。《张耒集》卷二九有诗题曰《奉符县北二十里林家庄马铺壁间有草书数行,半毁矣。问其人,云,熙宁中钱提刑所书。予考其时,盖翰林四丈穆父也。钱公谪秋浦而卒,其子已免丧矣。览之,不觉失涕,因留一绝》。池泽滋子《钱勰年谱》(上)系于熙宁五年(1072)钱勰提点京西、河北、京东刑狱之时。

(9)论水利一篇,佚。《长编》卷二五七:熙宁七年十月"御史盛陶尝论昉曰:'……王广廉、孔嗣宗、钱勰以至赵子几,皆有论列。……'"此处盛陶提及钱勰论列,则熙宁七年(1074)十月前必当有上书,然不知其详。参见池泽滋子《钱勰年谱》(上)。

(10)谒文宣王庙题名一则,佚。《寰宇访碑录》卷七:"钱勰谒文宣王庙题名。正书。熙宁八年(1075)五月。后有钱伯言、钱端已续题。山东曲阜。"此题记池泽滋子《钱勰年谱》并未提及。

(11)奏契丹形势盛衰之理一篇,佚。李纲《宋故追复龙图阁直学士赠少师钱公墓志铭》:"元丰三年,借太常少卿使北虏,还奏上前,论契丹形势盛衰之理,深切著明,上熟复其言。"使辽时间见《长编》卷三〇七元丰三年八月癸丑条。钱勰元丰三年(1080)八月代舒亶使辽,归来则当在元丰四年四月之前,故奏文或在三年底,或在四年初。参见池泽滋子《钱勰年谱》(上)。

（12）《彭城君钱氏行状》（拟）一篇，佚。《苏魏公文集》卷六二有苏颂《彭城县君钱氏墓志铭》，据其文："元丰七年二月，扬州天长县主簿、充南京国子监教授张康伯昆弟，既终其母彭城县君钱氏之丧，以尊公前利州转运判官通直君之命，举葬于江都县东兴乡冯家原先茔之右域。卜用明年正月己酉襄事吉，出其叔舅右司郎中穆甫状，邀铭于所知。"可知，墓主钱氏为钱勰之姊，且钱勰撰有其姊之行状。据志文，时间当在钱氏去世之元丰四年二月至终丧之元丰七年二月之间。

（13）《服用金带事奏》一篇，存。《全宋文》卷一七九二据《长编》卷三五〇载之。时间在元丰七年（1084）。

（14）《范育直龙图阁知秦州》一篇，存。《宋文鉴》卷四〇收录此文。《吴越顺存集》卷三、《全宋文》卷一七九二据《宋文鉴》辑录此文。《长编》卷三五九：元丰八年八月丁卯，"朝奉郎、直集贤院、权发遣凤翔府范育为直龙图阁、知秦州"。池泽滋子《钱勰年谱》（上）据《长编》，系于元丰八年（1085）八月。

（15）《待制知青州邓绾可龙图阁直学士知永兴军》一篇，存。《宋文鉴》卷四〇收录此文。《吴越顺存集》卷三、《全宋文》卷一七九二据《宋文鉴》辑录此文。池泽滋子《钱勰年谱》（上）据《宋史·邓绾传》，系于元丰八年，然《宋史》仅曰"元丰中"，俟详考。

（16）《刘攽秘书少监》一篇，存。《宋文鉴》卷四〇收录此文。《吴越顺存集》卷三、《全宋文》卷一七九二据《宋文鉴》辑录此文。据《长编》卷三六九：元祐元年闰二月丙午，"朝议大夫刘攽为秘书少监"。池泽滋子《钱勰年谱》（上）据《长编》，系于元祐元年（1086）闰二月。

（17）《正议大夫知枢密院事章惇知汝州》一篇，存。《宋文鉴》卷四〇收录此文。《吴越顺存集》卷三、《全宋文》卷一七九二据《宋文鉴》辑录此文。据《长编》卷三七〇：元祐元年"闰二月辛亥，诏：'正议大夫、知枢密院事章惇……宜解机务，可守本官，知汝州。与放谢辞。'……制词，钱勰所草"。又，《挥麈余话》卷一："元丰末，章子厚为门下侍郎，以本官知汝州。时钱穆父为中书舍人，行告词"云云。池泽滋子据《长编》系于元祐元年闰二月，然未提及《挥麈余话》。

（18）《乞开封府诸县特降权宜指挥奏》一篇，存。《全宋文》卷一七九二据《长编》卷四〇〇载之。时间在元祐二年（1087）。

（19）~（20）《乞增改元丰令部送罪人条奏》《疏决罪囚奏》二篇，

存。《全宋文》卷一七九二据《长编》卷四〇二载之。时间在元祐二年。

（21）《开封府朝会起居奏》一篇，存。《全宋文》卷一七九二据《长编》卷四〇七载之。时间在元祐二年。

（22）《跋先代书》一篇，存。《全宋文》卷一七九二据《三希堂法帖》载之。时间在元祐五年（1090）。

（23）《与张耒书》（拟）一篇，佚。南宋周必大《文忠集》① 卷一七《跋钱穆公与张文潜书》："右钱穆父与张文潜书，盖元祐末绍圣初文潜自润改宣及谪黄州监当时也。……"可知钱勰有书予张耒，意在慰勉。池泽滋子《钱勰年谱》（下）据此系于元祐八年（1093）。

（24）奏文一篇，佚。《宋史·职官志六》："绍圣元年，知府事钱勰言：'……'又言：'……'从之。"《宋会要辑稿·职官三七之一〇》："绍圣元年四月十七日，知开封府钱勰言：'……'从之。"池泽滋子《钱勰年谱》（下）据此系于绍圣元年（1094），然分为二事，误。《全宋文》卷一七九二据《宋史》载《请依故事分左右厅各置推官奏》，又据《宋会要辑稿》载《乞复增置两厢奏》。

（25）《议亲行祭地之礼奏》一篇，存。《全宋文》卷一七九二据《宋会要辑稿·礼三》载之。时间在绍圣元年。

（26）《故永嘉郡君崔节妇墓志铭并序》一篇，存。此墓志1973年4月出土于合肥大兴集双圩大队黄泥坎生产队东北部包氏家族墓群，1994年6月经国家文物委员会鉴定为一级文物，现藏安徽省博物馆，馆藏号23673。其中钱勰署衔为"翰林学士、左朝议大夫、知制诰、兼侍读、上柱国、会稽郡开国侯、食邑一千一百户、赐紫金鱼袋"。墓主即包拯长子包繶之妻崔氏，其卒年为"绍圣元年七月戊申"，且"将以明年十月甲子合葬于庐州合肥县公城乡公城里"。可知此志文撰于绍圣元年（1094）。

（27）《皇兄右千牛卫将军士升转官》一篇，存。《宋文鉴》卷四〇载此文。《吴越顺存集》卷三、《全宋文》卷一七九二据《宋文鉴》辑录此文。

（28）《晋武》一篇，存。《宋文鉴》卷九七载此文。《吴越顺存集》卷三、《全宋文》卷一七九二据《宋文鉴》辑录此文。

（29）《除宗愈制》一篇，残。《全宋文》卷一七九二据《秘籍新书》

---

① （南宋）周必大：《文忠集》，《文渊阁四库全书》本。

（明万历刻本）卷七载之。

（30）《与知郡工部启》一篇，存。《全宋文》卷一七九二据《石渠宝笈三编》（清抄本）第一五函第四册载之。

（31）~（33）《与弟书》三篇，存。《全宋文》卷一七九二据《宝真斋法书赞》卷一七载之。

钱燮（1045～1098）

周紫芝《太仓稊米集》① 卷七〇《钱随州墓志铭》："故吴越武肃王之五世孙钱公，名燮，字弼世，为杭州钱塘人。赠天下兵马司大元帅吴越王倧，是为公之曾大父；翰林学士知制诰，赠太尉易，是为公之大父；起居舍人、直集贤院、知谏院、同判司农寺，赠太尉彦远，是为公之皇考。……性喜文，弄笔即成，易若翻水，见者不以为儿曹语也。……初，公倅鼎，余时为桃源令，是时州县之政皆倚公以办，郡中号为无事。公日率其僚，相与燕饮，已而赋诗，殆无虚日。"据此文，钱燮为钱彦远之子，性喜文，好赋诗，惜无集以传之。

钱龢

钱龢为钱彦远第三子，据《咸淳临安志》卷六五："钱龢，字嵒甫（一作嵒仲），以孝义知名，居于钱塘门外九里松之间。尝建杰阁，藏书甚富，苏轼榜曰'钱氏书藏'。仕至直秘阁，知荆南府，坟墓在灵隐、天竺两山之间。"惜无著述，仅存诗文数篇。

（1）《次韵穆父兄见寄》一首，存。《苏轼诗集》卷三一有苏轼《和钱四寄其弟龢》一首，注文所存钱勰原诗见前文，又存钱龢次韵其兄之诗。《全宋诗》卷七四七据王十朋《东坡诗集注》卷一一载之。此诗据前文，在元祐四年（1089）春天。

（2）《浯溪题名》一则，存。《金石萃编》卷一三六《宋十四》著录此题名，内容为："会稽钱嵒，绍圣二年八月十一日过永州祁阳县，……"其中"嵒"字为上巳下山。《寰宇访碑录》卷七："浯溪钱嵒题名。正书。绍圣二年八月。湖南祁阳。"清瞿中溶《古泉山馆金石跋》（适园丛书本）卷四："右钱嵒题名，正书九行，在小峿台北。"其中"嵒"字为上己下

---

① （南宋）周紫芝：《太仓稊米集》，《文渊阁四库全书》本。

山。此题名在绍圣二年（1095），时间与钱龢生活年代相合，又有一字同名，且自署"会稽"，当即钱龢所题。李花蕾《唐宋永州摩崖石刻编年》著录为"钱屺"①，盖据瞿中溶释录，但据下一则题名，可确认为钱龢。《全宋文》卷二七〇七亦收录钱屺《浯溪题名》，误。

（3）浯溪题诗并题名一则，存。《寰宇访碑录》卷八："浯溪钱龢题名。行书。大观二年。湖南祁阳。"《古泉山馆金石跋》卷四："钱龢，字岊父。吴越王后，以孝义知名。……此题名恐即岊父官荆南时游题也。"清陆增祥《八琼室金石补正》②卷九〇《宋九》著录题名并题诗，其中"岊"字为上巳下山。陆增祥跋文曰："'岊'，瞿跋作'岊'，恐误。"此题名在大观二年（1108），确为钱龢题名，当其第二次造访。然"岊"字陆增祥著录为上巳下山，当为沿袭《金石萃编》。或为石刻漫漶，"岊"字不误。又据题名，可知钱龢有子名钱寿昌。另，《全宋诗》卷七四七亦据《八琼室金石补正》载之。

（4）（疑）《雪中》一首，佚。按：北宋邹浩《道乡集》③卷六有《次韵钱岊雪中》一首。可知钱岊有诗《雪中》，或即钱龢所撰。

第五代

忠逊王支第五代，包括钱彦远和钱明逸的孙辈。

其中钱彦远的孙辈，据苏颂《钱起居神道碑》可知："孙男十三人：呆卿宣德郎，东美瀛州防御推官，朝隐承事郎，并前进士；鲁望、端己，承务郎；寿朋、德舆、廷硕、宾王、伯言、君鱼、邻老、汝士，学进士业。"另据《李纲全集》卷一六七《宋故追复龙图阁直学士赠少师钱公墓志铭》，呆卿、东美、朝隐、鲁望、端己、德舆、廷硕、伯言、君鱼九人为钱觌之子；又据周紫芝《太仓稊米集》卷七〇《钱随州墓志铭》，邻老、汝士为钱燮之子；又据前文对钱龢著述整理可知，钱龢有子名寿昌，与寿朋同用"寿"字，则寿朋或为钱龢之子；至于宾王，或为钱临之子。

以下根据第四代成员的顺序，整理第五代成员中留下文字者。

---

① 李花蕾：《唐宋永州摩崖石刻编年》，《湖南科技学院学报》2010年第10期，第64页。
② （清）陆增祥：《八琼室金石补正》，《石刻史料新编》，台北：新文丰出版公司，1978~1986。
③ （北宋）邹浩：《道乡集》，《文渊阁四库全书》本。

钱朝隐

明万历《新城县志》卷一载钱朝隐《蜕龙洞》《零苑寺》二首,《全宋诗》卷三六五七据《新城县志》载之,惜小传并未指出钱朝隐身世。

钱端己

《寰宇访碑录》卷七:"钱勰谒文宣王庙题名。正书。熙宁八年五月。后有钱伯言、钱端己续题。山东曲阜。"据前文钱勰墓志铭,可知钱端己为钱勰之子。此题记钱勰部分在熙宁八年(1075),钱端己部分未知。

钱伯言(? ~1138)

据前文,钱伯言为钱勰之子,无著述,散篇诗作如下。

(1)~(2)《零陵澹山岩》二首,存。《八琼室金石补正》卷九五《宋十四》著录此诗,诗左题记曰:"右《零陵澹山岩》二首,建炎四年庚戌仲冬朔,会稽钱伯言逊叔题。承奉郎、权零陵县丞杨临上石。"亦见跋于清宗绩辰《留云庵金石审》第一〇七则。此诗刻于建炎四年(1130),李花蕾《唐宋永州摩崖石刻编年》一文中提及[1],并在《清宗绩辰〈留云庵金石审〉辑校》(下)一文中据《留云庵金石审》著录跋语。[2] 又,据题记可知,钱伯言字逊叔。此外,《全宋诗》卷一四〇九亦据清嘉庆《零陵县志》辑录此诗。

(3)~(4)《建炎丞相成国吕忠穆公退老堂诗》二首,存。《天台续集别编》卷一载此诗。《全宋诗》卷一四〇九据《天台续集别编》载之。

(5)《次韵奉和蒙著太尉澹山见示长句》一首,存。清王煦嘉庆《湖南通志》卷二一三载此诗。《全宋诗》卷一四〇九据《湖南通志》载之。

(6)《戏书送澹山入院》一首,存。《八琼室金石补正》卷九五《宋十四》著录此颂。《全宋诗》卷一四〇九据《八琼室金石补正》载之。《全宋文》卷三二六三亦据光绪《湖南通志》卷二七三载之,目为颂文。

(7)胡仔《苕溪渔隐丛话》后集卷三六有残句:"华戎交气俗,淮汴倒清浑。"《全宋诗》卷一四〇九据《苕溪渔隐丛话》载之。

---

[1] 李花蕾:《唐宋永州摩崖石刻编年》,《湖南科技学院学报》2010年第10期,第65页。
[2] 李花蕾:《清宗绩辰〈留云庵金石审〉辑校》(下),《湖南科技学院学报》2011年第6期,第17~26页。

散见文章如下。

（1）谒文宣王庙题名一则，佚。《寰宇访碑录》卷七："钱勰谒文宣王庙题名。正书。熙宁八年五月。后有钱伯言、钱端已续题。山东曲阜。"按：前文已揭，此题记在熙宁八年（1075），然钱伯言续题时间未知。

（2）跋穆父临洛神赋一则，存。南宋董更《书录》① 卷中存之："钱伯言跋穆父临大令《洛神赋》云：'子敬《洛神赋》分裂在范尧夫、范中济、王晋卿三家，穆父借摹，遂全一赋。故数自临写，至数百过。'又蜀中石刻跋云：'钱公内翰并三家本摹之，且且临写，晚极精妙，笔势字体深造大令阃域。'宜春所刻《洛神赋》有伯言跋者，殊失真。而蜀中所刻，连草书、千文为一卷，粗见笔法。"

（3）泰山题名一则，存。顾炎武《求古录》② 载之。《全宋文》卷三二六三据《六艺之一录》卷七载之。钱大昕《潜研堂金石文跋尾》③ 卷一五《宋四》亦有跋。

（4）《乞两浙诸路兵将并听节制奏》一篇，存。《全宋文》卷三二六三据《宋会要辑稿·兵一〇》载之，时间在建炎元年（1127）。

（5）奏章一篇，佚。《建炎以来系年要录》卷一二建炎二年（1128）正月："壬辰，龙图阁直学士知镇江府钱伯言奏，已依处分，螺钿椅桌于市中焚毁，万姓观者莫不悦服。"《全宋文》卷三二六三据《宋会要辑稿·刑法二》载《焚毁螺钿椅桌奏》即此。

（6）《御舟宿顿奏》一篇，佚。周必大《文忠集》卷一九《高宗御批钱伯言奏跋》："右己酉岁（1129）二月十日钱伯言所上《御舟宿顿奏》，后有高宗皇帝宸翰二十九字，御押在焉。盖行在秀州时也。"

（7）吴越三王判牍帖跋文一则，存。《宝真斋法书赞》卷八《吴越三王判牍帖》载之。《全宋文》卷三二六三据《宝真斋法书赞》载之。岳珂跋语："右吴越三王判牍真迹一卷，有文肃勰之子绍兴从臣伯言跋其卷后"云云。

（8）《长兴玉宝泉记》（拟）一篇，佚。董斯张《吴兴备志》卷二四据《长兴志》载湖州长兴县有"长兴玉窦泉，宋侍郎钱伯言记"。可知钱伯言曾撰有此文。

---

① （南宋）董更：《书录》，《文渊阁四库全书》本。
② （清）顾炎武：《求古录》，《文渊阁四库全书》本。
③ （清）钱大昕：《潜研堂金石文跋尾》，《嘉定钱大昕全集》，江苏古籍出版社，1997。

(9)《跋阎立本十三帝图》一则,存。《全宋文》卷三二六三据《平津馆藏书画记》(清刻本)卷一载之。

(10)《题先祖武肃王翰墨》一篇,存。《全宋文》卷三二六三据《钱氏家书》第五种载之。

钱倩仲

钱倩仲,据《六艺之一录》卷一一○:"钱倩仲题名。在石龙院心印铭傍。建中靖国元年仲冬会稽钱倩仲游。正书,字径三寸。摩崖。"又续编卷五:"末一行钱倩仲题名,又瑶华洞亦有倩仲刻字,自称彭城,乃武肃王裔也。"清阮元编《两浙金石志》① 卷七《宋钱倩仲石龙院题名》:"建中靖国元年仲冬,会稽钱倩仲游。"阮元跋语:"右在西湖石龙院,摩崖,正书,一行,字径二寸。"据魏齐贤、叶棻《五百家播芳大全文粹》② 卷六四所收苏轼之《与钱待制帖》:"倩仲、蒙仲昆仲,不克一别,意甚不足。……"可知钱倩仲、钱蒙仲为兄弟,钱待制即钱勰。钱蒙仲据后文可知为钱勰之子,则倩仲当亦钱勰某子。钱勰源出吴越忠逊王,故钱倩仲贯籍会稽。

钱倩仲又有瑶华洞题名一则。南宋倪涛《六艺之一录》③ 卷一一○:"钱倩仲题名。在瑶华洞。彭城钱倩仲辛巳仲冬十八日乘兴游瑶华洞。小楷,分六行横写。摩崖。"《两浙金石志》卷七《又瑶华洞题名》:"彭城钱倩仲,辛巳仲冬十八日,乘兴游瑶华洞。"阮元跋语:"右在龙华山瑶华洞,摩崖,小楷,书六行。二题名应即同日所刻。"按:此题名与前一则,据阮元跋语,在同日所刻,即建中靖国元年(1101)十一月十八日。

钱蒙仲

《苏轼诗集》卷三一有《次韵秦少章和钱蒙仲》一诗,南宋施元之注:"钱蒙仲,穆父子。"可知,钱蒙仲为钱勰之子。然而据李纲《宋故追复龙图阁直学士赠少师钱公墓志铭》,钱勰九子中并无名"蒙仲"者,则"蒙仲"当是字,而名不详,姑以字称之。池泽滋子《钱勰年谱》(中)系此事于元祐四年(1089)七月。

---

① (清)阮元编《两浙金石志》,浙江古籍出版社,2012。
② (宋)魏齐贤、叶棻:《五百家播芳大全文粹》,《文渊阁四库全书》本。
③ (南宋)倪涛:《六艺之一录》,《文渊阁四库全书》本。

钱功

《说郛》① 卷二八下载钱功《澹山杂识》七条：族婶凶虐、蝇子水心亭、产鲤鱼、维扬无燕子、狱囚自脱枷杻、东坡借砖、庞安时。又据《现存宋人著述总录》子部小说类："《澹山杂识》一卷。钱功撰。说郛（宛委山堂本）卷二十八。"② 按：据《说郛》所载，《澹山杂识》之"族婶凶虐"条有"余有族叔景直供奉，取宗室女"之语，"东坡借砖"有"某年十三岁时，见东坡过先君"之语，疑其为与苏轼相交甚深之钱勰之子，景直则为钱惟演孙辈，于钱功为正族叔辈也。另外，明末清初黄扶孟《字诂》③曰："又钱功父《澹山杂识》云。"似此书明末尚存，且钱功亦名钱功父也。

第六代

忠逊王支第六代，其钱易之后，据苏颂《钱起居神道碑》可知，钱彦远还有"曾孙男女今三十一人"。又据李纲《宋故追复龙图阁直学士赠少师钱公墓志铭》可知，钱勰有"孙男十八人：曰净、曰浤；曰湝，迪功郎、权国子博士；曰涌；曰衍，迪功郎、代州繁峙县主簿；曰灏、曰沆、曰滨；曰溥，秉义郎；曰浑（原书按：《四库》作'潭'）、曰潜、曰涛；曰洵，将仕郎；曰湜，右儒林郎；曰淳；曰温，右承务郎；曰注，右宣义郎；曰浒。孙女二十三人"。《万姓统谱》④ 卷二七有《钱浤传》，宋张邦基《墨庄漫录》⑤ 卷一有记钱湝事，惜皆早逝。

可考者仅钱昆之后钱之望。

钱之望（1131~1199）

钱之望，据南宋叶适《叶适集》⑥ 卷一八《华文阁待制知庐州钱公墓

---

① 《说郛》，《文渊阁四库全书》本。
② 刘琳、沈治宏编著《现存宋人著述总录》，第158页。
③ （清）黄扶孟：《字诂》，《文渊阁四库全书》本。
④ 《万姓统谱》，《文渊阁四库全书》本。
⑤ （宋）张邦基：《墨庄漫录》，中华书局，2002。
⑥ （南宋）叶适：《叶适集》，中华书局，1961。

志铭》:"公姓钱氏,讳之望,字表臣,常州晋陵人。曾祖孟回,殿中丞。祖知雄。父友,赠中散大夫。……而公病不起,以庆元五年七月十八日卒,年六十九。……六年三月十八日,葬江阴县昭闻乡由里山。令人何氏,后公四十二日卒,祔焉。子廷硕,早夭;廷玉,某官;廷瑞,某官;廷玠,某官。一女,先嫁戎知刚,再嫁某官。孙男二,孙女六。"可知钱之望曾祖钱孟回,则高祖为钱昆,亦即吴越忠逊王钱倧后裔,著籍晋陵。又,叶适所撰此墓志铭,内中详载钱之望奏陈之语,此不备录,惜其无文集以传之。

钱之望尚有方志一种。据《宋史·艺文志三》"地理类":"钱之望、吴莘《楚州图经》二卷。"刘兆祐《宋史艺文志史部佚籍考》:"之望,字表臣,一字大受,武进人,乾道五年(一一六九)进士,华文阁待制,知庐州卒。事迹具《南宋馆阁续录》(卷九)及《南宋制抚年表》等书。……按:《舆地纪胜》(卷三九)楚州风俗形胜条引《图经序》云:'枚乘之文,韩信之武,必有闻风而兴起者。'又景物(下)条'樱桃园'、'石鳖县',官吏条'宋萧僧珍'等句下,并引《图经》。按:张国淦《中国古方志考》著录此书,张氏据《大明一统志》辑录一条。"①

钱之望散见文章如下。

(1)《乞于千秋涧置斗门奏》一篇,存。《全宋文》卷五四一九据《宋会要辑稿·食货六一》载之。时间在淳熙十年(1183)。

(2)《赈济赈粜楚州事奏》一篇,存。《全宋文》卷五四一九据《宋会要辑稿·瑞异三》载之。时间在淳熙十六年(1189)。

(3)《条三边战守事宜奏》一篇,存。《全宋文》卷五四一九据嘉靖《维扬志》卷三二载之。

(4)《乞许将私钱及破缺钱籴米奏》一篇,存。《全宋文》卷五四一九据《宋会要辑稿·食货六八》载之。时间在绍熙二年(1191)。

(5)《乞赈粜扬州奏》一篇,存。《全宋文》卷五四一九据《宋会要辑稿·食货六八》载之。时间在绍熙二年。

(6)《劾马定远失职奏》一篇,存。《全宋文》卷五四一九据《宋会要辑稿·职官七三》载之。时间在绍熙四年(1193)。

(7)《乞加封南海洪圣广利昭顺威显王庙号奏》一篇,存。《全宋文》卷五四一九据《金石续编》卷一九载之。时间在庆元四年(1198)。

---

① 刘兆祐:《宋史艺文志史部佚籍考》,第826页。

传世与出土：吴越国、两宋时期吴越钱氏家族碑志整理[*]

对宋代墓志的关注，宋史学界的兴致一直不高，因为宋史史料本身即已十分庞大。但各地基建进行开发，以及盗墓猖獗，如果不对已出土的各类宋代墓志进行梳理，日后若想拓宽宋史史料，恐怕不那么容易。因此，对于宋代的墓志，还是需要及早开始系统的关注。因此，本文聚焦于笔者所感兴趣的吴越国、两宋时期吴越钱氏家族的相关墓志，进行个案式全面梳理。在本文之前，宋代墓志的整体性汇编不多，仅有《宋代石刻文献全编》《宋代传状碑志集成》《宋代墓志辑释》等，但都不全面。[①]

具体到吴越钱氏家族成员墓志而言，21世纪初台湾学者组织的宋代墓志铭读书会已经涉及中研院历史语言研究所藏四方吴越钱氏家族成员墓志拓片，由郑铭德录文并进行简单释读和报告，但未能形成论文。[②] 大陆则早有清代以来对洛阳地区出土的《钱俶墓志》的传拓和著录，详见下文具体论述。20世纪50年代以来，临安地区钱氏家族墓葬发掘，也出土了钱

---

[*] 本文曾宣读于十至十三世纪西北史地国际学术研讨会暨中国宋史研究会第十八届年会（西北师范大学，2018年8月16～17日），承蒙冯国栋、王淳航二先生指正。会后，又得仝相卿先生、王晓薇女史指瑕多处。一并感谢！本文初刊于《宋史研究论丛》第23辑，科学出版社，2018。

[①] 国家图书馆善本金石组编《宋代石刻文献全编》全四册，北京图书馆出版社，2003；曾枣庄主编《宋代传状碑志集成》，四川大学出版社，2012；郭茂育、刘继保编《宋代墓志辑释》，中州古籍出版社，2016。其中，《宋代石刻文献全编》仅收入明清、民国金石书中的宋代碑刻，且以碑文和题记为主，墓志不多；《宋代传状碑志集成》仅收入传世宋人文集中的传记类碑铭墓志，未涵盖出土墓志；《宋代墓志辑释》仅收入整理者所收集到的宋代墓志拓片，并未全面整理全国各地所有出土宋代墓志。

[②] 相关读书报告在大陆网站上有流传，但属于侵权行为，故本文不予引用。读书会信息得自郑铭德先生对笔者的答复，2018年7月20日微信聊天记录。

宽夫妇墓志和钱元瓘妻马氏墓志等。① 近三十年来，也有吴建华、李献奇、刘刚、刘静贞、钱汝平等人对单个墓志的零星研究。② 笔者也曾从传世和出土的吴越钱氏成员墓志中梳理出相关世系信息，建构吴越国、两宋时期吴越钱氏家族的世系图。③ 不过尚无全面梳理吴越钱氏家族成员墓志者。本文即聚焦于吴越国、两宋时期吴越钱氏家族相关墓志，拟从钱姓墓志和非钱姓墓志两个方面进行梳理，包括所有墓志的文本之传世和实物之出土情况。

一 钱姓墓志

吴越钱氏家族的钱姓墓志，包括传世和出土两大类。其中传世文献中的墓志，多见于宋人文集；出土墓志，则散见于各类墓志汇编，以及各类单篇考证文章。以下，笔者将按传世、出土两大类分别进行梳理，用以确保墓志文本的差异，以世次为序。世次按笔者《吴越国、两宋时期吴越钱氏家族世系综考》所定，以钱宽为〇世，钱镠为一世，依次往下。④ 此外，对于传世和出土都有的墓志，以出土为准，仅列于出土墓志部分。

（一）传世墓志

二世《钱元瓘神道碑》。撰者和凝（898～955）。此碑见载于《全唐

---

① 关于吴越国墓葬的综合梳理，参见张玉兰《晚唐五代钱氏家族墓葬初步研究》，《东南文化》2005年第5期，第41～47页；郑以墨《五代吴越国墓葬制度研究》，《东南文化》2010年第4期，第66～73页；陈元甫《五代吴越王室贵族墓葬形制等级制度探析》，《东南文化》2013年第4期，第87～95页；王征宇《礼制与葬俗——吴越国墓葬相关问题研究》，硕士学位论文，浙江大学，2014。不过，其中能够明确认定墓主的仅钱宽夫妇和钱元瓘夫人马氏墓，其余墓葬或无墓志，或墓志文字湮灭，不能确切认定墓主。因此，本文仅就钱宽夫妇墓志和钱元瓘夫人马氏墓志加以讨论。
② 吴建华：《吴越国王钱俶墓志考释》，《中原文物》1998年第2期，第84～90页；李献奇：《北宋钱景洗、钱文楚墓志摭谈》，《中原文物》1998年第2期，第91～94页；刘刚、薛炳宏：《江苏扬州出土钱匡道墓志考释》，《东南文化》2014年第6期，第78～85页；刘静贞：《既葬之后：从李纲〈钱勰墓志〉看宋人墓志书写的时点与理念》，包伟民、曹家齐主编《宋史研究论文集（2016）》，中山大学出版社，2018，第360～372页；钱汝平：《新见吴越国宗室钱义光墓志考释》，《台州学院学报》2018年第4期，第84～87页。
③ 胡耀飞：《吴越国、两宋时期吴越钱氏家族世系综考》，包伟民主编《中国城市史论文集》，杭州出版社，2016，第486～528页。已收入本书。
④ 胡耀飞：《吴越国、两宋时期吴越钱氏家族世系综考》，第526页。

文》，未知来源。《吴越备史》仅载"敕宰相和凝撰神道碑"，而无碑文。①碑主钱元瓘（887~941）为吴越国第二代国王，谥文穆。碑载其天福六年（941）八月二十四日"薨于瑶台之正寝"，即杭州吴越国王府署，天福七年（942）二月十九日"备卤簿葬于国城之南原"②，《吴越备史》则载"葬于国城龙山之南原"③。今杭州市南山陵园玉皇山南麓有钱元瓘墓（杭M27），明代嘉靖年间立"吴越国文穆王墓"碑，然1965年浙江省文物管理委员会进行清理发掘时，并未出土墓志或神道碑。④

五世《钱起居（彦远）神道碑》。撰者苏颂（1020~1101），据神道碑所载钱彦远之子钱勰居官翰林学士的时间来看，其撰写时间当在哲宗绍圣元年至二年（1094~1095）之间。⑤ 此碑见载于苏颂《苏魏公文集》。碑主钱彦远（1014~1050）属忠逊王支，为四世钱易长子。碑载其于皇祐二年（1050）"季冬寝病，某日终于司农之官舍"，皇祐三年"正月己酉葬开封汴阳乡，从先公之次隧"。⑥ 知其葬于开封汴阳乡其父钱易墓侧，其妻丁氏合祔，据下文《钱勰墓志》，南宋初迁葬于镇江府金坛县某乡。

五世《钱君墓碣》。撰者王安石（1021~1086）。此志见载于王安石《王文公文集》。志主钱君（987~1057）属钱俨支，为三世钱俨之孙，惜不知其名。志载其嘉祐二年（1057）三月某日卒于广德军兵马都监任上，之后某年某月某日葬于"和州之历阳鸡笼乡永昌里""先人之兆"，盖钱俨支已定居和州。⑦

六世《彭城县君钱氏墓志铭》。撰者苏颂。此志见载于苏颂《苏魏公文集》。志主张钱氏（1030~1081）属忠逊王支，为四世钱易孙女，五世钱彦远之女，嫁张公翊。志载其元丰四年（1081）二月初九日卒，元丰八年（1085）正月己酉日葬于扬州"江都县东兴乡冯家原先茔之右域"，此

---

① （宋）钱俨：《吴越备史》卷二《文穆王》，傅璇琮等主编《五代史书汇编》第10册，杭州出版社，2004，第6230页。
② （五代）和凝：《吴越文穆王钱元瓘碑铭》，董诰等编《全唐文》卷八五九，中华书局，1983，第9005~9010页。
③ （宋）钱俨：《吴越备史》卷二《文穆王》，第6230页。
④ 浙江省文物管理委员会：《杭州、临安五代墓中的天文图和秘色瓷》，《考古》1975年第3期。
⑤ 此撰写时间考证，为河南大学副教授全相卿先生教示，感谢！
⑥ （北宋）苏颂：《钱起居神道碑》，《苏魏公文集》卷五二，第794页。
⑦ （北宋）王安石：《内殿崇班钱君墓碣》，《王文公文集》卷九七，上海人民出版社，1974，第997~998页。

先茔为钱氏所嫁张氏家族先茔。①

六世《钱勰墓志》。撰者李纲（1083~1140），撰写时间在南宋建炎元年（1127）。此志见载于《李纲全集》。志主钱勰（1034~1097）属忠逊王支，为四世钱易之孙，五世钱彦远之子。志载其绍圣四年（1097）十一月丙辰日卒于池州官舍正寝，绍圣五年二月庚申日，"葬于开封府开封县汴阳乡中边村将相里祖太尉公之域"，即其祖父钱易墓旁。知钱勰与其祖父钱易、父亲钱彦远葬于一处，是为忠逊王支钱易以下家族墓地。待宋室南渡后的建炎元年某月，钱勰诸子亦迁葬钱勰及以上共三世于"镇江府金坛县某乡之原"。又因当初下葬时钱勰在元祐党籍中，不刻铭墓，故待南宋初除党籍之禁，方请李纲撰写墓志铭。②

六世《钱燮墓志》。撰者周紫芝（1082~1155），撰写于政和二年（1112）。此志见载于周紫芝《太仓稊米集》。志主钱燮（1045~1098）属忠逊王支，为四世钱易之孙，五世钱彦远之子，六世钱勰之弟。志载其绍圣五年（1098）五月八日"捐馆陈留"，同年六月七日"葬于开封府汴阳乡之原"。③

六世《钱藻墓志》。撰者曾巩（1019~1083）。此志见载于《曾巩集》。志主钱藻（1022~1082）属钱俨支，三世钱俨曾孙，四世钱昭慈之孙，五世钱顺之之子。志载其元丰五年（1082）正月庚寅日卒，某年某月某日葬于苏州吴县龙冈村"天平山"，祔于其母永嘉郡太君丁氏墓。④

六世《金堂县君钱氏墓志》。撰者欧阳修（1007~1072）。此志见载于《欧阳修全集》。志主赵钱氏（1030~1057）属忠懿王支，为三世钱俶之子四世钱惟渲的孙女，五世钱象舆之女。嫁宋朝宗室赵世准。志载其嘉祐二年（1057）九月庚子日"以疾卒"，嘉祐五年（1060）十月乙酉日，"葬

---

① （北宋）苏颂：《彭城县君钱氏墓志铭》，《苏魏公文集》卷六二，第 952 页。
② （宋）李纲：《宋故追复龙图阁直学士赠少师钱公墓志铭》，《李纲全集》卷一六七，岳麓书社，2004，第 1543~1549 页。关于李纲撰写《宋故追复龙图阁直学士赠少师钱公墓志铭》的时代背景对墓志书写的影响，参见刘静贞《既葬之后：从李纲〈钱勰墓志〉看宋人墓志书写的时点与理念》，包伟民、曹家齐主编《宋史研究论文集（2016）》，中山大学出版社，2018，第 360~372 页。
③ （南宋）周紫芝：《钱随州墓志铭》，《太仓稊米集》卷七〇，《文渊阁四库全书》本。
④ （北宋）曾巩：《故翰林侍读学士钱公墓志铭》，《曾巩集》卷四二，中华书局，1984，第 571~572 页。

于永安之原"。①

六世《钱羔羊墓志》。撰者沈辽（1032~1085）。此志见载于沈辽《云巢编》。志主钱羔羊（？~1073）为五世钱仙芝之子，属忠懿王支。志载其熙宁六年（1073）十一月十一日卒，熙宁七年二月二十八日，其亲朋好友将其灵柩"归于吴"，"葬集贤君墓左"，即在其父集贤校理钱仙芝墓次，或在苏州。②

六世《钱禹卿墓志》。撰者晁补之（1053~1110）。此志见载于晁补之《鸡肋集》。志主钱禹卿（1033~1082）属忠懿王支，为四世钱惟济之孙，五世钱暎之子。志载其元丰五年（1082）三月丁酉日卒，不久其夫人仁和县君杨氏因悲伤过度亦卒，元祐二年（1087）十二月庚寅日二人葬于"应天府楚丘县固胡村之原"。③

七世《钱安人墓志》。撰者程俱（1078~1144）。此志见载于程俱《北山集》。志主钱安人（1068~1126）为二世钱元璙之孙四世钱喆的曾孙女，五世钱中孚之孙女，六世钱承之第二女。嫁尚书吏部员外郎郑绛。志载其于靖康元年（1126）六月二十一日卒于"吴郡里第"，同年九月二十七日葬于其夫郑绛墓中，在"吴县长洲乡龙馆山之原"。④

七世《钱氏墓志》。撰者范祖禹（1041~1098）。此志见载于范祖禹《范太史集》。志主钱氏（1073~1089）属忠懿王支，为四世钱惟演之子五世钱晦的孙女，六世钱景祥之女，嫁宋朝宗室赵令懫。志载其元祐四年（1089）六月戊申日卒，元祐九年（1094）二月己酉葬于"河南永安县"。⑤ 所葬地与前文六世金堂县君钱氏同，二人都嫁赵宋宗室，则永安县为赵宋宗室族葬地之一。

八世《钱之望墓志》。撰者叶适（1150~1223）。此志见载于叶适《叶适集》。志主钱之望（1131~1199）属忠逊王支，为四世钱昆之子五世钱孟回的曾孙，六世钱知雄之孙，七世钱友之子。志载其庆元五年（1199）

---

① （北宋）欧阳修：《右监门卫将军夫人金堂县君钱氏墓志铭》，《欧阳修全集》卷三七，中华书局，2001，第551页。
② （北宋）沈辽：《云巢编》卷一〇，收入《宋代传状碑志集成》第8册，第3991~3992页。
③ （北宋）晁补之：《通直郎权通判环州事钱君墓志铭》，《鸡肋集》卷六五，《文渊阁四库全书》本。
④ （北宋）程俱：《宋故尚书吏部员外郎郑公安人钱氏墓志铭》，《北山集》卷三二，《文渊阁四库全书》本。
⑤ （北宋）范祖禹：《左班殿直妻钱氏墓志铭》，《范太史集》卷四八，《文渊阁四库全书》本。

七月十八日卒于庐州知州任上，庆元六年三月十八日"葬江阴县昭闻乡由里山"，其夫人何氏在其卒后四十二日亦卒，祔葬。①

十世《钱抚墓志》。撰者陈耆卿。此志见载于陈耆卿《筼窗集》，收入《宋代传状碑志集成》。志主钱抚（1168～1219）曾祖为七世钱皞，后者为六世钱藻第三子。钱藻为五世钱明逸养子，故属忠逊王支，但钱藻曾祖为三世钱俨，故亦可属钱俨支。志载其嘉定十二年（1219）五月二十三日卒，同年十一月十日"葬湖州武康县龙坞"。②

十二世《钱应孙墓志》。撰者林景熙（1242～1310）。此志见载于林景熙《霁山文集》。志主钱应孙（1227～1291）属忠懿王支，为南宋宰相十世钱象祖之孙。志载其入元后"辛卯七月二十一日"卒于台州寓舍，即至元二十八年（1291），"壬辰正月三日葬公于天台县花桃山"，即至元二十九年（1292）。忠懿王支南渡后多居台州，志载其"晚岁复携家还越"，但卒葬依然在台州。③

（二）出土墓志

〇世《钱宽墓志》。撰者罗隐。此志1978～1980年出土于杭州临安县天公社工农大队。志主钱宽（835～895）为一世钱镠之父，因钱镠而获赠检校司空。近年，钱宽夫妇墓发掘报告《晚唐钱宽夫妇墓》出版，收有拓片和录文，并记载志身情况为："置于前室东耳室内，石灰岩质。墓志呈正方形，边长74、厚13.5厘米。志上刻文字繁多，共28行，满行25字，正楷阴刻。大部分铭文尚可辨认，但小部分因石质风化剥蚀而不清。"志盖为"盝顶式，下面边长74厘米，顶部边长47厘米。盖上从右往左分三行竖向篆刻'唐故彭城钱府君墓志'九个大字，分3行，每行3字"。④ 关于此志撰者，《罗隐集》有《太师志铭》，据《吴越备史》卷一：光化三

---

① （南宋）叶适：《华文阁待制知庐州钱公墓志铭》，《叶适集》卷一八，中华书局，1961，第346页。
② （南宋）陈耆卿：《朝散郎秘书丞钱公抚墓志铭》，《筼窗集》卷八，收入《宋代传状碑志集成》第14册，第7037～7038页。
③ （南宋）林景熙：《故太府少卿钱公墓志铭》，《霁山文集》卷五，《文渊阁四库全书》本。
④ 撰人不详：《唐故检校礼部尚书……墓志铭》，浙江省文物考古研究所、浙江省博物馆、杭州市文物考古研究所《晚唐钱宽夫妇墓》，文物出版社，2012，第32～33页。该志志题仅见"唐故检校礼部尚书"等字，其余残泐。志题下另有一行残泐文字，当是撰者署名，未知是否为罗隐。

年（900）十一月"己酉，葬皇考太师于安国县锦北乡清风里"。其下注曰："初，太师薨，因有淮师，葬是以缓。按，罗氏后集《太师志铭》曰：'昔岁乙卯（895），令辰己酉，十一月也。'今以长历推之，十月二十五日乙酉，葬太师。未知孰是。"① 不知《吴越备史》此处注文与正文是何关系，注文所引《太师志铭》，今本《罗隐集校注》仅据《杭州府志》存残文"昔岁乙卯"四字。② 似从《杭州府志》辑佚而来，而《杭州府志》或据《吴越备史》此注得之。故《罗隐集系年校笺》据《吴越备史》辑存"昔岁己卯，今辰己酉"八字。③ 至于《罗隐集》中是否真有此志原文，不得而知。总之，罗隐似撰《太师志铭》，但全文未能传世。幸有出土墓志，虽已残泐，但其中有"有唐乾宁二年太岁乙卯夏……钱府君以寿薨于临安茅山衣锦□之第，享年六十有一。……光化三年庚申十一月己酉，始卜吉于本县□成乡清风里之南原也"④。从以上信息依然可以得到钱宽卒于乾宁二年（895），葬于光化三年（900），盖乾宁二年正值钱镠与董昌交兵，且杨行密兵援董昌，故曰"因有淮师"，葬事迟缓至光化三年也。此外，罗隐《太师志铭》的"昔岁乙卯"应指钱宽卒年，"令辰己酉，十一月也"则是葬日，疑《吴越备史》注文所引《太师志铭》并未全引，导致两条时间记载糅合。故注文所谓"十月二十五日乙酉"，猜测有误。

二世《普光塔铭》。撰者徐某，书者沙门□□。此碑初载于阮元（1764~1849）《两浙金石志》，并著录其地点为"临安县功臣山下净度寺桑园中"，嘉庆元年（1796）钱塘人何梦华最早拓得此碑。此碑额"吴越国故僧统大师塔铭"10字径1寸7分，碑文32行，字径8分。⑤ 铭文复收入《唐文拾遗》《五代墓志汇考》等，李辉《吴越国佛教史》亦有录文和研究。⑥ 塔主普光大师（901~924）为一世钱镠"第十九子"，法号令因，龙德三年（923）"改授吴越僧统，赐号慧因普光大师"。碑载其"宝大元

---

① （宋）钱俨：《吴越备史》卷一，《五代史书汇编》第10册，杭州出版社，2004，第6192页。
② （唐）罗隐：《太师志铭（残）》，潘慧惠校注《罗隐集校注》，浙江古籍出版社，1995，第619页。
③ （唐）罗隐：《太师志铭（残）》，李定广系年校笺《罗隐集系年校笺》，人民文学出版社，2013，第965页。唯"今辰""令辰"，"己卯""乙卯"之差，李定广未有所辨。其中"今辰"与"令辰"或以"今辰"更佳，可对应昔岁。但若加上"十一月也"，则又难通。"己卯"与"乙卯"，则当以"乙卯"为确，盖己卯已至贞明五年（919）。
④ 撰人不详：《唐故检校礼部尚书……墓志铭》，第33页。
⑤ （清）阮元：《两浙金石志》卷四，《石刻史料新编》第1辑第14册，第10267页。
⑥ 对此塔铭的研究，参见李辉《吴越国佛教史》，中国社会科学出版社，2015，第25~29页。

年八月十三日,夜召□足□□付嘱教门,亲述遗章……以此夜三更,便□圆寂□□□□真身宝塔寺,享年二十有四。……仍命迁□□□卜营窀穸,遂于锦里功臣山南面峰峦营建塔院。以其年十二月九日,归窆于塔"①。宝大为钱镠自制年号,宝大元年即后唐庄宗同光二年(924),可知其于此年圆寂,后葬于衣锦里功臣山。

二世《钱匡道墓志》。撰者元震。此志2012年4月出土于扬州市城北乡三星村夏庄某基建工地,今藏扬州市文物考古研究所。该志"青石质,志盖盝顶,中心楷书阴刻'大吴故钱府君墓铭记',3行9字。四周阴刻十二生肖及星宿图,四杀阴刻青龙、白虎、朱雀、玄武图案。志石正方形,边长54、厚10.8厘米。正面楷书阴刻志文,侧面阴刻牡丹纹。志文共33行,满行34字,计1013字"②。据志文,志主钱匡道(915~936)为钱镠之弟钱镖长子,钱镖于乾化元年(911)九月因事在湖州刺史任上逃亡杨吴政权,故其家族在扬州定居。③ 志载其杨吴天祚二年(936)十二月廿八日卒于扬州私第,天祚三年二月十二日葬于江都府江都县同轨里。④

三世《钱俶墓志》。撰者慎知礼,书者秦?守良。此志大约晚清即出土于洛阳,缪荃孙(1844~1919)《艺风堂金石文字目》有著录。⑤ 然无出土时间、地点等信息,出土地吴建华考证为孟津县小梁村。⑥ 据《洛阳新获墓志续编》,该志先存于洛阳存古阁,现藏洛阳古代艺术馆。该志高92厘米,宽93厘米,志文楷书,53行,满行52字,计2417字,其中损14字。⑦ 拓片收入《北京图书馆藏中国历代石刻拓本汇编》、《洛阳新获墓志续编》二八一,录文可参考汪鋆(1816~?)《十二砚斋金石过眼录》卷一六、陆增祥(1816~1882)《八琼室金石补正》卷八五、罗振玉(1866~1940)《邙洛冢墓遗文》卷下、吴建华《吴越国王钱俶墓志考释》一文、

---

① 徐□:《吴越国故僧统慧因普光大师塔铭并序》,《两浙金石志》卷四,第10266~10267页。
② 刘刚、薛炳宏:《江苏扬州出土钱匡道墓志考释》,第78页。
③ 关于钱镖在湖州刺史任上的情况,参见胡耀飞《试论湖州在吴越国国防中的地位》,《湖州师范学院学报》2009年第5期,第37页。
④ (五代)元震:《大吴故右军散□□□□□随从步军第三指挥副指挥使银青光禄大卿检校工部尚书右千牛中将兼御史大宪上柱国吴兴郡钱公墓志铭并序》,刘刚、薛炳宏《江苏扬州出土钱匡道墓志考释》,第80页。
⑤ 缪荃孙:《艺风堂金石文字目》,收入《缪荃孙全集·金石》,凤凰出版社,2014。
⑥ 吴建华:《吴越国王钱俶墓志考释》,第84~90页。
⑦ 洛阳市第二文物工作队编《洛阳新获墓志续编》,科学出版社,2008,第530页。

《洛阳新获墓志续编》二八一、《全宋文》卷四二、《宋代墓志辑释》等。①志主钱俶（929~988）为吴越国忠懿王，太平兴国三年（978）五月纳土归宋。志载其端拱元年（988）八月二十四日卒于邓州邓王"府署"，端拱二年正月十五日葬于河南府洛阳县贤相乡陶公里。②

三世《钱俶神道碑》。撰者李至。此碑出土于洛阳，据《金石萃编补正》，"右钱俶墓碑，计当在洛阳，今无拓者，未知原石尚存否。青园得其装本一册，约有一千六七百字，然仅有其半尔。文甚瑰丽，王著行书，深得晋人遗矩。"可知此碑仅有一半文字，以装订本流传，故不知其质地信息。碑主即三世忠懿王钱俶，前已有墓志，此为神道碑，因不在墓葬之内，故更易被毁。碑载其"端拱戊子岁八月二十四日薨于南阳之正寝"，"越明年正月望日以卤簿鼓吹导王黼翣归全于西京洛阳县贤相里陶公原"，与墓志合。③

三世《钱亿碑铭》。撰者崔仁冀，书者柳崇杰。此碑出土于宁波，今藏奉化区文物保护管理所。据章国庆记录，"碑石纵向截为两段，居中有缺损（约占两行碑字）；碑首残缺，篆额全者仅'公'、'铭'两字，'奉'、'军'、'钱'、'碑'四字各存半；后一段中下部断裂，末缺一短行，殆署树碑建祠

---

① （北宋）慎知礼：《大宋故安时镇国崇文耀武宣德守道中正功臣武胜军节度邓州管内观察处置等使开府仪同三司守太师尚书令兼中书令使持节邓州诸军事邓州刺史上柱国邓王食邑九万七千户食实封壹万陆千玖百户赐剑履上殿书诏不名追封秦国王墓志铭并序》，拓片见《北京图书馆藏中国历代石刻拓本汇编》，中州古籍出版社，1989，第37册，第193页；洛阳市第二文物工作队编《洛阳新获墓志续编》二八一，第282页；《宋代墓志辑释》〇二九，第64页。录文见于（清）汪鋆《十二砚斋金石过眼录》卷一六，收入《石刻史料新编》第1辑第10册，第7937~7940页；（清）陆增祥《八琼室金石补正》卷八五，收入《石刻史料新编》第1辑第7册，1982，第5388~5391页；罗振玉《邙洛冢墓遗文》卷下，收入《石刻史料新编》第1辑第19册，第14034~14037页；洛阳市第二文物工作队编《洛阳新获墓志续编》二八一，第528~530页；《全宋文》卷四二，第3册，第65~69页；《宋代墓志辑释》〇二九，第65~66页。其中，《邙洛冢墓遗文》将该志书者姓氏著录为"秦"，而其他录文皆留空。又有《宋代墓志辑释》，因志题无姓氏信息，竟将钱俶姓氏著录为赵氏，误甚。

② 吴建华将钱俶于端拱元年去世之后"越二年"下葬，释读为两年之后的淳化元年（990），误，应为端拱二年。见吴建华《吴越国王钱俶墓志考释》，第85页。对于吴建华的观点，曾昭明已予以批判，参见曾昭明《钱氏吴越国史年代学札记》，黎毓馨主编《吴越胜览国际学术研讨会论文集》，中国书店，2011，第377页。

③ （北宋）李至：《□□□□国崇文耀武宣德守道中正功臣武胜军节度使开府仪同三司守太师尚书令兼中书令使持节邓州诸军事邓州刺史上柱国邓王食邑□万七千户食实封□万六千九百户赐剑履上殿书诏不名追封秦国王谥曰忠懿神道碑铭并序》，《金石萃编补正》卷二，收入《宋代石刻文献全编》第3册，第569~571页。

时间及立石人题名之类。残高 197 厘米，残阔 89 厘米（两石合计），厚 13 厘米。碑文正书，见存共 31 行，行 60 字。缺碑衔及居中两行"①。此碑全文已载于《延祐四明志》，但延祐（1314～1320）距吴越国已有 300 多年，其文当即得自碑铭本身，而非来自传世文献，崔仁冀亦无文集传世，故列入出土文献。② 碑铭所记主人钱亿（930～967）为一世钱镠之孙，二世钱元瓘第十子。碑载其乾德五年（967）二月丁卯日"薨于府城之正寝"，即明州奉国军节度使任上，同年四月庚申日"葬于本军奉化县禽孝乡白石里之原"。③

三世《钱义光墓志》。撰者黄楷。此志近年出土于苏州，收藏于绍兴会稽金石博物馆，照片和录文见钱汝平《新见吴越国宗室钱义光墓志考释》。该志"总 31 行，满行 31 字，共 862 字"。④ 志主钱义光（917～955）为一世钱镠从弟钱铢之孙，二世钱璋之子。志载其显德二年（955）卒于"苏州吴县利娃乡安仁里之私第"，同年同月二十四日"葬于苏州吴县祥鹤乡安平里之原"。⑤

四世《钱云修墓志》。撰者不详。此志 1949 年后出土于江苏常熟虞山北麓兴福，1992 年 3 月 25 日由虞山镇人孟引祥捐赠，现藏常熟博物馆，拓片和录文见《新中国出土墓志·江苏一·常熟》等。该志"石质，长 48、宽 48、厚 7 厘米。铭文 16 行，行 4 至 19 字不等。正、行相间，有界栏。四侧为蔓草纹。志左上角略有残缺"⑥。志主钱云修（915～960）为三世钱仁昭长子，钱仁昭疑为二世钱元玜、钱传瑛、钱传珍等钱镠年长儿子之子。志载其建隆元年（960）十月二十一日卒于"府城平原乡北骨里之

---

① 章国庆编《宁波历代碑碣墓志汇编》，上海古籍出版社，2012，第 66 页。
② （元）袁桷：《延祐四明志》卷一九，《宋元方志丛刊》第 6 册，中华书局，1990，第 6419～6421 页。
③ （北宋）崔仁冀：《奉国军节度使彭城钱公碑铭》，章国庆编《宁波历代碑碣墓志汇编》，第 65 页。
④ 钱汝平：《新见吴越国宗室钱义光墓志考释》，第 84 页。
⑤ （五代）黄楷：《吴越国故上军讨击使充中吴军随使当直厢虞候银青光禄大夫检校国子祭酒兼御史中丞上柱国彭城钱府君墓志铭并序》，钱汝平《新见吴越国宗室钱义光墓志考释》，第 84～85 页。
⑥ 不著撰人：《吴越国苏州中吴军彭城故府君钱云修墓铭并序》，《新中国出土墓志·江苏一·常熟》，文物出版社，2006，拓片见上册第 33 页，录文见下册第 17 页。此外，李前桥亦有录文，但并未考证。参见李前桥《江苏常熟出土的六方吴越国墓志》，黎毓馨主编《吴越胜览国际学术研讨会论文集》，中国书店，2011，第 340 页。

私第",同年十一月丁酉朔日葬于"常熟县隐仙乡石城里朱舍村兴福寺岭北侧,于大墓南之原",所谓大墓,或为家族长辈之墓。

五世《钱暧墓志》。撰者从祖弟忠逊王支五世钱彦远,书者侄六世钱景裎。此志出土于洛阳,今藏洛阳某收藏家。何新所对该志进行了录文和初步的释词。①李湛栋根据河北大学宋史研究中心所藏拓片进行了世系等方面的初步考证,并提供了相关数据:"墓志为方形,长53厘米,宽53厘米。志文为正书(楷体),共33行,满行32字,共966字。"②志主钱暧(992~1047)属忠懿王支,为四世钱惟演长子。志载其庆历七年(1047)七月十八日卒,庆历八年(1048)某月日葬于"僖公域中庚地",即钱惟演墓庚向之地。

六世《寿安县君钱氏墓志》。撰者曾巩。此志见载于《曾巩集》。又于1978年出土于江西省星子县,入藏星子县文物管理站。志石题《宋故寿安县君钱氏墓志铭并序》,该志"高75、宽75厘米。楷书。24行,满行26字"。志文内容微有差异,陈柏泉已予校勘。③志主寿安县君钱氏(1004~1076)属钱偡支,为钱元璙之子钱偡的曾孙女,嫁刘涣。志载其熙宁九年(1076)四月庚子日卒,同年十一月庚申日葬于"南康军西城之北原",盖刘涣晚年与妻隐居于庐山脚下。④

六世《严钱氏墓志》。撰者李中,书者阮之武。此志出土于江西丰城,今藏丰城市博物馆,质地信息不详。志主严钱氏(1034~1072)属忠逊王支,为四世钱昆之子五世钱孟回之女。嫁严矩。志载其熙宁五年(1072)十二月二十七日卒,熙宁六年十月癸酉日,"葬于登龙乡之龚塘里"。⑤

六世《钱景诜墓志》。撰并书者其兄六世钱景谌。此志1996年秋出土于洛阳孟津县送庄乡营庄村,后藏洛阳市第二文物工作队,后工作队并入

---

① 何新所:《新出吴越钱氏墓志:钱惟演子钱暧墓志浅释》,新浪博客"大宋金石录",http://blog.sina.com.cn/s/blog_de5296c70102weg7.html,2016年10月31日,最后访问时间:2018年7月20日。
② 李湛栋:《北宋钱暧墓志及相关考释》,《安阳师范学院学报》2018年第4期,第54~59页。
③ (北宋)曾巩:《宋故寿安县君钱氏墓志铭并序》,陈柏泉编《江西出土墓志选编》,江西教育出版社,1991,第34~37页。
④ (北宋)曾巩:《宋故寿安县君钱氏墓志铭并序》,第35页。
⑤ (北宋)李中:《宋彭城钱氏夫人墓志铭》,《江西出土墓志选编》,第24~26页;《宋代传状碑志集成》第8册,第3897~3898页。

洛阳市文物考古研究院。该志"青石质,方形,高宽均40.5厘米,厚6.7厘米。志文楷书,22行,满行21字,计440字"①。《洛阳新获墓志续编》二八六有拓片、录文。志主钱景诜(1035~1071)属忠懿王支,为四世钱惟演长子五世钱暧之子。志载其熙宁四年(1071)三月二十二日卒,元丰六年(1083)九月二十八日葬于北邙山钱惟演墓侧。②

七世《钱文楚墓志》。撰并书者其父六世钱评卿。此志1996年与《钱景诜墓志》同时出土。该志"青石质,长方碑状,高47.5厘米,宽37厘米,厚9厘米。志文楷书,16行,满行16字,计225字。额题楷书2行6字'宋钱贡士墓志',志首行同额题"③。《洛阳新获墓志续编》二九五有拓片、录文。志主钱文楚(?~1123?)属忠懿王支,为四世钱惟济之曾孙。志载其宣和五年(1123)三月十三日葬于河南府洛阳县贤相乡陶牙村,钱惟济(志称"先太尉")墓侧。李献奇的考证误"先太尉"钱惟济为钱惟演,而据传世六世《钱禹卿墓志》,钱惟济本即死后获赠太尉。④

七世《钱愔墓志》。撰者陈恬。此志民国前后出土于洛阳,张钫(1886~1966)旧藏,拓片收入《千唐志斋藏志》《北京图书馆藏中国历代石刻拓本汇编》。据《千唐志斋藏志》著录信息,志石高、宽皆59厘米,31行,满行31字,正书。志主钱愔(1072~1103)为四世钱惟演曾孙,五世钱暄之孙,六世钱景升之子。志载钱愔妻向氏先一年卒,钱愔本人崇宁二年(1103)正月九日卒,政和元年(1111)四月四日,钱愔母仁寿县君薛氏将二人葬于"西京洛阳县北邙山",与其父钱景升墓在一处。⑤ 不过尚未发现钱景升墓志出土。

七世《钱昷墓志》。撰书者不详,或为其父六世钱景祥。此志民国前

---

① 李献奇:《北宋钱景诜、钱文楚墓志摭谈》,第91页。此文未能对钱景诜、钱文楚墓志进行全部录文,仅在讨论时予以节引,颇不便于读者了解全面情况。
② (北宋)钱景谌:《宋故左侍禁钱君墓志铭并序》,洛阳市第二文物工作队编《洛阳新获墓志续编》二八六,科学出版社,2008,拓片见第287页,录文见第535~536页。
③ 李献奇:《北宋钱景诜、钱文楚墓志摭谈》,第92页。
④ (北宋)钱评卿:《宋钱贡士墓志》,《洛阳新获墓志续编》二九五,拓片见296页,录文见第542页。李献奇:《北宋钱景诜、钱文楚墓志摭谈》,第91~94页。李献奇又谓自钱俶至钱惟演及其子孙共四代人,都葬于营庄村,且"目前仅发现钱惟演一支,其余七子及子孙亦当葬于此地",可谓误打误撞。
⑤ (北宋)陈恬:《宋故承务郎钱君墓志铭并序》,拓片见河南省文物研究所、河南省洛阳地区文管处《千唐志斋藏志》,文物出版社,1983,第1314页;《北京图书馆藏中国历代石刻拓本汇编》第42册,第5页。

后出土于洛阳，志盖未见，志石拓片原藏北平图书馆，收入《北京图书馆藏中国历代石刻拓本汇编》。据著录信息，该志拓片长、宽均35厘米，正书。志主钱昷（1076~1099）属忠懿王支，为四世钱惟演子五世钱晦之孙，六世钱景祥长子。志载其于元符二年（1099）九月六日卒于华阴县尉任上，政和二年（1112）十二月十九日葬于"司空宅兆之东域"，亦即钱晦墓东。① 然钱晦墓志未见出土。

七世《钱旦墓志》。撰书者不详，或为其父六世钱景祥。此志民国前后出土于洛阳，志盖未见，志石拓片原藏北平图书馆，收入《北京图书馆藏中国历代石刻拓本汇编》。据著录信息，该志拓片长33厘米，宽34厘米，行书。志主钱旦（1082~1101）属忠懿王支，为四世钱惟演子五世钱晦之孙，六世钱景祥之子。志载其建中靖国元年（1101）十二月八日以疾卒于河南府私第，政和二年（1112）十二月十九日葬于"华阴君茔之东"，华阴君即其兄华阴县尉钱昷。②

十世《曾钱氏墓志》。撰并书者钱时。此志出土信息未详，志石入藏绍兴会稽金石博物馆，拓片收入《宋代墓志》。据著录信息："石高110厘米，宽56厘米。志文正书，共13行，满行35字。"志主曾钱氏（1191~1239）属忠懿王支，志载其为"忠懿王七世孙……曾祖讳积，朝散大夫、通判无为军。祖讳介之，文林郎、保宁军节度推官。父讳植，母石氏"。但据下文九世钱植之妻《钱石氏墓志》，钱植为曾钱氏之父，则曾钱氏实为吴越钱氏十世，忠懿王八世孙。又载其嘉熙三年（1239）十二月十八日卒，第二年三月甲申日"葬茶山"，祔于其夫曾烝之兆。③

二　非钱姓墓志

吴越钱氏家族的非钱姓墓志大致包括两类：一类是与钱氏有姻亲关系者的墓志，或为钱氏男子的妻子，或为钱氏女子的丈夫；另一类是钱氏成员撰写的墓志，因墓志撰写多取决于与志主人的关系，故而从这些墓志中亦能看出这些撰者的相关信息。以下，即按这两大类进行梳理，依旧以世次为序。

---

① 不著撰人：《钱昷墓志》，《北京图书馆藏中国历代石刻拓本汇编》第42册，第23页。
② 不著撰人：《钱旦墓志》，《北京图书馆藏中国历代石刻拓本汇编》第42册，第22页。
③ （宋）钱时：《有宋曾从事夫人钱氏墓志铭》，会稽金石博物馆编《宋代墓志》，西泠印社出版社，2018，第117页。

（一）钱氏姻亲墓志

○世钱宽（835~895）之妻《水丘氏墓志》。撰者不详。此志1978~1980年出土于杭州临安县天公社工农大队。该志志身"置于前室东耳室内。石灰岩质，呈正方形。边长77厘米，厚13厘米。志文正楷阴刻，总计竖行约37行，满行约35字，因水浸漫蚀风化严重，铭文大多模糊不清，出土时在墓志的左上方仅存一百多字尚可辨认"。该志志盖"盝顶式，下面呈正方形，边长76厘米，四侧斜收，顶面边长56厘米，厚11.5厘米。盖面因风化严重，已无字迹可考"。[①] 据《吴越备史》，○世钱宽妻水丘氏（？~901）于天复元年（901）九月壬子日（四日）卒，葬日未载。[②] 而该志残存文字有"子镠，今镇海镇东两军""九月四日薨于浙西府"等，可知即水丘氏墓志。志载其葬于"尉茔之旁，礼也"，可知葬于太尉钱宽墓侧。[③]

二世钱元瓘（887~941）之妻《恭穆王后马氏墓志》。撰者不详。此志出土于杭州市玲珑街道祥里村上界头自然村，因该墓受盗掘，故而为采集物。据《五代吴越国康陵》，该志"灰岩石制，方形，面平，边框隐约可见刻有纹饰。边长60、厚10厘米。志石正面四边边缘双线阴刻绞索状纹样。志文为正楷阴刻，共10行85字"。此外，根据发掘者意见，该志"原嵌于前室左耳室壁面上，已被先期取出。从现有出土的钱氏家族墓状况来看，墓志一般都置于该耳室。此'墓志'所记志文与后代之买地券相似，暂以'墓志'名之"。据志文，确实更似买地券，但姑且仍旧视作墓志。录文收入《全唐文补遗》第8辑、《五代吴越国康陵》等。[④] 据志文，志主马氏（890~939）为吴越国王二世钱元瓘王后，即《吴越备史》所载吴越国开国功臣马绰之女。[⑤] 志载其天福四年（939）十二月二十五日葬于

[①] 浙江省文物考古研究所、浙江省博物馆、杭州市文物考古研究所：《晚唐钱宽夫妇墓》，第90~92页。

[②] 《吴越备史》卷一《武肃王》，第6193页。

[③] 撰人不详：《水丘氏墓志》，《晚唐钱宽夫妇墓》，第91页。

[④] 不著撰人：《吴越国恭穆王后马氏墓志》，吴钢主编《全唐文补遗》第8辑，三秦出版社，2005，第421页；杭州市文物考古研究所、临安市文物馆编《五代吴越国康陵》，文物出版社，2014，第91~93页。

[⑤] 《吴越备史》卷一《马绰传》，第6212页；《吴越备史》卷二《马氏传》，第6228~6229页。

"钱唐府安国县庆仙乡长寿里封盂山康陵"。《吴越备史》则载其葬于"衣锦军庆仙乡"。①

二世钱传瓘（？～937）之岳父《王审知墓志》、岳母《任内明墓志》。二志撰者皆翁承赞（859～932），前者王倓书并篆盖，后者翁承赞书并篆盖。二志出土于福州，前志盖长132厘米，宽106厘米，厚15厘米，篆书；志石长149厘米，宽121厘米，厚17厘米，楷书，54行，计3265字。后志碑形，高200厘米，宽125厘米。录文最初披露于官桂铨、官大梁《闽王王审知夫妇墓志》一文中②，后收入《全唐文补遗》《旧五代史新辑会证》《五代墓志汇考》等。据志文，志主王审知（862～925）、任内明（865～918）所生次女"适吴兴钱传瓘"，即一世钱镠之子二世钱传瓘。前志载王审知同光三年（925）十二月十二日"薨于威武军之使宅"，同光四年（926）三月四日"卜茔于闽县灵岫乡怀贤里仙宗山凤池之原，魏国顺正尚贤夫人茔域之东"，即王审知从其夫人葬所。后志载任内明贞明四年（918）五月二十一日"薨于福府之正寝"，初葬即怀贤里。两志皆载二人于长兴三年（932）九月十九日因"山岗不利"而"迁奉归宁棋里"。③

三世钱弘倧之妻《济阳郡夫人江氏墓表》。撰者胡寅（1098～1156）。此志见载于胡寅《斐然集》。志主江氏（？～959）为吴越国开国功臣江元曾孙女，祖父江传，父江庭滔，嫁吴越国忠逊王钱弘倧。志载其靖康元年（1126）往前167年殁，时当后周显德六年（959），月日不详。初葬"开封府开封县汴阳乡中边村之原"，由李宗愕撰写墓志，时已不存。靖康元年由其五世孙钱伯言举棺南下，"藁葬润州金台县村"，又于绍兴七年秋八月十二日，与钱弘倧以下其余族人葬于"故王墓卓笔之后天柱山"，即钱弘倧墓旁。④

四世慎钱氏之子《慎皓墓志》。撰者杨杰。此志见载于杨杰《无为

---

① 《吴越备史》卷二《文穆王》，第6229页。
② 官桂铨、官大梁：《闽王王审知夫妇墓志》，《文史》第28辑；出土情况参见福建省博物馆、福州市文物管理委员会《唐末五代闽王王审知夫妇墓清理简报》，《文物》1991年第5期。
③ （唐）翁承赞：《梁忠勤守志兴国功臣威武军节度使太师守中书令食邑一万三千户食实封九百户闽王琅琊王公夫人魏国尚贤夫人乐安任氏墓志铭并序》，周阿根编《五代墓志汇考》，黄山书社，2012，第143～146页。
④ （宋）胡寅：《吴越国济阳郡夫人江氏墓表》，《斐然集》卷二六，中华书局，1993，第568～570页。

集》。志主慎皓（997~1059）父慎钧娶三世忠懿王钱俶之女，慎皓为其长子。志载慎皓嘉祐四年（1059）四月戊子日"终于山阳"，嘉祐七年（1062）八月"归葬于开封府开封县苏村之先茔"。①

五世钱明逸之岳父《杨日休墓志》。撰者刘在中，书者杨昶。此志出土于洛阳，拓片、录文见《宋代墓志辑释》，"志文 22 行，满行 21 字，正书。志长 68 厘米、宽 71 厘米"。志主杨日休（982~1033）为五世钱明逸之岳父，志载钱明逸之妻"后公一年而逝"，即去世于景祐元年（1034）。杨日休则于明道二年（1033）正月五日"终于官舍"，庆历四年（1044）十一月十五日"葬于伊阙县归善乡府下村之茔"。②

五世钱晦之妻《延安郡主李氏墓志铭》。撰者蔡襄。此志见载于《蔡襄集》。据志文，志主李氏（1010~1052）为驸马都尉李遵勖（988~1038）之女，嫁四世钱惟演次子五世钱晦。志载其于皇祐四年（1052）正月四日卒于家，同年四月十日"葬河南府洛阳县邙山之原，从先姑之兆"③，即葬于钱氏家族墓地，"先姑"当为钱晦之母。

五世钱暄（1018~1085）之妻《安康郡太夫人胡氏墓志铭》。撰者范祖禹。此志见载于范祖禹《范太史集》。据志文，志主胡氏（1015~1090）为右班殿直胡贲之女，宋代著名清官胡则（963~1039）之侄女，嫁钱惟演第三子钱暄。志载其于元祐五年（1090）十二月丁巳日卒，元祐六年二月辛卯日，葬于此前元丰八年（1085）去世的钱暄墓地，在"开封府祥符县魏陵乡"。④

六世钱访（？~1039）之妻《吴氏墓志》。撰者陈襄（1017~1080）。此志见载于陈襄《古灵集》。据志文，志主吴氏（1003~1070）为大理寺丞、六世钱访之妻，即五世钱绛之儿媳。此外，吴氏本人的母亲为四世钱昱之女，亦即五世钱绛之姊妹，可知吴氏与其夫为表亲。志载其熙宁三年（1070）十月三十日"以疾终"，熙宁五年（1072）五月庚申日，"合大理君之丧，葬润州丹徒县崇德乡鸿鹄山之原"。其夫钱访在宝元二年（1039）

---

① （宋）杨杰：《故通议大夫慎公墓志铭》，《无为集》卷一二，收入《宋代传状碑志集成》第 8 册，第 3898~3899 页。
② （宋）刘在中：《杨日休墓志》，《宋代墓志辑释》〇六二，第 148~149 页。
③ （宋）蔡襄：《延安郡主李氏墓志铭》，《蔡襄集》卷三九，上海古籍出版社，1996，第 708~710 页。
④ （宋）范祖禹：《安康郡太夫人胡氏墓志铭》，《范太史集》卷四二，《文渊阁四库全书》本。

她三十七岁时去世。①

六世刘钱氏之夫《刘涣墓志》。撰者李常，路京书，黄廉篆盖。此志1978年出土于江西省星子县，入藏星子县文物管理站。该志"高73、宽93厘米。楷书。24行，满行22字"。志主为六世寿安县君钱氏之夫刘涣（1000~1080），参见前文。志载其元丰三年（1080）九月辛未日卒，后七十五日（乙酉日）"葬于庐山清泉乡何村里"。②

六世钱景历之岳母《崇国太夫人符氏墓志铭》。撰者陈襄。此志见载于陈襄《古灵集》。据志文，志主崇国太夫人符氏（1022~1078）为六世钱景历之岳母。志载其元丰元年六月二十二日"以疾卒于京师昭化坊之第"，同年九月二日"以一品礼祔葬于开封府祥符县开封乡马店村给事之茔"。③

七世钱恢之岳父《刘奕墓志》。撰者刘巨，书并题盖者安师文。此志出土于陕西，拓片和录文收入《宋代墓志辑释》。该志"志文27行，满行27字，正书。志石长76.5厘米、宽76厘米"。志主为四世钱惟演之子五世钱暄长孙七世钱恢之岳父刘奕（1040~1093），钱恢娶刘奕长女刘慧，盖源于刘奕父刘绛再娶钱惟演之女为继室，刘绛墓志出土信息见下文，未见录文。志载刘奕元祐八年（1093）四月二十日"以疾终于家"，同年七月丁酉日"卜葬于珍藏乡货泉里先茔之次"，当即刘绛墓次。④

七世钱恢之岳母《张夫人墓志》。撰并书者王康朝，篆盖者六世钱景略。此志出土于陕西，拓片和录文收入《宋代墓志辑释》。该志"志文28行，满行29字，正书。志石长61.9厘米、宽61.5厘米"。志主为七世钱恢之岳母张夫人（1039~1104），即刘奕之妻。此外，志载刘奕有长孙女嫁钱忱，为钱恢堂弟，亦五世钱暄之孙，盖年龄幼小，而与刘奕孙女相彷，故错辈联姻。志载张夫人崇宁三年（1104）九月二十二日"以疾终于家"，同年十二月初三日"合葬于京兆府鄠县珍藏乡货泉里先君之兆"。⑤

七世钱愐（1072~1103）之妻《向氏墓志》。撰并书者马永稽，题盖吕希莘。此志民国前后出土于洛阳，张钫旧藏，拓片收入《千唐志斋藏

---

① （宋）陈襄：《夫人吴氏墓志铭》，《古灵集》卷二〇，《文渊阁四库全书》本。
② （宋）李常：《尚书屯田员外郎致仕刘府君墓志铭并序》，《江西出土墓志选编》，第31~34页。
③ （宋）陈襄：《崇国太夫人符氏墓志铭》，《古灵集》卷二〇，《文渊阁四库全书》本。
④ （宋）刘巨：《宋故彭城刘君墓志铭并序》，《宋代墓志辑释》一四九，第338~339页。
⑤ （宋）王康朝：《宋故张夫人墓志铭并序》，《宋代墓志辑释》一八三，第416~417页。

志》《北京图书馆藏中国历代石刻拓本汇编》。据《千唐志斋藏志》，此志高 61 厘米，宽 45 厘米，22 行，满行 27 字，正书。志主向氏（1071～1101）为钱惟演曾孙媳，钱愔之妻。志载其建中靖国元年（1101）八月卒于汝州梁县尉官舍，政和元年四月丙申日，随钱愔一起葬于"西京洛阳县北邙山朝散公之墓次"。朝散公即钱愔之父钱景升，曾任朝散郎。①

九世钱植之妻《钱石氏墓志》。撰并书者曾黯。此志出土地不详，拓片藏国家图书馆，录文收入《宋代传状碑志集成》第 14 册。志主钱石氏（1161～1243）为九世钱植（1154～1206）之妻。据墓志载，钱植为十世南宋丞相钱象祖之从父行，故当属忠懿王支。志载钱石氏淳祐三年（1243）三月甲申卒，淳祐七年（1247）正月癸酉日祔葬于其夫之兆，在"礼义乡上严村"，属明州鄞县。②

（二）钱氏撰文（书丹）墓志（包括部分钱氏姻亲墓志）

四世钱易（968～1026）撰文《张咏墓志》。此志见于张咏（946～1015）《乖崖集》。志主张咏为四世钱易咸平二年（999）中进士之时的座主，钱易因张咏之弟张诜之请而撰此墓志。志载张咏大中祥符八年（1015）八月一日"弃馆舍于理所"，天禧四年（1020）八月二十九日"权葬于陈州宛丘县孝悌乡谢村里"。③

六世钱景谌撰文五世钱氏之夫《刘绛墓志》。此志 2011 年收缴于陕西省户县大王镇黄家庄前进砖厂。据报道，该志"青石质地，墓志盖呈覆斗型，上底边长 61.5 厘米，下底边长 84.5 厘米，厚 13.5 厘米，素面四杀。盖面阴刻篆书'宋故寺丞刘君墓志铭'九个大字。墓志为方形，边长 84.5 厘米，厚 13.5 厘米。志面阴刻楷书 33 行，满行 33 字，上款书'宋故朝请郎守大理寺丞致仕刘君墓志铭并序'"。志文载志主刘绛（1019～1075）娶四世钱惟演一女，是为撰者钱景谌之姑母。志载其熙宁八年（1075）卒，后"葬于户县珍藏乡货泉里殿中兆之次"。④

---

① （宋）马永卿：《宋故向氏夫人墓志铭并序》，拓片见《千唐志斋藏志》，第 1315 页。
② （宋）曾黯：《宋故夫人石氏墓铭》，《宋代传状碑志集成》第 14 册，第 7369～7370 页。
③ （宋）钱易：《宋故枢密直学士礼部尚书赠左仆射张公墓志铭》，张咏《乖崖集》附录，第 150 页。
④ （北宋）钱景谌：《宋故朝请郎守大理寺丞致仕刘君墓志铭并序》，原文未见，节引之文参见王亚周《陕西省户县发现宋代钱惟演女婿墓志》，中华人民共和国国家文物局网站，2011 年 8 月 24 日，最后访问时间：2012 年 10 月 31 日。

六世钱景裕书丹七世仁寿郡太君钱氏之夫《沈邈墓志》。撰者陆经。此志 2003 年冬出土于洛阳市孟津县，旋归洛阳古玩城李氏，拓片收入《河洛墓刻拾零》《宋代墓志辑释》等，录文参见《宋代墓志辑释》。该志志石长 82 厘米，宽 82.5 厘米，志文 32 行，满行 39 字。志盖长、宽均 48 厘米，3 行，行 4 字，隶书"宋故天章阁待制沈公墓志铭"。① 据志文，"公讳邈，字子山，姓沈氏。……唐季，岳为兵部员外郎，从昭宗至洛阳。有大节，不肯随众人入汴。后为吏捕，送李璟，璟用为中大夫。因使两浙，钱镠见而奇之，妻以子。生瞻，为钱氏步兵都尉，公之高祖也。生言，为钱氏行军参谋，公之曾祖也。生师古，仕钱氏，归朝为大理寺丞，赠兵部尚书，公之祖也。生文（下字与御名同），亦仕钱氏，归朝为尚书虞部员外郎，赠吏部尚书，公之烈考也。曾祖妣钱氏、祖妣钱氏。妣钱氏，封仙源县太君。公即尚书第四子也。……公娶钱氏，封仁寿郡太君"。知一世钱镠有女嫁沈岳，且此后沈氏与钱氏世为婚姻。惜仅知沈岳妻钱镠女，其后诸钱氏不知谁女。但从世次来看，钱镠之女嫁沈岳，为二世，至沈邈（1002～1047）为七世，若严格按辈分娶妇，其所娶当亦钱氏七世女。志载沈邈于庆历七年（1047）五月一日"终州宅之寝"，熙宁四年（1071）十一月九日葬于"河南府洛阳县凤台乡陶牙里邙山之阳"。②

六世钱勰书丹包拯（999～1062）之妻《永康郡夫人董氏墓志》。撰者张田（约 1016～1069）③。此志 1973 年 4 月出土于合肥大兴集双圩大队黄泥坎生产队东北部包氏家族墓群，1979 年被鉴定为三级文物，1994 年 5 月国家文物委员会专家鉴定组鉴定为一级文物，现藏安徽省博物馆，藏品号 22673。该志石质，一合。志盖与志石皆长 113 厘米，宽 85 厘米，厚 10 厘米。志盖盝顶，中部阴刻 4 行篆字"宋故永康郡夫人董氏墓志铭"。志文 24 行，满行 35 字，共计 840 余字。录文收入《包拯集校注》附录。志主董氏（1001～1068）为包拯之妻。志载其于熙宁元年（1068）四月十一日

---

① 赵君平、赵文成编《河洛墓刻拾零》四九三，书目文献出版社，2007，第 675 页。
② （宋）陆经：《宋故朝散大夫尚书刑部郎中充天章阁待制知延州军州事兼管内劝农使充鄜延路马步军都总管经略安抚使上轻车都尉吴兴县开国男食邑三百户赐紫金鱼袋赠工部侍郎沈公墓志铭》，《河洛墓刻拾零》四九三，第 675 页；《宋代墓志辑释》一〇四，第 238～239 页。
③ 据《宋史》卷三三三《张田传》，张田于"熙宁初"暴卒于知广州任上，而根据其在熙宁元年尚且撰写墓志，姑定其暴卒时间在熙宁二年（1069）前后。

"以疾终",同年十一月二十八日"祔于尚书之茔"。① 而包拯之墓,据吴奎《包拯墓志》载,嘉祐七年(1062)八月癸酉日葬于"合肥县公城乡公城里"。②

六世钱勰撰文包拯长子包繶(1033~1053)之妻《永嘉郡君崔氏墓志》,文及甫书丹,文勋篆盖。此志1973年4月出土于合肥大兴集双圩大队黄泥坎生产队东北部包氏家族墓群,1994年6月经国家文物委员会鉴定为一级文物,现藏安徽省博物馆,馆藏号23673。该志石质,一合,志盖长125厘米,宽118厘米,厚16厘米,4行,篆书"宋节妇永嘉郡崔氏墓志铭";志石长124厘米,宽125厘米,厚14厘米,楷书,23行,满行30字,计650字左右。录文收入《包拯集校注》附录。据志文,志主崔氏(?~1094)是包拯长子包繶之妻。志载其绍圣元年(1094)七月戊申日卒,绍圣二年十月甲子日"合葬于庐州合肥县公城乡公城里先茔之次",即包拯家族墓地。③ 对于钱勰或书丹,或撰文的两方包氏家族墓志,不知钱氏与包氏是否有姻亲关系,或是钱勰和包拯后人是否有交往。④

六世钱勰撰文《赵士奇第八子墓志》,靳中硕书丹。此志出土于洛阳,具体地点不详,原石现藏私人手中,拓片和录文收入《宋代墓志辑释》。该志"志文9行,满行20字,正书。志石长72厘米、宽49厘米"。据志文,志主赵某(1093~1094)为赵宋宗室右监门卫大将军、惠州刺史赵士奇第八子,两岁即夭折,故而未及取名。志载其绍圣元年(1094)六月丁巳日卒,绍圣二年(1095)七月葬于"河南府永安县"。钱勰受邀撰文,或与吴越钱氏和赵宋宗室之间多有姻亲关系无关,而是与钱勰作为翰林学士知制诰的职责有关。⑤

---

① (宋)张田:《宋故永康郡夫人董氏墓志铭》,包拯撰,杨国宜校注《包拯集校注》附录,黄山书社,1999,第280~281页。
② (宋)吴奎:《宋故枢密副使朝散大夫给事中上轻车都尉东海郡开国侯食邑一千八百户食实封四百户赐紫金鱼袋赠礼部尚书谥孝肃包公墓志铭并序》,《包拯集校注》附录,第280页。
③ (宋)钱勰:《宋合肥包氏旌表门闾故永嘉郡君崔氏节妇墓志铭并序》,《包拯集校注》附录,第283页。
④ 包拯(999~1062)与钱勰(1034~1097)虽先后知开封府,但二人已非同一代人,钱勰当与包拯子侄辈同一代,故受邀介入包氏家族墓志撰写。此点承蒙河南大学副教授全相卿先生提示,谨此致谢!
⑤ (宋)钱勰:《宋宗室右监门卫大将军惠州刺史第八子墓记》,《宋代墓志辑释》一六一。钱勰在此志中的署衔为"翰林学士左朝议大夫知制诰兼侍读上柱国会稽郡开国侯食邑一千一百户赐紫金鱼袋",可知其由。此点承蒙河南大学副教授全相卿先生提示,谨此致谢!

六世钱藻（1022～1082）撰文《冯宪墓志》，刘仲方书丹，朱德新篆盖。此墓志出土于河南省孟津县送庄乡营庄村，1997年10月9日征集，现藏洛阳市第二文物工作队。拓片和录文收录于《洛阳新获墓志续编》。该志"青石质，方形，高宽均80、厚20厘米。盖盝形，顶刻篆书'赠兴州刺史冯君墓志'3行9字。四杀刻四神图像（上朱雀、下玄武、左白虎、右青龙）。志文楷书，24行，满行28字，计525字"。志主冯宪（986～1060）。志载志主于嘉祐五年（1060）十一月二十五日卒，嘉祐六年（1061）正月六日葬于"河南府洛阳县贤相乡北邙山淘牙村，先茔之次"。[①]

结　语

根据上文梳理，可以得到有明确世次可寻的吴越国、两宋时期吴越钱氏家族相关墓志共计53篇（方），其中属于钱氏家族成员的传世墓志14篇、出土墓志17篇，并非钱姓的钱氏姻亲墓志15篇（方）、钱氏撰文（书丹）墓志7篇（方）。其中，除了出土的〇世钱宽夫妇两方墓志为残志外，其余墓志皆有全文。当然，结合文献记载，还是可以得到钱宽夫妇墓志中的部分卒葬信息。因此，对所有这53篇（方）墓志的内容予以了解之后，方可对所体现的内容予以分析。

附　吴越钱氏成员及其配偶墓志一览

世系	姓名生卒	卒	葬	地	流传	作者
〇	钱宽（835～895）	乾宁二年夏	光化三年十一月己酉	安国县锦北乡清风里（当代：杭州临安县天公社工农大队）	兼有	罗隐
〇	钱水丘氏（？～901）	天复元年九月壬子日	未载	尉（钱宽）茔之旁	出土	不详
二	释令因（901～924）	宝大元年八月十三日	宝大二年十二月九日	锦里功臣山南面峰峦（清代：临安县功臣山下净度寺桑园中）	出土	徐□

---

① （宋）钱藻：《宋故赠宫苑使兴州刺史冯君墓志铭并序》，《洛阳新获墓志续编》二八三，拓片见284页，录文见第533～534页。

续表

世系	姓名生卒	卒	葬	地	流传	作者
二	钱匡道（915~936）	天祐二年十二月廿八日	天祐三年二月十二日	江都府江都县同轨里（当代：扬州市城北乡三星村夏庄某基建工地）	出土	元震
二	钱马氏（890~939）		天福四年十二月二十五日	钱唐府安国县庆仙乡长寿里封孟山康陵（当代：杭州市玲珑街道祥里村上界头自然村）	出土	不详
二	钱元瓘（887~941）	天福六年八月二十四日	天福七年二月十九日	国城龙山之南原	传世	和凝
三	钱义光（917~955）	显德二年	显德二年某月二十四日	苏州吴县祥鹤乡安平里之原	出土	黄楷
三	钱江氏（？~959？）	显德六年？	显德六年？	开封府开封县汴阳乡中边村之原	传世	胡寅
			靖康元年后	润州金台县村		
			绍兴七年八月十二日	（越州）故王墓卓笔之后天柱山		
四	钱云修（915~960）	建隆元年十月二十一日	建隆元年十一月丁酉日	常熟县隐仙乡石城里朱舍村兴福寺岭北侧（当代：江苏常熟虞山北麓兴福）	出土	不详
三	钱亿（930~967）	乾德五年二月丁卯日	乾德五年四月庚申日	（明州）奉化县禽孝乡白石里之原	出土	崔仁冀
三	钱俶（929~988）	端拱元年八月二十四日	端拱二年正月十五日	河南府洛阳县贤相乡陶公里（当代：洛阳孟津县小梁村）	出土	慎知礼（志）李至（碑）
七	沈邈（1002~1047）	庆历七年五月一日	熙宁四年十一月九日	河南府洛阳县凤台乡陶牙里邙山之阳（当代：洛阳市孟津县）	出土	陆经
五	钱暧（992~1047）	庆历七年七月十八日	庆历八年某月日	钱惟演墓庚向之地	出土	钱彦远
五	钱彦远（1014~1050）	皇祐二年季冬后	皇祐三年正月己酉	开封汴阳乡	传世	苏颂
五	钱李氏（1010~1052）	皇祐四年正月四日	皇祐四年四月十日	河南府洛阳县邙山之原	传世	蔡襄
五	钱君（987~1057）	嘉祐二年三月	不详	和州历阳鸡笼乡永昌里	传世	王安石

续表

世系	姓名生卒	卒	葬	地	流传	作者
六	赵钱氏（1030~1057）	嘉祐二年九月庚子日	嘉祐五年十月乙酉日	（洛阳）永安之原	传世	欧阳修
六	钱吴氏（1003~1070）	熙宁三年十月三十日	熙宁五年五月庚申日	润州丹徒县崇德乡鸿鹄山之原	传世	陈襄
六	钱景诜（1035~1071）	熙宁四年三月二十二日	元丰六年九月二十八日	钱惟演墓侧（当代：洛阳孟津县送庄乡营庄村）	出土	钱景谌
六	严钱氏（1034~1072）	熙宁五年十二月二十七日	熙宁六年十月癸酉日	登龙乡之龚塘里（当代：江西丰城）	出土	李中
六	钱羔羊（？~1073）	熙宁六年十一月十一日	熙宁七年二月二十八日	（苏州）	传世	沈辽
五	刘绛（1019~1075）	熙宁八年		（西安）户县珍藏乡货泉里殿中兆之次	出土	不详
六	刘钱氏（1004~1076）	熙宁九年四月庚子日	熙宁九年十一月庚申日	南康军西城之北原（当代：江西省庐山市）	兼有	曾巩
六	刘涣（1000~1080）	元丰三年九月辛未日	后七十五日	庐山清泉乡何村里（当代：江西省庐山市）	出土	李常
六	张钱氏（1030~1081）	元丰四年二月初九日	元丰八年正月己酉日	（扬州）江都县东兴乡冯家原先茔之右域	传世	苏颂
六	钱藻（1022~1082）	元丰五年正月庚寅日	不详	（苏州吴县龙冈村）天平山	传世	曾巩
六	钱禹卿（1033~1082）	元丰五年三月丁酉日	元祐二年十二月庚寅日	应天府楚丘县固胡村之原	传世	晁补之
七	赵钱氏（1073~1089）	元祐四年六月戊申日	元祐九年二月己酉日	河南永安县	传世	范祖禹
五	钱胡氏（1015~1090）	元祐五年十二月丁巳日	元祐六年二月辛卯日	开封府祥符县魏陵乡	传世	范祖禹
六	钱勰（1034~1097）	绍圣四年十一月丙辰日	绍圣五年二月庚申日	开封府开封县汴阳乡中边村将相里祖太尉公之域	传世	李纲
			建炎元年某月迁葬	镇江府金坛县某乡之原		
六	钱爕（1045~1098）	绍圣五年五月八日	绍圣五年六月七日	开封府汴阳乡之原	传世	周紫芝
七	钱晶（1076~1099）	元符二年九月六日	政和二年十二月十九日	司空（钱晦）宅兆之东域	出土	不详

续表

世系	姓名生卒	卒	葬	地	流传	作者
七	钱向氏（1071~1101）	建中靖国元年八月	政和元年四月丙申日	西京洛阳县北邙山朝散公（钱景升）之墓次	出土	马永稽
七	钱旦（1082~1101）	建中靖国元年十二月八日	政和二年十二月十九日	华阴君（钱昷）茔之东	出土	不详
七	钱惰（1072~1103）	崇宁二年正月九日	政和元年四月四日	西京洛阳县北邙山	出土	陈恬
七	钱文楚（？~1123？）	未载	宣和五年三月十三日	河南府洛阳县贤相乡陶牙村先太尉（钱惟济）墓侧（当代：洛阳孟津县送庄乡营庄村）	出土	钱评卿
七	郑钱氏（1068~1126）	靖康元年六月二十一日	靖康元年九月二十七日	（苏州）吴县长洲乡龙馆山之原	传世	程俱
八	钱之望（1131~1199）	庆元五年七月十八日	庆元六年三月十八日	江阴县昭闻乡由里山	传世	叶适
十	钱抚（1168~1219）	嘉定十二年五月二十三日	嘉定十二年十一月十日	湖州武康县龙坞	传世	陈耆卿
十	曾钱氏（1191~1239）	嘉熙三年十二月十八日	嘉熙四年三月甲申日	（绍兴）山阴县茶山	出土	钱时
九	钱石氏（1161~1243）	淳祐三年三月甲申日	淳祐七年正月癸酉日	（明州剡县）礼义乡上严村	出土	曾黯
十二	钱应孙（1227~1291）	至元二十八年七月二十一日	至元二十九年正月三日	（台州）天台县花桃山	传世	林景熙

人物编

吴越国、两宋时期吴越钱氏家族世系综考[*]

前　言

　　吴越钱氏家族是吴越国、两宋时期的名门望族，自钱镠至宋末四百多年间，簪缨不绝，冠裳奕叶。学界关于吴越钱氏家族的研究，已不可胜数。[①] 然而，对于整个吴越国、两宋时期的吴越钱氏家族世系，目前尚无完整的整理。对于这个家族在吴越国、两宋时期的发展历程，也多从文学视角，而缺乏从史学视角入手。有鉴于此，笔者试图在已经整理完毕的《钱惟演集》[②] 的基础上，就吴越国、两宋时期的吴越钱氏家族进行一系列的研究，希望能够在史学视野下发掘更多学术信息。

　　关于前人对吴越国、两宋时期吴越钱氏家族世系的整理，或掺杂有后世家谱文献而真实性有待考证，如《丛书集成新编》影印嘉庆九年（1804）张海鹏（1755~1816）校订学津讨原本《吴越备史》卷首嘉靖十三年（1534）

---

[*] 本文曾参与"10至13世纪中国国家与社会"国际学术研讨会暨中国宋史研究会第十六届年会（杭州师范大学，2014年8月），先后收到王善军、萧建新、周扬波、黄宽重等先生的意见与建议；在随后的2014年杭州文史论坛暨南宋临安城研讨会（杭州文史研究会，2014年8月）上，又收到包伟民先生的意见与建议；皆铭感于心，谨此致谢！本文初刊包伟民主编《中国城市史论文集》，杭州出版社，2016，第486~528页。

[①] 参见胡耀飞整理《五代吴越国研究论著目录》（上），钱宗保主编《吴越钱氏》第9期，上海钱镠研究会，2012，第32~47页；同氏《五代吴越国研究论著目录》（下），钱宗保主编《吴越钱氏》第10期，上海钱镠研究会，2013，第28~35页。此目录分"专书""学位论文""刊物论文"三大类，其中"刊物论文"类另辟"吴越佛教"小类，收录范围兼及对两宋时期吴越钱氏家族的研究成果。

[②] 钱惟演撰，胡耀飞点校《钱惟演集》，浙江古籍出版社，2014。其中除了对钱惟演诗文和杂著（如《金坡遗事》）进行文献校勘外，还附录了拙编《钱惟演年谱新编》《吴越国、两宋时期吴越钱氏艺文考简编》，后者专门整理吴越钱氏家族成员的专书著作，兼及部分人物的世系认定情况，这些内容在本文中将予以综合呈现。

马荩臣所作"世系图"①、姚礼群的"附图"②、邹小芃等人的"吴越世系"和"钱镠后裔支派迁居图"③ 等;或因有所偏重而无法全面反映整体的世系情况,如劳格(1819~1864)对两浙钱氏钱元瓘子孙的整理④,柳立言对钱氏婚姻的关注⑤,池泽滋子"北宋吴越钱氏略系图"⑥,马天宝以钱惟演一支为主的族系表⑦。因此,本文试图以有确切根据的传世宋人文献为基础,对吴越国、两宋时期吴越钱氏成员进行全面梳理。至于梳理方法,按照世系先后逐一整理,以钱镠兄弟为第一世,依次而下;每一世中则按行第先后逐一整理,依次而下。文末附世系图数张,以备查阅。

第一世

钱镠(852~932),字具美。钱镠为钱宽(835~895)之子,钱宙之孙。⑧ 最近有墓葬报告出版,披露了钱宽墓志残文⑨,可参看。钱宽以上,

---

① (宋)范垌、林禹:《吴越备史》卷首,《学津讨原》本,《丛书集成新编》第115册,台北:新文丰出版公司,1986,第1页。
② 姚礼群:《宋代吴越钱氏家族的人才研究》,硕士学位论文,杭州大学,1996,第36页。姚图掺杂家谱文献最多,亦无考辨,不可为据,本文不予参考。
③ 邹小芃、邹身城、刘伟文:《两浙第一世家——吴越钱氏》,中国文史出版社,2006,第131页和书末插页。此书对于钱氏后裔的认定无具体考证,本文不取。
④ (清)劳格:《宋人世系考》卷下,收入氏著《读书杂识》卷一〇,《月河精舍丛钞》本,《续修四库全书》第1163册,上海古籍出版社,2002,第311~312页。其中第312页下栏左侧"玮"等数人为曹氏,非钱氏。此外,劳格所辑钱氏成员中,钱景瞻、钱昭祖二人,笔者虽得其原始出处,然未能证明与吴越钱氏具体关系,俟考。
⑤ 柳立言:《北宋吴越钱家婚宦论述》,《中央研究院历史语言研究所集刊》第65本第4分,1994,第903~955页;收入氏著《宋代的家庭和法律》,上海古籍出版社,2008,第109~152页。此外,对宋代吴越钱氏家族颇有研究的还有郑铭德《忠孝世家:宋代吴越钱氏研究》,硕士学位论文,台湾"清华大学",1999。惜郑文未见原文。需要说明的是,柳文亦参用后世家谱文献,对于一些后世"增加"的世系未作足够辨析,直接作为史料,本文不取。
⑥ 〔日〕池泽滋子:《吴越钱氏文人群体研究》,上海人民出版社,2006,第184页。
⑦ 马天宝:《北宋吴越钱氏后裔——钱惟演研究》,硕士学位论文,河北大学,2011,第7~8页。
⑧ 钱俨:《吴越备史》卷一《武肃王》,《五代史书汇编》第10册,李最欣点校,杭州出版社,2004,第6171页。
⑨ 浙江省文物考古研究所、浙江省博物馆、杭州市文物考古研究所:《晚唐钱宽夫妇墓》,文物出版社,2012,第32~33页。又据《吴越备史》卷一《武肃王》载:"罗氏后集《太师志铭》曰:'昔岁乙卯令辰己酉,十一月也。'"(第6192页)可知钱宽墓志似罗隐所撰。

虽有《吴越备史》的记载，但可靠程度尚难确认，本文不予讨论。①

此外，钱镠并非独子，《钱宽墓志》载钱宽"子三人：长曰镠……次曰镇……女子二人"，惜仅钱镠、钱镇可确认。据《吴越备史》载，钱镠为钱宽"长子"②，其下尚有数弟。对于这些弟弟，学津讨原本《吴越备史》卷首"世系图"列有钱镖、钱铎、钱铧三亲弟，钱锯、钱镒、钱镇、钱銶四从弟。综合《钱宽墓志》和《吴越备史》正文所载，下文按《吴越备史》正文中出现时间分诸弟、诸从弟予以列出。

钱镇。《吴越备史》卷一景福四年（895）四月条："命顾全武与王弟镇并武胜军都指挥使沈夏、陈章、高遇、许再思等率兵自海道以救嘉禾。"③

钱镖。《吴越备史》卷一天祐二年（905）四月条："王命弟镖帅师讨之。"④ 钱镖后逃亡杨吴政权，此支钱氏即在杨吴政权活动。元震《钱匡道墓志》载："公姓钱，讳匡道，字佐明。其先吴兴人也。宙，皇曾祖也。宽，唐太师，皇祖。先越王霸后，并前数代，皆有追赠。先越王讳镠，世父也。大吴匡时保定功臣宣义军节度使、滑郑颍等州观察处置等使、知饶州军州事、特进、检校太尉、兼侍中、同中书门下平章事、使持节滑州诸军事、滑州刺史、上柱国、吴兴郡开国侯、食邑三千户，谥曰肃、讳镖，皇考也。陇西郡君，皇妣也。金陵营田副使、司徒李公讳仲仟，皇外祖也。今越国大王，从父兄也。……公即肃公之长子也。……故池州团练使李公太保汶，即公孺人之父也。……有弟廿三人，除匡时长史已下及幼亡外，见五人：长曰匡德，右军随从步军第三指挥第五都都知兵马使；……次曰匡义、匡礼、匡晋、匡霸等。……姊妹廿九人，除近故长子先适故李公司徒之孙弘敏及幼亡外，诸妹见十人。次适故右静江统军、同平章事吕公之孙怀恪，皆在仕。次许嫁江夏黄氏，明州使君、太保之子也。次许嫁宣州观察

---

① 对钱镠先世进行过梳理的学者有钱听涛《关于钱镠先世、茔墓等的一些资料及其他》，《钱镠研究》第 3 辑，1993，第 50~53 页；鲍永军《钱镠先祖考辨》，《钱镠研究》第 9 辑，2001，第 44~51 页；何勇强《钱氏吴越国史论稿》，浙江大学出版社，2002，第 34~38 页；钱志熙《吴越王钱镠先世考略——并论先世对其霸业的影响关系》，《中国典籍与文化》2005 年第 3 期，第 4~10 页，收入氏编《乐清钱氏文献丛编》，线装书局，2010，第 341~358 页。
② 《吴越备史》卷一《武肃王》，第 6171 页。
③ 《吴越备史》卷一《武肃王》，第 6188 页。
④ 《吴越备史》卷一《武肃王》，第 6197 页。对钱镖的记载，又见天祐三年闰十二月（907）条，第 6200 页；开平三年（909）四月条，第 6201 页；等等。

判官、司空东海徐氏名景逊,故镇南军节度使宣公之子,今齐国殿下之侄也。次许嫁周氏,德胜军节度使、太尉令公、汝南王之孙也。余妹或居襁褓,或始髫年,皆兴难继之哀,实切感邻之痛。"① 除了墓志,据《十国春秋·钱镖传》,钱镖逃吴时,尚有两子留在吴越国,但不知其名,亦不知此二子日后去向,是否也到吴国,抑或一直留在吴越国,不得而知。加之《十国春秋》亦无史源记载,故对此二子不再考证。②

钱铧(893～945),字辅轩。《吴越备史》立传,谓其为"太师英显王之第五子,武肃王之少弟也。……既生而太师薨"。可知钱铧是钱宽末子。《十国春秋》本之立传。③ 从钱铧生而钱宽薨来看,其母似非水丘氏,故属庶子。因此,《钱宽墓志》中记载钱宽有三子,而《吴越备史》谓钱铧为第五子,大概三子之外有二子为庶出,故而墓志不计入在内。

以上是钱镠三位亲弟弟,若以钱镠行一,钱铧行五言之,则尚缺一位。此缺者若按卷首"世系图",当是钱铎,然无进一步证据,亦不知排行,俟考。此外,钱镠尚有从弟三位。

钱銶。《吴越备史》卷一文德元年(888)九月条:"王命从弟銶率兵讨徐约于苏州。"④ 钱銶后定居于苏州,黄楷所撰其孙《钱义光墓志》载:"府君讳义光,字普一,吴郡人也。祖讳銶,皇任衙内诸都都指挥使、前睦州刺史、赠特进、检校太尉,祖母渤海郡君凌氏;父讳璋,皇任天龙军镇国右五都指挥使兼皇城都巡检使、检校司徒,母冯翊郡方氏,即故前衢州刺史方太尉女也;伯父讳仁□,皇任天龙军镇国都指挥使兼东都安抚副使、检校太保。府君乃皇城司徒第三子也。兄弟五人,长兄义超,湖州随使押衙,婚兰溪镇使徐司徒之女,早亡;次兄义隆,上军讨击使充殿直都厢虞候兼御史中丞,早亡,婚天龙军镇国都指挥使张太傅之女;弟义忠,上军衙前虞候充殿直都队将兼监察御史,见知台州白峤场务,婚马军统军

---

① (五代)元震:《大吴故右军散□□□□□随从步军第三指挥副指挥使银青光禄大卿检校工部尚书右千牛卫中郎将兼御史大宪上柱国吴兴郡钱公墓志铭并序》,拓片和录文参见刘刚、薛炳宏《江苏扬州出土钱匡道墓志考释》,《东南文化》2014年第6期,第78～85页。
② (清)吴任臣:《十国春秋》卷八三《钱镖传》,中华书局,1983,第1192页。
③ 《吴越备史》卷三《钱铧传》,第6238页;《十国春秋》卷八三《钱铧传》,第1193页。其中《十国春秋》卒年为五十五,与《吴越备史》不同。考钱宽卒于乾宁二年(895),距《吴越备史》"终年五十三"所得生年更近,今从《吴越备史》。
④ 《吴越备史》卷一《武肃王》,第6179页。对钱銶的记载,又见景福元年(892)二月条,第6181页;光化三年(900)正月条,第6191页。

使甄太尉女；次弟义保，系拱御都队将，婚上街金吾使袁司徒之女。府君有姊妹四人：一人适客省礼宾使、检校司空蒋延勋，即中尉、前睦州刺史蒋太尉之子也，不幸早亡；一人适清河张师道司空，即钱城镇遏张太保子也；一人适彭城金仁皓司空，见充中吴军随使当直都虞候，即理胜都指挥使、昆山镇遏金司徒子也；一人适冯翊方承浩，即前衢州方太尉孙也。侄女一人，乃长兄之女，适吴郡朱思义，即中吴随使朱司空子也。……府君初婚天龙军镇国诸都指挥使盛太尉第二女，不幸早亡，续娶盛氏第三女。有男六人：长曰继荣，幼君训勖，方渐长成，学《礼》学《诗》，未仕未禄；次男五人，并女二人，各是年幼。"① 可知，就男性世系而言，钱铢有钱仁□、钱璋二子，钱璋有钱义超、钱义隆、钱义光、钱义忠、钱义保五子，钱义光有钱继荣等六子。

钱镒。《吴越备史》卷一天复三年（903）九月条："宣城田頵、安仁义俱叛于淮，而淮帅杨行密请师于我。王命方永珍率师至京口，又命从弟镒率兵次宛陵以应行密师。"②

钱锯。《吴越备史》卷一开平二年（908）九月条："淮人围我姑苏，王命从弟锯率兵讨之。"③

以上是钱镠三位从弟，当是钱宽之侄，然不知钱宽兄弟皆是谁人。

最后，钱镠有女弟一人，嫁曹圭之子、文穆王时期丞相曹仲达（882~943）。④

又有从女弟一人，嫁行军司马马绰（852~922）。⑤

第二世

关于钱镠诸子，《吴越备史》卷一列有贞明三年（917）后梁在钱镠请求下所封诸子情况，计有传璙、传瓘、传璲、元懿、传瑾、元玦、传珦、

---

① （五代）黄楷：《吴越国故上军讨击使充中吴军随使当直厢虞候银青光禄大夫检校国子祭酒兼御史中丞上柱国彭城钱府君墓志铭并序》，钱汝平《新见吴越国宗室钱义光墓志考释》，《台州学院学报》2018年第4期，第84~85页。
② 《吴越备史》卷一《武肃王》，第6196页。对钱镒的记载，又见天祐二年（905）正月条，第6196页；贞明七年（921）三月条，第6212页。
③ 《吴越备史》卷一《武肃王》，第6201页。
④ 《吴越备史》卷三《曹仲达传》，第6237页。
⑤ 《吴越备史》卷一《马绰传》，第6212页。

传珦、传琰、传璛等十人，然并非全部，且未按行第。① 而学津讨原本《吴越备史》卷首"世系图"亦列钱镠诸子如下：二子元玘、三子元瑛、四子传璲、五子元懿、六子元璙、七子文穆王元瓘、八子传璯、九子元球、十子传璟、十二子传珦、十三子传琰、十四子传璛、十五子传璟、廿三子元琳、廿八子元瓆，计十五人，且行第有阙。② 何勇强曾以民国钱文选所编辑《钱氏家乘》为基础，参考其他文献，整理出钱镠三十个儿子的列表，除了几位重要政治人物，多无详细考证。③ 以下主要根据马荩臣整理的"世系图"，参考《吴越备史》的记载和《十国春秋》、何勇强所引《钱氏家乘》等文献，依次整理钱镠诸子中可明确其存在的人物，无法明确的阙如。

钱元玘（？~933）。母庆安夫人胡氏。《吴越备史》有传，谓其为钱元瓘"庶兄"，享年未知，无子。"世系图"列为第二子。《十国春秋》本之立传。何勇强据《钱氏家乘》谓其卒于910年，与元珪皆去世较早，故一些文献将钱传瑛当作长子。④ 然据《吴越备史》，其去世在钱元瓘即位后，或因其庶兄身份而在排行之外。

钱传瑛（878~913）。母庄穆夫人吴氏（858~919）。原名传锴。《吴越备史》有传，谓其为"长子"，开平三年（909）被选为后梁驸马都尉，公主未及降而卒。"世系图"列为第三子。《十国春秋》本之立传，取"第三子"说。⑤ 何勇强据《钱氏家乘》卷五《武肃王年表》提及钱传瑛于895年娶马氏，897年生子仁健。⑥ 然而钱传瑛既被选为后梁驸马都尉，若已娶马氏，则后梁太祖朱温恐怕不会让自己的公主作为侧室下嫁，故此颇可怀疑。又据《吴越备史》卷一《吴氏传》，吴氏"有子十三人"⑦，则传瑛有同母弟十二人。

---

① 《吴越备史》卷一《武肃王》，第6209页。其中原文列十人，但末云"等十一人"。其中又误"传璯"为"传球"，何勇强已指正，见《钱氏吴越国史论稿》，第149页。
② （宋）范垧、林禹：《吴越备史》卷首，第1页。
③ 何勇强：《钱氏吴越国史论稿》，第145~147页。
④ 《吴越备史》卷二《钱元玘传》，第6225页；《十国春秋》卷八三《钱元玘传》，第1194页；何勇强：《钱氏吴越国史论稿》，第147页。
⑤ 《吴越备史》卷一《钱传瑛传》，第6208页；《十国春秋》卷八三《钱传瑛传》，第1194页。然而《十国春秋》以传瑛于天祐四年（907）尚唐哀帝寿昌公主，不知何据，盖唐哀帝本人于天祐四年方十六岁，且彼时已完全受控于朱温，无能为也。
⑥ 何勇强：《钱氏吴越国史论稿》，第148页。
⑦ 《吴越备史》卷一《吴氏传》，第6211页。

钱传珎。《吴越备史》无传但有事迹，谓其贞明元年（915）被选为后梁驸马都尉，① 当是传瑛去世之后，则行第在传瑛之下，或为第四子。《十国春秋》无第四子传记。"世系图"和何勇强所引《钱氏家乘》谓第四子为钱元璲，即贞明三年所封钱传璲，当即传珎。然不知其生平。

钱元懿（886~951），字秉辉。母李氏。《吴越备史》有传，谓其为"第五子"，"世系图"同。《十国春秋》本之立传，并谓其"初名传璹，已又名传懿，后更今名"。②

钱元璙（887~942），字德辉。《吴越备史》有传，谓其为"第四子"。"世系图"列为第六子。范成大（1126~1193）《吴郡志》据《九国志》《吴越备史》立传，谓其为"第四子"。《十国春秋》本之立传，取"第六子"说。③ 天复四年（904）娶杨行密之女。④

钱元瓘（887~941），字明宝。母陈氏。《吴越备史》卷二载其事，谓其为"第七子"，"世系图"同。《十国春秋》本之立世家。⑤ 娶吴珂女吴汉月（894~952）为元妃。⑥ 又娶许新月（903~946）⑦、鄜氏、马绰女⑧等。卒谥文穆王。

钱传璛（约887~924）。母童氏。《吴越备史》有传，谓其为"第八子"，"世系图"同。《十国春秋》本之立传。⑨

钱元球（？~937）。《吴越备史》无传但有事迹。"世系图"列为第

---

① 《吴越备史》卷一《武肃王》，第6208页。
② 《吴越备史》卷四《钱元懿传》，第6249页；《十国春秋》卷八三《钱元懿传》，第1195~1196页。
③ 《吴越备史》卷二《钱元璙传》，第6234页；范成大：《吴郡志》卷一一《钱元璙传》，《宋元方志丛刊》第1册，中华书局，1990，第768页；《十国春秋》卷八三《钱元璙传》，第1196~1197页。
④ 《吴越备史》卷一《武肃王》，第6196页。
⑤ 《吴越备史》卷二《文穆王》，第6221~6232页；《十国春秋》卷七九《文穆王世家》，第1117~1131页。
⑥ 《吴越备史》卷四《吴汉月传》，第6251页。吴汉月年寿，点校本作四十，《四部丛刊》本作五十九，李最欣校勘记存疑（第6261页），然据与钱元瓘匹配年龄来看，当取《四部丛刊》本。
⑦ 《吴越备史》卷三《许新月传》，第6239页。
⑧ 《吴越备史》卷一《马绰传》，第6212页。
⑨ 《吴越备史》卷一《钱传璛传》，第6213页；《十国春秋》卷八三《钱传璛传》，第1199页。《吴越备史》曰"年三十云"，《十国春秋》亦曰"年三十"。何勇强《钱氏家乘》载其三十八岁，见《钱氏吴越国史论稿》，第146页。则《吴越备史》"云"字为"八"字之讹，或"六"字之讹。

九子。《十国春秋》对传球、元球两人分别叙述。何勇强谓钱元球即钱元球之讹写，颇可从之。①

钱传琈。《吴越备史》无传。"世系图"列为第十子。《十国春秋》亦仅列名。②

钱传珦（？~937）。《吴越备史》无传但有事迹。"世系图"列为第十二子。《十国春秋》以其与钱元球同传。③据福建王审知夫人《任内明墓志》，任内明所生次女"适吴兴钱传珦，勋贵令嗣，杞梓全材，任镇海军节度先锋都指挥使、检校太保、泗州防御使"。知钱传珦娶王审知女。④

钱传琰。《吴越备史》无传，仅见于贞明三年受封时。"世系图"列为第十三子。《十国春秋》亦仅列名。⑤

钱传璛。龙德元年（921）七月娶湖南马殷之女。⑥天福六年（941）五月，南汉刘氏来逆其遗孀马氏，不获。⑦《吴越备史》无传。"世系图"列为第十四子。《十国春秋》立传，谓其娶马氏后不久即殁。何勇强据《钱氏家乘》载其卒于925年。⑧

钱传璟。据《吴越备史》卷一贞明五年（919）四月条："制以湖州刺史、大彭县开国子王子传璟为宣州宁国军节度使、同平章事。"⑨则此子承续贞明三年对钱镠诸子封爵之后，可知其行第在钱传璛之后。

释令因（901~924）。据《吴越国故僧统慧因普光大师塔铭并序》："大师俗姓钱氏，法号令因，即今天下都元帅吴越国王第十九子也。……大师以宝大元年八月十三日，夜召□足□□付嘱教门，亲述遗章……以此夜三更，便□圆寂□□□□真身宝塔寺，享年二十有四。"可知此子为钱

---

① 《十国春秋》卷八三《钱传球传》《钱元球、钱元珦合传》，第1200页；何勇强：《钱氏吴越国史论稿》，第155~156页。
② 《十国春秋》卷八三《钱元弼传》后附，第1202页。
③ 《十国春秋》卷八三《钱元球、钱元珦合传》，第1200页。
④ （唐）翁承赞：《梁忠勤守志兴国功臣威武军节度使太师守中书令食邑一万三千户食实封九百户闽王琅琊王公夫人魏国尚贤夫人乐安任氏墓志铭并序》，周阿根编《五代墓志汇考》，黄山书社，2012，第143~146页。
⑤ 《十国春秋》卷八三《钱元弼传》后附，第1202页。
⑥ 《吴越备史》卷一《武肃王》，第6212页。
⑦ 《吴越备史》卷二《文穆王》，第6230页。
⑧ 《十国春秋》卷八三《钱传璛传》，第1200页；何勇强：《钱氏吴越国史论稿》，第146页。
⑨ 《吴越备史》卷一《武肃王》，第6210页。

镠出家之子。①

钱元琳。《吴越备史》无传。"世系图"列为第廿三子。《十国春秋》仅以数语立传曰："元琳,武肃王第二十三子。历官右千牛卫大将军。"②不知历官何据。

钱元㻇（902～968）。《吴越备史》有传,未载其行第及生母,卒年六十七。"世系图"则列为第廿八子。《十国春秋》本之立传,取"二十八子"说。何勇强所引《钱氏家乘》谓其生年在925年,与《吴越备史》本传所推得生年不合,存疑。③

钱元弼,字德之。凌迪知（1529～1600）《万姓统谱》曰："钱元弼,字德之。吴越秀州刺史。州初建,元弼莅政有方,以最课称。"《十国春秋》本之立传。④ 此子命名"弼"字不从玉,不知何故。

钱镠一女。

沈钱氏。据陆经《沈邈墓志》："公讳邈,字子山,姓沈氏。……唐季,岳为兵部员外郎,从昭宗至洛阳。有大节,不肯随众人入汴。后为吏捕,送李璟,璟用为中大夫。因使两浙,钱镠见而奇之,妻以子。生瞻,为钱氏步兵都尉,公之高祖也。生言,为钱氏行军参谋,公之曾祖也。生师古,仕钱氏,归朝为大理寺丞,赠兵部尚书,公之祖也。生文（下字与御名同）,亦仕钱氏,归朝为尚书虞部员外郎,赠吏部尚书,公之烈考也。曾祖妣钱氏、祖妣钱氏。妣钱氏,封仙源县太君。公即尚书第四子也。……公娶钱氏,封仁寿郡太君。"⑤ 知钱镠有女嫁沈岳,且此后沈氏与钱氏世为婚姻。惜仅知沈岳妻钱镠女,其后诸钱氏不知谁女也,并附于此。

钱镠二十四子,其中有记载的如下。

钱匡道（915～936）,字佐明。见第一世钱镠。

钱匡时。见第一世钱镠。

---

① 关于令因生平,详见李辉《吴越国佛教史》,中国社会科学出版社,2015,第25～29页。
② 《十国春秋》卷八三《钱元琳传》,第1201页。
③ 《吴越备史》卷四《钱元㻇传》,第6261页;《十国春秋》卷八三《钱元㻇传》,第1201页;何勇强:《钱氏吴越国史论稿》,第147页。
④ （明）凌迪知:《万姓统谱》卷二七《钱》,《中华族谱集成》第1册,巴蜀书社,1995,第446页;《十国春秋》卷八三《钱元弼传》,第1202页。
⑤ （宋）陆经:《宋故朝散大夫尚书刑部郎中充天章阁待制知延州军州事兼管内劝农使充鄜延路马步军都总管经略安抚使上轻车都尉吴兴县开国男食邑三百户赐紫金鱼袋赠工部侍郎沈公墓志铭》,赵君平、赵文成编《河洛墓刻拾零》四九三,书目文献出版社,2007,第674页;亦收入《宋代墓志辑释》,中州古籍出版社,2016。

钱匡德。见第一世钱镖。
钱匡义。见第一世钱镖。
钱匡礼。见第一世钱镖。
钱匡晋。见第一世钱镖。
钱匡霸。见第一世钱镖。
钱镖二十九女，其中有记载的如下。
李钱氏。见第一世钱镖。嫁李弘敏。
吕钱氏。见第一世钱镖。嫁吕怀恪。
黄钱氏。见第一世钱镖。嫁黄氏。
徐钱氏。见第一世钱镖。嫁徐景逊。
周钱氏。见第一世钱镖。嫁周氏。
钱銶二子。
钱仁□。见第一世钱銶。
钱璋。见第一世钱銶。娶冯翊方氏。

第三世

至第三世，钱氏成员愈来愈多，学津讨原本《吴越备史》"世系图"列有钱传瓘子仁俊、钱元懿子仁仿、钱元璙子文奉和钱元瓘十二子。① 另有其他史料所载仁字辈二人。以下按上述钱镠诸子序列，以及生卒先后予以整理。

仁字辈二人。

钱仁昭。据其子《钱云修墓志》："府君讳云修，即先仁昭之长子也。乃中吴军都押衙之房弟矣。"② 知钱云修为中吴军都押衙某人族弟，而其父名有仁字，当为钱氏第三世，且从钱云修生卒年来看，钱仁昭辈分颇高，疑为钱元玘、钱传瑛、钱传珍等钱镠年长儿子之子。

钱仁晃。《阿育王山志》卷五赞宁《护塔灵鳗菩萨传》："癸亥（903）十月，王遣钱仁晃、褚延昌押花舫，设佛像，选高德僧昱从、守贤、子

---

① （宋）范坰、林禹：《吴越备史》卷首，第1页。
② 不著撰人：《吴越国苏州中吴军彭城故府君钱云修墓铭并序》，《新中国出土墓志·江苏一·常熟》，文物出版社，2006，拓片见上册第33页，录文见下册第17页。

蟾，赞宁预焉。"① 此钱仁晃，未知其所出，然为仁字辈，从时间来看，当是第三世。

钱元懿一子。

钱仁仿（？~966）。《吴越备史》无传，仅书其广顺元年（951）六月嗣位和乾德四年（966）五月卒于婺州刺史任上。"世系图"当据此列入。《十国春秋》附于《钱元懿传》后，仅曰："子仁仿，官婺州刺史、武胜军节度使。"②

钱元璙一子、一侄。

钱文奉（909~969），字廉卿，号知常子。今本《吴越备史》无传，然范成大《吴郡志》据《九国志》《吴越备史》立传，单谓其为"元璙之子"，卒年六十一。王鏊（1450~1524）《姑苏志》卷三八亦有传，径谓其为钱元璙"第二子"。《十国春秋》本之立传，取"第二子"说。③

钱文炳（？~972）。《分门古今类事》卷一七录《钱希白小说》中"由余氏墓"一条曰："钱文炳，苏州节度使元璙之侄，仕为元帅府判官、检校礼部尚书。显德中，累入京为供奉。有文学，口辩善应对。妻丘氏，开宝五年卒。炳求吉山择墓地。……其子知玄。"④《十国春秋》似据此立传，然颇简略。⑤ 可知钱文炳为钱元璙之侄，娶丘氏，子钱知玄。然不知为钱元璙哪一兄弟之子，暂系于此。

钱元瓘十五子。

和凝《吴越文穆王钱元瓘碑铭》曰"有子十三人"：嗣王弘佐、长子弘僎、弘俨、弘侑、故世子弘傅、弘倧、弘俶、弘俶、弘亿、弘偓、弘儼、弘仰、弘儒（法号元悟）。⑥ 马茂臣"世系图"列有钱元瓘第一子弘僎、二子弘儇、五子弘傅、六子忠献王弘佐、七子忠逊王弘倧、八子弘

---

① 《宋代传状碑志集成》卷一。
② 《吴越备史》卷四《大元帅吴越国王》，第6249、6258页；《十国春秋》卷八三《钱元懿传》，第1196页。
③ （宋）范成大：《吴郡志》卷一一《钱文奉传》，第768页；（明）王鏊：《姑苏志》卷三八《钱文奉传》，文渊阁四库全书本；《十国春秋》卷八三《钱文奉传》，第1197~1198页。
④ 不著撰人：《分门古今类事》卷一七，《文渊阁四库全书》本。《钱希白小说》为钱易所撰，然不知为《洞微志》或《滑稽集》哪一种。无论如何，此事流传于钱氏家族内部，为钱易书写，尚颇可靠。
⑤ 《十国春秋》卷八三《钱文炳传》，第1198页。
⑥ （五代）和凝：《吴越文穆王钱元瓘碑铭》，《全唐文》卷八五九，第9008页。其中"弘"字原文皆为"宏"。

僙、九子忠懿王弘俶、十子弘亿、十一子弘仪、十二子弘偓、十三子弘仰、十四子弘儼。①《十国春秋》则谓十四人：弘僎、弘儇、弘侑、弘侒、孝献世子弘僔、忠献王弘佐、忠逊王弘倧、弘僙、忠懿王弘俶、弘亿、弘仪、弘偓、弘仰、弘儼。② 即在和凝碑文的基础上多出弘侒、弘仪二人，而无弘儒。何勇强据《十国春秋》对钱元瓘诸子予以整理，计十四人，并证明前四人弘僎、弘儇、弘侑、弘侒为养子，而弘儒不予列入。③ 以下结合《吴越备史》逐个整理钱元瓘诸子。

钱弘僎（？~940）。何勇强据弘儇、弘侑、弘侒的养子身份，推测其亦为养子。④《吴越备史》无传，仅有一条记载见于天福五年二月条："温州刺史王子弘僎卒。"知其卒前出刺温州。"世系图"列为第一子。《十国春秋》有传，亦甚简略，且不言卒年。⑤

钱儇（913~966），字智仁。本名弘儇，建隆初避宋讳，去"弘"字。《吴越备史》卷四有传，谓其为"第二子"，"世系图"同。《十国春秋》本之立传。何勇强由《吴越备史》未列钱儇生母姓氏，而推断其为养子，颇可从之。⑥

钱弘侑（？~945）。《吴越备史》卷三天福六年（941）八月条曰："诸将请诛内衙指挥使戴恽。"其下小字注曰："恽乃王庶兄弘侑之亲，恽谋立弘侑，故请诛之。免弘侑为庶人，复姓孙氏，更名本，罪异志也。"⑦ 可知此人为钱元瓘养子，本姓孙。开运二年（945）十一月赐死。⑧

钱弘侒。《吴越备史》无传。《十国春秋》据元人夏文彦《图绘宝鉴》注曰："又弘侒官至秀州刺史，工于画艺，或言亦文穆王养子云。"《御定佩文斋书画谱》引《图绘宝鉴》原文曰："钱侒，吴越文穆王传瓘之养子，官至秀州刺史，精于画艺。"⑨ 然文渊阁四库全书本《图绘宝鉴》并无钱弘

---

① （宋）范坰、林禹：《吴越备史》卷首，第1页。
② 《十国春秋》卷八三《钱弘僎传》，第1203页。
③ 何勇强：《钱氏吴越国史论稿》，第163~164页。
④ 何勇强：《钱氏吴越国史论稿》，第169页。
⑤ 《吴越备史》卷二《文穆王》，第6229页；《十国春秋》卷八三《钱弘僎传》，第1203页。
⑥ 《吴越备史》卷四《钱弘儇传》，第6258页；《十国春秋》卷八三《钱弘儇传》，第1203页；何勇强：《钱氏吴越国史论稿》，第167页。
⑦ 《吴越备史》卷三《忠献王》，第6233页。
⑧ 《吴越备史》卷三《忠献王》，第6238页。
⑨ 《十国春秋》卷八三《钱弘儇传》，第1204页；《御定佩文斋书画谱》卷四九《钱侒》，《文渊阁四库全书》本。

侒或钱侒。何勇强考此人即钱仁俊①，然若《图绘宝鉴》确实有此条佚文，则钱弘侒曾官秀州刺史，而钱仁俊并无此一任官经历，即两人并无关系。此外，秀州初置于天福五年（940）②，若尝刺秀州可信，则钱弘侒至少在此年之后仍在世。

钱弘傅（925～940）。母鄘氏。《吴越备史》有传，谓其为"第五子"，"世系图"同。《十国春秋》本之立传。③ 此人为钱元瓘亲生长子，故被立为世子，然十六岁即殁，世子之位由钱弘佐继任。

钱弘佐（928～947），字符祐。母仁惠夫人许氏。《吴越备史》卷三有世家，谓其为"第六子"，"世系图"同。《十国春秋》本之立世家。④ 天福八年（943），娶仰仁诠之女。⑤ 卒谥忠献王。

钱俶（929～971）。钱弘傅同母弟。本名钱弘俶，建隆初避宋讳，改名钱俶。《吴越备史》卷三有世家，谓其为"第七子"，"世系图"同。《十国春秋》本之立世家。⑥ 开运元年（944）十一月，为东府安抚使。⑦ 开运四年六月即位，十二月被废。卒谥忠逊王。据李纲（1083～1140）《钱颙墓志》，钱俶娶江氏。⑧ 江氏墓志初由李宗愕撰写，靖康年间（1126～1127），由裔孙钱伯言迁葬于润州，再于绍兴七年葬于钱弘俶在越州的墓

---

① 何勇强通过《钱氏家乘》考出钱氏家族内部所谓养子过继原则，并在此基础上推论钱弘侒或即钱传瓘长子钱仁俊过继给钱元瓘后的名字，随后因钱元瓘生下亲生长子钱弘傅后不好处理，乃被移入诸子之列，复名仁俊，见何勇强《钱氏吴越国史论稿》，第167～172页。然而其推论的基础是从《钱氏家乘》中总结出来的养子过继原则，若此原则恰好不适用于此例，或促成此原则成立的几个例子根本只是巧合，那就不能成立了。何况何氏所据《钱氏家乘》本身即有违反此原则的例子存在，即过继给钱元瓘的是钱传瓘的第三子钱仁泽，而非钱仁俊，故何氏怀疑《钱氏家乘》此处有误。如此，则又如何信服其推论？
② 《吴越备史》卷二《文穆王》，第6229页。
③ 《吴越备史》卷二《钱弘傅传》，第6230页；《十国春秋》卷八三《钱弘傅传》，第1202～1203页。
④ 《吴越备史》卷三《忠献王》，第6233～6242页；《十国春秋》卷八〇《忠献王世家》，第1133～1141页。
⑤ 《吴越备史》卷三《忠献王》，第6237页。
⑥ 《吴越备史》卷三《忠逊王》，第6242～6243页；《十国春秋》卷八〇《忠逊王世家》，第1142～1145页。
⑦ 《吴越备史》卷三《忠献王》，第6238页。原文为"弘保"，据同卷《忠逊王》，"开运元年冬十一月，出为东府安抚使"（第6242页），即弘俶之误。何勇强同时列钱弘保、钱弘俶为东府安抚使，误，见《钱氏吴越国史论稿》，第204页。
⑧ （宋）李纲：《宋故追复龙图阁直学士赠少师钱公墓志铭》，《李纲全集》卷一六七，岳麓书社，2004，第1544页。

边，请胡寅（1098~1156）撰写墓表。据胡寅《江氏墓表》："子十一人：曰缅，曰昞，曰旷，曰旦，皆早贵宦，不及归阙庭；曰昂，皇朝咸平二年（999）巡警荆渚，与蛮贼战死；曰映，淳化（990~994）中为渝州监军。蜀有乱，城守不辱以没；曰昆，曰若虚，曰易，曰滉……；女一人，适琅琊王氏。"① 可知钱弘倧有十一子、一女，因其中长子由钱俶鞠养，故墓表中仅列十子名。

钱偡（929~966），字惠达。母陈氏。本名钱弘偡，建隆初避宋讳，改名钱偡。《吴越备史》卷四有传，谓其为"第八子"，"世系图"同。《十国春秋》本之立传。②

钱俶（929~988），字文德。母吴氏。本名钱弘俶，建隆初避宋讳，改名钱俶。《吴越备史》卷四有世家，谓其为"第九子"，"世系图"同。慎知礼为其撰墓志。《隆平集》《东都事略》《咸淳临安志》各有传。《十国春秋》《宋史》各立世家。③

钱亿（929~967），字延世。母沈氏。本名钱弘亿，建隆初避宋讳，改名钱亿。崔仁冀为其撰墓志，今藏奉化区文物保护管理所。《吴越备史》卷四《钱亿传》，"世系图"列为第十子。《咸淳临安志》亦有传，谓其有"子昭颢等"。《十国春秋》本之立传。④

钱仪（932~979）。本名钱弘仪，建隆初避宋讳，改名钱仪。据《宋

---

① （宋）胡寅：《吴越国济阳郡夫人江氏墓表》，《斐然集》卷二六，中华书局，1993，第569~570页。
② 《吴越备史》卷四《钱弘偡传》，第6258页；《十国春秋》卷八三《钱弘偡传》，第1204页。
③ 《吴越备史》卷四《大元帅吴越国王》，第6244~6261页；又《补遗》，第6263~6278页。（宋）曾巩撰，王瑞来校证《隆平集校证》卷一二《钱俶传》，中华书局，2012，第346页；（宋）王称：《东都事略》卷二四《钱俶传》，文渊阁四库全书本；（宋）潜说友：《咸淳临安志》卷六五《钱俶传》，《宋元方志丛刊》第4册，中华书局，1990，第3939页。《十国春秋》卷八一《忠懿王世家上》，第1147~1164页；又卷八二《忠懿王世家下》，第1165~1185页。《宋史》卷四八〇《吴越钱氏》，第13897~13908页。（宋）慎知礼：《大宋故安时镇国崇文耀武宣德守道中正功臣武胜军节度邓州管内观察处置等使开府仪同三司守太师尚书令兼中书令使持节邓州诸军事邓州刺史上柱国邓王食邑九万七千户食实封壹万陆千玖百户赐剑履上殿书诏不名追封秦国王墓志铭并序》，全文参见吴建华《吴越国王钱俶墓志考释》，《中原文物》1998年第2期，第84~90页。
④ （宋）崔仁冀：《奉国军节度使彭城钱公碑铭》，章国庆编《宁波历代碑碣墓志汇编》，上海古籍出版社，2012，第64~67页；《吴越备史》卷四《钱亿传》，第6259页；《咸淳临安志》卷六五《钱亿传》，第3939~3940页；《十国春秋》卷八三《钱弘亿传》，第1205页。

会要辑稿》，太平兴国二年十一月卒。① 然据《吴越备史·补遗》，太平兴国三年五月随钱俶纳土入宋，则此时尚在世。②《十国春秋》有传，谓其为"文穆王第十一子。……太平兴国四年，卒于京师之赐第，年四十八"③。不知何据。此外，《十国春秋·钱弘傅传》下吴任臣注引《九国志》佚文曰："太平兴国中，宋以钱倬为慎、瑞、师三州观察使，盖倬常为僧，复好睡，故戏之也。"并云："疑倬亦文穆王诸子。"④ 然而，此处《九国志》的记载即《宋史·钱俨传》所载"太平兴国二年……俨兄仪为慎、瑞、师等州观察使"⑤，则所谓钱倬即钱仪之误，或钱仪旧名。

钱弘偓（934～958），字赞尧。母陈氏。"世系图"列入第十二子。《吴越备史》卷四有传，谓其为"第十二子"。《十国春秋》本之立传。⑥

钱弘仰（935～958）。母周氏。《吴越备史》卷四有传，谓其为"第十三子"，"世系图"同。《十国春秋》本之立传。⑦ 和凝《钱元瓘碑铭》以弘仰在弘俨后，似误。

钱俨（937～1003），字诚允。本名钱弘信，建隆初避宋讳，改名钱信。《宋史》立传，又据其传，淳化初改名钱俨。《十国春秋》本之立传，又似据"世系图"列为第十四子。⑧ 和凝碑文直以"宏（弘）俨"书之，似非。

钱弘儒，法号元悟。和凝碑文载此人曰："次曰弘儒，为国披缁，法号元悟。"他无所见，然以和凝当时人，必得其实。

---

① 《宋会要辑稿·仪制一一·观察使追赠》："不赠官：金州观察使钱仪，太平兴国二年十一月。"中华书局，1957，第 2037 页。
② 《吴越备史·补遗》，第 6270 页。
③ 《十国春秋》卷八三《钱弘仪传》，第 1206 页。
④ 《十国春秋》卷八三《钱弘傅传》，第 1203 页。郭武雄据《职官分纪》亦辑得《九国志》佚文一条："太平兴国四年，俶表荐倬及其弟俨于朝，诏以倬为镇端师，俨为新妫儒三州观察使，盖倬、俨皆尝为僧，复好睡，执政者以戏之也。"与《十国春秋》所引类似。参见郭武雄《九国志纂辑探讨与清辑本补遗》，（台湾）《辅仁历史学报》1989 年第 1 期，第 60 页。
⑤ 《宋史》卷四八〇《钱俨传》，第 13914 页。
⑥ 《吴越备史》卷四《钱弘偓传》，第 6253 页；《十国春秋》卷八三《钱弘偓传》，第 1207 页。
⑦ 《吴越备史》卷四《钱弘仰传》，第 6254 页；《十国春秋》卷八三《钱弘仰传》，第 1207 页。
⑧ 《宋史》卷四八〇《钱俨传》，第 13914～13915 页；《十国春秋》卷八三《钱俨传》，第 1207 页。

钱传璙一子。

钱仁俊。《吴越备史》并未明言其为谁子，或谓其为钱元瓘"侄"[1]、钱弘佐"从兄"[2]，或谓其为钱弘佐"兄"，其母为"杜昭达之姑"，即杜棱女[3]。《钱氏家乘》谓其为钱传璙长子，待考。何勇强据《钱氏家乘》推测其即钱元瓘子钱弘侅，然无实据。《十国春秋》直接谓其为钱传璙之子，并据《吴越备史》所载相关史料立传。

钱璋五子四女。

钱义超。见第一世钱镠。娶徐氏。

钱义隆。见第一世钱镠。娶张氏。

钱义光（917~955），字普一。见第一世钱镠。娶盛氏，续娶盛氏。

钱义忠。见第一世钱镠。

钱义保。见第一世钱镠。

蒋钱氏。见第一世钱镠。嫁蒋延勋。

张钱氏。见第一世钱镠。嫁张师道。

金钱氏。见第一世钱镠。嫁金仁皓。

方钱氏。见第一世钱镠。嫁方承浩。

第四世

钱仁昭一子。

钱云修（915~960）。据《钱云修墓志》："府君讳云修，即先仁昭之长子也。乃中吴军都押衙之房弟矣。……府君先娶陆氏，育男一人，曰君胜；后醮以□氏，育女 人，尚未从人。"[4] 可知钱云修为第三世钱仁昭之子，且有子钱君胜。

钱元璙一孙。

钱喆。程俱（1078~1144）《钱安人墓志》曰："安人姓钱氏，吴越武

---

[1] 《吴越备史》卷二《文穆王》，第6226页。
[2] 《吴越备史》卷三《文献王》，第6238页。
[3] 《吴越备史》卷三《文献王》，第6239页。
[4] 不著撰人：《吴越国苏州中吴军彭城故府君钱云修墓铭并序》，《新中国出土墓志·江苏一·常熟》，拓片见上册第33页，录文见下册第17页。

肃王之子曰广陵王元璙为中吴军节度使，死葬吴，因家焉。其孙曰喆，为太子左赞善大夫，赠太常少卿。有子曰中孚，以集贤殿修撰，为梓州路计度转运使，赠中散大夫。中散之子曰承，为通州军事判官。安人，通州之仲女也。年十八，归同乡郑公绛，后仕至尚书吏部员外郎，封夫人桃源县君，改封安人。靖康元年六月二十一日，以疾终于吴郡里第，享年五十九。"① 可知钱元璙孙钱喆，钱喆子钱中孚，钱中孚子钱承，钱承女郑钱氏，嫁郑绛。然不知钱喆与钱文奉为父子关系抑或叔侄关系。

钱文炳一子。

钱知玄。见第三世钱文炳。

钱弘佐一子。

钱昱（943～999），字就之。《宋史》有传，谓其为"忠献王之长子"。《十国春秋》本之立传。②《宋史·钱昱传》又曰：钱昱"生子百数。涉，雍熙中进士及第。绛，至内殿承制、阁门祗候，累典郡，颇以干力称"。可知钱昱子孙众多，然显名者仅钱涉、钱绛。此外需要辨析的是钱郁。学津讨原本《吴越备史》"世系图"有钱郁，列于钱昱后为第二子，"吴越诸王子弟官爵封谥表"更列其生平曰："秀州刺史、镇东军节度副使。宋改知全州，至太保。封西平侯。"《十国春秋》本之立传曰："郁，忠献王第二子。累官镇东军节度副使、秀州刺史。入宋，改知全州，至太保。卒，追封西平侯。"③ 此人可疑处有三：（1）昱、郁二字同音，考钱弘俶二子钱昆、钱易与钱昱名皆从日字，郁字不从日，即很突兀；（2）钱郁生平信息太少，其历官秀州刺史亦钱昱历官之一，而镇东军节度副使在吴越国时期并无此一称呼，当是东府安抚使④；（3）钱郁卒于宋，却追封西平侯，而宋代并无赠侯之制。⑤ 考虑到钱俨曾出任镇东军安抚副使，入宋后曾出任金州观察使，疑钱郁事迹为拼合钱昱之秀州刺史与钱俨事迹而

---

① （宋）程俱：《宋故尚书吏部员外郎郑公安人钱氏墓志铭》，《北山集》卷三二，《文渊阁四库全书》本。

② 《宋史》卷四八〇《钱昱传》，第13915~13916页；《十国春秋》卷八三《钱昱传》，第1209~1210页。

③ （宋）范坰、林禹：《吴越备史》卷首，第1页；《十国春秋》卷八三《钱郁传》，第1210页。

④ 吴越国东府安抚使为代替吴越国王实际主政者，参见何勇强《钱氏吴越国史论稿》，第204页。

⑤ 事实上，《十国春秋》对大部分钱氏成员的立传，皆载其封侯情况，尚待仔细考辨。本文皆不取。

成，并非实有其人。此外，《吴越备史》正文关于钱昱、钱郁的信息仅有四条：(1) 乾德元年（963）十一月，"王命侄昱入贡"；(2) 同年十二月，王"命侄郁为秀州刺史"；(3) 乾德三年（965）二月，"王命侄台州刺史昱入贺"平蜀；(4) 同年十一月，王命"侄昱复为台州刺史"。① 这几条记载中，钱昱与钱郁事迹并不冲突。仅《宋史·钱昱传》谓钱昱为秀州刺史在钱俶嗣国（948）之后，然无准确时间，若从钱昱生卒年来看，钱俶嗣国当年钱昱仅六岁左右，必不能出刺秀州，疑即乾德元年左右出刺，时年二十一，正可历练。若实有钱郁其人，且又小于钱昱，亦无出刺可能。综上所述，笔者认为钱郁很有可能即钱昱。

钱弘倧十一子一女（长子为钱俶所养，见下文）。

次子钱缅。见第三世钱弘倧。

三子钱昕。见第三世钱弘倧。

四子钱旷。见第三世钱弘倧。

五子钱旦。见第三世钱弘倧。

六子钱昂（？~999）。见第三世钱弘倧。

七子钱暎（？~994？）。见第三世钱弘倧。

八子钱昆，字裕之。《隆平集》《东都事略》《咸淳临安志》皆有传。前者曰卒年七十七，后者曰卒年七十六，然生卒时间皆不详。《十国春秋》本之立传，取"卒年七十六"说。《隆平集》复载其有三子"孟孙、孟荀、孟回"。②

九子钱若虚。见第三世钱弘倧。

十子钱易（968~1026），字希白。《隆平集》《东都事略》《咸淳临安志》《宋史》皆有传。《十国春秋》本诸书立传。其生平，详见池泽滋子《钱易年谱》和拙编《钱惟演年谱新编》。③ 钱易有子钱彦远、钱明逸。又据苏颂（1020~1101）《钱彦远神道碑》、李纲（1083~1140）《钱觊墓

---

① 《吴越备史》卷四《大元帅吴越国王》，第6256~6258页。
② 《隆平集校证》卷一四《钱昆传》，第394页；《东都事略》卷四八《钱昆传》；《咸淳临安志》卷六五《钱昆传》，第3940~3941页；《十国春秋》卷八三《钱昆传》，第1210页。
③ 《隆平集校证》卷一四《钱易传》，第394页；《东都事略》卷四八《钱易传》；《咸淳临安志》卷六五《钱易传》，第3941页；《十国春秋》卷八三《钱易传》，第1211页。〔日〕池泽滋子：《钱易年谱》，氏著《吴越钱氏文人群体研究》，上海人民出版社，2006，第188~209页；胡耀飞：《钱惟演年谱新编》，已收入本书。

志》，可知钱易娶盛氏。①

十一子钱滉。见第三世钱弘偡。

王钱氏。见第三世钱弘偡。嫁琅琊王氏。

钱偡一子。

钱昭晟。据曾巩《寿安县君钱氏墓志铭》：刘凝之"夫人姓钱氏，考内殿崇班穆，祖考内园使昭晟，曾祖考宣德军节度使、同中书门下平章事湛，高祖吴越文穆王元瓘"。②可知"湛"当是"偡"之误，此钱氏即钱偡曾孙女、钱昭晟孙女、钱穆女，而钱昭晟即钱偡子。关于钱昭晟，《续资治通鉴长编》有三处记载：（1）咸平五年（1002）七月，"殿前侍卫卒有犯至死，上令阁门祗候钱昭晟专往录问"，注曰"昭晟，未见"；（2）景德二年（1005）十一月，"以内殿崇班、阁门祗候钱昭晟为崇仪副使。是春，昭晟计划减修黄河工料，岁终无余，故赏之"；（3）景德三年（1006）六月，"汴水暴涨……即遣使驰诣河阴，督都监钱昭晟等塞汴口，仍劾昭晟等罪，贬其秩"。③可见钱昭晟官内殿崇班、阁门祗候，以水利见长。此外，《续资治通鉴长编》又有关于"钱昭厚"的两处记载：（1）大中祥符二年（1009）十月，"御史中丞王嗣宗，言许州积水害民田，盖惠民河不谨堤防，每岁决坏，即诏阁门祗候钱昭厚经度之"，注曰"昭厚……邑里未详"；（2）大中祥符五年（1012）二月，"内殿崇班、阁门祗候钱昭厚言河清卒有惰役者"云云。④又有《宋会要辑稿》载："灵显王庙。……真宗景德元年（1004），又遣供奉官钱昭厚增修。"⑤可知钱昭厚亦官内殿崇班、阁门祗候，以水利见长。从时间来看，与钱昭晟并不冲突，疑两者即一人。

钱俶八子七女。

关于钱俶子女，慎知礼《钱俶墓志》曰："子八人：嗣安远军节度

---

① （宋）苏颂：《钱彦远神道碑》，《苏魏公文集》卷五二，中华书局，1988，第789页。（宋）李纲：《宋故追复龙图阁直学士赠少师钱公墓志铭》，《李纲全集》卷一六七，第1544页。
② （宋）曾巩：《寿安县君钱氏墓志铭》，《曾巩集》卷四五，中华书局，1984，第608页。
③ （宋）李焘：《续资治通鉴长编》卷五二"真宗咸平五年七月"条，中华书局，1995，第1141页；卷六一"真宗景德二年十一月"条，第1374页；卷六三"景德三年六月"条，第1408页。
④ 《续资治通鉴长编》卷七二"真宗大中祥符二年十月"条，第1636页；卷七七"真宗大中祥符五年二月"条，第1755页。
⑤ 《宋会要辑稿·礼二一·岳渎诸庙》，第879页。

使、开府仪同三司、检校太师兼中书令、萧国公惟浚,性受天和,美存世济,文武二府,侍膝为海内之荣,忠孝一家,匪躬存天下之式,生尽其养,丧过乎哀;次镇国军节度使、特进检校太师惟治,发挥符采,含吐英华,殿大邦于双油,广崇教于三戟;次潍州团练使惟渲;次昭州刺史惟灏;次武卫将军惟濬;次从释,法名净照;次衙内都指挥使惟演;次衙内都指挥使惟济。……女七人:长适河东裴祚;次适钱塘元象宗;次适汝南慎从吉;次适故富春孙浦,早亡;次适富春孙诱;余则笄年而犹室处。"《东都事略·钱俶传》载其有"七子:惟浚、惟治、惟渲、惟灏、惟濬、惟演、惟济",顺序与墓志同,但少释净照。《宋史·钱俶传》谓其有"子惟浚、惟治、惟渲、惟演、惟灏、惟濬、惟济",其中钱惟演序次在惟灏前,似误。《十国春秋》谓其"子八人:惟浚、惟治、惟演、惟灏、惟濬、惟济、惟渲、惟□",后一人或指释净照,然前七人序次亦乱。①

长子钱惟浚(955~991),字禹川。《宋史》有传。《十国春秋》本之立传。②《宋史·钱惟浚传》谓其"子钱守吉、钱守让。……守吉至西京作坊使。守让字希仲,……子恕,娶曹王元偁女长安县主"。

次子钱惟治(949~1014),字和世。《宋史》有传,谓其为"废王倧之长子,倧初迁于越而惟治生,俶爱之,养为己子。……大中祥符七年七月,卒,年六十六。……录其四子官,及外弟、子婿、亲校,并甄擢之。……子丕,字简之"。《十国春秋》本之立传。可知钱惟治有四子,然仅一子钱丕显名。③

三子钱惟渲。诸书无传。《东都事略》谓其与惟灏"俱至团练使"。《宋史》谓其"至韶州团练使"。《十国春秋》同《宋史》。④《吴越备史》

---

① 吴建华:《吴越国王钱俶墓志考释》,第84~90页;《东都事略》卷二四《钱俶传》;《宋史》卷四八〇《钱俶传》,第13908页;《十国春秋》卷八二《吴越世家》,第1183页。
② 《宋史》卷四八〇《钱惟浚传》,第13909~13910页;《十国春秋》卷八三《钱惟浚传》,第1211~1212页。
③ 《宋史》卷四八〇《钱惟治传》,第13910~13913页;《十国春秋》卷八三《钱惟治传》,第1212~1214页。柳立言不据《宋史》,而据家谱文献谓钱惟治有二子,钱丕外另一子钱正出继别家,然无可靠史料印证,今不取。见柳立言《北宋吴越钱家婚宦论述》,《宋代的家庭和法律》,第116页。
④ 《东都事略》卷二四《钱俶传》;《宋史》卷四八〇《钱俶传》,第13908页;《十国春秋》卷八二《吴越世家》,第1183页。

颇载其事，然皆误为"惟演"。①

四子钱惟灏。诸书无传。《东都事略》谓其与惟渲"俱至团练使"。《宋史》谓其"贺州团练使"。《十国春秋》同《宋史》。②《吴越备史》颇载其事。

五子钱惟潚。诸书无传。《东都事略》谓其仕至"左龙武将军"。《宋史》谓其仕至"左龙武将军、奖州刺史"。《十国春秋》同《宋史》。③

六子释净照。原名不详。仅见于慎知礼《钱俶墓志》。

七子钱惟演（977~1034），字希圣。《隆平集》《东都事略》《咸淳临安志》《宋史》皆立传。其中《隆平集》谓其为"俶第十四子"，不知何据，或按从兄弟排行。《十国春秋》本三书立传，又谓其为"忠懿王次子"，更误。④ 关于钱惟演生平，相关研究颇多，详见拙编《钱惟演年谱新编》。⑤

八子钱惟济（978~1033），字岩夫。《宋史》有传。《十国春秋》本之立传，谓其"第六子"，不知何据；又注曰"《钱氏家乘》云第八子"，则得其实。⑥

裴钱氏。嫁裴祚。

元钱氏。嫁元象宗。

慎钱氏。嫁慎从吉。

孙钱氏。嫁孙浦。

孙钱氏。嫁孙诱。

---

① 如池泽滋子《钱惟演年谱》据《吴越备史·补遗》和《宋史·钱俶传》得出钱惟演太平兴国三年（978）即授官团练使。然而考之行第，钱惟演在钱惟灏之后，钱惟渲恰在钱惟治和钱惟灏之间，《宋史·钱俶传》中还有"及归朝卒，子惟演、惟济皆童年，召见慰劳，并起家诸卫将军"之语，则钱俶去世之后，方以诸卫将军起家，而非此年以二龄即授团练使。参见〔日〕池泽滋子《钱惟演年谱》，氏著《吴越钱氏文人群体研究》，第213页。对此，笔者已于《钱惟演年谱新编》中更正之。

② 《东都事略》卷二四《钱俶传》；《宋史》卷四八〇《钱俶传》，第13908页；《十国春秋》卷八二《吴越世家》，第1183页。

③ 《东都事略》卷二四《钱俶传》；《宋史》卷四八〇《钱俶传》，第13908页；《十国春秋》卷八二《吴越世家》，第1183页。

④ 《隆平集校证》卷一二《钱惟演传》，第346~347页；《东都事略》卷二四《钱惟演传》；《咸淳临安志》卷六五《钱惟演传》，第3940页；《宋史》卷三一七《钱惟演传》，第10340~10342页；《十国春秋》卷八三《钱惟演传》，第1214~1215页。

⑤ 在拙编之前，年谱有池泽滋子《钱惟演年谱》；专题研究有马天宝《北宋吴越钱氏后裔——钱惟演研究》。

⑥ 《宋史》卷四八〇《钱惟济传》，第13913~13914页；《十国春秋》卷八三《钱惟济传》，第1215~1216页。

刘钱氏（？～1023）。《钱俶墓志》谓钱俶七女，其五女见前，余二女中，有一女嫁刘太后（969～1033）兄刘美（962～1021），有子刘从德（990～1031）。① 封越国夫人，卒于天圣元年（1023）。②

钱氏。不详。

钱亿一子：钱昭颢。见第三世钱亿。

钱弘偓一子：钱昭度，字九龄。《宋史》有简传。《十国春秋》本之立附传于《钱弘偓传》末。③

钱弘仰一子：钱昭序，字著明。《宋史》有简传。《十国春秋》本之立附传于《钱弘仰传》末。④

钱俨二子。

钱昭慈。据曾巩《故翰林侍读学士钱公墓志铭》："公钱氏也，故为王家，有吴越之地。五世祖镠，号武肃王；高祖元瓘，文穆王；曾祖俨，昭化军节度使；祖昭慈，赠左卫将军；考顺之，左侍禁阁门祗候，赠尚书刑部侍郎。……公幼孤，家贫母嫁，既长，还依其族之大人。……公之先既籍疆土归天子，其后至昭化守和州，十有八年以卒。诏葬和州，子孙因家焉。至公，始葬其母于苏州吴县龙冈村之天平山，故今又为苏州人。公讳藻，字纯老，封仁和县开国伯，赐服金紫。年六十有一，元丰五年正月庚寅，卒于位。某年某月某甲子葬天平山，从其母永嘉郡太君丁氏之兆。公妻孙氏，泰兴县君。男曰某、曰某，蚤世。曰皡，某官。孙曰某，某官。"⑤ 可知钱俨所传此支钱氏，其可考之男性谱系为钱俨→钱昭慈→钱顺之→钱藻→钱皡。

---

① 张邦炜疑刘从德非钱氏子，而是刘太后子，但又觉得从年龄上看不可能。参见张邦炜《宋真宗刘皇后其人其事》，初刊邓广铭、王云海等主编《宋史研究论文集》，河南大学出版社，1993；收入氏著《宋代婚姻家族史论》，人民出版社，2003，第252页。刘广丰考证刘太后大致在太平兴国八年（983）入宋真宗为韩王时之潜邸，可证990年出生之刘从德不当为刘太后子，此说颇可从。参见刘广丰《关于宋真宗刘皇后身世的几点考述》，范立舟、曹家齐主编《张其凡教授荣开六秩纪念文集》，上海人民出版社，2009，第280～281页。

② 《续资治通鉴长编》卷一〇〇"仁宗天圣元年正月庚寅"条，第2315页。

③ 《宋史》卷四八〇《钱昭度传》，第13916页；《十国春秋》卷八三《钱昭度传》，第1207页。

④ 《宋史》卷四八〇《钱昭序传》，第13916页；《十国春秋》卷八三《钱昭序传》，第1207页。

⑤ （宋）曾巩：《故翰林侍读学士钱公墓志铭》，《曾巩集》卷四二，第571～572页。

钱昭□。王安石《内殿崇班钱君墓碣》:"君讳某,字某,右屯卫将军讳某之子,昭化军节度使讳某之孙,吴越文穆王讳某之曾孙。……君子淇、沂、沃、溥。"① 其中文穆王即钱元瓘,昭化军节度使即钱俨,右屯卫将军按钱君之四子名字来看,似非钱昭慈,当是钱昭慈同父兄弟。故此支谱系为钱俨→钱某→钱某→钱淇、钱沂、钱沃、钱溥。

钱义超一女:朱钱氏。见第一世钱镠。嫁朱思义。

钱义光六子二女。

钱继荣。见第一世钱镠。

其余五子二女不详。

第五世

钱云修一子:钱君胜。见第四世钱云修。

钱喆一子:钱中孚。见第四世钱喆。又李最欣从上海图书馆所藏清光绪二十一年(1895)丁氏嘉惠堂重刻本中辑录钱中孚一篇《吴越备史跋》,文曰:"大宋嘉祐元年(1056)丙申岁正月七日,四代孙、朝奉郎、守尚书刑部郎中、集贤殿修撰、知梓州军州事、兼管内桥道使、提举戎泸等七州贼盗甲兵、专勾当汭溪夷人公事、上护军、赐紫金鱼袋钱中孚写。"② 可知钱中孚本人自称"四代孙",然《吴越备史》钱俨是其祖辈,则所谓"四代孙"当就钱镠而言,即以钱镠子辈为第一代,故钱中孚为第四代。

钱昱二子一女。

长子钱涉。见第四世钱昱。

次子钱绛。见第四世钱昱。陈襄《夫人吴氏墓志铭》曰:"礼宾副使知凤州钱公讳绛之室南宫县君吴氏,盖夫人之族也。念其子大理寺丞讳访之贤,难所以配者。习知夫人所为,隆爱之,遂以为大理君之配。……我夫人始三十七岁而大理君早世,家益困,诸孤累然。二子长文、长卿,尚稚未有所识。……熙宁三年十月三十日,以疾终,享年六十八。子七人。三男:长曰长文,屡荐于有司;次曰长卿,秘书省著作佐郎、御史台主簿、枢密院编修《经武要略》兼删定诸房例册;次曰长倩,早亡。四女:

---

① (宋)王安石:《内殿崇班钱君墓碣》,《王文公文集》卷九七,上海人民出版社,1974,第997~998页。

② 李最欣:《钱氏吴越国文献和文学考论》,中国社会科学出版社,2007,第31页。

长适舒州望江县令姚琪；次适西安詹玠；次适剑南西川节度推官、知桂州永宁县事贾逢，早亡；次适丹阳邵褒。孙男五人，曰辕、辙、轵、轸，一尚幼。孙女六人：长适太常寺奉礼郎魏漳，余尚幼。"① 由此可知，钱绛有子钱访，娶吴氏。钱访生三子：钱长文、钱长卿、钱长倩。又有五孙：钱辕、钱辙、钱轵、钱轸和尚幼未名者。另有四女、六孙女。

吴钱氏。陈襄《夫人吴氏墓志铭》曰："夫人姓吴氏，世为钱塘人。大父事吴越王至将相，归朝为刺史。考讳充，右侍禁、湖州兵马监押。妣钱氏，工部侍郎、赠刑部尚书讳昱之女。夫人于伦次最季，年十岁，而妣钱氏亡。"可知钱昱有女嫁吴充。

钱昆三子。

长子钱孟孙。见第四世钱昆。

次子钱孟荀。见第四世钱昆。

三子钱孟回。见第四世钱昆。

钱易二子一女。

长子钱彦远（1014～1050），字子高。见第四世钱易。《隆平集》《咸淳临安志》《宋史》皆立传。② 苏颂（1020～1101）为其撰《钱起居神道碑》，详述其子孙情况："夫人丁氏，故相晋公讳谓之孙，某官拱之女，累封苏国夫人，某年月日逝于子舍，合祔公穴。四男子：勰，翰林学士、朝议大夫；燮，朝奉大夫、通判临江军；龢，朝奉郎、通判陈州；临，以滑州韦城县主簿卒官。三女：长婿，奉议郎李之邵；次即升卿，今为朝请郎、知泰州；幼，西京军巡判官沈述。孙男十三人：杲卿宣德郎，东美瀛州防御推官，朝隐承事郎，并前进士；鲁望、端己，承务郎；寿朋、德舆、廷硕、宾王、伯言、君鱼、邠老、汝士，学进士业。孙女十人，婿皆士人。曾孙男女今三十一人。"可知钱彦远娶丁氏，有四子三女、十三孙十孙女、曾孙男女三十一人。孙男十三人中，据李纲《钱勰墓志》，杲卿、东美、朝隐、鲁望、端己、德舆、廷硕、伯言、君鱼等九人为钱勰之子；

---

① （宋）陈襄：《夫人吴氏墓志铭》，《古灵集》卷二〇。
② 《隆平集校证》卷一四《钱彦远传》，第 394～395 页；《咸淳临安志》卷六五《钱彦远传》，第 3941～3942 页；《宋史》卷三一七《钱彦远传》，第 10345～10346 页。关于钱彦远生年，池泽滋子《钱易年谱》以所谓"卒年五十七"系于淳化五年（994），见氏著《吴越钱氏文人群体研究》，第 193 页。然"五十七"当是"三十七"之误，盖钱彦远于天圣四年（1026）钱易卒时，仅十三岁，即《钱起居神道碑》所谓"弱岁而孤"。

据周紫芝（1082~1155）《钱燮墓志》，邠老、汝士为钱燮之子；又据后文对第七世钱寿昌的考证，钱穌有子名寿昌，或即寿朋；至于宾王，或为钱临之子。①

次子钱明逸（1015~1071），字子飞。见第四世钱易。《咸淳临安志》《宋史》皆有传。② 又据王钦若《王氏谈录》，钱明逸娶宋绶女。③

张钱氏。苏颂《彭城县君钱氏墓志铭》曰："元丰七年二月，扬州天长县主簿、充南京国子监教授张康伯昆弟，既终其母彭城县君钱氏之丧，以尊公前利州转运判官通直君之命，举葬于江都县东兴乡冯家原先茔之右域。卜用明年正月己酉襄事吉，出其叔舅右司郎中穆甫状，邀铭于所知。予与张氏世姻也，而通家有旧，故谇行载笔，得其详焉。夫人系出钱塘，以曾祖吴越国王讳俶始葬会稽，子孙遂占名数于彼。祖讳易，翰林学士，累赠太尉。考讳彦远，起居舍人、知谏院，赠工部尚书。母济阳县太君丁氏，故相晋公之孙女也。初，夫人之姑真宁县太君既归张氏，为太常博士集贤校理讳宗古之配。不幸集贤早世，尚书念女兄之釐居，故以夫人许嫁其中子升卿公翊，即通直君也。……女子一，适其弟之子鲁望。张、钱通婚，盖三世矣。"④ 可知钱易有女真宁县太君嫁张宗古，又有孙女嫁张公翊，孙女又有女返嫁钱勰子钱鲁望。其中"叔舅右司郎中穆甫"当即钱勰。

钱昭晟一子：钱穆。见第四世钱昭晟。

钱惟濬二子。

长子钱守吉。见第四世钱惟浚。

次子钱守让，字希仲。见第四世钱惟浚。

钱惟治四子。

钱丕，字简之。见前文第四世钱惟治。不知第几子，姑置于前。

钱某。见第四世钱惟治。

---

① （宋）苏颂：《钱起居神道碑》，《苏魏公文集》卷五二，第794页；（宋）李纲：《宋故追复龙图阁直学士赠少师钱公墓志铭》，《李纲全集》卷一六七，第1547页；（宋）周紫芝：《钱随州墓志铭》，《太仓稊米集》卷七〇，《文渊阁四库全书》本。柳立言误德舆为德兴。

② 《咸淳临安志》卷六五《钱明逸传》，第3942页；《宋史》卷三一七《钱明逸传》，第10346~10348页。

③ （宋）王钦臣：《王氏谈录》"相知之厚"条，《全宋笔记》第三编第三册，大象出版社，2008，第15页。

④ （宋）苏颂：《彭城县君钱氏墓志铭》，《苏魏公文集》卷六二，第952页。

钱某。见第四世钱惟治。

钱某。见第四世钱惟治。

钱惟渲一子：钱象舆。欧阳修（1007~1072）《右监门卫将军夫人金堂县君钱氏墓志铭》曰："夫人姓钱氏，余杭人也。曾祖吴越忠懿王俶，祖卫州防御使惟渲，父文思副使象舆。……年十有四，以选为右监门卫将军世准之配，封金堂县君。"① 可知钱惟渲有子钱象舆，有孙女嫁宗室赵世准。

钱惟演兄子一人：钱仙芝。据《续资治通鉴长编》，天禧五年（1021）九月，"以前知临海县事钱仙芝充馆阁校勘，从其季父惟演之请也"。② 可知钱仙芝为钱惟演兄子，或为无子嗣记录的钱惟灏、钱惟溍二人中某一人之子。又沈辽《钱羔羊墓志》："君讳羔羊，字升卿。故吴越王诸孙。父曰先芝，校书集贤院，任为太祠郎。初调乌程、桐庐二县尉，迁宁德令。……熙宁六年（1073）十一月初六，其妻仁和县君张氏先卒。后五日，升卿卒。……五男：广国、靖国、辅国、康国、充国为嗣。"③ 此处先芝，当即钱仙芝，盖校书集贤院，即钱仙芝曾任之集贤校理，所谓馆阁校勘也。

钱惟演十一子一女。

关于钱惟演子辈，《隆平集·钱惟演传》谓有"子暧、晦、昕、昉、曦、晒、晔、曈、眈、晚、曜"，《宋史·钱惟演传》谓有"子暧、晦、暄"。④ 其中《隆平集》"暧"即《宋史》"暧"，而《宋史》"暄"不知是《隆平集》中哪一子。据明人王直（1379~1462）《礼部右侍郎谥文肃钱公神道碑》曰："公讳干，字习礼。吴越武肃王镠之后。初，吴越归宋，子孙皆显仕。其为吉州防御使曰惟济，子昕，遂家庐陵。"⑤ 去宋不远，若得其实，则《隆平集》诸子中钱昕实为钱惟济子，而钱暄适可填入钱惟演诸子行列，为其第三子。

---

① （宋）欧阳修：《右监门卫将军夫人金堂县君钱氏墓志铭》，《欧阳修全集》卷三七，中华书局，2001，第551页。
② 《续资治通鉴长编》卷九七"真宗天禧五年九月庚子"条，第2255页。
③ （宋）沈辽：《云巢编》卷一〇，收入《宋代传状碑志集成》第8册，第3991~3992页。
④ 《隆平集校证》卷一二《钱惟演传》，第347页；《宋史》卷三一七《钱惟演传》，第10342页。
⑤ （明）王直：《礼部右侍郎谥文肃钱公神道碑》，《抑庵文集》后集卷二四，《文渊阁四库全书》本。

长子钱暧（992~1047）。娶仁宗郭皇后妹郭氏。①

次子钱晦，字明叔。《宋史》有传，谓其"以大理评事娶献穆大长公主女"。据《续资治通鉴长编》，"晦娶驸马都尉李遵勖女，即冀国大长公主所生也"，则姓李氏。马天宝按《宋史》本传整理其生平。② 蔡襄撰有钱李氏（1010~1052）墓志，详载其子嗣："子三人：曰景初，光禄寺丞；景裕，大理评事；其季早夭。女适右班殿直赵思复，封寿安县君，先主二年而亡。孙男四人。"③

三子钱暄（1018~1085），字载阳。《咸淳临安志》《宋史》有传。④娶胡氏（1015~1090），范祖禹（1041~1098）为胡氏撰墓志，详载其子孙："子男十二人：景杰，成都府温江尉，早卒；景略，右朝奉郎；景历，右奉议郎，先夫人而亡；景升，右朝散郎；景茱，右宣德郎；景孺，保静军节度推官；景勋，复州玉沙县令；景规，集庆军节度推官；景臻，随州观察使、驸马都尉；景振，右班殿直；景持、景特，皆右承务郎。女二人：长适朝散大夫、少府少监吕希绩；次亡。孙男女四十四人：忱，右骐骥副使，及次男，宜春郡主，及次女，皇家所自出也；恢，前汝州司理参军；恺、博，皆右班殿直；怿，潞州司理参军；悌，颍昌府法曹参军；愔，陈州司理参军；愉，太庙斋郎；忨、慎，憎，皆假承务郎；懈、忻，恂、惕、忒、恽、愒、悟、憯，未仕；二未名。女适宗室右卫率府副率令珂，次适右班殿直夏大章，次适宗室右千牛卫将军令珪，余在室。曾孙男女六人。"⑤ 其中钱景臻为驸马都尉，故孙男女中先述钱景臻子钱忱及宜春郡主等四人。

---

① 《宋史》卷三一七《钱惟演传》："惟演既与刘美亲，又为其子暧娶郭后妹。"（第10341~10342页）
② 《宋史》卷三一七《钱晦传》，第10342~10343页；《续资治通鉴长编》卷一〇四"仁宗天圣四年二月己未"条，第2401页；马天宝：《北宋吴越钱氏后裔——钱惟演研究》，第7页。马天宝标记钱暧约生于980年，钱晦约生于982年，不知何据，误甚，盖977年钱惟演方生。
③ （宋）蔡襄：《延安郡主李氏墓志铭》，《蔡襄集》卷三九，上海古籍出版社，1996，第708~710页。
④ 《咸淳临安志》卷六五《钱暄传》，第3940页；《宋史》卷三一七《钱暄传》，第10343页。
⑤ 《宋会要辑稿·帝系八·驸马》，元丰"二年二月五日，诏：韩国大长公主姑、少府监钱暄妻、同安郡君胡氏，可特进封永嘉郡夫人"。第188页。（宋）范祖禹：《安康郡太夫人胡氏墓志铭》，《范太史集》卷四二，《文渊阁四库全书》本。

四子钱昉。

五子钱曦。

六子钱晌。

七子钱晔。

八子钱瞳。

九子钱眈。

十子钱晥。点校本《续资治通鉴长编》元祐三年（1088）两处载"钱晚"，文渊阁四库全书本皆作"钱晥"，当即钱惟演子。又谓其"亦是吕公著姻家"，可知与吕氏通婚。①

十一子钱曜。

刘钱氏。钱景谌撰有《宋故朝请郎守大理寺丞致仕刘君墓志铭并序》一方，2011年收缴于陕西省户县大王镇黄家庄前进砖厂。据志文，墓主刘绛，字子武，户县人，钱惟演女婿，熙宁八年（1075）卒。②可知，钱惟演有女嫁与刘绛。此外，柳立言、马天宝据文海出版社影印《东都事略·钱惟演传》谓钱惟演有女嫁丁谓子，然据笔者查阅，《东都事略》仅曰"与讲姻好"，未知其详。③唯丁谓有孙女嫁与钱彦远，见前文。

钱惟济二子。

钱暎。晁补之（1053~1110）《钱禹卿墓志》曰："有讳禹卿，字仲谟者，天下兵马大元帅、尚书令、兼中书令、秦国忠懿王讳俶之曾孙，保静军节度观察留后、赠太尉、宣惠公讳惟济之孙，而中大夫讳暎之子也。……二子：諒、诩。女嫁进士石仲坚。……其弟山南东道节度推官唐卿来曰：'吾母，君之从祖姑。而吾兄，君所知也，愿以数言藏其墓。'补之曰：'诺。'"④可知钱惟济支钱氏男性谱系为：钱惟济→钱暎→钱禹卿、钱唐卿→钱諒、钱诩。据墓志，亦可知钱暎娶晁氏。

---

① 《续资治通鉴长编》卷四一三"元祐三年八月乙未"条，第10039页；"辛丑"条，第10047页。

② 此志全文未见，出土信息见王亚周《陕西省户县发现宋代钱惟演女婿墓志》，中华人民共和国国家文物局网站，2011年8月24日，最后访问时间：2012年10月31日。

③ 柳立言：《北宋吴越钱家婚宦论述》，氏著《宋代的家庭和法律》，第122页；马天宝：《北宋吴越钱氏后裔——钱惟演研究》，第23、32页。感谢河南大学仝相卿博士提供文海出版社影印《东都事略·钱惟演传》复印件照片！

④ （宋）晁补之：《通直郎权通判环州事钱君墓志铭》，《鸡肋集》卷六五，《文渊阁四库全书》本。

钱昕。见前文。

钱亿一孙。

钱埙,字深云。《万姓统谱》曰:"钱埙,字深云。祖亿,宋乾祐间判明州,子孙遂家于鄞。"①

钱昭慈一子。

钱顺之。见第四世钱昭慈。娶丁氏。

钱俨子钱昭□一子。

钱某（987～1057）。见第四世钱昭□。

第六世

钱中孚一子:钱承。见第四世钱喆。

钱绛一子:钱访。见第五世钱绛。娶吴氏。

钱孟回一子一女。

钱知雄。叶适《钱之望墓志》:"公姓钱氏,讳之望,字表臣,常州晋陵人。曾祖孟回,殿中丞。祖知雄。父友,赠中散大夫。……令人何氏,后公四十二日卒,祔焉。子廷硕,早夭;廷玉,某官;廷瑞,某官;廷玠,某官。一女,先嫁戎知刚,再嫁某官。孙男二,孙女六。"② 可知此支钱氏男性谱系为:钱昆→钱孟回→钱知雄→钱友→钱之望→廷硕、廷玉、廷瑞、廷玠。

严钱氏。李中《严钱氏墓志》:"夫人姓钱氏,其先余杭人。唐末有大功,封国吴越。曾叔祖忠懿王纳土本朝,遂为开封府之开封人。曾祖讳倧,袭吴越国王。祖讳昆,谏议大夫,以秘书监致仕。考讳孟回,守大理评事、通判顺安军。庆历中,廷评为将作监主簿,宰洪之丰城。夫人方十岁,性慧而孝,且敏于女功。廷评尤爱之,求大姓之良者而妻,得邑之太庙室长严君之子矩。又九年而归。"可知此女为钱孟回之女,嫁严矩。

钱彦远一女四子。

张钱氏（1030～1081）。见第五世张钱氏。嫁张公翊。

长子钱勰（1034～1097）,字穆父。见第五世钱彦远、张钱氏。《咸淳

---

① （明）凌迪知:《万姓统谱》卷二七《钱》,第 449 页。

② （宋）叶适:《华文阁待制知庐州钱公墓志铭》,《叶适集》卷一八,中华书局,1961,第 342～346 页。

临安志》《宋史》立传。李纲为其撰墓志，详述其子孙："公娶吕氏，故相文穆公蒙正之孙、龙图阁学士居简之女，封东平郡君，赠越国太夫人，先公五年卒，至是合祔焉。子男十二人：曰杲卿，朝请大夫致仕；曰东美，朝请郎，主管京东排岸司；曰朝隐，承议郎，通判袁州；曰鲁望，承务郎，京西转运司主管公事；曰端己，朝散大夫，知泰州；曰德舆，朝散大夫，行卫尉少卿；曰延硕，承事郎，监郓州酒务；曰伯言，左太中大夫，提举江州太平观；曰君鱼，将仕郎；曰伯牛，未仕；其二人早夭。女四人，长适朝奉大夫、诸王府侍讲句颖；次适朝奉大夫、通判大名府俞授；次适朝请大夫、荆湖北路转运判官应通；次适端明殿学士、左通奉大夫、提举嵩山崇福宫王孝迪。孙男十八人：曰净、曰浧；曰渻，迪功郎、权国子博士；曰涌；曰衍，迪功郎、代州繁峙县主簿；曰灏、曰沇、曰滨；曰溥，秉义郎；曰浑（原书按：《四库》作'潭'）、曰潜、曰涛；曰洵，将仕郎；曰湜，右儒林郎；曰淳；曰温，右承务郎；曰注，右宣义郎；曰浒。孙女二十三人。"① 可知钱勰娶吕氏，有十二子四女、十八孙二十三孙女。其中十二子中，两人早夭，故仅十子，又有九人名字亦见于苏颂《钱彦远神道碑》，唯钱伯牛不见，当是钱彦远去世后方才出生。十八孙加二十三孙女共四十一人，当与《钱彦远神道碑》所载曾孙男女三十一人有很大一部分重合，今以此处为准。此外，钱勰诸孙不知各是谁子，仅钱渻可考，见下文第八世。关于钱勰生平，可参考池泽滋子《钱勰年谱》。②

次子钱燮（1045～1098），字弼世。见第五世钱彦远。周紫芝为其撰墓志，详述其子女："公娶陈氏，故相尧佐之孙，兵部郎中道古之女，先公十五年而亡，于是合祔焉。生二子：将仕郎汝士，隆德府黎城县尉；邻老，儒林郎，怀州武陟县丞。女六人：长嫁进士马与次，早亡；次归瀛州防御推官、监开封府陈留县酒税朱从悌；次归假将仕郎姚衍；次归进士邹希燮；未嫁者二人。"③ 可知钱燮娶陈氏，有二子六女。

三子钱龢，字嵒甫（嵒仲）。见第五世钱彦远。《咸淳临安志》有传，

---

① 《咸淳临安志》卷六五《钱勰传》，第 3942 页；《宋史》卷三一七《钱勰传》，第 10349～10350 页；（宋）李纲：《宋故追复龙图阁直学士赠少师钱公墓志铭》，《李纲全集》卷一六七，第 1547～1548 页。

② 〔日〕池泽滋子：《钱勰年谱》（上），《吴越钱氏》第 4 期，2010，第 33～42 页；〔日〕池泽滋子：《钱勰年谱》（中），《吴越钱氏》第 5 期，2010，第 34～43 页；〔日〕池泽滋子：《钱勰年谱》（下），《吴越钱氏》第 6 期，2011，第 14～21 页。

③ （宋）周紫芝：《钱随州墓志铭》，《太仓稊米集》卷七〇。

谓其"字邑甫,一作邑仲"。① 秦观(1049~1100)《送钱秀才序》所送钱节,据秦观所述,为"吴越文穆王之苗裔、翰林之孙、起居之子",亦即钱龢,疑后以字邑甫行,同音简化为节。②

四子钱临。见第五世钱彦远。

钱穆一女:刘钱氏(1004~1076)。嫁刘凝之。见第四世钱昭晟。

钱守让一子:钱恕。见第四世钱惟浚。娶长安县主赵氏。

钱象舆一女:赵钱氏(1030~1057)。见第五世钱象舆。嫁赵世准。

钱仙芝一子:钱羔羊(?~1073),字升卿。见第五世钱仙芝。

钱暧五子五女。

长子钱景纯(钱景谌)。《宋史》为钱景谌立传,谓其为"景臻之从兄"也,可知钱景谌为钱暄某兄之子。③ 钱景谌与其弟钱景诜皆从景从言,而钱晦子钱景祥不从言,则景谌、景诜当为钱暧子。至于钱暧是否仅有此二子,据新出《钱暧墓志》,可知钱暧有五子五女:"丈夫子五人曰:景纯,西班供奉官;景绅,方学;景纾,三班奉职;景纶、景纮,尚幼。女子五人:长适试将作监主簿徐伸,次适皇再从侄、右屯卫将军克谌,三未笄。"④ 结合《宋史》和墓志,可知钱景谌、钱景诜似因钱暧次女适宗室赵克谌而改名钱景纯、钱景绅,因音近也。又可知钱暧实有五子五女。

次子钱景绅(钱景诜)(1035~1071),字彦祖。钱景谌为其撰墓志,谓其为"尚父、秦国忠懿王之曾孙,丞相、文僖公之孙,右领军卫大将军之子,而吾之母弟也。……二子:蒙、履,继又蒙死。二女:一嫁王扶,一又死"。⑤ 可知是钱景谌同母弟。另外,钱暧墓志写作钱景绅在前,而钱景绅(钱景诜)墓志写作钱景诜在后,似又改回名字。

---

① 《咸淳临安志》卷六五《钱龢传》,第3943页。
② (宋)秦观:《送钱秀才序》,《秦观集编年校注》卷二四,人民文学出版社,2001,第526~527页。秦观又有《寄钱节》一诗,周义敢(1929~2009)等校注谓钱节为钱俶之后,误,见卷七,第153~154页。
③ 《宋史》卷三一七《钱景谌传》,第10348页。
④ 何新所:《新出吴越钱氏墓志:钱惟演子钱暧墓志浅释》,新浪博客"大宋金石录",http://blog.sina.com.cn/s/blog_de5296c70102weg7.html,2016年10月31日,最后访问时间:2018年7月20日。
⑤ (宋)钱景谌:《宋故左侍禁钱君墓志铭并序》,洛阳市第二文物工作队编《洛阳新获墓志续编》二八六,科学出版社,2008,第287页。李献奇对此亦有简单考释,唯未参据《隆平集·钱惟演传》,见李献奇《北宋钱景诜、钱文楚墓志摭谈》,《中原文物》1998年第2期,第91~94页。

三子钱景纾。见前文。

四子钱景纶。见前文。

五子钱景纮。见前文。

长女徐钱氏。见前文。嫁徐伸。

次女赵钱氏。见前文。嫁赵克谌。

余三女不详。

侄一人。

钱景禋。见《钱暧墓志》，为该志书人。

钱晦三子一女。

长子钱景初。见第五世钱晦。

次子钱景裕。见第五世钱晦。钱景裕有书丹《沈邈墓志》一方，收入《河洛墓刻拾零》《宋代墓志辑释》，衔署"朝奉郎、尚书虞部员外郎、上骑都尉"。①

三子钱景祥，字孺文。前文据蔡襄《钱李氏墓志》可知钱晦第三子早夭，然范祖禹《左班殿直妻钱氏墓志铭》曰："君钱氏，高祖吴越忠懿王；曾祖惟演，英国公；祖晦，赠定武军节度使；父景祥，右宣德郎。君年十五，嫁宗室、左班殿直令憚。"② 可知钱晦有一子钱景祥，孙女则嫁赵令憚。此钱景祥与景初、景裕皆从衣、从示，可知或即早夭之子。又黄䇮《山谷年谱》卷一九注黄庭坚《同钱志仲饭籍田钱孺文官舍》，曰："志仲名㲉，孺文名景祥。"③ 知景祥字孺文。至于钱㲉，或亦吴越钱氏子弟，唯不知其详。此外，若钱景祥有女儿，则又不可谓之早夭，疑其并非亲子，或为过继而来。钱景祥又有钱昷、钱旦二子，墓志出土于洛阳。④

赵钱氏。见第五世钱晦。嫁赵思复。

钱暄十二子二女。

长子钱景杰。见第五世钱暄。

次子钱景略。见第五世钱暄。

---

① （宋）陆经：《宋故朝散大夫尚书刑部郎中充天章阁待制知延州军州事兼管内劝农使充鄜延路马步军都总管经略安抚使上轻车都尉吴兴县开国男食邑三百户赐紫金鱼袋赠工部侍郎沈公墓志铭》，《河洛墓刻拾零》四九三，第674页。

② （宋）范祖禹：《左班殿直妻钱氏墓志铭》，《范太史集》卷四八。

③ （宋）黄䇮：《山谷年谱》卷一九，《文渊阁四库全书》本。

④ 胡耀飞：《传世与出土：吴越国、两宋时期吴越钱氏家族碑志整理》，已收入本书。

三子钱景历。见第五世钱暄。娶张宗雅第三女。①

四子钱景升。见第五世钱暄。陈恬《钱愲墓志》："曾祖讳惟演，泰宁军节度使、同中书门下平章事、英国公。祖讳暄，中大夫、宝文阁待制、赠太师。考讳景升，朝散郎。……娶向氏，朝散大夫宗哲之女，前君一年卒。子男二人，曰拱之，曰撨之，皆举进士。女二人，未嫁。"可知钱景升为钱暄之子，有子钱愲，有孙拱之、撨之。

五子钱景荚，字德父。见第五世钱暄。其字见贺铸（1052~1125）《食荚实作》诗序："庚申六月，邯郸郡从事钱景荚德父席上赋。"②

六子钱景孺。见第五世钱暄。

七子钱景勋。见第五世钱暄。

八子钱景规。见第五世钱暄。

九子钱景臻（？~1126），字道邃。见第五世钱暄。娶仁宗第十女秦鲁国贤穆明懿大长公主（1057~1142）。③据下文第七世钱恺，则又娶田氏。其字本无记载，钱曾（1629~1701）《读书敏求记》记此书时谓："彭城王讳景臻，字道邃，冀国第九子。"④或从家谱文献得之。

十子钱景振。见第五世钱暄。

十一子钱景持（？~1130）。见第五世钱暄。以桃源知县殁于钟相战事。⑤

十二子钱景特。见第五世钱暄。

长女吕钱氏。见第五世钱暄。嫁吕希绩。

次女钱氏。见第五世钱暄。

钱惟演某子一子：钱景直。据钱功《澹山杂识》"族婶凶虐"条"余有族叔景直供奉，取宗室女"之语，"东坡借砖"有"某年十三岁时，见东坡过先君"之语，疑作者钱功为与苏轼相交甚深之钱勰之子，钱景直则为钱惟演孙辈，于钱功为正族叔辈也。⑥

---

① （宋）陈襄：《崇国太夫人符氏墓志铭》，《古灵集》卷二〇，《文渊阁四库全书》本。
② （宋）贺铸：《食荚实作》，《庆湖遗老诗集》卷二，《文渊阁四库全书》本。
③ 公主传见《宋史》卷二四八《秦鲁国贤穆明懿大长公主传》，第8777页；公主卒年见《宋史》卷三〇《高宗纪七》，第557页。
④ （清）钱曾：《读书敏求记》卷二《史》，《丛书集成初编》本，商务印书馆，1936，第35页。
⑤ 《建炎以来系年要录》卷三一"建炎四年二月己亥"条，第616页。
⑥ 《澹山杂识》已佚，陶宗仪《说郛》一百二十卷本卷二八收录七条，《说郛三种》，上海古籍出版社，1988，第1344~1345页。

钱暎二子。

钱禹卿（1033~1082），字仲谟。见第五世钱暎。

钱唐卿。见第五世钱暎。

钱惟济一孙。

钱评卿。钱评卿《宋钱贡士墓志》曰："父朝奉郎赐绯鱼袋评卿撰并书。吾儿姓钱氏，名文楚，字俊升。家世钱塘人。尚父、忠懿王奉图籍归朝，因家京师焉。……以宣和五年三月十三日，归葬于河南府洛阳县贤相乡陶牙村，祔先太尉之茔，礼也。"李献奇《北宋钱景诜、钱文楚墓志撷谈》一文对此墓志有考释，然有两处错误。第一，李文曰"撰志者钱评卿，名讳第一字为'言'字部首字，似当和钱景诜为从兄弟"，以双名首字和末字偏旁相同而认定为从兄弟，似显夸张，两人不一定为从兄弟。据前文第五世钱暎所引晁补之《钱禹卿墓志》，钱惟演弟钱惟济之孙禹卿、唐卿以"卿"字排行，则评卿或钱惟济之孙辈。虽钱景诜为钱惟演之孙，钱评卿或确与钱景诜为从兄弟，然不能因双名首字"评"与双名末字"诜"同偏旁而认定二人为从兄弟也。第二，李文曰"《宋史》钱氏无官衔'太尉'者，这里'先太尉'系指钱惟演。钱惟演官'崇信军节度使'，晚唐至宋，太尉亦作为对一般武将的尊称"。根据晁补之《钱禹卿墓志》，则钱惟济即被赠太尉，若钱评卿确为钱惟济孙辈，则"太尉"当指钱惟济。①

钱顺之一子：钱藻（1022~1082），字纯老。见第四世。曾巩为其撰墓志铭。《东都事略》《咸淳临安志》《宋史》皆有传，后二者谓其字"醇老"，与墓志铭不同，然纯、醇可通。②《宋史》又谓钱藻为"明逸之从子"，考《钱藻墓志》所载"公幼孤，家贫母嫁，既长，还依其族之大人"，可知钱藻所依从之族大人即钱明逸。池泽滋子"北宋吴越钱氏略系图"直接列为钱明逸之子，误。③ 钱藻娶孙氏。

钱俨孙钱某四子。

长子钱淇。见第四世钱某。

---

① （宋）钱评卿：《宋钱贡士墓志》，《洛阳新获墓志续编》二九五，第296页。李献奇：《北宋钱景诜、钱文楚墓志撷谈》，第91~94页。
② 《东都事略》卷四八《钱藻传》；《咸淳临安志》卷六五《钱藻传》，第3943页；《宋史》卷三一七《钱藻传》，第10348页。
③ 〔日〕池泽滋子：《吴越钱氏文人群体研究》，第184页。

次子钱沂。见第四世钱某。

三子钱沃。见第四世钱某。

四子钱溥。见第四世钱某。

第七世

钱承一女：郑钱氏（1068~1126）。见第四世钱喆。嫁郑绛。

钱访三子。

钱长文。见第五世钱绛。

钱长卿。见第五世钱绛。

钱长倩。见第五世钱绛。

钱访四女。

姚钱氏。见第五世钱绛。嫁姚琪。

詹钱氏。见第五世钱绛。嫁詹玠。

贾钱氏。见第五世钱绛。嫁贾逢。

钱氏。见第五世钱绛。

钱知雄一子。

钱友。见第六世钱知雄。

钱勰十子四女。

长子钱杲卿。见第五世钱彦远、第六世钱勰。黄𥫗《山谷年谱》卷六注黄庭坚《送钱一杲卿》一诗，曰："诗中有'冷官困北门'之句。杲卿乃穆父内翰长子，黄师是之妹夫。时师是为河北漕，钱时在外舍。师是名实。"① 可知钱杲卿娶黄氏。

次子钱东美，字倩仲。见第五世钱彦远、第六世钱勰。魏齐贤、叶棻《五百家播芳大全文粹》收有苏轼《与钱待制帖》："倩仲、蒙仲昆仲，不克一别，意甚不足。侍奉外，千万珍爱。蒙仲更砺赋笔，遂取魁甲，至望旦夕入文字，乞郡江湖之东，行亦得之。但恨会稽为君家所夺耳，呵呵！"可知钱倩仲、钱蒙仲为兄弟，钱待制即钱勰。钱蒙仲据施元之注苏轼《次韵秦少章和钱蒙仲》"钱蒙仲，穆父子"，可知其为钱勰之子，则钱倩仲当

---

① （宋）黄𥫗：《山谷年谱》卷六。

亦钱镠之子。两人倩仲在前为兄，蒙仲为弟。① 此倩仲或即钱东美，盖苏舜钦字子美，亦字倩仲，钱东美字倩仲亦合名字相从原则也。

三子钱朝隐。见第五世钱彦远、第六世钱勰。

四子钱鲁望，字蒙仲。见第五世钱彦远、第六世钱勰。娶张氏。据晚唐陆龟蒙字鲁望可知，此钱鲁望当即前文所述钱蒙仲。有子钱溍，详见第八世。

五子钱端已。见第五世钱彦远、第六世钱勰。

六子钱德舆。见第五世钱彦远、第六世钱勰。

七子钱延硕。见第五世钱彦远、第六世钱勰。

八子钱伯言（？~1138），字逊叔。见第三世钱弘倧、第五世钱彦远、第六世钱勰。据《建炎以来系年要录》，卒于绍兴八年（1138）。② 其字"逊叔"见于建炎四年（1130）零陵澹山岩题记："右《零陵澹山岩》二首，建炎四年庚戌仲冬朔，会稽钱伯言逊叔题。承奉郎、权零陵县丞杨临上石。"③ 据胡寅《江氏墓表》，钱伯言"前室硕人郑氏"。④

九子钱君鱼。见第五世钱彦远、第六世钱勰。

十子钱伯牛。见第六世钱勰。

长女句钱氏。见第六世钱勰。嫁句颖。

次女俞钱氏。见第六世钱勰。嫁俞授。

三女应钱氏。见第六世钱勰。嫁应通。

四女王钱氏。见第六世钱勰。嫁王孝迪。

疑钱勰子。

钱功。见第六世钱景直。此人疑为钱勰子，当是上文十子之一。又据其撰《澹山杂识》，则或与钱伯言亦有关联。明末清初黄扶孟《字诂》曰"又钱功父《澹山杂识》云"，则功父二字当是字。⑤

钱爕二子六女。

---

① （宋）苏轼：《与钱待制帖》，（宋）魏齐贤、叶棻《五百家播芳大全文粹》卷六四，《文渊阁四库全书》本；（宋）苏轼：《次韵秦少章和钱蒙仲》，苏轼撰，王文诰辑注《苏轼诗集》卷三一，中华书局，1982，第1643页。

② （宋）李心传：《建炎以来系年要录》卷一二四"绍兴八年十二月乙丑"条，中华书局，1956，第2013页。

③ （宋）陆增祥：《八琼室金石补正》卷九五《宋十四》，《石刻史料新编》第1辑第8册，台北：新文丰出版公司，1977，第5542页。

④ （宋）胡寅：《吴越国济阳郡夫人江氏墓表》，第570页。

⑤ （明）黄扶孟：《字诂》，《文渊阁四库全书》本。

长子钱汝士。见第六世钱爕。

次子钱邠老。见第六世钱爕。

长女马钱氏。见第六世钱爕。嫁马与次。

次女朱钱氏。见第六世钱爕。嫁朱从悌。

三女姚钱氏。见第六世钱爕。嫁姚衍。

四女邹钱氏。见第六世钱爕。嫁邹希爕。

五女钱氏。见第六世钱爕。钱爕死时未嫁。

六女钱氏。见第六世钱爕。钱爕死时未嫁。

钱鯀一子。

钱寿朋,字耆仲。见第五世钱彦远。《钱彦远神道碑》载其有孙名寿朋,而钱鯀于湖南祁阳浯溪有行书题名曰:"会稽钱鯀昌甫,大观戊子(1108)□月廿二日雨过□□,□同祁阳宰戴孚中道纯、中宫寺伯新禅老游,男寿昌侍。"[1] 疑寿昌即寿朋,"昌""朋"二字亦易混,则寿朋即钱鯀子。

钱羔羊五子。

长子钱广国。见第五世钱仙芝。

次子钱靖国。见第五世钱仙芝。

三子钱辅国。见第五世钱仙芝。

四子钱康国。见第五世钱仙芝。

五子钱充国。见第五世钱仙芝。

钱景绅二子二女。

长子钱蒙。见第六世钱景绅。

次子钱履。见第六世钱景绅。

王钱氏。见第六世钱景绅。嫁王扶。

钱氏。见第六世钱景绅。

钱景升有一子钱幍。

钱晦四孙。

见第五世钱晦。钱李氏去世前数目,名字皆不详。

钱景祥二子一女。

长子钱昷(1076～1099),字彦恭。见第六世钱景祥。

---

[1] (宋)陆增祥:《八琼室金石补正》卷九〇《宋九》,《石刻史料新编》第 1 辑第 8 册,第 5467 页。

次子钱旦（1082～1101），字彦周。见第六世钱景祥。

赵钱氏（1073～1089）。见第六世钱景祥。嫁赵令懘。

钱景臻四子二女。

长子钱忱（约1080～1161），字伯诚。见第五世钱暄、第六世钱景臻。《嘉定赤城志》有传。又因其为秦鲁国大长公主所生，《宋史》入外戚传。娶唐介（1010～1069）孙女、晁迥（951～1034）外孙女。①

中子钱愕（？～1128）。见第五世钱暄。前引范祖禹《钱胡氏墓志》曰"忱，右骐骥副使，及次男，宜春郡主，及次女，皇家所自出也"，可知钱忱之下尚有一次男亦秦鲁国大长公主所生。又据《宋史》长公主本传，"建炎初，复公主号，改封秦、鲁国。避地南渡，贼张遇掠其家，中子愕被害"，则所谓次男或即中子愕。

三子钱恸。《宋史》长公主本传曰："时主有三子，恸、恺非己所出，故独厚于忱。"② 可知钱恸、钱恺非秦鲁国大长公主所生，然亦钱景臻子。

四子钱恺。见上。生母田氏。③

长女宜春郡主。见上。秦鲁国大长公主所生。元丰五年（1082）正月封宜春郡主。④

次女钱氏。见上。秦鲁国大长公主所生。

钱暄其余孙子、孙女。

钱恢。见第五世钱暄。

钱悼。见第五世钱暄。

钱怿。见第五世钱暄。

钱悌。见第五世钱暄。

钱愲。见第五世钱暄、第六世钱景升。

钱愉。见第五世钱暄。

钱忙。见第五世钱暄。

钱慎（稹）。钱慎见第五世钱暄，此人疑即钱稹。曾黯《宋故夫人石

---

① （宋）陈耆卿：《嘉定赤城志》卷三四《钱忱传》，《宋元方志丛刊》第7册，第7550页；《宋史》卷四六五《钱忱传》，第13588～13589页。
② 《宋史》卷二四八《秦鲁国贤穆明懿大长公主传》，第8777页。
③ 《建炎以来系年要录》卷一七一"绍兴二十六年正月戊辰"条："诏昭化军承宣使、知阁门事钱恺所生母太硕人田氏，特封永国太夫人。"（第2810页）
④ 《续资治通鉴长编》卷三二二"神宗元丰五年正月"条，第7760页。

氏墓铭》:"曾黯之侄坚来曰:'坚之外祖钱公植,吴越忠懿王六世孙,自天台徙居剡之长乐里,年五十三而卒,因葬于礼义乡上严村。……'黯因念家与钱氏世联姻好,曾祖母益国夫人,实翰林学士穆父孙,与钱公俱出文穆王裔。黯从弟烝,又娶钱公女。……今钱公于丞相象祖为从父行,谱牒盖可考也。"① 又钱时《有宋曾从事夫人钱氏墓志铭》:"益国,吴越逊王曾孙文肃公之孙女。……道州守讳棠,其仲子子也。……道州与子从事烝。……从事夫人亦且徂谢……二子堃、坚请益力,因念夫人忠懿王七世孙。……曾祖讳积,朝散大夫、通判无为军。祖讳介之,文林郎、保宁军节度推官。父讳植,母石氏。"② 综合曾黯、钱时的记载,钱积、钱介之、钱植祖孙三代属于忠懿王支,钱植女儿嫁曾烝,生子曾堃、曾坚。钱植于钱象祖为从父行,亦可从下文得到确证。此外,曾黯、曾烝为兄弟行,二人的曾祖母益国夫人钱氏为文肃公钱勰(穆父)孙女,属于忠逊王支,另见第八世钱勰孙女。

钱愔。见第五世钱暄。

钱懈。见第五世钱暄。

钱忻。见第五世钱暄。

钱恂。见第五世钱暄。

钱惕。见第五世钱暄。

钱忒。见第五世钱暄。

钱恽。见第五世钱暄。

钱愲。见第五世钱暄。

钱悟。见第五世钱暄。

钱㦧。见第五世钱暄。

又二孙于钱胡氏去世时尚未命名。

赵钱氏。见第五世钱暄。嫁赵令珂。

夏钱氏。见第五世钱暄。嫁夏大章。

赵钱氏。见第五世钱暄。嫁赵令珪。

钱端礼从叔父一人。

钱稔。见第八世钱端礼。其为钱端礼从弟钱徽之之父,则于钱端礼为

---

① (宋)曾黯:《宋故夫人石氏墓铭》,《宋代传状碑志集成》,第 7369 页。
② (宋)钱时:《有宋曾从事夫人钱氏墓志铭》,会稽金石博物馆编《宋代墓志》,西泠印社出版社,2018,第 117 页。

从叔父。

疑钱暄孙辈一人。

钱悦，字稷臣。刘一止（1078~1160）《刘一止集》卷二四《钱氏〈箕裘集〉序》："右钱氏《箕裘集》，武肃王之六世孙名悦字稷臣者之所作也。"① 此处谓钱悦为六世孙，当排除钱镠而计，即钱悦为第七世。悦字从心，又与钱暄诸孙同，故系于此。

钱禹卿二子一女。

长子钱谅。见第五世钱暎。

次子钱诩。见第五世钱暎。

石钱氏。见第五世钱暎。嫁石仲坚。

钱评卿一子。

钱文楚（？~1123），字俊升。见第六世钱评卿。钱评卿为其撰墓志，然未详其生卒，以宣和五年（1123）三月葬，约卒于此年。

钱藻三子。

长子钱某。早逝，见第四世钱昭慈。

次子钱某。早逝，见第四世钱昭慈。

三子钱皞。见第四世钱昭慈。陈耆卿《钱抚墓志》曰："公，吴越钱氏，讳抚，字子立。曾祖皞，提举河东路常平，赠太中大夫。祖讽，博古，隐山中，乡人所谓回溪先生者也。父毂，游太学，不第，赠奉议郎。钱氏自武肃王而下，距太中五世。太中宦西北，始去钱塘寓洛。更南渡，去洛寓嘉禾。嘉禾之钱，百年矣。……娶姚氏、庄氏、王氏。赠封皆安人。子曰源。女嫁进士俞梓，今沿海制置建之子也。"可知钱皞以下依次为：钱皞→钱讽→钱毂→钱抚→钱源。

第八世

钱中孚一曾孙。

钱涣。李最欣从上海图书馆所藏清光绪二十一年（1895）丁氏嘉惠堂重刻本中辑录钱涣《吴越备史跋》一则，文曰："大宋绍兴二年（1132）

---

① （宋）刘一止：《钱氏〈箕裘集〉序》，《刘一止集》卷二四，浙江古籍出版社，2012，第256页。

壬子岁六月二十七日，七代孙迪功郎、前河南府仪曹掾钱涣，伏睹曾祖（辑录者按，指四世孙钱中孚）修撰所传《吴越备史》于蔡子发家，遂取而归，复藏吾家焉。在临安府宝莲山寺题。"① 据李最欣按语，钱涣为钱中孚曾孙，所据盖"曾祖修撰"一语，指代钱中孚曾为集贤殿修撰。惜钱中孚与钱涣之间世系不详。

钱访四孙。

钱辕。见第五世钱绛。

钱辙。见第五世钱绛。

钱轵。见第五世钱绛。

钱轸。见第五世钱绛。

钱访六孙女。

魏钱氏。见第五世钱绛。嫁魏漳。

余五孙女不详。

钱友一子。

钱之望（1131～1199），字表臣。见前文第六世钱知雄。娶何氏。叶适撰其墓志，详列其四子一女和二孙六孙女。

钱勰十八孙二十三孙女。

钱净。见前文第六世钱勰。

钱涒，字伸伯。见第六世钱勰。凌迪知《万姓统谱》有传，曰："钱涒，字伸伯，海陵人，翰林学士勰之孙也。"② 然不知为钱勰何子之子。

钱洧（？～约1128），字子全。见前文第六世钱勰。张邦基《墨庄漫录》有记载其生平，曰："中表钱洧子全，穆父之孙，蒙仲之子。三岁丧父，自少刻苦，能立志好学，有节操。何栗榜（1115）登科，即丁母艰。及第十余年，未尝到官。试中学官，除济南府教授。车驾驻跸扬州，有荐权国子博士者，始入局。参谒长贰，方茶疾作，仆地，舆归，一夕而殂，竟无一日之禄，惜哉！命薄如此，可为奔求躁图之戒。"③ 可知其为钱鲁望之子，字子全。钱鲁望娶张氏，即张公翊之女，而张公翊之子张康伯又是张邦基的伯父，故钱洧与张邦基为表兄弟，张邦基称其为"中表"。另，宋高宗驻跸扬州主体时间在建炎二年（1128），可知钱洧于此年前后去世。

---

① 李最欣：《钱氏吴越国文献和文学考论》，第32页。
② （明）凌迪知：《万姓统谱》卷二七《钱》，第449页。
③ （宋）张邦基：《墨庄漫录》卷一"钱洎（洧）命薄"条，中华书局，2002，第49页。

钱涌。见第六世钱勰。

钱衍。见第六世钱勰。

钱灏。见第六世钱勰。

钱洓。见第六世钱勰。

钱滨。见第六世钱勰。

钱溥。见第六世钱勰。

钱浑（潭）。见第六世钱勰。

钱潜。见第六世钱勰。

钱涛。见第六世钱勰。

钱洵。见第六世钱勰。

钱湜。见第六世钱勰。

钱淳。见第六世钱勰。

钱温。见第六世钱勰。

钱注。见第六世钱勰。

钱浒。见第六世钱勰。

二十三孙女。大多不详。见第六世钱勰。其中一位孙女嫁曾几（1085~1166），封益国夫人。据曾黯《宋故夫人石氏墓铭》："黯因念家与钱氏世联姻好，曾祖母益国夫人，实翰林学士穆父孙。"① 又据钱时《有宋曾从事夫人钱氏墓志铭》："益国，吴越逊王曾孙文肃公之孙女。"② 综合曾黯、钱时的记载，文肃公钱勰（穆父）有孙女嫁曾黯的曾祖父。另据曾黯《曾棐墓志》，曾黯为曾棐之侄，曾棐为曾几之孙，可知曾黯的曾祖父为曾几。③

钱愲二子二女。

钱拱之。见第六世钱愲。

钱揆之。见第六世钱愲。

二女未嫁。

钱忱二子。

钱端礼（1109~1177），字处和。《嘉定赤城志》《宋史》立传，《嘉定赤城志》谓其"孙象祖，见嘉泰四年科名。弟端仁，直秘阁，知鄞州。侄竽，直秘阁，知饶州。从弟徽之，朝议大夫，知崇庆府，绍兴初父稔为

---

① （宋）曾黯：《宋故夫人石氏墓铭》，《宋代传状碑志集成》，第7369页。
② （宋）钱时：《有宋曾从事夫人钱氏墓志铭》，会稽金石博物馆编《宋代墓志》，第117页。
③ （宋）曾黯：《曾棐墓志》，会稽金石博物馆编《宋代墓志》，第109页。

守，因寓天台。从侄□，干办行在诸司粮料院"。《宋史》谓其有女为"皇长子邓王夫人"，又有"孙象祖，嘉定元年为左丞相，自有传"，不过今本《宋史》无《钱象祖传》。① 楼钥为其撰行状，具载其子孙："娶李氏，中奉大夫、直显谟阁庄之女，赠文安郡夫人。再娶高氏，封郓国夫人，先公一年薨。男笃，故奉议郎。女一人，为庄文太子妃。孙象祖，承议郎、知处州军州事。女三人：修职郎、监行在车辂院吴修年，迪功郎、新福州侯官县主簿王铎，承务郎、知常德府桃源县许抡，其婿也。曾孙二人：曰沄、曰泽，并登仕郎。女一人，尚幼。"②

钱端仁。见上钱端礼。

钱愕一子一女。

钱端英，字孝生。《建炎以来系年要录》绍兴二十一年（1151）载其事一条，末曰："端英，愕子也。"可知其为钱愕之子。③ 钱端英字见乾道年间焦山题名："海虞钱端英孝生来游，子簏、籀、箧，侄孙君畴，外甥吴文炳，婿成修仲侍。乾道丙辰冬十月五日。"④ 又日本室町时代临济僧大岳周崇（1345~1423）《翰苑遗芳》所录《表忠观碑》拓本之钱端英跋文："右表忠小字碑，圮于兵火，岁月浸久，恐遂埋没。访求善本，重模入石，庶几子孙之职云。绍兴廿七年（1157）岁次丁丑七月十八日，七世孙右朝请大夫行尚书屯田员外郎兼权吏部钱端英谨书。男策、簏、籀、箧侍书。"⑤ 可知，钱端英有钱策、钱簏、钱籀、钱箧四子，钱君畴一侄孙等。另有姊妹钱氏一人嫁吴氏，以及女儿钱氏一人嫁成修仲。

吴钱氏。见上钱端英。

---

① 《嘉定赤城志》卷三四《钱端礼传》，《宋元方志丛刊》第7册，第7550页；《宋史》卷三八五《钱端礼传》，第11829~11831页。
② （宋）楼钥：《观文殿学士钱公行状》，《楼钥集》卷九七，浙江古籍出版社，2010，第1698页。
③ 《建炎以来系年要录》卷一六二"绍兴二十一年八月壬午"条，第2642页。
④ （清）卢见曾：《焦山志》卷二《碑刻》，石光明、董光和、杨光辉主编《中华山水志丛刊》山志第11册，线装书局，2004，第20页。不过乾道年间无丙辰，仅有丙戌（1166）、壬辰（1172）两年，皆与丙辰二字形似，疑录文有误。
⑤ 钱端英跋文，初由吉井和夫发掘，参见吉井和夫「蘇東坡の『表忠観碑』に関する一资料——大岳周崇『翰苑遺芳』の記述をめぐって」，『中國文學論叢』第62号、2004、115页。此资料得自浙江大学王连旺先生，并可参考王连旺『蘇軾の小字行書「表忠観碑」石刻及び拓本流伝考』，日本筑波中国学会每月例会，筑波：筑波大学，2016年11月24日；王连旺：《钱端英与〈表忠观碑〉》，浙学新视野暨"东南三贤"国际学术研讨会，金华，2019年6月1~2日。

钱恤一子。

钱端立。周必大（1126~1204）《乾道庚寅奏事录》载有"南康军太守钱奉直端立"，注曰"恤之子"。[①]

钱恤一侄。

钱世昭。钱世昭有《钱氏私志序》，谓"叔父太尉，昭陵之甥，亲见宣、政太平文物之懿。逮事太上，备膺眷遇，其在帝左右，衔命出疆，凡耳目之所接，事出一时，语流千载者，皆广记而备言之。世昭敬请其说，得数万言，叙而集之，名曰《钱氏私志》云。侄迪功郎新秀州嘉兴县尉世昭谨序"[②]。钱曾指出，所谓叔父太尉，乃指钱恤。[③] 则钱世昭或为钱忱、钱愕之子，然钱忱、钱愕之子皆以"端"为辈字，则又可疑。

钱恺一子。

钱端忠。陆游（1125~1210）《跋出疆行程》曰："钱恺之子端忠为金部外郎。"[④]

钱慎（穑）一子。

钱介之。见第七世钱慎（穑）。

钱稔一子。

钱徽之。见上钱端礼。

钱藻二孙。

钱某。见第四世钱昭慈。

钱讽。钱皞子。见第七世钱皞。

第九世

钱之望四子一女。

长子钱廷硕。见第六世钱知雄。

次子钱廷玉。见第六世钱知雄。

三子钱廷瑞。见第六世钱知雄。

四子钱廷玠。见第六世钱知雄。

[①]（宋）周必大：《乾道庚寅奏事录》，氏著《文忠集》卷一七〇，《文渊阁四库全书》本。
[②]（宋）钱世昭：《序》，《钱氏私志》，《文渊阁四库全书》本。
[③]（清）钱曾：《读书敏求记》卷二《史》，第35页。
[④]（宋）陆游：《渭南文集》卷三一《跋出疆行程》，《陆游集》，中华书局，1976，第2293页。

戎钱氏。见第六世钱知雄。

钱端礼一子一女。

钱笃。见第八世钱端礼。林景熙（1242~1310）《钱应孙墓志》曰："公讳应孙，字定之，吴越武肃王十二世孙。曾大父讳某，故奉议郎，赠太师、郑国公；大父讳象祖，故特进、右丞相、太师、魏国公，谥忠靖；父讳某，故通直郎，赠中散大夫；妣王氏，封令人。"① 其中钱象祖之父"故奉议郎，赠太师、郑国公"即钱笃，此处隐名。

赵钱氏。见第八世钱端礼。嫁邓王赵憎（1144~1167）。

钱端仁一子。

钱竿，字仲韶。见第八世钱端礼。又据《宋诗纪事》小传曰："竿，字仲韶，端礼侄，乾道间直秘阁，出守处州。"②

钱竿同辈一人。

钱箪，字仲渊。钱箪于嘉泰元年（1201）在泉州九日山有留题，曰"钱箪仲渊"，其与钱竿字仲韶，名皆从竹，字皆从仲，且颜渊箪食瓢饮，孔子听韶乐，皆取自儒家经典，可知二人很有可能为兄弟；此外，钱竿于乾道年间在世，钱箪于嘉泰元年（1201）题名，又于嘉泰二年以"平海节度推官钱塘钱箪"留名于泉州瑞像岩，则二人籍贯、生活时间亦相近。③

钱端英四子一女。

钱策。见第八世钱端英。

钱箎。见第八世钱端英。

钱籀。见第八世钱端英。

钱簏。见第八世钱端英。

成钱氏。见第八世钱端英。嫁成修仲。

钱介之一子。

钱植。见第七世钱慎（稹）。

钱徽之一子。

钱□。见第八世钱端礼。其为钱端礼从侄，叙述在钱端礼从弟徽之之后，或即徽之之子。

---

① （宋）林景熙：《故太府少卿钱公墓志铭》，《霁山文集》卷五，《文渊阁四库全书》本。
② （清）厉鹗：《宋诗纪事》卷五四，上海古籍出版社，1983，第1374页。
③ 吴文良：《泉州九日山摩崖石刻》，《泉州港与海上丝绸之路》，中国社会科学出版社，2002，第191页。

钱讽一子。

钱敦。见第七世钱皡。

第十世

钱之望二孙六孙女。

名皆不详。见第六世钱知雄。

钱笃一子三女。

钱象祖（1145～1211），字伯同。见第八世钱端礼。《嘉定赤城志》有传。[①]

长女吴钱氏。见第八世钱端礼。嫁吴修年。

次女王钱氏。见第八世钱端礼。嫁王铎。

三女许钱氏。见第八世钱端礼。嫁许轸。

钱端英一侄孙。

钱君畴。见第八世钱端英。

钱植一女。

曾钱氏。见第七世钱慎（稹）。嫁曾烝。

钱敦一子。

钱抚（1168～1219），字子立。见第七世钱皡。

第十一世

钱象祖二子一女。

长子钱沄。见第八世钱端礼。

次子钱泽。见第八世钱端礼。

钱氏。见第八世钱端礼。

钱抚一子。

钱源。见第七世钱皡。

第十二世

钱象祖二孙。

[①] 《嘉定赤城志》卷三三《钱象祖传》，第7539页。

钱应孙（1227~1291），字定之。见第九世钱笃。林景熙为其撰墓志，惜不详其父名，当是钱浤、钱泽中一人，且娶王氏。

钱可则，字正己。《景定严州续志》载其世系曰："公字正己，五王之胄，相国之孙，今为天台人。"① 从时间来看，当即钱象祖之孙。

附　吴越钱氏世系图

吴越钱氏世系图（男性）钱镠子孙总图

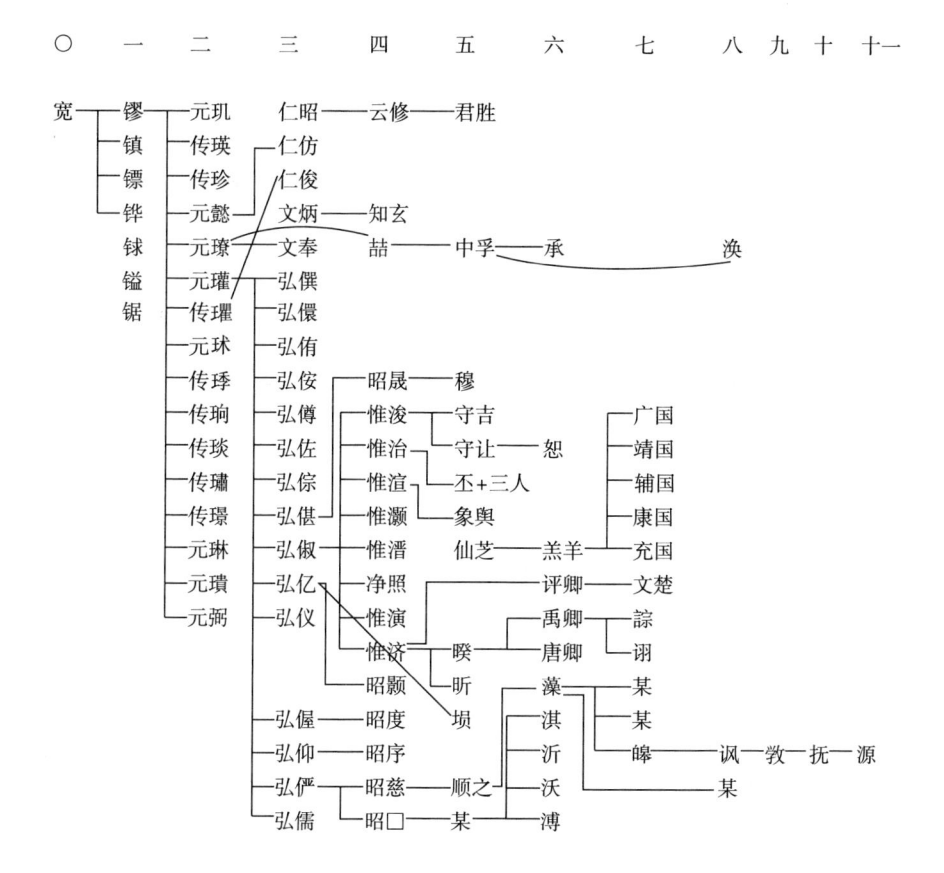

| ○ | 一 | 二 | 三 | 四 | 五 | 六 | 七 | 八 | 九 | 十 | 十一 |

宽─镠─元玘─仁昭─云修─君胜
　　镇　传瑛　仁仿
　　镖　传珍　仁俊
　　铧　元懿　文炳─知玄
　　铄　元璙　文奉　喆─中孚─承　　　　　　涣
　　镒　元瓘　弘僎
　　锯　传璑　弘儇
　　　　元玧　弘侑
　　　　传琇　弘俨　昭晟─穆
　　　　传珦　弘傅　惟浚─守吉　　　　　广国
　　　　传琰　弘佐　惟治─守让─恕　　　靖国
　　　　传璹　弘倧　惟渲─丕+三人　　　辅国
　　　　传璟　弘俶　惟灏─象舆　　　　　康国
　　　　元琳　弘俶　惟潘　仙芝─羔羊　充国
　　　　元璝　弘亿　净照　　　评卿─文楚
　　　　元弼　弘仪　惟演　　　禹卿─諒
　　　　　　　　　　惟济　暧─昕　唐卿─诩
　　　　　　　　　　昭颢　　　　藻─某
　　　　　弘偓　昭度　　　塥　淇─某
　　　　　弘仰　昭序　　　　　沂　皞─讽─敦─抚─源
　　　　　弘俨　昭慈─顺之　沃　　　　某
　　　　　弘儒　昭□─某　　溥

---

① 钱可则修，郑瑶、方仁荣纂《景定严州续志》卷二《荒政》，《宋元方志丛刊》第 5 册，第 4366 页。

吴越钱氏世系图（男性）忠献王、忠逊王支

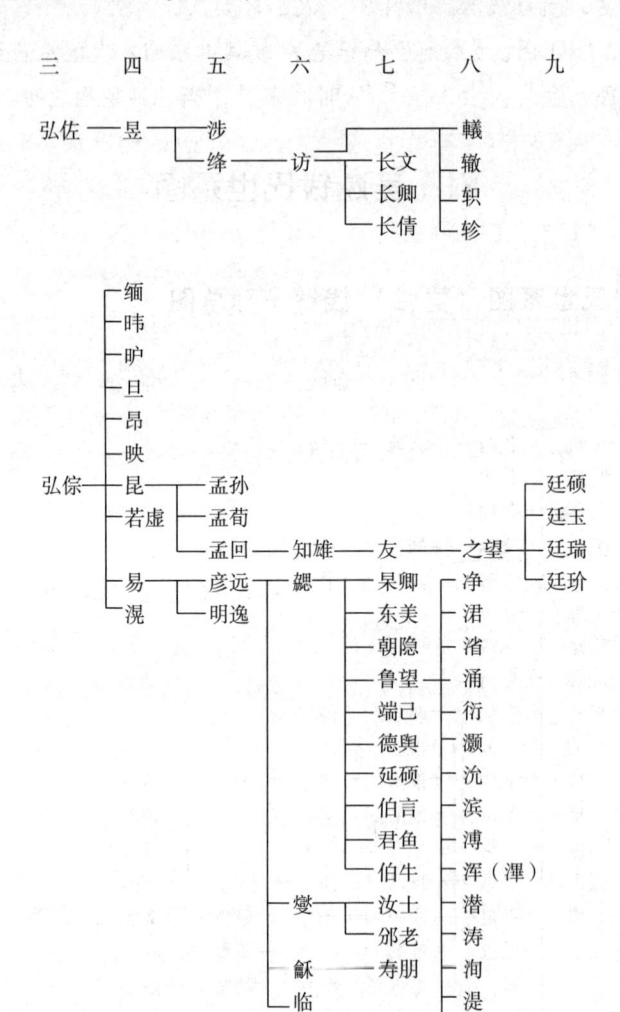

```
         三    四    五    六    七    八    九

     弘佐 ─ 昱 ─┬ 涉                    ┬ 轙
                └ 绛 ─ 访 ─┬ 长文       ├ 辙
                           ├ 长卿       ├ 轵
                           └ 长倩       └ 轸

         ┬ 缅
         ├ 晔
         ├ 旷
         ├ 旦
         ├ 昂
         ├ 映
     弘倧 ┼ 昆 ─┬ 孟孙                           ┬ 廷硕
         ├ 若虚 ├ 孟荀                           ├ 廷玉
         │    └ 孟回 ─ 知雄 ─ 友 ─ 之望 ─┤ 廷瑞
         ├ 易 ─┬ 彦远 ─ 鰃 ─┬ 杲卿 ─ 净       └ 廷玠
         └ 滉  └ 明逸       ├ 东美 ─ 浔
                            ├ 朝隐 ─ 渚
                            ├ 鲁望 ─ 涌
                            ├ 端己 ─ 衍
                            ├ 德舆 ─ 灏
                            ├ 延硕 ─ 沆
                            ├ 伯言 ─ 滨
                            ├ 君鱼 ─ 溥
                            ├ 伯牛 ─ 浑（渾）
                            ├ 燮 ─┬ 汝士 ─ 潜
                            │    └ 邠老 ─ 涛
                            └ 穌 ─ 寿朋 ─ 洇
                                          ├ 湜
                                          ├ 淳
                                          ├ 温
                                          ├ 注
                                          └ 泞
```

吴越钱氏世系图（男性）忠懿王子钱惟演支

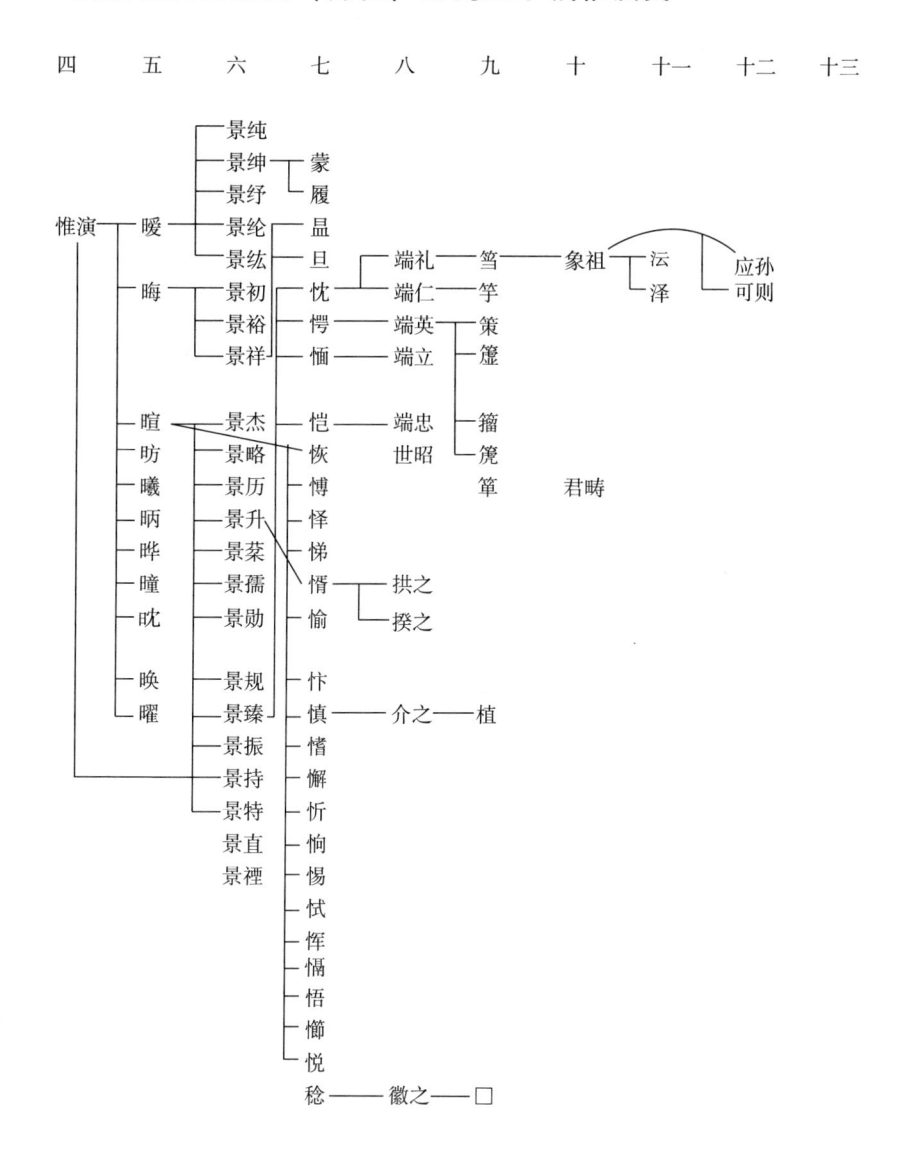

四	五	六	七	八	九	十	十一	十二	十三
惟演	暧	景纯 景绅 景纾 景纶 景纮 景初 景裕 景祥	蒙 履 昷 旦 忧 愕 恼	端礼 端仁 端英 端立	笃 竽 策 篦	象祖	沄 泽	应孙 可则	
	晦 喧 昉 曦 晒 晔 瞳 旷 晚 曜	景杰 景略 景历 景升 景菜 景孺 景勋 景规 景臻 景振 景持 景特 景直 景裡	恺 恢 博 怪 悌 惛 愉 忾 慎 惛 懈 忻 恟 惕 忾 恽 愲 悟 憿 悦	端忠 世昭 拱之 揆之 介之——植 稔——徽之——□	箘 箕 箪	君畴			

吴越钱氏世系图（男性）钱镖、钱铼支

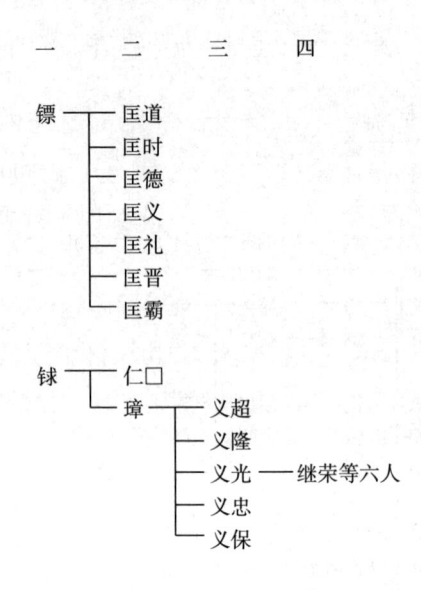

```
        一      二      三      四

镖 ──┬── 匡道
     ├── 匡时
     ├── 匡德
     ├── 匡义
     ├── 匡礼
     ├── 匡晋
     └── 匡霸


铼 ──┬── 仁□
     └── 璋 ──┬── 义超
              ├── 义隆
              ├── 义光 ── 继荣等六人
              ├── 义忠
              └── 义保
```

钱惟演年谱新编[*]

凡　例

一、钱惟演年谱已有池泽滋子《钱惟演年谱》（收入《吴越钱氏文人群体研究》），虽颇有漏误，然首创之功不可磨灭，故本谱在池泽谱基础上，根据相关史料，再加扩充并附按语，名之曰"年谱新编"。

一、本谱在郑再时《西昆唱和诗人年谱》（收入《〈西昆酬唱集〉笺注》）、曾枣庄《〈西昆酬唱集〉诗人年谱简编》（收入《北宋文学家年谱》）、李一飞《杨亿年谱》、池泽滋子《钱易年谱》（收入《吴越钱氏文人群体研究》）等基础上，加以其他参考文献，随文附注。

一、本谱以年号系前，内容系后。内容则在谱主生平之外，加上钱氏家族其他重要成员的活动经历。至于钱惟演西昆体诗等的系年，学界尚有争辩，本谱不涉及。

一、本谱正文附载其他吴越钱氏成员在北宋时动向，末附钱惟演本人子孙情况，其中子孙情况仅据史料整理其事迹不多的子辈一代，孙辈及以下数代从略。

本　谱

太平兴国二年（977）

公一岁。

李焘《续资治通鉴长编》卷一一五景祐元年（1034）七月乙巳条：

---

[*] 本文原附于笔者点校《钱惟演集》，浙江古籍出版社，2014，第145~319页。今单独摘出，颇有增补。因篇幅较长，所引文献皆一并置于文末。

"随州言崇信军节度使钱惟演卒。特赠侍中，命官护葬事。"

池泽滋子《钱惟演年谱》按："据《长编》，从钱惟演卒到随州言，当还有一些时间，但大体可肯定即卒于七月。《隆平集》本传、《东都事略》本传，均言卒年五十八。从一〇三四年上推五十八年，即当生于太平兴国二年（977），故定钱惟演生于是年。又按：唐圭璋《全宋词》第一册钱惟演小传，谓生于建隆三年（962），惜未言所据。但此说已为王德毅《宋人传记数据索引》及《中国历史大辞典·宋史》等工具书采用，影响颇大。因《续资治通鉴》卷八太平兴国元年（976）有'二月庚午，帝数召俶及其子惟演射苑中'之记载，如果推定钱惟演生于太平兴国二年，则'修贡'之年则为出生年，'射苑中'之时尚未出世。《长编》卷一八于太平兴国二年（977）正月丙寅载：'吴越国王俶遣其子温州刺史惟演来修贡，贺登极。'如果推定钱惟演生于太平兴国二年，则'修贡'之年刚出生。这样，《隆平集》、《东都事略》所谓钱惟演卒年五十八，显然不足信了，而生于建隆三年之说，似与钱之事迹无抵牾。但此说并非全无可疑，如《续资治通鉴》所称'俶及其子惟演射苑中'，据《长编》卷一七，'惟演'当作'惟濬'；《长编》所载惟演修贡事，《吴越备史》不载，而载太平兴国元年十一月遣惟渲'诣阙以贺'，二年八月遣'世子惟濬入朝修觐礼'。何况《长编》卷二九端拱元年（988）八月戊寅载钱俶卒，《宋史》卷四八〇《吴越钱氏世家》明言钱俶卒时：'子惟演、惟济皆童年。'如谓生于建隆三年，则时年已二十七岁，不当称'童年'。且《宋会要辑稿》礼五八之八六载惟演子暖乞改谥奏，明言'先臣遭遇三朝，践扬四纪'，如惟演生于太祖建隆三年，则当言'遭遇四朝'（即太祖、太宗、真宗、仁宗四朝）。可见，生于建隆三年之说，与钱惟演生平事迹实有抵牾，不可信。"

按：池泽氏所论允当，今从之。

杨亿四岁（据李一飞《杨亿年谱》）。

刘筠七岁（据郑再时《刘筠年谱》、曾枣庄《〈西昆酬唱集〉诗人年谱简编》）。

宋真宗赵恒十岁。

丁谓十二岁（据池泽滋子《丁谓年谱》，氏著《丁谓研究》）。

寇准十七岁（据王晓波《寇准年谱》）。

晁迥二十七岁（据李朝军《晁迥年谱简编》）。

向敏中二十九岁。

宋太宗赵光义三十九岁。

父吴越王钱俶四十九岁。

正月，钱俶遣其子贺宋太宗登极。

《续资治通鉴长编》卷一八太平兴国二年正月条："吴越王俶遣其子温州刺史惟演来修贡，贺登极。"

《宋会要辑稿·蕃夷七·历代朝贡》：太平兴国"二年正月八日，俶进贺登极。御衣通犀带及绢万匹，又黄金并玳瑁器、金银棱器、涂金银香台、龙脑、檀香、龙床、银果子、水精花等，又银万两、绢万匹、绵三十万两、干姜五万斤、大茶万斤、犀十株、牙二十株、乳香五十斤、杂香药五十斤"。

按：据前文所引池泽氏按语，《长编》所谓"惟演"不可信。据罗筱玉《吴越钱氏皇室刺温考》一文，以及《五代十国方镇年表》，可知吴越国最末一任静海节度使为杜叔詹。杜叔詹之前则有钱弘偡、钱仁俊、钱昱等人。此处惟演或为他人带温州刺史衔者。马天宝《北宋吴越钱氏后裔——钱惟演研究》附录《与钱惟演相关史料及考证》认为是"钱惟浚"之误。

正月十八日，钱俶王妃孙氏卒，宋太宗遣使吊祭并赐谥，钱惟浚起复。

钱俨《吴越备史·补遗》："太平兴国二年春二月，敕遣给事中程羽来归王妃之赗，谥王妃□□□。"

《续资治通鉴长编》卷一八太平兴国二年正月条："己卯，吴越国王妃孙氏卒，诏给事中程羽为吊祭使。"

《宋史》卷四八〇《钱俶传》："太平兴国二年正月，孙氏卒，遣给事中程羽吊祭。"

《宋史》卷四八〇《钱惟浚传》："太平兴国二年，丁母妃孙氏忧，起复，加镇东大将军、右金吾卫大将军，员外置同正。"

按：中朝所遣之使，第二个月方才到吴越国，故《长编》正月诏出，至《吴越备史》已是二月。然本谱唯以中朝诏出之时系焉，后文颇同，不备述。

二月二日，钱俶遣使修贡。

《续资治通鉴长编》卷一八太平兴国二年二月条："癸巳，吴越王俶遣使来修时贡。"

《宋会要辑稿·蕃夷七·历代朝贡》:"二月二日,俶进黄金桃菜器四、黄金错刀四、银桃菜器二十、银错刀二十。"

二月,以钱仪仍知越州,钱信仍知湖州。

《续资治通鉴长编》卷一八太平兴国二年二月条:"以镇东军安抚使、知越州钱仪为慎、瑞、师等州观察使,仍知越州;宣德军安抚使、知湖州钱信为新、妫、儒等州观察使,仍知湖州。仪、信皆吴越王俶之弟。仪好昼寝,多以夜决府事及游宴;信尝为僧,后反初服,因其请而有是命,盖执政者戏之也。"

《宋史》卷四八〇《钱俨传》:"开宝三年,代兄俨知湖州,充宣德军安抚使。俶奉诏攻毗陵,命俨督漕运。太平兴国二年,从俶之请,授新、妫、儒等州观察使,仍知湖州,俨兄仪为慎、瑞、师等州观察使。"

二月八日,钱俶遣使修赗礼。

《续资治通鉴长编》卷一八太平兴国二年二月条:"己亥,吴越王俶以山陵有期,遣使来修赗礼。"

三月三日,钱俶遣使修时贡。

《续资治通鉴长编》卷一八太平兴国二年三月条:"甲子,吴越王俶复遣使来修时贡。"

《宋会要辑稿·蕃夷七·历代朝贡》:"三月三日,俶进金银食㿿二、红丝络银檛四、银涂金扣越器二百事、银匣二。"

五月,钱俶令除御敌之制。

《吴越备史·补遗》:"夏五月,王下令以文轨大同,封疆无患,凡百御敌之制,悉命除之,境内诸州城有白露屋及防城物,亦令撤去之。"

七月,钱俶进贡。

《宋会要辑稿·蕃夷七·历代朝贡》:"七月一日,钱俶进翠毛六百斤,七夕乞巧楼子、缘用杂物、装饰银共六千两。"

闰七月,钱俶进贡。

《宋会要辑稿·蕃夷七·历代朝贡》:"闰七月,俶又进翠毛六百斤、淡鲞千头、截脐鱼五百斤谢恩。赐羊马䌷二万匹、绢三万匹。其子惟浚进金器五百两、银器五千两、木香五百两、荔枝十瓶。"

闰七月二十日,宋太宗遣李昉使吴越。

《吴越备史·补遗》:"秋八月,诏遣翰林学士都承旨李昉赐王生辰礼物。"

《续资治通鉴长编》卷一八太平兴国二年闰七月条："己酉，遣翰林学士李昉使吴越。"

八月，钱俶遣钱惟浚入朝。

《吴越备史·补遗》：八月，"王遣两军节度使世子惟浚入朝，修觐礼也"。

《宋史》卷四六一《王怀隐传》：太平兴国"三年，吴越遣子惟浚入朝，惟浚被疾，诏怀隐视之"。

按：钱惟浚入朝在太平兴国二年，三年乃钱俶入朝时间。又，钱惟浚并未有被疾记载，而后文太平兴国三年、四年数见钱俶被疾，宋太宗遣医官、中使赐药并慰问事，疑被疾者为钱俶本人。然以钱惟浚入朝事，姑附于此以备考。

九月四日，宋太宗诏侯陟迎劳钱惟浚。

《续资治通鉴长编》卷一八太平兴国二年九月条："吴越王俶将入朝，先遣其子镇海、镇东节度使惟浚来贡。壬辰，诏户部郎中侯陟至泗州迎劳之。及惟浚至，赐赉无算。"

《宋史》卷四八〇《钱惟浚传》："俶将入朝，惟浚先奉方物来贡，诏户部郎中侯涉至泗州迎劳之，赐赉无算，并增其食邑。"

九月九日，钱俶进贡。

《宋会要辑稿·蕃夷七·历代朝贡》：九月"九日，钱俶进盛菊花金篮四只二百两、银篮二十只九百两、功臣堂酒、圆莲实等"。

按：此次进贡或由钱惟浚在京师进贡。

九月十五日，钱俶进贡，贺纳后。

《宋会要辑稿·蕃夷七·历代朝贡》：九月"十五日，钱俶进贺纳后，银器三千两、色绫三千匹、金器三百两、金香狮子一座，并红牙床、金香合、金香球共五百两，银鸾凤二对、银香囊二、银合子三百、银装箱十，共重五千两，并涂金。其子惟浚进银器二千两、色绫千匹"。

按：此次进贡或由钱惟浚在京师进贡，且钱俶之贡物与钱惟浚之贡物截然两分。

九月二十九日，钱俶进贡。

《宋会要辑稿·蕃夷七·历代朝贡》：九月"二十九日，钱俶进涂金银火炉一十只，重千五百两"。

是月，钱俶上言乞呼名，宋太宗不许。

《宋史》卷四八〇《钱俶传》："九月，上言乞所赐诏书呼名，不许。"

十月十七日，钱俶进贡。

《宋会要辑稿·蕃夷七·历代朝贡》：十月"十七日，钱俶进银三万两、绢二万匹、紬二万匹、绵五十万两、犀二十株、牙千五百斤、乳香五千斤、苏木三万斤、大茶三百笼、干姜十万斤，修岁贡。谢赐生辰物，银万两、绢万五千匹、乳香三千斤。贺冬，银二千两、绢二千匹、上寿酒金器百两、银千两。其子惟浚进谢赐生辰，银五千两、牯犀二株、牙七百斤、乳香三千斤。贺乾明节，檀香雕千佛万菩萨一龛、金银台座、御衣牯犀带，并御衣段百匹、金器五百两、衣段四十匹、色绫二千匹、乳香三千斤、银香笼一对并台，重三千两。助宴，绢万五千匹，及上寿酒金银器用等，并涂金银凤一只，重二千两。又绵五万两、干姜五万斤、大茶万斤、脑源茶二万斤，并器用、香药等，修常贡。又银万两、绢万匹、绵万两、犀十株、牙十株。其子惟浚贺开乐，进银香囊六只，共万四千两，银装鼓二，银共三千两、白龙脑十斤、金合重二百两"。

十二月二十八日，钱俶进贡。

《宋会要辑稿·蕃夷七·历代朝贡》：十二月"二十八日，钱俶进瓶香二万五千六百斤、白龙脑三十一斤、象牙八十六株、药犀十株、木香、阿魏、玳瑁、紫矿共四百四十斤"。

是年，钱俶施钱八十万造台州传教院弥陀殿。

钱俨《建传教院碑铭》（收入释宗晓《四明尊者教行录》）："太平兴国二年，元帅府都押衙王君承益、内知客余君德徽同议本院建造弥陀佛殿。王复命施钱八十万，又请（净光大）师讲《金光明经》一座，饭僧三万人，香华、幡盖、供佛之具，一皆称足。"

太平兴国三年（978）

公二岁。

正月二十二日，钱俶遣人言朝觐时间。

《宋会要辑稿·蕃夷七·历代朝贡》：太平兴国三年正月"二十二日，钱俶遣浙东观察推官盛豫驰表言，以二月二十八日离本道赴朝觐。是日，对豫于崇德殿"。

二月六日，钱俶遍别先王陵庙，发国城。

《吴越备史·补遗》："三年春二月六日，王发国城。"

释文莹《玉壶清话》卷七："俶最后入觐，知必不还，离杭之日，遍别先王陵庙，泣拜以辞，词曰：'……'拜讫，恸绝，几不能起，山川为之惨然。"

二月十八日，宋太宗命梁迥迎劳钱俶。

《续资治通鉴长编》卷一九太平兴国三年二月条："以吴越王俶将至，癸酉，命四方馆使梁回往淮西迎劳之。"

《宋史》卷四八〇《钱俶传》："三年三月，来朝，遣判四方馆事梁迥至泗州迎劳。"

三月二日，钱俶次扬州。

《吴越备史·补遗》："三月二日，次扬州，敕遣阁门使梁迥、内班阁承翰来赐王汤药、茶酒及押诸司官迎接。"

三月五日，宋太宗命钱惟浚迎省钱俶。

《续资治通鉴长编》卷一九太平兴国三年三月条："三月己丑，以吴越王俶将至，遣其子镇海、镇东节度使惟浚至宋州迎省。"

《宋史》卷四八〇《钱俶传》："惟浚先在阙下，上遣至睢阳候俶。"

《宋会要辑稿·蕃夷七·历代朝贡》："三月五日，遣其子惟浚至宋州，以来迎省。"

三月七日，钱俶次洪泽驿。

《吴越备史·补遗》："七日，次洪泽驿。敕遣供奉官李思彦至，赐王汤药一金盒，玉鞍辔马一匹，散马三十匹，玳瑁绒毛暖衣等物及赐从行将校有差。"

三月十五日，钱俶次宿州。

《吴越备史·补遗》："十五日，王次宿州，又遣入内小底副行首蔡守恩赍诏至，赐王龙茶三斤，以金盒盛之，御酒二十瓶，荔枝、鹅梨、石榴共六百颗，以银装笼子盛封。"

三月十七日，钱俶次永城。

《吴越备史·补遗》："十七日，王次永城，时太宗敕遣王世子、两军节度使惟浚迎候，以内班李神祐领翰林仪鸾御厨诸司随世子至，赐御筵一席。是日，王即遣节度使孙承祐先赍表诣阙陈谢。"

《宋史》卷四八〇《钱俶传》："俶先遣孙承祐入奏事。"

三月二十一日，宋太宗命孙承祐迎劳钱俶。

《续资治通鉴长编》卷一九太平兴国三年三月条："吴越王俶又先遣平江节度使孙承祐入奏事，上优礼之。乙巳，即命承祐护诸司供帐劳俶于近郊，又命齐王廷美宴俶于迎春苑。"

《宋史》卷四八〇《钱俶传》："上即遣承祐护诸司供帐劳俶于郊。"

《宋会要辑稿·蕃夷七·历代朝贡》：三月"二十一日，对平江军节度使孙承祐于崇德殿。承祐，俶之姻也。俶将至，遣承祐先入奏事。帝优其礼，即命护诸司供帐，劳俶于郊。又命齐王廷美宴犒俶于迎春苑"。

三月二十三日，钱俶次陈留。

《吴越备史·补遗》："是月二十三日，王次陈留。孙承祐自京至，传宣抚问。二更，阁门使梁迥又至，复传宣抚问。"

三月二十四日，钱俶至京师，开封尹赵廷美赐钱俶宴于迎春苑。

《吴越备史·补遗》："二十四日，王至京师，敕诏皇太弟、开封尹廷美赐宴于迎春苑，仍遣赐王对衣八事、玉排方腰带、金器一千两、银器一万两、细衣三千匹、玉辔鞍马一匹。是日，王安居于礼贤宅。"

《宋史》卷四八〇《钱俶传》："又命齐王廷美宴俶于迎春苑。"

三月二十五日，宋太宗召见钱俶并赐宴。

《吴越备史·补遗》："二十六日，朝见于崇德殿，谢恩及谢差。亲王迎接，赐宴于长春殿。王进法酒五百瓶、金银器物三千两、绫锦一万事、龙凤香等二万事。"

《续资治通鉴长编》卷一九太平兴国三年三月条："己酉，俶见于崇德殿，宠赉甚厚。即日赐宴于长春殿，俶僚佐崔仁冀、黄夷简等皆预坐。"

《宋史》卷四八〇《钱俶传》："俶至，对于崇德殿，赐袭衣、玉带、金银器、玉鞍勒马、锦彩万匹、钱千万；宾佐崔仁冀等赐金银带、器币、鞍马有差。即日宴俶长春殿，令刘𨰜、李煜预坐。俶贡白金五万两、钱万万、绢十万匹、绫二万匹、绵十万、屯茶十万斤、建茶万斤、干姜万斤，越器五万事、锦缘席千、金银画舫三、银饰龙舟四、金饰乌楠木御食案、御床各一，金樽罍、盏斝各一，金饰玳瑁器三十事、金扣藤盘二、金扣雕象俎十、银假果树十事、翠毛真珠花三丛、七宝饰食案十、银樽罍十、盏斝副焉，金扣越器百五十事、雕银俎五十、密假果、剪罗花各二十树、银扣大盘十、银装鼓二、七宝饰胡琴、五弦筝各四、银饰箜篌、方响羯鼓各四、红牙乐器二十二事、乳香万斤、犀角象牙各一百株、香药万斤、苏木万斤。"

《宋会要辑稿·蕃夷七·历代朝贡》:"二十五日,俶来朝,对于乾德殿,赐袭衣、玉带、金银器、玉鞍名马、锦彩万匹、钱千贯。是日,宴俶于长春殿,宰臣、诸王、节度使、刘铱、李煜咸与。赐两浙从事崔仁冀、杜叔廉、黄夷简、裴祚,袭衣、金银带、器币、鞍马有差。"

《宋会要辑稿·礼四五·宴享》:"二十五日,吴越钱俶来朝,宴于长春殿,亲王、宰相、节度使、刘铱、李煜皆预。"

按:《吴越备史》之二十六日与《长编》之二十五日,当有一误。又,《宴享》之"二十五日"为上接太平兴国三年正月条,误,今正于三月。

三月二十七日,宋太宗赐钱俶。

《吴越备史·补遗》:"二十六日,……翌日,遣使赐王生料羊二百口、法酒三百瓶、粳米二百石、杂买钱一万缗,草料柴炭称是。又赐从行将校等官钱三万缗。"

三月二十九日,宋太宗赐钱俶。

《吴越备史·补遗》:"二十九日,遣内司宾来赐果子三十盒、法酒一百瓶、蒸羊食物等十匮。"

三月三十日,宋太宗诏钱俶宴于后苑。

《吴越备史·补遗》:"三十日,诏王宴于后苑。王复进宝玉金银酒器等三千两、通天犀带一条、龙凤龟鱼带六事。时太宗命射,每中的者,即进金银器三百两,太宗中的者六。"

《宋史》卷四八〇《钱俶传》:太平兴国三年三月,"上又尝召俶及其子惟浚宴后苑,泛舟池中,上手酌酒以赐俶,俶跪饮之。其恩待如此"。

钱惟演《家王故事》(收入《钱惟演集》)"隆遇"条:"太平兴国三年入朝,太宗诏赴苑中宴先臣,时独臣兄安僖王惟浚侍焉。因泛舟于宫池,太宗平举御杯赐先臣,跪而饮之。明日,奉表谢,其略曰:'御苑深沉,想人臣之不到;天颜咫尺,惟父子以同亲。'"

按:据《吴越备史·补遗》,钱俶献土之前,宋太宗有两次诏赐钱俶宴于后苑事,一在三月三十日,一在四月二十三日。其三月三十日宴,或即《宋史》《家王故事》所言。且据《家王故事》,第二日钱俶上表谢,今并言之。

三月，钱惟浚舍钱于开封繁塔。

《开封繁塔石刻》三《布施碑·陈洪进等施银题记》："太平兴国三年三月日，……扬州节度使钱惟浚舍钱伍拾仟文。"

按：据下文，钱惟浚于该年五月钱俶纳土后方徙镇淮南，此处所谓扬州节度使，或在五月正式任命前已有徙镇之命，或舍钱在三月而实际刻字于五月。俟考。

四月二日，钱俶进贡。

《宋会要辑稿·蕃夷七·历代朝贡》："四月二日，俶进银五万两……苏木万斤。"

按：《宋会要辑稿》所载此次进贡之物，与前文三月二十五日条《宋史》所载钱俶进贡之物同，当即《宋史》合两事并书，而其进贡时间当从《宋会要辑稿》。

四月八日，宋太宗宴钱俶于崇德殿。

《吴越备史·补遗》："夏四月八日，诏王宴于崇德殿。"

《续资治通鉴长编》卷一九太平兴国三年四月条："壬戌，复宴吴越王于崇德殿。"

《宋会要辑稿·礼四五·宴享》："四月八日，又宴崇德殿。"

四月二十三日，宋太宗宴钱俶于后苑。

《吴越备史·补遗》："二十三日，宴王于后苑。"

四月二十六日，宋太宗诏钱俶宴于南郊御庄。

《吴越备史·补遗》："二十六日，诏王宴于南郊御庄。王又上酒器、金银器皿等共二千余两。王酒酣，至暮而归第。"

四月二十七日，钱俶请纳土，宋太宗不允。

《吴越备史·补遗》："二十六日，……次日，遣内司宾赐王御衣红袍一副、彩衣六事、宝带一条、金银酒器三千两、细马四匹、御马一匹、仪鸾一副。是日，王进拜表谢恩，仍请以吴越封疆归于有司，优诏不允。"

《宋史》卷四八〇《钱俶传》曰：太平兴国三年"四月，会陈洪进纳土，俶上言曰：'……'优诏不许"。

《宋会要辑稿·礼四七·优礼大臣》："太宗太平兴国三年四月，俶遣使上言，乞今后所赐诏呼名。诏曰：'……所请宜不允。'"

五月一日，钱俶纳土。

《吴越备史·补遗》："五月三日，遣内使赐王汤药四金盒、金器二百两、银三千两。次日王再上言请之。略曰：'……'是月六日，乃下诏从之。诏曰：'……'于是所部州十三、县八十六、户五十五万七百、兵一十一万五千，暨民籍、仓库尽献于朝。帝御崇元殿受之。（原注：是月，王麾下将校军佐闻之，皆恸哭曰：'吾王不归矣。'）"

《续资治通鉴长编》卷一九太平兴国三年五月条："乙酉朔，……初，吴越王俶将入朝，尽辇其府实而行，分为五十进，犀象、锦彩、金银、珠贝、茶绵及服御器用之物逾巨万计。俶意求反国，故厚其贡奉以悦朝廷。宰相卢多逊劝上留俶不遣。凡三十余进，不获命。会陈洪进纳土，俶恐惧，乃籍其国兵甲献之。是日，复上表乞罢所封吴越国及解天下兵马大元帅之职，寝书诏不名之制，且求归本道，上不许。俶不知所为，崔仁冀曰：'朝廷意可知矣，大王不速纳土，祸且至。'俶左右争言不可，仁冀厉声曰：'今已在人掌握中，去国千里，惟有羽翼乃能飞去耳。'俶独与仁冀决策，遂上表献所管十三州、一军。上御乾元殿受朝，如冬、正仪。俶朝退，将吏僚属始知之，千余人皆恸哭曰：'吾王不归矣。'凡得县八十六，户五十五万六百八，兵十一万五千三十六。"

《宋史》卷四八〇《钱俶传》：太平兴国三年"五月乙酉，俶再上表：'……'诏答曰：'……所请宜依。'"

《宋会要辑稿·礼五六·朝会》：太平兴国"三年五月朔，御乾元殿受朝，如冬至之仪。时以陈洪进、钱俶来朝故也"。

《宋会要辑稿·食货六九·杂录》："钱俶献两浙，得州十三、县八十七、户三十二万九百三十三。"

按：钱俶纳土时间，据《吴越备史》，为五月三日上表，五月六日诏从，宋太宗御崇元殿受之。据《续资治通鉴长编》《宋史》，则五月一日御乾元殿即受之。盖《续资治通鉴长编》叙事常备述一事本末。今暂取《续资治通鉴长编》，总叙于此以备考。又，纳土所计户数，史料颇不一致，俟考。

五月二日，宋太宗任命两浙诸官。

《续资治通鉴长编》卷一九太平兴国三年五月条："命考功郎中范旻权知两浙诸州事；左赞善大夫侯陶、著作佐郎崔继宗检阅两浙诸州钱帛；刑部郎中杨克让充两浙西南路转运使，宗正丞赵齐副之；祠部郎中河南刘保勋充两浙东北路转运使，右拾遗郑骧副之；右卫将军太原侯赟按行两浙诸州军储刍茭、粮廪；左赞善大夫孟贻孙通判两浙事。"

五月三日，徙封钱俶，改封钱氏成员。

《吴越备史·补遗》："敕升扬州为淮海国，制王依前守太师、尚书令、兼中书，改封王为淮海国王，食邑一万户，实封一千户，仍充天下兵马大元帅，仍改赐宁淮镇海崇文耀武宣德守道功臣。以王弟宏仪、宏信并为观察使，以王子惟浚、惟治并为节度使。"

《东都事略》卷二四《钱俶传》："太平兴国三年，复来朝，遂以国归有司，太宗改封俶淮海国王，以礼贤宅赐之。"

《东都事略》卷二四《钱惟浚传》："俶封淮海国王，惟浚徙镇淮南。"

《续资治通鉴长编》卷一九太平兴国三年五月条："丁亥，徙封钱俶为淮海国王，以其子镇海镇东节度使惟浚为淮南节度使，奉国节度使惟治为镇国节度使，平江节度使孙承佑为泰宁节度使，威武节度使沈承礼为安化节度使，浙江西道盐铁副使崔仁冀为淮南节度副使。（原注：仁冀之除在戊申，今并书于此。）"

《宋史》卷四八〇《钱俶传》："丁亥，诏曰：'……其以淮南节度管内封俶为淮海国王，仍改赐宁淮镇海崇文耀武宣德守道功臣。即以礼贤宅赐之。'"

《宋史》卷四八〇《钱惟浚传》："三年，随俶来朝，俶尽献浙右之地，改封淮海国王，徙惟浚淮南节度。"

《宋史》卷四八〇《钱俨传》："入朝，以俨为随州观察使，仪为金州观察使。侍祠郊宫，特召升俨班于节度使之次。仪卒，俨换金州。"

五月十三日，宋太宗赐钱俶淮海国王金印。

《吴越备史·补遗》："十三日，赐王淮海国王金印一面，仍赐礼贤宅为永业。"

五月十五日，宋太宗授钱惟渲、钱惟灏等官，钱昆、钱易不见录。

《吴越备史·补遗》："十五日，又授王子惟演、惟灏及未官者子弟并麾下将校孙承佑、沈承礼并为节度使等官有差，又赐幕府宰相而下拜官者二千五百人。"

胡寅《斐然集》卷二六《吴越国济阳郡夫人江氏墓表》："子十一人：……曰昆，曰若虚，曰易，曰滉，当纳土陛见之际，深自陈愿，从进士试举，不录，录就环卫官于后。"

曾巩《隆平集》卷一四《钱昆传》："钱昆，字裕之，吴越国王倧之子。随俶归朝，诸从子皆授官，独昆及弟易愿从科举，太宗嘉之。"

《东都事略》卷四八《钱昆传》:"钱昆,字裕之,吴越国王倧之子也。随俶归朝,诸从子皆授官,独昆与其弟易愿从科举。"

《宋史》卷四八〇《钱俶传》:"惟浚为节度使兼侍中,惟治为节度使,惟演为团练使,惟愿暨侄郁、昱并为刺史,弟仪、信并为观察使,将校孙承祐、沈承礼并为节度使。体貌隆盛,冠绝一时。"

《宋史》卷三一七《钱易传》:"俶归朝,群从悉补官,易与兄昆不见录,遂刻志读书。"

按:池泽滋子《钱惟演年谱》据《吴越备史·补遗》和《宋史·钱俶传》得出钱惟演此时即授官团练使。然而考之行第,钱惟演在钱惟灏之后,钱惟渲恰在钱惟治和钱惟灏之间,故惟演当为惟渲之误。另,《宋史·钱俶传》中"惟愿"亦为"惟灏"之误。何况《宋史·钱俶传》中还有"及归朝卒,子惟演、惟济皆童年,召见慰劳,并起家诸卫将军"之语,则钱俶去世之后,方以诸卫将军起家,而非此年以二龄即授团练使。亦可参考后文八月二十日按语。

五月二十三日,宋太宗宴钱俶于长春殿。

《吴越备史·补遗》:"二十三日,诏王宴于长春殿,至暮归第。"

六月四日,宋太宗宴钱俶、钱惟浚于后苑。

《吴越备史·补遗》:"六月四日,诏王宴于后苑,命世子惟浚侍坐,泛舟于宫池。"

六月十五日,宋太宗赐钱俶。

《吴越备史·补遗》:"十五日,遣入内小底,赐王汤药四金盒、对衣四事、八宝玉带二条、法酒一百瓶。"

六月二十四日,宋太宗宴钱俶于御庄。

《吴越备史·补遗》:"二十四日,诏王宴于御庄。"

七月十五日,宋太宗命张灯于王宅第。

《吴越备史·补遗》:"秋七月,命京城张灯于王宅第前后,赐设灯山,阵乐声以宠之。"

《宋史》卷四八〇《钱俶传》:"是岁七月中元,京城张灯,令有司于俶宅前设灯山,陈声乐以宠之。"

《宋会要辑稿·帝系一〇·中元灯》:太平兴国"三年七月中元节,诏有司于淮海国王府前设灯棚,陈妓乐女舞。是时钱俶始来朝故也"。

七月十八日，宋太宗宴钱俶、钱惟浚于崇德殿。

《吴越备史·补遗》："十八日，诏王宴于崇德殿，命世子惟浚侍坐焉。"

七月二十六日，宋太宗遣使慰问。

《吴越备史·补遗》："二十六日，遣使至王第慰问，仍赐茶药一金盒。"

八月六日，宋太宗诏钱氏成员归阙。

《吴越备史·补遗》："八月六日，诏王缌麻以上亲并赴阙，授以官爵。"

《续资治通鉴长编》卷一九太平兴国三年八月条："诏两浙发淮海王俶缌麻以上亲及管内官吏悉归阙，凡舟千四十四艘，所过以兵护送之。"

《宋史》卷四八○《钱俶传》："八月，令两浙发俶缌麻以上亲及管内官吏悉归朝，凡舟一千四十四艘，所过以兵护送。"

八月十四日，宋太宗诏钱俶宴于后苑。

《吴越备史·补遗》："十四日，诏王宴于后苑，泛游宫池。"

八月二十日，宋太宗召见钱惟治、钱惟渲、钱惟灏。

《续资治通鉴长编》卷一九太平兴国三年八月条："初，淮海王俶入朝，命其子镇国节度使惟治权知吴越国事。一夕，厩中火，惟治率兵临高下视，令亲信十数辈，仗剑申令敢后顾者斩，顷之火息。妻族有隶帐下者恃亲犯法，惟治命杖背于府门。于是惟治悉奉兵民图籍、帑廪管钥授知杭州范旻，与其弟惟演、惟灏等皆赴阙。诏遣内侍护诸司供帐迎劳于近郊。壬申，对于长春殿，各赐衣带、鞍马、器币。（原注：惟治自奉国改领镇国乃五月事，此时未入朝也。本传载之入朝后，误矣，今不取。）"

《宋史》卷四八○《钱惟治传》："太宗嗣位，进检校太尉。太平兴国三年，俶再入觐，又权国事。一夕，厩中火，惟治率兵临高下视，令亲信十数辈仗剑申令，敢后顾者斩，顷之火息。妻族有隶帐下者恃亲犯法，惟治命杖背于府门。俶既纳土，朝廷命考功郎中范旻知杭州，惟治奉兵民图籍、帑廪管钥授旻，与其弟惟渲、惟灏归朝。次近郊，遣内侍护诸司供帐迎劳至京师，即日召对长春殿，赐衣服、金带、鞍勒马、器币，改领镇国军节度。……初镇四明，尝梦神人披甲，自称'西岳神'，谓惟治曰：'公面有缺文'，即捧土培之。后领华州节钺二十年。"

按：《长编》与《宋史》两处差异：第一，《长编》谓钱惟治所率为惟演、惟灏，《宋史》谓所率为惟渲、惟灏，考其行第，惟演为惟灏弟，惟渲恰在惟治与惟灏之间，则当以《宋史》为准；第二，前引《长编》谓钱惟治五月改镇国，《宋史》谓赴阙后所改，然《长编》既已明言崔仁冀并非同一日改封，则其他诸人当确实同日改封，故当从《长编》。池泽滋子《钱惟演年谱》据《长编》得出钱惟演此时随钱惟治赴阙，亦误。不过钱惟演当亦此年入朝，唯年龄尚小，不得知其详。

八月二十四日，宋太宗赐钱俶生辰礼物。

《吴越备史·补遗》："二十四日，遣内使赐王生辰礼物。"

九月九日，宋太宗赐钱俶大宴于长春殿。

《吴越备史·补遗》："九月九日，诏王大宴于长春殿，欢乐终日。"

九月十六日，改衣锦军为顺化军。

《续资治通鉴长编》卷一九太平兴国三年九月条："己亥，改杭州衣锦军为顺化军。"

九月二十日，钱俶染疾。

《吴越备史·补遗》："二十日，王忽染疾，太宗传宣旦夕，遣使抚问。"

九月二十五日，宋太宗遣使赐钱俶汤药。

《吴越备史·补遗》："二十五日，又遣内司宾赐王茶果汤药等。"

十月七日，宋太宗宴钱俶于后苑。

《吴越备史·补遗》："冬十月七日，王进朝谢。赐宴于后苑。"

十月八日，宋太宗宴钱俶等于后园。

《宋会要辑稿·礼四五·宴享》："十月八日，召诸王、宰相、淮南国王、节度使、刘铱、契丹使，宴于后园。"

十月十六日，宋太宗宴钱俶等于崇德殿。

《宋会要辑稿·礼四五·宴享》：十月"十六日，宴宰相、亲王、淮海国王、太子太师、太傅、太保、两制、节度使，至刺史、统军、上将军、诸军大校，及契丹、高丽使，诸州进奉使，于崇德殿，以乾明节罢大宴故也"。

十月二十九日，杭州送钱俶伶人。

《吴越备史·补遗》：八月"九日，命以杭州伶人马迎恩等四十五人赐王，俾备旦夕宴乐"。

《续资治通鉴长编》卷一九太平兴国三年十月条："杭州送钱俶伶人凡

八十有一人，诏付教坊肄习，寻以三十六人还杭州，四十五人赐俶。（原注：《实录》于辛巳书云，诏两浙所送淮海国王伶人马安国等百余人，俾教坊肄习之，与俶本传不同，今从俶传，若如《实录》所云，则不足记也。）"

《宋史》卷四八〇《钱俶传》："杭州贡俶乐人凡八十有一人，诏以三十六人还杭州，四十五人赐俶。俶上表谢，上亲画'付中书送史馆'。"

《宋会要辑稿·职官二二·教坊》："太平兴国三年十月二十九日，诏两浙所进淮海王伶人马国安等百余人，俾教坊肄习之，马迎恩等四十五人赐钱俶。"

按：《备史》所载，当即《长编》之事，然系时不同，或八月乃命杭州送伶人之时，十月伶人方至京师，今并列于此。又，《长编》原注所引《实录》云"辛巳"，即十月二十九日。

十一月一日，宋太宗加钱俶食邑，加钱惟浚检校太师。

《吴越备史·补遗》："十一月朔，太宗南郊礼毕，诏加王食邑二千户，实封一百户。"

《宋史》卷四八〇《钱惟浚传》："是冬，郊祀恩，加检校太师。"

十二月八日，宋太宗赐钱俶。

《吴越备史·补遗》："十二月八日，遣使赐王蒸羊、食物、茶果等共十二匮，法酒一百瓶。"

十二月二十五日，宋太宗赐钱俶宴。

《吴越备史·补遗》："二十五日，诏王赐宴于长春殿，至暮归第，特辍御前二大烛送焉。"

是年，钱惟济生。

按：据《宋史》卷四八〇《钱惟济传》："惟济，字岩夫。生七岁，俶封汉南国王。"钱俶封汉南国王在雍熙元年（984），故可推知其生于太平兴国三年（978）。

是年，宋太宗遣使收吴越书籍。

《宋会要辑稿·职官一八·崇文院》：太平兴国三年，"是年，两浙钱俶归朝，遣使收其书籍送馆阁，用雕木为架，以青绫帕幕之，简册之府，翕然一变矣"。

是年，钱俶子襄师舍钱于传教院。

钱俨《建传教院碑铭》：太平兴国二年，"明年，彤矢常参，金轮大统；教法愈盛，庄严益专。属像设未周，众望斯郁，乃遣僧重云远来京师，请于襄师。襄师因以陈国夫人徐氏、汉南国王府别驾徐君贵安，共舍钱二十万，副以金带。又募郡人李从遇众率净财三十万，同就厥工"。

　　按：据后文，钱俶雍熙元年封汉南国王，此处已云者，盖钱俨撰文于雍熙三年故。又，据钱俨此文前有"王从之，乃命爱子襄、华二师，洎于宗藩，各施钱粟以助之"，可知襄师为钱俶之子，且已出家为僧。

太平兴国四年（979）己卯

公三岁。

正月十五日，宋太宗宴钱俶等于长春殿。

《续资治通鉴长编》卷二〇太平兴国四年正月条："乙未，宴潘美等于长春殿，上亲授方略以遣之。时刘铱及淮海王俶、武宁节度使陈洪进等皆与。"

《宋会要辑稿·礼四五·宴享》："四年正月十六日，以将帅宣徽南院使潘美以下发赴太原行营，召宰相、亲王、淮海国王、节度、观察、防御、团练使、刺史宴饯于长春殿，赐袭衣、金带、鞍马。"

　　按：据《二十史朔闰表》，太平兴国四年正月辛巳朔，则乙未日当是十五日，与《宋会要辑稿》异，未知孰是。

二月七日，宋太宗宴钱俶等于崇德殿。

《宋会要辑稿·礼四五·宴享》："二月七日，宴亲王、宰相、节度使、刺史、诸卫将军、诸军大校、淮海国王、契丹使于崇德殿，以将亲征太原，罢春宴故也。"

二月，宋太宗大宴钱俶等于苑中。

《吴越备史·补遗》："四年春二月，王入朝贺，大宴于苑中。太宗顾王甚厚，饮必命醺。王大醉，及罢，拜不能兴，太宗仍以金装担子送王归第，仍以赐之。是月，车驾征太原，王请从行。翌日，诏中使别押诸司供帐御厨从王，每旦夕传宣抚谕，锡赉殆无虚日。王小心畏慎，每晨趋阙，必先至宫门假寝以待。一日，夜漏四鼓，清跸启行。时风雨大作，诸节镇无一人至者。太宗见王与世子惟濬，称叹久之。谓王曰：'卿中年宜避风冷，自今入见，不须太早。'仍辍御前二大烛赐焉。又召王旦夕宴饮。一日中顿，赐王从官酒食并卫士羊肩、卮酒，观其饮啖。太宗见其雄壮，因顾王。王进曰：'正所谓如虎如貔，如熊如罴。'上大悦。"

《宋史》卷四八〇《钱俶传》："四年二月宴苑中，俶被病拜不能起，上命以银装肩舆送归，因以赐之。"

> 按：钱俶此时尚未被病，其不能起当是醉酒，疑《宋史》误。且"金装担子"与"银装肩舆"亦有异，待考。又，《吴越备史·补遗》趋阙事、观卫士饮啖事，亦见《宋史》本传，不复录。其中趋阙事，当在钱俶居京师时，观卫士饮啖事，则在从征太原途中。

四月，钱俶、钱惟浚从征于太原。

《宋史》卷四八〇《钱俶传》："四月，从征太原，赐羊三百、酒十斛。"

《宋史》卷四八〇《钱惟浚传》："从平太原及从征幽蓟。"

> 按：据《续资治通鉴长编》，宋太宗征太原在二月启程，四月至太原，故前文《吴越备史》系以二月钱俶请从行，《宋史》系以四月钱俶从征。又，钱惟浚从征幽蓟，事未详，暂附于此。

五月六日，宋太宗平北汉，嘉赞钱俶纳土。

《吴越备史·补遗》："翌日，会刘继元降，上御连城台，诛中军先亡命于太原者。时大臣皆侍坐，太宗顾谓王曰：'卿能保全一方以归于我，兵不血刃，深可嘉也。'仍赐红袍一副、玉鞍辔马一匹、细马二匹，又赐世子惟浚细马一匹、彩衣一副。"

《续资治通鉴长编》卷二〇太平兴国四年五月条："甲申，迟明，刘继元率其官属素服纱帽待罪台下。诏释之，……顾谓淮海国王钱俶曰：'卿能保全一方以归于我，不致血刃，深可嘉也。'"

七月，宋太宗赠钱俶食邑。

《吴越备史·补遗》："秋七月，车驾凯旋，大行封赏，中书进拟加王食邑一万户、实封一千户，以麻卷入。御笔改增加王食邑二万户，实封二千户。"

《宋史》卷四八〇《钱俶传》："俶中途被足疾，车驾亲临问，令太医然艾以灸，疾寻愈。还京策勋，宰相进拟加食邑万户、实封千户，上即改白麻，倍加食邑二万户、实封二千户。"

七月二十六日，钱俶入朝贺。

《吴越备史·补遗》："是月二十六日，王入朝贺，进金银器三千两、锦绮二百匹，即宴王于苑中。又命世子惟浚侍坐。"

八月二十四日，宋太宗赐钱俶。

《吴越备史·补遗》："八月二十四日，遣中使赐王生辰礼物。"

十月六日，宋太宗赐钱俶。

《吴越备史·补遗》："冬十月六日，遣内使赐王法酒二百瓶、御食八匮。"

十一月十二日，宋太宗宴钱俶于长春殿。

《吴越备史·补遗》："十一月十二日，宴王于长春殿。"

十一月，钱仪卒。

《宋会要辑稿·仪制一一·观察使追赠》："不赠官：金州观察使钱仪，太平兴国二年十一月。"

十二月十九日，宋太宗宴钱俶于崇德殿。

《吴越备史·补遗》："十二月十九日，诏王宴于崇德殿，酒酣，至暮归第。"

太平兴国五年（980）

公四岁。

正月，钱俶剑履升殿。

《吴越备史·补遗》："五年春正月，太宗御朝元殿受朝贺，时王以剑履升殿，观者荣之。"

三月清明节，宋太宗宴钱俶。

《吴越备史·补遗》："三月，清明节，太宗御大明殿，召王乘马击球，凡五筹，亲以杖引御球授王，俾王击之。是日，宴于殿庑，饮必唱筹，顾谓王曰：'卿中年宜以此娱，况今清明令节，宜加调护。'王启陈谢。"

四月一日，钱俶风疾。

《吴越备史·补遗》："夏四月一日，王以风疾告假，遣御医中使一日三至第，仍赐汤药、茶果，间日一至。"

六月三日，宋太宗幸钱俶第抚慰。

《吴越备史·补遗》："六月三日，车驾亲幸礼贤宅，抚慰再四，仍赐金器一千两、钱一万索、银一万两、绫绢一万匹，王遣子惟浚进谢。"

八月十一日，宋太宗幸钱俶第抚慰。

《吴越备史·补遗》："秋八月十一日，车驾又临抚慰，亲赐汤药二金盒。"

八月二十三日，宋太宗赐钱俶生辰礼物。

《吴越备史·补遗》："二十三日，遣中使赐王生辰礼物。"

八月二十八日，宋太宗幸钱俶第视疾。

《续资治通鉴长编》卷二一太平兴国五年八月条："戊戌，幸钱俶第视疾，赐俶银万两、绢万匹、钱百万、金器千两，又赐俶子惟浚、惟治银各万两。"

《宋史》卷四八〇《钱俶传》："五年八月，俶被病，上临问，赐白金万两、钱千万、绢万匹、金器千两，赐其子惟浚、惟治白金各万两。"

《宋史》卷四八〇《钱惟治传》："五年八月，车驾幸俶第，召见惟治，赐白金万两。"

九月十一日，钱俶进谢。

《吴越备史·补遗》："九月十一日，王进朝谢于崇德殿。复上金装定器二十事、水晶玛瑙宝装器皿二十事、珊瑚树一株。"

十月二十一日，宋太宗宴钱俶于朝元殿。

《吴越备史·补遗》："冬十月二十一日，诏王宴于朝元殿，至暮，又以金装肩舆送王归第，仍以赐焉。又以御前二大烛前导。"

冬，钱俶、钱惟浚随宋太宗驾幸大名府。

《吴越备史·补遗》："十一月戊午，驾幸大明府，王请从驾，诏许，赐王肩舆异从行。七日，太宗猎于城之东，时风寒颇严，令中使传宣，俾王先回。是月二十日，车驾还京。"

《宋史》卷四八〇《钱俶传》："是冬，车驾幸大名府，诏俶乘肩舆即路。"

《宋史》卷四八〇《钱惟浚传》："又从幸大名。"

  按：《五代史书汇编》本《吴越备史》李最欣校记："该年（980）十一月辛未朔，无'戊午'，存疑。"据《续资治通鉴长编》，宋太宗十一月十九日驻跸大名府，十二月五日畋近郊，十二月十六日还至京师，《吴越备史》之"大明府"当即"大名府"之误。《吴越备史》或漏"十二月"字样，且误五日为"七日"，误十六日为"二十日"。今并书之。

十二月一日，宋太宗宴钱俶等从官于大名府。

《宋会要辑稿·礼四五·宴享》："五年十二月一日，以巡行河北，宴从官于大名行在。"

太平兴国六年（981）

公五岁。

正月，钱俶风恙复作。

《吴越备史·补遗》："六年春正月，王风恙复作，遣尚医中使络绎而至，自是赐王免朝。"

二月，宋太宗赠钱俶食邑。

《吴越备史·补遗》："二月，太宗南郊礼毕，制又加王食邑一万户，实封一千户。"

三月二十二日，崔仁冀因钱俶之荐得迁。

《续资治通鉴长编》卷二二太平兴国六年三月条："己未，以淮南节度副使崔仁冀为卫尉卿，淮海王俶言其才可用故也。"

五月，宋太宗赠钱俶。

《吴越备史·补遗》："夏五月，王尚在风疾，遣中使以紫白水晶棋子盛以金盒，杂宝文楸棋枰赐王，且谕曰：'朕万几之暇，颇留意卿疾未痊，宜用此自怡。'一日，内臣赵海常被酒诣王府第，将吏以为传诏者，亟禀于王，即进寝室见之。海因问王：'疾何如？'王曰：'足疾已久沉痼，今又加之风眩。'海探怀中，出药百粒以奉王。时王方命茶，尽饵之。诸子孙及左右惶惧忧骇，计无所出。海既去，家人皆泣，盖有所疑也。王笑曰：'主上待我甚厚，中贵必良药也。'翌日，太宗闻之大惊，即遣中使抚慰，乃杖海脊二十，桎梏，坐海于王第门者三日，然后流海岛。王遣世子惟浚陈谢，太宗抚问久之，又赐汤药一金盒。"

《宋史》卷四八〇《钱俶传》："六年，又被病，赐告久之，上遣中使赐俶文楸棋局、水精棋子，乃谕旨曰：'朕机务之余，颇曾留意，以卿在假，可用此遣日。'……属久病家居，有黄门赵海被酒造其第求见，因出药数丸谓俶曰：'此颇疗目疾，愿王即饵之。'俶即饵焉。既去，家人皆惶骇不测，俶曰：'此但醉耳，又何疑哉？'后数日，上闻大惊，捕海系狱，决杖流海岛。"

六月十一日，钱俶贡奉。

《吴越备史·补遗》："六月十一日，王复贡黄金三千两、白金二万两。"

八月二十四日，宋太宗赐钱俶生辰礼物。

《吴越备史·补遗》："秋八月二十四日，遣内使赐王生辰礼物。"

八月二十五日，宋太宗幸钱俶宅。

《吴越备史·补遗》："翌日，驾幸礼贤宅，王疾尚未痊，出迎，拜不能兴。太宗亲曳之，抚问再四。王侍坐进茶，太宗仍赐细茶果二十盒，祛风法酒二十瓶，又赐王子以下绢帛有差。"

十月一日，钱俶朝谢。

《吴越备史·补遗》："冬十月一日，王朝谢于文德殿。太宗大悦，携手抚问良久，遂赐宴于长春殿。谓王曰：'卿恙稍可，天气严寒，宜避风冷，自后免入朝。'王稽颡陈谢。"

十一月，宋太宗郊祀，钱俶贡马。

《续资治通鉴长编》卷二二太平兴国六年十一月条："庚戌，亲享太庙。辛亥，合祭天地于圜丘，大赦，御乾元殿受册尊号。"

　　按：贡马事见后文。

十二月二日，宋太宗赐钱俶。

《吴越备史·补遗》："十二月二日，遣中使赐兽炭一千担，柴米称是。"

十二月八日，宋太宗释钱俶郊祀贡驽马罪。

《续资治通鉴长编》卷二二太平兴国六年十二月条："淮海王俶等贺郊祀，贡马皆驽，为厩吏所发。辛未，诏释其罪。"

是岁，钱惟治献钟繇、王羲之、唐玄宗墨迹。

《宋会要辑稿·崇儒四》：太平兴国"六年十二月，诏开封府及诸道转运遍下管内州县，搜访钟繇墨迹，听于所在进纳，优给缗贯偿之。并下御史台告谕文武臣僚，如有收者亦令进纳。是岁，镇国军节度使钱惟治以钟繇、王羲之、唐明皇墨迹凡七轴献"。

《宋史》卷四八〇《钱惟治传》："惟治善草隶，尤好二王书，尝曰：'心能御手，手能御笔，则法在其中矣。'家藏书帖图书甚众，太宗知之，尝谓近臣曰：'钱俶儿侄多工草书。'因命翰林书学贺丕显诣其第，遍取视之，曰：'诸钱皆效浙僧亚栖之迹，故笔力软弱，独惟治为工耳。'惟治尝以钟繇、王羲之、唐玄宗墨迹凡七轴为献，优诏褒答。"

　　按：《宋会要辑稿》原文作"钱惟演"，点校本《宋会要辑稿·崇儒》已据《宋史·钱惟治传》更正之。池泽滋子《钱惟演年谱》按语亦辨"钱惟演"之非。

太平兴国七年（982）

公六岁。

正月十四日，钱俶婿元象宗受官。

《宋会要辑稿·选举三一·召试》："太宗太平兴国七年正月十四日，元帅府长史元象宗上章求试，诏学士院召试内外制数篇，命为卫尉少卿。（原注：象宗，钱俶之婿。）"

四月，阎怀忠因受钱俶私馈而服罪。

《吴越备史·补遗》："七年春三月，太宗贬秦王廷美为西京留守。"

《续资治通鉴长编》卷二三太平兴国七年四月条："阎怀忠尝为廷美所遣，诣淮海王俶求犀玉带、金酒器，怀忠受俶私遗白金百两、扣器、绢扇等，……至是，皆伏罪。"

《宋史》卷四八〇《沈承礼传》："初，秦王廷美之败也，有司按验，俶、惟浚、孙承祐及陈洪进皆尝有赠遗，独承礼无焉。"

> 按：服罪者，阎怀忠、赵廷美也，钱俶似未及。据《续资治通鉴长编》，赵廷美被贬正在三月，阎怀忠则在四月。

是月，宋太宗赐钱俶。

《吴越备史·补遗》："夏四月，王风疾复发，太宗遣中使慰问，赐王汤药一金盒，又遣入内小底以龙凤箫笛娱王终日。"

是月，赵普叹服钱俶。

《吴越备史·补遗》："太平兴国中，赵普再入相，卢多逊罢为兵部尚书。一日，普召王世子惟浚至，谓曰：'朝廷知卢多逊求取元帅财物极多，今未鞫勘者，恐累元帅耳。请具所遗之物，列状上之。'惟浚归白王。王曰：'主上英明，凡大臣有过，即自行，何用状上。'惟浚惧普，因与僚吏等再三坚请，曰：'若不预言事，恐不测。'王曰：'且姑休矣，我当取案籍考视之。'于是，尽取当时簿籍，命火焚之。即召惟浚至，谓曰：'我入朝之初，荷蒙主上殊常之遇，故左右大臣咸有馈物，非独卢相也。岂可见人将溺而加石焉。汝等少年，慎勿为此祸福。我自当之。'惟浚等惕惧而退。普闻之，召惟浚至，深自叹服，称王宽洪大度，事遂寝。"

《家王故事》"焚案账"条略同。

> 按：据《续资治通鉴长编》卷二三，责授卢多逊为兵部尚书在太平兴国七年四月，故系此事于此。

八月二十四日，宋太宗赐钱俶生辰礼物。

《吴越备史·补遗》："秋八月二十四日，遣中使赐王生辰礼物。"

八月二十五日，钱惟灏进谢。

《吴越备史·补遗》："翌日，王遣子惟灏进谢，贡金银器皿五千两。"

十二月十三日，宋太宗除钱俶旧政之不便者。

《续资治通鉴长编》卷二三太平兴国七年十二月条："两浙转运使高冕条上旧政之不便者，凡百余事。庚午，诏两浙诸州自太平兴国六年以前逋租及钱俶日无名掊敛，吏至今犹征督者，悉除之。"

太平兴国八年（983）

公七岁。

正月十三日，宋太宗赐钱俶。

《吴越备史·补遗》："八年春正月十三日，遣中使赐王珍珠宝灯一座，仍命坊市张灯于王第前后，俾王怡悦。"

三月三日，宋太宗加钱俶食邑。

《吴越备史·补遗》："三月三日，诏加王食邑二千户，实封五百户。"

五月，宋太宗赐钱俶。

《吴越备史·补遗》："夏五月，遣内使赐王珍珠黄罗伞一、龙香凉茶二十斤。"

八月二十三日，宋太宗赐钱俶生辰礼物。

《吴越备史·补遗》："秋八月二十三日，遣使赐王生辰礼物。"

八月二十四日，钱惟浚贡奉。

《吴越备史·补遗》："翌日，王遣世子惟浚贡上白龙脑香一百斤、金银陶器五百事、银二万两、黄金一千两。"

九月，钱昱献《太平兴国录》一卷，又献钟、王墨迹。

《玉海》卷五八："八年九月癸丑朔，秘书监钱昱献《太平兴国录》一卷，求换台省官，令学士院召试制诰三篇，改秘书监，判尚书都省。"

《宋史》卷四八〇《钱昱传》："俄献《太平兴国录》。求换台省官，令学士院召试制诰三篇，改秘书监，判尚书都省。时新葺省署，昱撰记奏御。又尝以钟、王墨迹八卷为献，有诏褒美。"

《宋会要辑稿·崇儒四》：太平兴国"八年，秘书监钱昱又献钟繇、羲之墨迹八轴。并优诏答之"。

十月，钱俶让大元帅及国封。

《吴越备史·补遗》："冬十月，王以天下无事，兵革偃息，乃让大元帅及国封。表上，但许罢兵柄，其国封如故，仍加王食邑三千户，实封五百户。"

十二月六日，宋太宗赐钱俶。

《吴越备史·补遗》："十二月六日，遣中使赐筵一席，以仪銮迎送王第，近代无比。"

十二月，宋太宗允钱俶请罢元帅。

《东都事略》卷二四《钱俶传》："俶以天下既平，求去元帅之称，从之。"

《续资治通鉴长编》卷二四太平兴国八年十二月条："淮海国王钱俶三上表乞解兵马大元帅、国王、尚书中书令、太师、开府仪同三司等官，诏止罢元帅，余不许。"

《宋史》卷四八〇《钱俶传》：太平兴国八年（983）"十二月，上言曰：'……'不许。表三上，下诏曰：'……'"

> 按：钱俶或自十月至十二月凡三上表，故《吴越备史》系于十月，《续资治通鉴长编》《宋史》系于十二月总叙之。

雍熙元年（984）

公八岁。

二月二日，宋太宗幸钱俶第。

《吴越备史·补遗》："雍熙元年春二月二日，上幸太乙宫，路由礼贤宅，王力疾出见于道傍，上驻辇抚谕至于再三。及驾返，命取他路归，遣中使谕王，恐烦迎接，径由他路归矣。"

四月十三日，宋太宗赐钱俶汤药。

《吴越备史·补遗》："夏四月十三日，遣中使赐汤药二金盒。"

八月二十三日，宋太宗赐钱俶生辰礼物。

《吴越备史·补遗》："秋八月二十三日，遣中使赐汤药，赐王生辰礼物。"

十二月十一日，宋太宗进封王为汉南国王，改惟浚山南东道节度。

《吴越备史·补遗》："十二月十一日，太宗郊禋礼毕，进封王为汉南国王、崇文耀武宣德守道功臣。"

《东都事略》卷二四《钱俶传》："改汉南国王。"

《东都事略》卷二四《钱惟浚传》:"改镇山南东道。"

《宋史》卷四八〇《钱俶传》:"雍熙元年,改封汉南国王。"

《宋史》卷四八〇《钱惟浚传》:"雍熙元年,郊祀,改山南东道节度。"

《宋史》卷四八〇《钱惟济传》:"惟济字岩夫。生七岁,俶封汉南国王,奏补本府元从指挥使。"

是年,钱俶受赐十二字功臣号。

《宋会要辑稿·礼五九》:"宁江镇国:雍熙元年,赐汉南国王钱俶'宁江镇国崇文耀武宣德守道'。"

雍熙二年(985)

公九岁。

正月,宋太宗奖谕钱俶。

《吴越备史·补遗》:"二年春正月,太宗以王善于草隶,遣中使取王草书笔迹。王以风疾,手不能握笔,命将往时所书绢图草字遣世子惟浚同中使以进。下诏奖谕,仍赐金盒玉砚一副、龙凤墨一百斑、红绿笔一千管、盈丈纸二百轴、白绢三百匹。幕府宰相洎朝中大臣文士撰恩赐汉南国王金匣玉砚诗文进,上观览,命黄绢图本遣赐王。"

《宋史》卷四八〇《钱俶传》:"善草书,上一日遣使谓曰:'闻卿善草圣,可写一二纸进来。'俶即以旧所书绢图上之,诏书褒美,因赐玉砚金匣一、红绿象牙管笔、龙凤墨、蜀笺、盈丈纸皆百数。"

四月,宋太宗宴钱俶于后苑。

《吴越备史·补遗》:"夏四月,召王宴于后苑。帝曰:'春气暄和,万物畅茂,四海安宁。朕当以天下之乐为乐,宜令赏花赋诗。'"

五月,宋太宗幸钱俶宅。

《吴越备史·补遗》:"五月,驾幸礼贤宅,抚慰久之,命王取平日所书隶书观看,太宗大悦,收取数幅。翌日,遣中使赐王御笔二百枝、龙墨二十斑、红袍一副。"

八月二十三日,宋太宗赐钱俶生辰礼物。

《吴越备史·补遗》:"秋八月二十三日,遣中使赐王生辰礼物。"

九月九日,宋太宗宴钱俶于崇德殿。

《吴越备史·补遗》:"九月九日,召王扶疾,宴于崇德殿。"

十月，宋太宗赐钱俶夫人。

《吴越备史·补遗》："冬十月，遣内使赐王夫人龙凤珠冠一顶、金三百两、银二千两。"

十一月十五日，宋太宗赐钱俶等。

《吴越备史·补遗》："十一月十五日，遣中使赐王幕府将校币帛，又加授王子惟治等九人官爵有差。"

《宋史》卷四八〇《钱惟治传》："子丕字简之，幼好学。雍熙中，俶上言欲求举进士，太宗以其世家子，特召试内署，授秘书丞，赐金紫，累迁驾部郎中。尝知新淦县，又知衡州。"

《宋史》卷四八〇《钱俨传》："常从幸天驷监，会赐从官马，太宗敕有司曰：'钱俨儒者，宜择驯马给之。'未几，出判和州，在职十七年，咸平六年，卒。"

《宋史》卷四八〇《钱昱传》："生子百数。涉，雍熙中进士及第。绛，至内殿承制、阁门祗候，累典郡，颇以干力称。"

　　按：《宋史》谓钱丕于雍熙中授官，而《吴越备史》于雍熙年间仅有此次授钱俶王子惟治等官爵，疑其授官即在此时，附之待考。钱俨咸平六年（1003）卒，前推十七年，即雍熙三年（986）前后，今暂与钱丕授官同附。钱昱之子钱涉雍熙中进士及第，与《钱惟治传》"俶上言欲求举进士"或有联系，故附于此。

雍熙三年（986）

公十岁。

二月，宋太宗改封钱俶南阳国王。

《吴越备史·补遗》："三年春二月，太宗以王疾未痊，诏免入朝，改封南阳国王，仍赐领南阳节钺，加食邑二千户，实封一千户，麻降。王复抗表陈让国事，表四上。"

《宋史》卷四八〇《钱俶传》曰：雍熙"四年春，出为武胜军节度，改封南阳国王。俶久被病，诏免入辞。将发，赐玉束带、金唾壶、碗盎等。俶四上表让国王"。

四月，宋太宗赐钱俶。

《吴越备史·补遗》："四月，王将赴南阳，诏免入辞，赐御衣一副、袭衣、玉束带一条，金器一千两，玉石器皿一百事，银器一万两，仍诏山南道节度使王子惟浚送王至尉氏县,诏雍州团练使王子惟渲韶州刺史,王子惟灏并从王行。"

《宋史》卷四八〇《钱俶传》:"惟渲至韶州团练使。"

四月二十六日,钱俶之国。

《吴越备史·补遗》:"是月二十六日,王发京师,诏遣中使赐御酒二百瓶、龙茶二斤、樱桃二金盒,仍遣中使押翰林仪鸾御厨送王。"

五月,钱惟灏谢恩。

《吴越备史·补遗》:"五月,王遣子惟灏诣阙谢恩,贡上鳌山宝树一座、紫金狮带一条、金银器皿共一万两,太宗抚问再四。"

六月,宋太宗赐钱俶、钱惟灏。

《吴越备史·补遗》:"六月,太宗命韶州刺史王子惟灏归,加王食邑五千户,实封三百户,仍赐国信、汤药二金盒、茶饼二十匮、宝带一条、金器一千两、银装器皿称是。有赐王子惟灏银二百两。"

八月,钱俶不康,宋太宗赐钱俶。

《吴越备史·补遗》:"秋八月,王不康,敕遣东头供奉官高品尚医李密并王孙相继而至,又遣中使王首宿至,赐王生辰礼物,仍令抚问。王四上表让国王。"

十一月十日,钱俨撰《建传教院碑铭》。

《螺溪振祖集》载此文,前题"忠果雄勇功臣金州管内观察使判和州军州事光禄大夫特进检校太傅兼御史大夫上柱国彭城郡开国公食邑六千户食实封一千一百户钱俨撰",末曰"时雍熙三年丙戌岁十一月十日文"。

是年,钱惟治从征幽州。

《宋史》卷四八〇《钱惟治传》:"雍熙三年,大出师征幽州,命惟治知真定军府兼兵马都部署。前一日曲宴内殿,惟治献诗,帝览之悦,酒半,遣小黄门密谕北面之寄。至则训兵享士,颇勤政务,设厨馔于城门以待使传。"

雍熙四年(987)

公十一岁。

二月,宋太宗改封钱俶许王,加食邑。

《吴越备史·补遗》:"四年春二月,敕遣给事中崔颢改封王为许王,加食邑一万户,实封二千户,仍改赐安时镇国崇文耀武宣德守道功臣。"

《东都事略》卷二四《钱俶传》:"雍熙四年,出为武胜军节度使,徙国南阳。既又辞国号,改封许王。"

《宋史》卷四八〇《钱俶传》曰:雍熙四年春,"改封许王"。

《宋会要辑稿·礼五九》:"安时:端拱元年,赐南阳国王钱俶'安时镇国崇文耀武宣德守道'。"

按:《东都事略》二事并叙,徙国南阳实在雍熙三年。辞国号,即指辞去"某某国王"爵号,仅称"某王"。又,《宋会要辑稿》所载功臣号与《吴越备史》同,然时间有误。考两书皆载钱俶以南阳国王受赐,则时间当从《吴越备史》。

是年,钱惟浚徙镇安州。

《东都事略》卷二四《钱惟浚传》:"又镇安州。"

《宋史》卷四八〇《钱惟浚传》:"四年,徙镇安州。惟浚虽再移镇,常留京师。"

是年,钱俨《吴越备史》第二次结集。

《中兴馆阁书目辑考》"霸史类":"十五卷。其初十二卷,尽开宝三年,后又增三卷,至雍熙四年。"

《直斋书录解题》卷五:"九卷。吴越掌书记范坰、巡官林禹撰。按《中兴书目》,其初十二卷,尽开宝三年,后又增三卷,至雍熙四年。今书止石晋开运,比初本尚阙三卷。"

按:此书实为钱俨所撰,初次结集在开宝三年(970)之后,最后一次结集在雍熙四年(987)之后。今人李最欣在张兴武《五代艺文志》等基础上有详考,参见《钱氏吴越国文献和文学考论》第一章第一节第一段"《吴越备史》作者认定上的纠纷考辨"。

端拱元年(988)

公十二岁。

二月,宋太宗进封钱俶邓王。

《吴越备史·补遗》:"端拱元年春正月,太宗籍田,大赦,改元。二月,敕遣中使进王为邓王,加食邑一万户,实封三千户。"

《东都事略》卷二四《钱俶传》:"端拱元年,徙封邓王。"

《宋史》卷四八〇《钱俶传》:"端拱元年春,徙封邓王。"

三月，钱俶遣钱惟治贡奉。

《吴越备史·补遗》："三月，王遣子惟治表贺，贡上金饰玳瑁器皿五百事、玉器二十事、水晶盘四事、金二千两、银二万两、锦绮二万匹、羊二百口、法酒二百瓶，以为贺礼。"

四月，宋太宗赐钱俶。

《吴越备史·补遗》："夏四月，太宗命王子惟治归赐王御罗袍、玉带、码碯、嵌珍珠酒器八对，又辍御前金烛台一对以赐焉。"

七月，钱俶不康，宋太宗赐钱俶。

《吴越备史·补遗》："秋七月，王不康。太宗闻之，敕遣中使王守文、翰林医官王祐泊王诸孙骆驿而至，又敕遣供奉官诏加王食邑三万户，实封五千户，仍赐抚问，及赍御药一金盒。"

八月，钱俶疾稍痊，宋太宗赐钱俶。

《吴越备史·补遗》："八月，疾稍痊，遣子团练使惟渲诣阙谢恩，贡上黄犀带一、大玉带四、金饰酒器一千事、黄绢草书八幅、隶字四幅。太宗抚问再四。是月，敕遣皇城使李惠、河州团练使王继恩同王子惟渲赐王生辰礼物，国信至，王扶疾拜命，与来使燕接极欢。"

八月二十四日，钱俶卒。

《吴越备史·补遗》："二十三日晡时，王寝于斋之西轩，命左右读《唐书》数篇，命诸子孙诵调章诗什数篇，未讫而风恙复作，四鼓而薨。是夕，大流星坠于正寝之上，光烛满庭。王以天成四年八月二十四日四鼓而生，复以端拱元年八月二十四日四鼓而薨，以生记薨，实周一甲子矣。即日王继恩先还京报讣，太宗闻之，哀悼不已，诏废朝七日，复敕王继恩押入内班，贾继勋护丧归于京师。"

《隆平集》卷一二《钱俶传》："俶唐天成四年八月二十四日生，端拱元年八月二十四日薨，年六十，进封秦国王，谥忠懿。为太师、中书令者四十年，任元帅者三十年，近世处富贵者，未有其比。"

《东都事略》卷二四《钱俶传》："俶以天成四年八月二十四日生，至是年八月二十四日薨，年六十。薨之日，又与父元瓘同，人皆异之。"

《续资治通鉴长编》卷二九端拱元年八月条："戊寅，武胜节度使、太师、尚书令、兼中书令、邓王钱俶卒，上为辍视朝七日，追封秦国王，谥忠懿，命中使护丧事，葬洛阳。俶任太师、尚书令、兼中书令四十年，为元帅三十五年，穷极富贵，福履之盛，近代无比。"

《宋史》卷四八〇《钱俶传》:"会朝廷遣使赐生辰器币,与使者宴饮至暮,有大流星堕正寝前,光烛一庭,是夕暴卒,年六十。俶以天成四年八月二十四日生,至是八月二十四日卒,复与父元瓘卒日同,人皆异之。"

《宋会要辑稿·礼四一·辍朝》:"武胜军节度使、太师、尚书令、兼中书令钱俶,端拱元年九月,辍五日。"

《宋会要辑稿·仪制一三·伪国主追增》:"武胜军节度使、太师、尚书令、兼中书令、邓王钱俶,端拱五年八月赠秦国公。"

按:《宋会要辑稿》系于九月,或误。又以辍朝时间为"五日",与《吴越备史》《长编》之"七日"不同,或亦有误。又,《宋会要辑稿·伪国主追增》误"元年"为"五年"。

十月二十四日,发钱俶丧南阳。

《吴越备史·补遗》:"冬十月二十四日,王丧发南阳。"

十一月十四、十五日,钱惟浚、钱俶夫人俞(余)氏各进贡,宋太宗不纳。

《宋会要辑稿·崇儒七·却贡》:端拱元年"十一月十四日,故秦国王钱俶子惟浚等进金万五千两、锦绮透背绫罗纱縠衣著三万匹、钱万五千贯、通犀牸犀玉带一百八十条、牸犀四十株、象牙十三株、丁香三百斤、象笏二百、马二十匹,金玉、玛瑙、鞍勒副之,金玉、珠翠、首饰、博具、器乐、器皿、什物各数千计,囊驼十头、牛五十头、驴一百头、车十乘。十五日,俶夫人余氏又进牸犀一十株、通犀带十八条、赭玉带四条、水精佛象十二事、金三万五千两、银十万两、女乐十人。帝不纳,各赐锦彩三十段,遣还之"。

十一月二十三日,丧至京师。

《吴越备史·补遗》:"十一月二十三日,至京师,太宗复发哀,诏权窆于城东别墅。即日,命有司致祭。"

十一月二十四日,宋太宗致献。

《吴越备史·补遗》:"翌日,遣中使赍御筵一席致献于王丧次前。"

十一月二十五日,宋太宗追封钱俶,定谥忠懿。

《吴越备史·补遗》:"二十五日,太宗御文德殿,命工部侍郎郭贽持节追册为秦国王,太常定谥曰忠懿。"

《东都事略》卷二四《钱俶传》:"册封秦国王,谥曰忠懿。"

《宋史》卷四八〇《钱俶传》:"上为废朝七日,追封秦国王,谥忠懿,仍正衙备礼发册曰：'……今遣使太中大夫、尚书工部侍郎、上柱国、汾阳郡开国侯、食邑一千户、赐紫金鱼袋郭贽持节册赠尔为秦国王。……'"

《宋会要辑稿·礼五八·王谥》："武胜军节度使、太师、尚书令、兼中书令、秦王钱俶。危身奉上曰忠，履正志和曰懿。"

十一月二十八日，宋太宗致祭。

《吴越备史·补遗》："二十八日，复遣工部侍郎郭贽致祭于丧次。"

十二月十八日，宋太宗献茶汤。

《吴越备史·补遗》："十二月十八日，遣中使献茶汤于丧次。"

是年，钱惟浚封萧国公。

《东都事略》卷二四《钱惟浚传》："封萧国公。"

《宋史》卷四八〇《钱惟浚传》："端拱初，籍田，封萧国公。俄俶薨，起复，加兼中书令。"

是年，宋太宗慰劳钱俶诸子。

《隆平集》卷一二《钱惟演传》："惟演，字希圣，俶第十四子也。幼有俊才，俶常使赋《远山》诗，有'高为天一柱，秀作海三峰'之句。俶深器之。初补职牙门，累迁左神武将军。"

《东都事略》卷二四《钱俶传》："惟渲、惟灏俱至团练使。惟潩左龙武将军。"

《东都事略》卷二四《钱惟浚传》："俶薨，有诏起复，加中书令。"

《东都事略》卷二四《钱惟演传》："惟演，字希圣。幼有俊才，俶尝使赋《远山》诗，有'高为天一柱，秀作海三峰'之句，俶深器之。初补职牙门，累迁左神武将军。"

《宋史》卷四八〇《钱俶传》："及归朝卒，子惟演、惟济皆童年，召见慰劳，并起家诸卫将军。……子惟浚、惟治、惟渲、惟演、惟灏、惟潩、惟济。惟渲至韶州团练使，惟灏贺州团练使，惟潩至左龙武将军、奖州刺史。惟演自有传。"

《宋史》卷四八〇《钱惟浚传》："惟浚与俶诸子共进钱金、绫罗、犀玉带笏、犀角、象牙、丁香、金玉玛瑙鞍勒、金玉珠翠首饰、乐器、博具、器皿什物、马橐驼牛驴车凡数十万计。俶妻俞氏又进金银十余万，犀二十株、通犀頍犀玉带二十二条、水晶佛像十二事。惟浚又进女乐十人，上不纳，各赐锦彩三十段遣还之。"

《宋史》卷三一七《钱惟演传》："钱惟演，字希圣，吴越王俶之子也。少补牙门将，从俶归朝，为右屯卫将军。历右神武军将军。"

《宋史》卷四八〇《钱惟济传》："历诸卫将军，领恩州刺史，改东染院使，真拜封州刺史。"

> 按：钱俶诸子，惟浚、惟治、惟演、惟济事迹居多，惟渲、惟灏事迹亦皆可考一二，惟濋事不见载，故附见于此。钱惟浚与俞氏等贡奉，在钱俶殁后，亦附见。

是年，钱惟治起复检校太师。

《宋史》卷四八〇《钱惟治传》："初，惟浚虽俶嫡嗣，然俶以其放荡无检，故器惟治，再俾权国务。尝一夕俶暴疾，孙妃悉敛符钥付惟治，后惟浚知之，甚衔恨。洎入朝，惟浚止奉朝请，而委惟治藩任焉。俶薨召还，起复检校太师。移疾就第百日，有司请罢奉，特诏续给。累上表请罢节镇，优诏不许。"

端拱二年（989）

公十三岁。

正月十五日，葬钱俶。

《吴越备史·补遗》："二年春正月丁酉日，遣中使押翰林仪鸾、卤簿、鼓吹，葬王于河南府洛阳县贤相里陶公原，命大臣以下俱素服送三十里，仍命有司撰碑文。"

《宋史》卷四八〇《钱俶传》："命中使护其丧归葬洛阳。"

淳化元年（990）

公十四岁。

九月，宋太宗诏江浙等路。

《宋会要辑稿·食货一·农田杂录》："淳化元年九月，诏江浙等路：'李煜、钱俶日，民多流亡，弃其地，遂为旷土。宜令诸州籍其陇亩之数，均其租，每岁十分减其三，以为定制，仍给复五年。召游民，劝其耕种，厚慰抚之，以称务农敦本之意。'"

十月二十八日，钱俨献《皇猷录》一卷。

《玉海》卷五八："淳化元年十月庚午，金州观察使判和州钱俨献《皇猷录》一卷，优诏答之。"

《宋史》卷四八〇《钱俨传》："淳化初，尝献《皇猷录》。"

是年，宋太宗赐钱惟浚钱氏故物。

《宋史》卷四八〇《钱惟浚传》："淳化初，杭州以钱氏家庙所藏唐、梁以来累朝所赐玉册、竹册各三副、铁券一来上，上悉以赐惟浚。"

淳化初，钱信改名钱俨。

《宋史》卷四八〇《钱俨传》："俨字诚允，俶之异母弟也。本名信，淳化初改焉。"

淳化二年（991）

公十五岁。

三月，钱惟浚卒。

《东都事略》卷二四《钱惟浚传》："卒，追封汾王，谥曰安僖。"

《宋史》卷四八〇《钱惟浚传》："淳化初……明年春，得疾暴卒，年三十七。废朝二日，追封邠王，谥安僖，中使典丧事。子守吉、守让。守吉至西京作坊使。"

《宋会要辑稿·礼四一·辍朝》："安远军节度使、兼中书令钱惟浚，淳化二年三月，辍二日。"

《宋会要辑稿·礼五八·群臣谥》："安远军节度使、兼中书令钱惟浚，谥安僖。"

《宋会要辑稿·仪制一一·使相追赠》："安远军节度使、兼中书令、萧国公钱惟浚，淳化二年二月追封邠王。"

　　按：钱惟浚次子钱守让事迹详见后文。长子钱守吉事迹甚少，据夏竦《文庄集》卷一《南作坊副使钱守吉可供备库使制》，可知其曾任南作坊副使、供备库使二职。又，《东都事略》之"汾王"甚少见诸封祟，或为"邠王"之误。又，《宋会要辑稿·使相追赠》误三月为二月。

钱惟浚卒后，宋白奉诏撰碑文。

《宋史》卷四三九《宋白传》："又女弟适王沔，淳化二年，沔罢参知政事。时寇准方诋讦求进，故沔被出。复言白家用黄金器盖举人所赂，其实白尝奉诏撰钱惟浚碑，得涂金器尔。"

八月一日，宋太宗废钱俶旧政。

《续资治通鉴长编》卷三二淳化二年八月条："丁卯朔，诏两浙诸州，先是钱俶日，募民掌榷酤，酒醨坏，吏犹督其课，民无以偿，湖州万三千三百四十九瓶，衢州万七千二百八十三瓶，台州千一百四十四石，越州二千九百四石七斗，并毁弃之，勿复责其直。"

《宋会要辑稿·食货二·酒曲杂录一》同《长编》。

是年，钱昆举进士。

《隆平集》卷一四《钱昆传》："淳化二年，昆登进士第。"

《东都事略》卷四八《钱昆传》："遂登进士第。"

淳化三年（992）

公十六岁。

二月二十日，宋太宗除杭州掌庾吏所欠钱俶仓米。

《续资治通鉴长编》卷三三淳化三年二月条："二月，杭州掌庾吏叶彦安等百二十三人，欠钱俶日官仓米八十四万八千四石、盐五万四百四十六石，甲申，诏并除之。"

三月四日，宋太宗殿试钱易等。

《续资治通鉴长编》卷三三淳化三年三月条："三月戊戌，上御崇政殿，覆试合格进士。……内出《厄言日出赋》题，试者骇异，不能措词，相率扣殿槛上请。会稽钱易，时年十七，日未中，所试三题皆就，言者指其轻俊，特黜之。"

《宋会要辑稿·选举一·贡举》略同《长编》。

> 按：据池泽滋子《钱易年谱》按语，时钱易当二十五岁。今从之，详见本书所载《吴越国、两宋时期吴越钱氏艺文考》钱易部分。

八月二十七日，宋太宗释杭州民所欠钱俶日息钱。

《续资治通鉴长编》卷三三淳化三年八月条："戊子，诏杭州民二千五百四十九人共欠钱俶日息钱六万八千八百余贯，并释之。"

是年，宋太宗诏旧吴越国赐姓将士复本姓。

《宋史》卷四八〇《钱俶传》："先是，镠与战士多赐己姓，后俶归朝，皆称同宗。淳化三年，诏令复本姓。又浙中刘氏避镠讳，改为金氏，亦令还故。"

> 按：由此可知，两浙多有本非钱氏而受赐钱氏者，虽诏令复姓，及钱氏于两宋兴旺，或亦有沿用者，故两浙钱氏来源本非钱镠一脉，自此又更复杂。

是年，公长子钱暧生。

钱彦远《钱暧墓志》："享年五十有六，实庆历七年七月十八日也。"

按：从墓志推断，钱暧生年，钱惟演仅十六岁，然亦非不可能。考虑到前一年钱惟浚去世，或有命钱惟演早早成婚，用以冲喜乎？俟考。

淳化四年（993）

公十七岁。

是年，钱易上宰相苏易简启。

《东都事略》卷四八《钱易传》："太宗语苏易简曰：'朕恨不与李白同时。'易简曰：'有钱易者，李白才也。'太宗喜曰：'若然，当用唐故事召至禁林。'会盗起剑南，不果用。"

《续资治通鉴长编》卷四三咸平元年十月条："易初以轻俊被黜，既而太宗与苏易简论唐时文人，且叹不与李白同时，易简言：'易能为歌诗，殆不下李白。'太宗惊喜曰：'诚如是，吾当白衣召置禁林。'会盗起剑南，事乃止。"

《宋史》卷三一七《钱易传》："太宗尝与苏易简论唐世文人，叹时无李白。易简曰：'今进士钱易，为歌诗殆不下白。'太宗惊喜曰：'诚然，吾当自布衣召置翰林。'值盗起剑南，遂寝。"

王庭珪《卢溪文集》卷四九《跋钱希白上宰相启》："钱希白自吴越入朝，折节学问，晚以能文章入翰苑。当杨、刘力变文体，号曰'西昆'，学者病之，唯希白博古，能逐追其间。方投时相，启求识擢，时年尚少，词虽博赡，犹余五季文辙。然不蹈袭陈言，至昆体亦出，自然知变，而冠绝于时，非才大莫能然也。"

按：王庭珪所跋钱易之文，为钱易年少时上时相之启，池泽滋子《钱易年谱》漏载。然据《长编》推测之，所谓时相，或即淳化四年（993）之参知政事苏易简。其中"盗起剑南"，即指王小波、李顺起事，在淳化四年，故太宗与苏易简对话当亦此年，而前一年即钱易下第之时，则钱易下第后上时相苏易简启，欲"求识擢"，方可引出苏易简在太宗面前推荐钱易。故此启当撰于淳化三年、四年之间，暂系于四年。

是年，钱易撰《滑稽集》四卷。

《直斋书录解题》卷十七："《滑稽集》四卷。翰林学士吴越钱易希白撰。多谲讽之词。淳化癸巳自序。"

是年，钱易撰《净光大师行业碑》。

释元悟《螺溪振祖集》（《四明尊者教行录》所附）载钱易《净光大师行业碑》，前题"朝奉大夫行尚书户部郎中知制诰赐紫金鱼袋钱易撰"。正文曰："丁亥冬十有一月四日疾终，右胁而卧，神往形具，端而有生。其徒树龛室于方丈，台人之恸，若丧所亲。后五年，易葬地，身体不坏，芳香翕然。此非释中达而异者乎？"

《螺溪振祖集》又载释澄彧《净光大师塔铭》："雍熙四年丁亥十一月四日，迁化于丈室。春秋六十九，僧腊五十。明年改元端拱，岁次戊子，季夏十六日，建塔亭，葬于国清寺东南隅。"

按：据澄彧《净光大师塔铭》，净光大师葬于端拱元年六月十六日，又钱易《净光大师行业碑》，知净光大师葬后五年改葬，则钱易撰《净光大师行业碑》当在淳化四年改葬之时。

淳化中，钱映守渝州不辱。

胡寅《斐然集》卷二六《吴越国济阳郡夫人江氏墓表》："（钱弘俶）子十一人：……曰映，淳化中为渝州监军。蜀有乱，城守不辱以没。"

按：考所谓蜀乱，即王小波、李顺之事，按覆其史，则渝州或在淳化四年（993）失守，故系于此。

真宗在东宫日，赏爱钱易。

祝穆《方舆胜览》卷一："章圣在东宫，尝图山水扇，命易作歌，其卒章有'好开今日太平基，万里山河归掌握'之句，帝赏爱之。"

《宋史》卷三一七《钱易传》："真宗在东宫日，图山水扇，会易作歌，赏爱之。"

按：陈志坚、梁太济《〈宋史·钱易传〉笺证》按语曰："《传》中'会'字疑'令'字之误。"然"会""令"二字，不如"会""命"二字相近，疑"命"字之误。

淳化五年（994）

公十八岁。

七月十六日，宋太宗除两浙民所负钱俶日官物。

《续资治通鉴长编》卷三六淳化五年七月条："丙寅，诏两浙诸州民先负钱俶日官物，计钱十一万七千五百缗，并除之。"

至道元年（995）

公十九岁。

四月二十九日，钱昭序献赤乌、白兔。

《续资治通鉴长编》卷三七至道元年四月条："乙巳，知通利军钱昭序，表献部内赤乌、白兔各一，云：'乌禀阳精，兔昭阴瑞，报火德蕃昌之兆，示金方驯服之征。念兹希世之珍，罕有同时而见，望宣付史馆。'从之。上谓侍臣曰：'乌色正如渥丹，信火德之符矣。'昭序，俶之从子也。"

《宋史》卷四八〇《吴越世家》载："俶之群从又有台州刺史仰之子昭序，字著明，好学喜聚书，书多亲写。知通利军，以勤干闻，至如京副使。"

《宋会要辑稿·瑞异一·祥瑞杂录》略同《长编》。

至道二年（996）

公二十岁。

是年，钱昱为郢州团练使。

《宋史》卷四八〇《钱昱传》："出知宋州，改工部侍郎，历典寿、泗、宿三州，率无善政。至道中，郊祀，当进秩，太宗曰：'昱贵家子无检操，不宜任丞郎。'以为郢州团练使。"

至道三年（997）

公二十一岁。

八月四日，宋真宗除杭、越州寺院昔日杂钱。

《宋会要辑稿·食货一七·商税四》：至道三年"八月四日，除杭、越州寺院童行钱、民所赋丁身钱。先是，钱俶时，民纳丁税钱，其出家童行，未入僧籍，亦输之，至是除免"。

咸平元年（998）

公二十二岁。

十月二十八日，宋真宗命钱若水覆考钱易等。

《续资治通鉴长编》卷四三咸平元年十月条："癸丑，命修《太祖实录》官钱若水等覆考开封府得解进士试卷。故事,京府解十人已上谓之等甲,非文业优赡有名称者不取。时以高辅尧为首,钱易次之。易颇为流辈所推许,辄不平,遂上书指陈发解官所试《朽索驭六马赋》及诗、论、策题,意涉讥讪。又进士数百辈诣府讼荐送不当,辅尧亦投牒逊避,请以易为首。开封府以闻,故有是命,仍令两制议所讼题。时翰林学士承旨宋白深右易,考官度支员外郎冯拯奏易与白交结状,上大怒,遣中使下拯御史狱。拯力言易无行,不可冠天府多士,上亦以为士流纷竞,不可启其端,且欲镇压浮俗,乃诏释拯,罢两制议及覆考,止令若水等擢文行兼著者一人为首。乃以孙暨为第一,辅尧为第二,易第三,余并如旧。"

《宋史》卷三一七《钱易传》:"易再举进士,就开封府试第二。自谓当第一,为有司所屈,乃上书言试《朽索之驭六马赋》,意涉讥讽。真宗恶其无行,降第三。"

《宋会要辑稿·选举一四·举士十六·发解》略同《长编》。

咸平初,钱惟治被鞫,钱丕责授郓州团练副使。

《宋史》卷四八〇《钱惟治传》:"惟治既病,心恍惚,家事不肃。咸平初,僮奴以奸私杀人于庭,事连闺阃,真宗为停按鞫,止授右监门卫上将军,其子驾部员外郎丕责授郓州团练副使。"

咸平初,钱俨献《光圣录》一卷。

《宋史》卷四八〇《钱俨传》:"咸平又献《光圣录》,并有诏嘉答。"

咸平二年(999)

公二十三岁。

是年,钱易中第,通判蕲州,杨亿以诗送行。

钱易《张咏墓志铭》:"易,咸平二年贡部生也,以孤见收,擢之高第。"

杨亿《武夷新集》卷四《钱易赴蕲春》:"名重星垣试,官闲月寺中。竹符千里郡,花浪一防风。尘隙驹从度,霞觞酒莫空。公堂封笔冢,邮舍递诗筒。骚客休怀楚,词臣合荐雄。长庚谪仙骨,须入抃鳌宫。"

《隆平集》卷一四《钱易传》:"咸平二年,易登进士第甲科。"

《东都事略》卷四八《钱易传》:"复举进士甲科,为光禄寺丞,通判蕲州。上疏曰:'……'"

《续资治通鉴长编》卷六一景德二年九月条:"易尝通判蕲州,奏疏言：'……'上嘉纳其言。"

《宋史》卷三一七《钱易传》："明年，第二人中第，补濠州团练推官。召试中书，改光禄寺丞、通判蕲州。奏疏曰：'……'帝嘉纳其言。"

　　按：钱易在蕲州任上所上奏疏，不知年月，故附于其通判蕲州年月之后。

是年，钱昱病卒。

《宋史》卷四八〇《钱昱传》："咸平二年，表入朝，以病不及陛见。卒，年五十七。"

是年，钱昂战死。

胡寅《斐然集》卷二六《吴越国济阳郡夫人江氏墓表》："（钱弘倧）子十一人：……曰昂，皇朝咸平二年巡警荆渚，与蛮贼战死。"

咸平三年（1000）

公二十四岁。

五月十五日，公献所著文及《咸平圣政录》。

《宋会要辑稿·选举三一·召试》："真宗咸平三年五月十五日，右神武大将军钱惟演献所著文及《咸平圣政录》，召试学士院，命为太仆少卿。"

五月二十一日，公为太仆少卿。

《隆平集》卷一二《钱惟演传》："咸平中献文，召试学士院，上览所试称善，特授太仆少卿。"

《东都事略》卷二四《钱惟演传》："咸平中，献其所为文章，拜太仆少卿。"

《续资治通鉴长编》卷四七咸平三年五月条："丁酉，右神武将军钱惟演为太仆少卿。惟演，俶子也，幼好学，于是献所为文，召试学士院，而有是命。"

《玉海》卷五八："《实录》：咸平三年五月丙申，以钱惟演为太仆少卿，惟演献《咸平圣政录》二十事，召试，有是命。"

《宋史》卷三一七《钱惟演传》："博学能文辞，召试学士院，以笏起草立就，真宗称善。改太仆少卿。"

　　按：《长编》每出现一位新人物，即叙其家世籍贯，此处叙公家世，益可知前文"钱惟演"皆误书。又，《玉海》云五月丙申日，即五月二十日，与《长编》不同。

十月，公受诏校勘《三国志》。

《宋会要辑稿·崇儒四·勘书》：咸平"三年十月，诏选官校勘《三国志》、《晋书》、《唐书》。以直秘阁黄夷简、钱惟演，直史馆刘蒙叟，崇文院检讨、直秘阁杜镐，直集贤院宋皋，秘阁校理戚纶校《三国志》。又命镐、纶与史馆检讨董元亨、直史馆刘锴详校"。

按：公直秘阁，据后文，当在咸平四年二月，而此处三年十月已署直秘阁，或为史家追记。

咸平四年（1001）

公二十五岁。

二月五日，公上《东京赋》，诏直秘阁。

《宋会要辑稿·选举三三·特恩除职》：咸平四年二月"五日，太仆少卿钱惟演上表献《东京赋》，诏直秘阁"。

咸平五年（1002）

公二十六岁。

七月三日，钱昭晟录问殿前侍卫犯卒。

《续资治通鉴长编》卷五二咸平五年七月条："丙申，……初，殿前侍卫卒有犯至死，上令阁门祗候钱昭晟专往录问。或言其非便，于是始令阁门祗候送往。（原注：昭晟，未见。）"

按：钱昭晟为钱弘偡之子，即公之侄也。

是年，公校毕《三国志》。

《宋会要辑稿·崇儒四·勘书》："五年，校毕，送国子监镂板，校勘官赐银帛有差。"

咸平六年（1003）癸卯

公二十七岁。

正月，钱俨卒，年六十七。

《宋史》卷四八〇《钱俨传》："咸平六年，卒，年六十七，赠昭化军节度。"

《宋会要辑稿·仪制一一·观察使追赠》："金州观察使、判和州钱俨，六年正月，赠昭化军。"

七月，钱绛请招诱溪洞酋豪。

《武夷新集》卷三《阁门钱舍人知全州》："家传吴越贤王后，郡压潇湘最上游。三殿从来奉宸扆，一麾今去典方州。蝉吟高柳隋堤暮，水涨平湖楚泽秋。入境壶浆填候馆，上官铙吹夹华辀。山川遍历骚人地，宵旰遐分圣主忧。应向桑郊停五马，青春太守本风流。"

《续资治通鉴长编》卷五五咸平六年七月条："知全州钱绛请招诱溪洞酋豪，上曰：'西南蛮唯全州一境久已安静，不宜以虚名生事也。'（原注：钱绛，未见。）"

按：据《宋史》卷四八〇《钱昱传》："生子百数。涉，雍熙中进士及第。绛，至内殿承制、阁门祗候，累典郡，颇以干力称。"则钱绛即钱昱之子，钱弘佐之孙，即公之从侄也。

八月二十一日，公献《咸平圣政录》二卷。

《玉海》卷五八："《咸平圣政录》，六年八月戊寅，太仆少卿直秘阁钱惟演上，二卷，诏付史馆。"

《宋史》卷三一七《钱惟演传》："献《咸平圣政录》。命直秘阁。"

《宋会要辑稿·崇儒五·献书升秩》：咸平六年"八月，太仆少卿直秘阁钱惟演上《咸平圣政录》二卷"。

按：公直秘阁，实在献书之前，《宋史》误倒。

十二月前后，钱易集族父钱若水生平文章为二十卷。

杨亿《武夷新集》卷九《宋故推诚保德翊戴功臣邓州管内观察使金紫光禄大夫检校司空兼御史大夫上柱国长城郡开国公食邑二千四百户食实封四百户赠户部尚书钱公（若水）墓志铭》："咸平六年……十月，……以不起闻，享年四十有四。……公讳若水，字淡成，河南新安人。盖凌烟功臣巢国公九陇之后，世胄阀阅，谱牒存焉。赠太子太保荨、追封琅琊郡太夫人王氏，曾祖妣也；赠太子太傅柔、追封清河郡太夫人丁氏，祖妣也；尚书司门员外郎赠太子太师文敏，烈考也。……即以其年十二月壬申，归葬于河南府新安县暖泉乡，祔于先茔，礼也。……族子光禄寺丞易，卓荦稽古，时之闻人，集公生平文章为二十卷。"

按：钱若水为河南人，与钱易不同宗，然皆追尊唐初巢国公钱九陇，而钱易自称"族子"，则宋初吴越钱氏纳土后，两家或有联宗之事。

景德元年（1004）

公二十八岁。

正月十日，刘氏入宫，受封为美人。

《续资治通鉴长编》卷五六景德元年正月条："乙未，以后宫刘氏为美人、杨氏为才人。刘氏华阳人，杨氏郓人也。上初为襄王，一日，谓左右曰：'蜀妇人多材慧，吾欲求之。'刘氏始嫁蜀人龚美，美携以入京，既而家贫，欲更嫁之。张旻时给事王宫，言于王，得召入，遂有宠。王乳母秦国夫人性严整，不悦，固令王斥去。王不得已出置旻家，旻亦避嫌，不敢下直。乃以银五百两与旻，使别筑馆居之。其后，请于秦国夫人，得复召入，于是与杨氏俱封。美因改姓刘，为美人兄云。"

十月八日，祔明德皇后神主于太庙。

《续资治通鉴长编》卷五八景德元年十月条："戊子，祔明德皇后神主于太庙。"

十月十九日，公与弟惟济因未赴临祔明德皇后神主于太庙而赎铜。

《续资治通鉴长编》卷五八景德元年十月条："己亥，夺给事中吕祐之半月俸，监察御史朱搏赎铜四十斤，太仆卿直秘阁钱惟演、右骁卫将军钱惟济各赎铜三十斤。明德皇后发引前夕，百官赴临，祐之班定方至，搏临毕而至，惟演等不至，为御史所纠劾故也。"

是年，钱昭厚增修灵显王庙。

《宋会要辑稿·礼二一·诸神庙》："灵显王庙，庙在东京管城县东仆射陂侧。是陂本后魏赐仆射李冲，唐末建庙，因陂为名，俗传李靖神也。……真宗景德元年，又遣供奉官钱昭厚增修。"

景德二年（1005）

公二十九岁。

五月，钱俶礼贤宅接国子监书库。

《宋会要辑稿·职官二八·国子监》："真宗景德二年五月，真宗幸国子监，召从臣、学官赐座。历览书库，观群书漆板及匠者模刻。……且以书库迫隘，与钱俶居第相接，因命易第中隙地十步以益之。"

九月十三日，钱易言事。

《续资治通鉴长编》卷六一景德二年九月条："戊午，光禄寺丞钱易言：'窃睹文德殿常朝，两班不及三四十人，前秋以朝官奉使者多，权借馆阁官常朝，盖以凡掌职务，止赴五日起居，颇违旧章，望令并赴常参。'诏：'应三馆、秘阁、尚书省二十四司、诸司寺监朝臣，除内殿起居外，并赴文德殿常参。其审刑院大理寺台直官、开封府判官司禄两县令、司天监翰林天文官、监仓场库务等，仍旧免常参。'"

《宋会要辑稿·仪制二·常参起居》："九月八日，诏应三馆秘阁、主判尚书省诸司诸寺、监朝官等，除已赴内殿起居外，并令赴常朝。其审刑院、大理寺台直官，开封府判官、推官、知县、司禄，判司天监、五官正、带翰林，天文知算造，并监在京仓场库务，勾当粮料院朝官等，并依旧免常朝。（原注：先是，光禄寺丞钱易上言，请文武百僚并赴常参，命有司详定，乃下是制。）"

《宋史》卷一一六《礼志十九》略同《长编》。

九月二十二日，公参与编修历代君臣事迹。

《隆平集》卷一二《钱惟演传》："惟演少富贵，能志于学，有文章，与杨亿、刘筠齐名。常曰：'学士备顾问，不可不该博。'故其家聚书，侔于秘府，又多藏古书画。在馆阁，预修《策府元龟》凡千篇，特诏与杨亿分为之序。"

《续资治通鉴长编》卷六一景德二年九月条："丁卯，令资政殿学士王钦若、知制诰杨亿修历代君臣事迹，钦若请以直秘阁钱惟演等十人同编修。初令惟演等各撰篇目，送钦若暨亿参详，钦若等又自撰集上进，诏用钦若等所撰为定，有未尽者奉旨增之。又令宫苑使、胜州刺史、勾当皇城司刘承珪，内侍高品监三馆秘阁图书刘崇超典掌其事，编修官非内殿起居当赴常参者免之，非带职不当给实俸者特给之，其供帐饮馔，皆异于常等。"

《宋史》卷三一七《钱惟演传》："预修《册府元龟》，诏与杨亿分为之序。"

十一月二十四日，钱昭晟为崇仪副使。

《续资治通鉴长编》卷六一景德二年十一月条："戊辰，以内殿崇班、阁门祗候钱昭晟为崇仪副使。是春，昭晟计划减修黄河工料，岁终无余，故赏之。"

景德三年（1006）

公三十岁。

正月三十日，公等受赐苁蓉。

《续资治通鉴长编》卷六二景德三年正月条："癸酉，赐编修君臣事迹官太仆少卿、直秘阁钱惟演等苁蓉。旧制，方物之赐止及近臣，至是，优礼此职故也。"

四月五日，宋真宗赐编修官金帛。

《续资治通鉴长编》卷六二景德三年四月条："丙子，幸崇文院观四库图籍及所修君臣事迹，遍阅门类，询其次序，王钦若、杨亿悉以条对，有伦理未当者，立命改之。谓侍臣曰：'朕此书盖欲著历代事实，为将来典法，使开卷者动有资益也。'赐编修官金帛有差。"

六月二十四日，钱昭晟贬秩。

《续资治通鉴长编》卷六三景德三年六月条："甲午，汴水暴涨，命宣政使李神福、东上阁门使曹利用与马军副都指挥使曹璨、步军副都指挥使王隐巡护堤岸。中夜，河溢于城西，毁外堤，坏庐舍，即时完塞。乙未，迟明，车驾临视，劳勉役卒，赐缗钱。是日，应天府又言河决南堤，流亳州，合浪宕河东入于淮。即遣使驰诣河阴，督都监钱昭晟等塞汴口，仍劾昭晟等罪，贬其秩。又命内园使李神祐乘传经度工料，悉令县官供给，无得扰民。"

按：《长编》下文七月庚午有"诏自今修缮河堤无得更减功料"语，可知前文钱昭晟"计划减修黄河工料"，导致洪水之时决堤，故贬秩也。

八月十八日，钱俶故第免于改建司天监。

《续资治通鉴长编》卷六三景德三年八月条："戊子，提举修造司请以钱俶故第为司天监，上曰：'此太宗所赐，无得轻议。'不许。"

《宋史》卷四八〇《钱俶传》："景德中，有司请以礼贤宅为司天监，真宗以先朝所赐，不许。"

九月十七日，钱易举贤良方正直言极谏科，授秘书丞，通判信州。

《东都事略》卷四八《钱易传》："又举贤良方正科，策入第四等，除秘书丞，通判信州。"

《续资治通鉴长编》卷六四景德三年九月条："丙辰，御崇政殿亲试贤良方正直言极谏,光禄寺丞钱易、广德军判官石待问并入第四等,以易为秘书丞,待问为殿中丞。"

《玉海》卷六一《景德策林》:"景德中,设贤良方正科,钱易拟白居易《策林》十篇上之,召赴中书试六论。"

《宋史》卷三一七《钱易传》:"景德中,举贤良方正科,策入等,除秘书丞,通判信州。"

《宋会要辑稿·选举一〇·制科·举贤良方正能直言极谏等科三》:"景德二年九月十七日,帝御崇政殿试贤良方正光禄寺丞钱易、广德军判官石待问。制策曰:'……'命翰林学士晁迥、知制诰杨亿、周起、朱巽为考官。待问、易策并入第四次等,以待问为殿中丞,易为秘书丞。"

> 按:钱易判信州,晁迥、李宗谔、杨亿、刘筠皆有送行诗,参见陈志坚、梁太济《〈宋史·钱易传〉笺证》据王象之《舆地纪胜》辑得之文。池泽滋子《钱易年谱》仅得杨亿、刘筠之诗。

景德四年(1007)

公三十一岁。

三月八日,宋真宗赐钱俶守冢户。

《续资治通鉴长编》卷六五景德四年三月条:"乙巳,……赐钱俶守冢三户,蠲其徭役。"

八月九日,宋真宗赐修书官器币。

《续资治通鉴长编》卷六六景德四年八月条:"壬寅,上幸崇文院观新编君臣事迹,王钦若、杨亿等以草本进御,上遍览之。入四库阅视图籍,谓宰臣曰:'著书难事,议者称先朝实录尚有漏落。'亿进曰:'史臣记事,诚合详备,臣预修《太宗实录》,凡事有依据可载简册者,方得记录。'上然之。赐修书官器币有差。"

八月十四日,公上《圣德论》,钱惟治为右武卫上将军。

《续资治通鉴长编》卷六六景德四年八月条:"丁未,以右监门卫上将军钱惟治为右武卫上将军,月给俸钱百千,仍许在家养疾。时惟治弟太仆少卿惟演上《圣德论》,上览之,谓宰臣曰:'惟演文学可称,且公王贵族而能留意翰墨,有足嘉者,可记其名,并以论付史馆。'因曰:'钱氏继世忠顺,子孙可念,如闻惟治颇贫乏,尤可轸恻也。'遂有是命。"

《宋史》卷四八〇《钱俶传》:"惟治官至左骁卫上将军。"

《宋史》卷四八〇《钱惟治传》："晚年颇贫匮。景德中,其弟惟演献文,上对宰相称其公王之后,能苦心翰墨,令记其名,因曰:'钱氏继世忠顺,子孙可念,如闻惟治颇贫乏,尤可轸恻。'特转右武卫上将军,月给奉十万。累加左骁卫上将军、左神武统军。……惟治好学,聚图书万余卷,多异本。慕皮、陆为诗,有集十卷。书迹多为人藏秘,晚年虽病废,犹或挥翰。真宗尝语惟演曰:'朕知惟治工书,然以疾不欲遣使往取,卿为求数幅进来。'翌日,写圣制诗数十章以献,赐白金千两。"

十二月三日,宋真宗调停编修事。

《续资治通鉴长编》卷六七景德四年十二月条:"十二月乙未,手札赐王钦若曰:'编修君臣事迹官,皆出遴选。朕于此书,匪独听政之暇,资于披览,亦乃区别善恶,垂之后世,俾君臣父子有所监戒。起今后,自初修官至杨亿,各依新式,递相检视,内有脱误,门目不类,年代、帝号失次者,并署历,仍书逐人名下,随卷奏知。异时比较功程,等第酬奖,庶分勤惰。委刘承珪专差人置历。'"

按:据《长编》此条下所引江休复《清波杂志》关于王钦若侵夺编修官功劳事,可知王钦若与杨亿等人不合之事,必累及公,故系于此。

大中祥符元年(1008)

公三十二岁。

正月二十二日,公因献《祥符颂》擢司封郎中、知制诰。

《隆平集》卷一二《钱惟演传》:"累擢知制诰、翰林学士。"

《东都事略》卷二四《钱惟演传》:"擢知制诰。"

《续资治通鉴长编》卷六八大中祥符元年正月条:"太仆少卿、直秘阁钱惟演献《祥符颂》,上嘉之。甲申,擢司封郎中、知制诰。"

《玉海》卷六〇"祥符颂":"元年正月甲申,以钱惟演知制诰,献《祥符颂》,故擢之。"

《宋史》卷三一七《钱惟演传》:"除尚书司封郎中、知制诰,再迁给事中、知审官院。"

六月二十六日,公言封禅事。

《宋会要辑稿·礼二二·封禅》:大中祥符元年六月"二十六日,判太常寺钱惟演言:'六引开封牧令车,望改题榜为兖州刺史、乾封令。'从之"。

九月七日，公上言美盛德。

《宋会要辑稿·礼二二·封禅》：大中祥符元年九月七日，"是日，有黄云迎日，若桥梁状，五色云如锦。钱惟演、黄宗旦、宋绶、刘筠、邵焕、晏殊以灵瑞纷集，咸上赞颂以美盛德"。

十月二十六日，宋真宗因封禅而推恩钱氏。

《续资治通鉴长编》卷七〇大中祥符元年十月条："癸丑，……两浙钱氏泉州陈氏近亲、伪蜀孟氏江南李氏湖南马氏荆南高氏广南河东刘氏子孙未食禄者听用。"

《宋会要辑稿·崇儒七·录诸国后》："真宗大中祥符元年十月二十六日，东封赦。应吴越忠懿王近亲未食禄者，特与叙用。"

十二月二十一日，公班依旧在孙仅之下。

《宋会要辑稿·仪制三·朝仪班序》：大中祥符元年"十二月二十一日诏，右谏议大夫、知制诰钱惟演班位依旧在知制诰孙仅之下。先是，知制诰班序以先后，不以官。至是，以谏议大夫班在中书舍人之上，故申明之"。

是年，公撰三先贤赞。

按：《山左金石志》卷一五载《秦冉字子开蔡人赠彭卫伯今进封新息侯赞》《秦祖□□□□□赠梁伯今进封鄄城侯赞》《汉临淮太守孔安国今封曲阜伯赞》，署"起复银青光禄大夫行右谏议大夫知制诰上柱国臣钱惟演撰"，可知当在此年封禅之时也。

是年，钱易献《殊祥录》。

《东都事略》卷四八《钱易传》："真宗封泰山，献《殊祥录》，迁太常博士、直集贤院。"

按：《玉海》卷五八、《宋史》卷三一七《钱易传》略同，从略。唯不知月日。

大中祥符二年（1009）

公三十三岁。

正月十三日，宋真宗言公与杨亿、刘筠唱和事。

《续资治通鉴长编》卷七一大中祥符二年正月条："己巳，御史中丞王嗣宗言：'翰林学士杨亿、知制诰钱惟演、秘阁校理刘筠，唱和《宣曲诗》，述前代掖庭事，词涉浮靡。'上曰：'词臣，学者宗师也，安可不戒其流宕！'乃下诏风励学者：'自今有属词浮靡，不遵典式者，当加严谴。

其雕印文集，令转运使择部内官看详，以可者录奏。'（原注：江休复云：上在南衙，尝召散乐伶丁香画承恩幸，杨、刘在禁林作《宣曲诗》。王钦若密奏以为寓讽，遂著令戒僻文字。今但从《国史》。）"

是月，宋真宗以美人刘氏为修仪。

《续资治通鉴长编》卷七一大中祥符二年正月条："是月，以美人刘氏为修仪，才人杨氏为婕妤。（原注：此据《会要》，当考。）"

二月十八日，公受诏祠太一宫。

《宋会要辑稿·礼一八·祈雨》：大中祥符二年二月"十八日，愆雨。遣知制诰钱惟演、直史馆高伸、职方员外郎高冕祠太一宫。初，礼院言'太一宫两廊有十精太一十六神，并主风雨，望增遣官分拜'故也"。

四月二十七日，钱象中学业未精。

《续资治通鉴长编》卷七一大中祥符二年四月条："壬子，诏：'应以门资授京官年二十五已上求差使者，当令于国学听习经书，以二年为限。仍令审官院与判监官考试讫，以名闻。'是秋，当引对者九人，大理评事钱象中、奉礼郎陈宗纪以学业未精，令且习读，俟次年引对。（原注：钱象中、陈宗纪，未见。）"

按：钱象中与《宋史》卷三三〇《钱象先传》、《张方平集》卷四〇《宋故朝散大夫守尚书吏部侍郎致仕上柱国彭城郡开国公食邑三千一百户食实封四百户赐紫金鱼袋钱公墓志铭并序》所述吴越钱氏疏属苏州钱象先（996~1076）同辈字，陈宗纪又与《宋史》卷四八三《陈洪进世家》所述陈洪进孙辈宗宪、宗元、宗绶、宗缵、宗绛等同辈字，且据前引《续资治通鉴长编》卷七〇大中祥符元年十月癸丑条可知，两浙钱氏、泉州陈氏近亲皆得听用，故可知钱象中、陈宗纪当即钱氏、陈氏中"以门资授京官"者。

十月，钱昭厚经度河堤。

《续资治通鉴长编》卷七二大中祥符二年十月条："御史中丞王嗣宗，言许州积水害民田，盖惠民河不谨堤防，每岁决坏，即诏阁门祗候钱昭厚经度之。昭厚请开小颍河，分导水势，上曰：'泄其上源，无乃移患于下流乎？'昭厚不能对。判陈州石保吉，复言此河浸广，则郡当水冲，为害甚大，乃命白波发运判官史莹视之。莹请修顿固双斗门于减水河口，为束水鹿巷以均节壅溢，奏可。因诏三班选干局习事者巡护堤岸，殿最如黄、汴法。自是吏谨其职，而水灾稍息。（原注：《实录》选使臣视堤岸在八月丙戌，今依本志，载史莹建议之后。昭厚、莹，邑里未详。）"

按：钱昭厚亦见于后文大中祥符五年二月条，为"内殿崇班、阁门祗候钱昭厚"，与前文景德二年十一月"内殿崇班、阁门祗候钱昭晟"亦言水利相似，两人或即一人，或为昆仲，存此待考。

十一月五日，钱易撰《西湖昭庆寺结净行社集总序》。

按：《圆宗文类》卷二二有钱易《西湖昭庆寺结净行社集总序》，其署衔为"太常博士、通判信州、骑都尉"，又云"时大中祥符二年冬十一月五日，翠微亭序"。可知钱易此文撰于大中祥符二年，而池泽滋子《钱易年谱》系于端拱二年，不知何故。陈志坚、梁太济《〈宋史·钱易传〉笺证》按曰："东封泰山在大中祥符元年十月，见《长编》卷七〇。《殊祥录》当在信州献上，'改太常博士'后仍留信州通判任，'直集贤院'乃大中祥符二年十一月撰此《集总序》后之事，且命'直集贤院'很可能与被召回东京同时。是则任信州通判三年以上，乃至四年也。"颇得之。

是年，潘阆卒，钱易为其撰墓碣。

《全宋文》卷二一〇据《舆地纪胜》卷二收录《潘阆墓志》残文。

按：观《舆地纪胜》文意，潘阆卒于大中祥符二年（1009），故墓碣当作于此年或稍后。

大中祥符三年（1010）

公三十四岁。

五月二十九日，钱惟济献诗。

《续资治通鉴长编》卷七三大中祥符三年五月条："丁未，封州刺史钱惟济献所为诗，上以其王公之后，留意文学，甚嘉之。"

十二月二十九日，宋真宗祀汾阴，诏钱易等纂录土训；还，赐钱惟济。

《东都事略》卷四八《钱易传》："真宗祀汾阴，易修车驾所过图经。转祠部员外郎。"

《续资治通鉴长编》卷七四大中祥符三年十二月条："癸酉……知杂御史赵湘请依《周礼》置土训、诵训，纂录所经山川古迹风俗，以资宸览。诏直集贤院钱易、直史馆陈越、秘阁校理刘筠、集贤校理宋绶掌其事，每顿进一卷。"

《玉海》卷一四"祥符州县图经"条:"祥符四年正月戊子,命钱易、陈越、刘子仪、宋绶修所过图经。"又卷一五"祥符土训录"条:"四年正月戊子,命直集贤院钱易、直史馆陈越、秘阁集贤校理刘筠、宋绶修所过图经,每顿进一卷,赐名《土训纂录》。"

《宋史》卷三一七《钱易传》:"祀汾阴,幸亳州,命修《车驾所过图经》。"

《宋史》卷四八〇《钱惟济传》:"真宗祠汾阴还,燕近臣苑中,命惟济射,一发中的。故事,刺史射不解箭,帝赐解之,且赐袭衣、金带。"

《宋会要辑稿·礼二八·郊祀御札》:大中祥符四年正月"十七日,命……直集贤院钱易、直史馆陈越、秘阁校理刘筠、集贤校理宋绶修所过图经"。

按:《续资治通鉴长编》系于十二月,或是赵湘建议之时,至四年正月方有正命。今统叙于此。另,《宋史》本传谓宋真宗幸亳州在大中祥符六年十月,详见后文。

大中祥符四年(1011)

公三十五岁。

正月二十八日,公祭告一品坟。

《宋会要辑稿·礼三七·宋宣祖安陵》:"大中祥符四年正月二十八日,车驾幸汾阴。次西京,遣知制诰钱惟演诣一品坟,以香币、酒脯祭告。仍诏俟朝拜诸陵日,差官以少牢致祭。"

正月二十九日,钱守让勾当行在军器衣甲库。

《宋会要辑稿·职官四·行在诸司》:大中祥符四年正月"二十九日,诏以……染院副使钱守让勾当行在军器衣甲库"。

九月二十一日,公为南岳奉册副使。

《续资治通鉴长编》卷七六大中祥符四年九月条:"辛卯,命资政殿大学士、刑部尚书向敏中为东岳奉册使,兵部郎中、龙图阁待制孙奭副之。工部侍郎、集贤院学士薛映为南岳奉册使,给事中钱惟演副之。翰林学士、工部侍郎、知制诰晁迥为西岳奉册使,刑部侍郎、龙图阁待制查道副之。礼部侍郎冯起为北岳奉册使,太仆寺少卿裴庄副之。右谏议大夫、龙图阁直学士陈彭年为中岳奉册使,光禄少卿沈继宗副之。其玉册,如宗庙谥册之制。"

十月七日,钱易考试国子监举人。

《宋会要辑稿·选举一九·试官》:"四年十月七日,命直史馆盛元、刘锴、直集贤院祁昕同考试开封举人,直集贤院钱易、秘阁校理王昱同考试国子监举人。(易、昱后坐误送诸科十否者,降诸州监当。)"

十月九日,公以奉册副使受衮冕于丹墀。

《续资治通鉴长编》卷七六大中祥符四年十月条:"戊申,有司设五岳册使一品卤簿及授册黄麾仗于乾元门外,各依方所。又设载册辂及衮冕舆于乾元门外,群臣朝服序班、仗卫如元会仪。上服衮冕,御乾元殿。中书侍郎引五岳玉册,尚衣奉衮冕升殿,上为之兴。奉册使副班于香案前,侍中宣制曰:'今加上五岳帝号,遣卿等持节奉册展礼。'咸承制再拜。奉册使以次升自东阶,受册于御坐前,降西阶。副使受衮冕于丹墀。玉册至乾元门,列黄麾仗,设登歌。奉册于车,衮冕于舆,使副袴褶骑从,遣官三十员前导。及门,奉置幄次,以州长吏以下充祀官,致祭毕,奉册、衮冕置殿内。"

十一月,公过荆门军神林石,获芝草以献。

《宋史》卷六三《五行志二上》:大中祥符四年十一月,"南岳奉册使薛映、副使钱惟演过荆门军神林石上,获芝草以献"。

大中祥符五年（1012）

公三十六岁。

二月七日,钱昭厚言河清卒惰役事。

《续资治通鉴长编》卷七七大中祥符五年二月条:"乙巳,内殿崇班、阁门祗候钱昭厚言:'河清卒有惰役者,以镰斧自断足指,例于徙邻州牢城。自今望决讫隶本军。'从之。"

《宋会要辑稿·刑法七·军制》略同《长编》。

五月十一日,刘氏为德妃。

《续资治通鉴长编》卷七七大中祥符五年五月条:"戊寅,制以修仪刘氏为德妃,令所司择日备礼册命。"

五月二十五日,钱易监郢州商税。

《东都事略》卷四八《钱易传》:"转祠部员外郎,坐事监颍州商税。"

《续资治通鉴长编》卷七七大中祥符五年五月条:"壬辰,祠部员外郎直集贤院钱易等,坐所解国子监举人有十不,责监诸州商税。"

《宋史》卷三一七《钱易传》:"坐发国子监诸科非其人,降监颍州税。数月,召还。"

十二月二十四日，德妃刘氏为皇后。

《续资治通鉴长编》卷七九大中祥符五年十二月条："丁亥，立德妃刘氏为皇后。"

大中祥符六年（1013）

公三十七岁。

五月二日，杨亿出奔，后公记其事于《金坡遗事》，复为《长编》所采。

《续资治通鉴长编》卷八〇大中祥符六年六月条原注："黄庭坚云：改命陈彭年草制，命下之日，亿全家奔阳翟。按立后在去年十二月，亿以今年五月出奔，其出奔不缘此也。欧阳修所记与江休复略同，今用之。钱惟演《金坡遗事》载亿以五月二日奔阳翟，使者及门，始知亿已亡去，则汤药、金币非亿去后始赐也。本传云亿不待报行，上亲缄药剂洎金帛赐之，盖饰说也。今用惟演所载，庶得其实。"

五月十一日，公子钱暧见祥瑞。

《续资治通鉴长编》卷八〇大中祥符六年五月条："辛丑，国子监新修御书阁有赤光上烛，长尺许，判监孙奭以闻。（原注：孙奭数上疏谏祥瑞，今亦为此，不知何故。按《降圣记》五月壬寅，王旦等奏八日、九日、十日、十一日、十二日，圣像船有鹤徊翔，向敏中等表贺。及国子监所奏今月十一日夜，祭告官工部郎中、直史馆高绅、奉礼郎钱暧、说书官前德州安德县令滑文演等同见新修御书阁东北角二条柱上，有光约一丈已来，至二夜三点方散。并请宣付史馆，诏从之。初无孙奭姓名，而《实录》所书独如此。当考。）"

钱彦远《钱暧墓志》："僖公贵，起家试秘书省校书郎，再迁太常寺奉礼郎。"

按：钱暧为公之子，此年二十二岁，已为奉礼郎。

八月十三日，《册府元龟》一千卷告成。

《续资治通鉴长编》卷八一大中祥符六年八月条："壬申，枢密使王钦若等上新编修君臣事迹一千卷，上亲制序，赐名《册府元龟》，编修官并加赏赉。"

十月十六日，宋真宗幸亳州祠太清宫，命钱易等修车驾所过图经。

《东都事略》卷四八《钱易传》："岁中，知开封县，真宗幸亳州，复修所过图经。遂擢知制诰。"

《玉海》卷一四"祥符州县图经":"六年十月甲戌,命直集贤院石中立、钱易修车驾所过图经,以备顾问。"

《续资治通鉴长编》卷八一大中祥符六年十月条:"甲戌,命直集贤院石中立等修车驾所过图经,以备顾问。"

《宋会要辑稿·礼五一·朝谒太清宫》:大中祥符六年十月"十七日,命直集贤院石中立、祁旿、钱易,集贤校理晏殊,修车驾所过图经,以备顾问"。

> 按:钱易于知开封县时撰有《南部新书》,参见钱明逸《南部新书序》。又,据《二十史朔闰表》,大中祥符六年十月己未朔,则甲戌日当是十六日,与《宋会要辑稿》十七日异,未知孰是。

十月二十八日,公受命押当太上老君宝册。

《宋会要辑稿·礼五一·朝谒太清宫》:"二十八日,命给事中、知制诰钱惟演押当太上老君宝册,先车驾二日进发。"

十二月二十四日,公等编次迎驾父老及州县系囚。

《续资治通鉴长编》卷八一大中祥符六年十二月条:"辛巳,以翰林学士王曾摄御史大夫,为考制度使,刑部员外郎兼侍御史知杂事段晔摄中丞副之。知制诰钱惟演等编次迎驾父老及州县系囚,右谏议大夫慎从吉等详定词状。惟不置编次贡奉。"

《宋会要辑稿·礼五一·朝谒太清宫》:十二月"二十五日,以翰林学士王曾摄御史大夫,为考制度使,侍御史知杂段晔摄中丞,副之。知制诰钱惟演、直史馆姜屿编排迎驾父老及州县系囚。右谏议大夫慎从吉、直史馆刘锴详定词状"。

大中祥符七年(1014)

公三十八岁。

七月七日,钱惟治卒,子钱丕起复。

《续资治通鉴长编》卷八三大中祥符七年七月条:"辛卯……左神武统军、检校太师钱惟治卒。上闻其子孙甚众,婚嫁阙之,特诏优其赐赉。因问向敏中曰:'是家欲诏葬否?'敏中对曰:'群臣家贫者,颇惮官给丧事。'乃诏罢诏葬。初议赠官,敏中援统军陈承昭、孟玨例,当得东宫保傅。上以惟治忠孝之后,特赠太师,录其四子,并外弟、子婿、亲校,并甄擢之。"

《宋史》卷四八〇《钱惟治传》："大中祥符七年七月，卒，年六十六，赠太师。初，有司援统军陈承昭、孟珏例，当赠东宫保傅，上以俶奉土归国，优其赠典。又闻群臣家贫乏者不欲官给丧事，为罢诏葬，录其四子官，及外弟、子婿、亲校，并甄擢之。……惟治卒，（子丕）以将作少监起复，俄为三司户部判官，卒于光禄少卿。"

《宋会要辑稿·礼四一·辍朝》："左神武统军钱惟治，大中祥符九年七月。并辍一日。"

《宋会要辑稿·仪制一一·武臣追赠》："前右骁卫上将军、商州安置刘延让，雍熙四年十月；左龙武统军钱惟治，大中祥符七年七月；以上赠太师。"

> 按：《宋会要辑稿》以钱惟治卒于大中祥符九年，与《长编》《宋史》不合，或误。

八月十七日，宋真宗诏公于武成王庙试举人。

《宋会要辑稿·选举一九·试官》："八月十七日，命翰林学士王曾、知制诰钱惟演于武成王庙试经明行修、服勤词业举人。"

八月二十三日，宋真宗令公分析王曾、李维偶语事。

《续资治通鉴长编》卷八三大中祥符七年八月条："丙子，诏：'自今差发解知举等授敕讫，即令阁门祗候一人引送锁宿，无得与僚友交言，违者阁门弹奏。如所乘马未至，即以厩马给之。'先是，翰林学士王曾、知制诰钱惟演受敕于武成王庙试经明行修、服勤词学人，与翰林学士李维偶语长春殿阁，又至审刑院伺候所乘马，迟留久之。维、曾同在翰林，曾妻，维侄也，时曾妻将产子，故曾属维以家事。东上阁门副使魏昭亮，意曾受维请托，密以闻，押伴阁门祗候曹仪亦具奏。即令曾、惟演分析，词与维同，特释曾等，因有是诏。"

九月，试毕。

《续资治通鉴长编》卷八三大中祥符七年九月条："上御景福殿，试亳州、南京路服勤辞学、经明行修举人，得进士张观等二十一人、诸科二十一人，赐及第，除官如东封西祀例。"

是年，钱易子钱彦远生。

> 按：据苏颂《苏魏公文集》卷五二《钱起居神道碑》：皇祐二年（1050）"年止三十七，以其年季冬寝病，某日，终于司农之官舍"。

可知其生于大中祥符七年（1014）。《钱起居神道碑》又曰："公弱岁而孤，与仲氏侨居辇下，执丧尽礼，奉养太夫人，温清弗怠，刻意家学，至于大成。"钱彦远于天圣四年（1026）钱易卒时，仅十三岁，即所谓"弱岁而孤"。池泽滋子《钱易年谱》据钱彦远卒年五十七推知其生于淳化五年（994），不知所谓五十七岁何据也。《钱起居神道碑》明曰"年止"，盖以三十七岁太促，若五十七，则非。

大中祥符八年（1015）

公三十九岁。

三月，王钦若代公为知通进银台司。

《宋会要辑稿·职官二·通进司》：大中祥符"八年三月，命吏部尚书王钦若知通进银台司、兼门下封驳事，代李维、冯起、钱惟演。时钦若罢枢密使、同平章事，因有是诏"。

四月二日，公预受赐御筵。

钱惟演《玉堂逢辰录》（收入《钱惟演集》）"赐御筵"条："八年四月二日，两制赐御筵于学士院，直馆及朝臣于史馆，以考校毕也。"

四月十三日，从钱惟济请增绛州公使钱。

《续资治通鉴长编》卷八四大中祥符八年四月壬戌条："增绛州公使钱岁五十万，从知州钱惟济之请也。"

《宋史》卷四八〇《钱惟济传》："其后请试郡，命知绛州。"

四月二十三日夜至二十四日，荣王宫火。

《玉堂逢辰录》"荣王宫火"条："大中祥符八年四月二十三日夜，荣王宫火起。时大风东北来，五更后，火益盛。予起登楼观之，知是禁中通夕不寐。未明，东宫六位一时荡尽。"

五月十三日，公献礼贤宅。

《续资治通鉴长编》卷八四大中祥符八年五月癸巳条："知制诰钱惟演献其父所赐礼贤宅，优诏奖之，赐惟演钱五十万，令均给六房，仍各赐宅一区。"

《宋史》卷四八〇《钱俶传》："大中祥符八年，子惟演等复表上之，诏赐钱五万贯，仍各赐第一区。"

按：由《长编》亦可知，当时钱俶子孙分六房，且以公为家长，得以父宅献朝廷。

闰六月，学士院草赐公诏误书。

《宋会要辑稿·职官六·学士院》：大中祥符"八年闰六月，学士院草赐钱惟演诏，误书'祭'为'癸'。诏劾孔目吏决杖、待诏赎铜十斤、学士王曾特释之"。

九月，公受赐冬服。

《宋会要辑稿·仪制九·赐服》：大中祥符八年"九月，诏：同玉清昭应宫副使、户部侍郎林特，给事中、知制诰、同知审官院钱惟演冬服，并依学士例给锦袍。（原注：特自三司使授，惟演尝知通进银台司，因上言，故给之。）"

《宋会要辑稿·礼六二·赉赐》同，然漏"九月"。

十二月十四日，公入为翰林学士，是夕即撰制文一篇。

钱惟演《金坡遗事》（收入《钱惟演集》）补遗"进草"条："惟演大中祥符八年十二月十四日入院礼上，是夕召入，面令草今上封寿春郡王制。"

《隆平集》卷一二《钱惟演传》："累擢知制诰、翰林学士。"

《宋史》卷三一七《钱惟演传》："大中祥符八年，为翰林学士。"

十二月二十八日，公举一人覆校馆阁书籍。

《续资治通鉴长编》卷八五大中祥符八年十二月条："甲辰，命枢密使、同平章事王钦若都大提举钞写校勘馆阁书籍，翰林学士陈彭年副焉，铸印给之。初，荣王宫火，燔崇文院、秘阁，所存无几。既别建外院，重写书籍，彭年请内降书本，选官详定，然后钞写。命馆阁官及择吏部常选人校勘。校毕，令判馆阁官详校，两制内选官覆点检。又命两制举服勤文学官五人覆校。其校勘、详校计课用秘书省式，群官迭相检察。每旬奏课及上其勤惰之状，疑舛未辨正者聚议裁之。诏可，惟覆点检官之职，命覆校勘官兼之。……（原注：此据本志删改，并书。八年十二月，诏枢密使王钦若都大提举钞写校勘三馆、秘阁书籍，翰林学士陈彭年副之。……又令翰林学士晁迥、李维、王曾、钱惟演，知制诰盛度、陈知微，于馆阁、京朝官中，各举服勤文学者一人为覆校勘官，迥等遂以左正言、集贤院校理宋绶，著作佐郎、直集贤院徐奭，太子中允、直集贤院麻温其，著作佐郎、集贤校理晏殊，大理评事、崇文院检讨冯元，充选。……《会要》所载如此，姑存之，可参考也。）"

《宋会要辑稿·崇儒四·勘书》同。

是年，钱易子钱明逸生。

《宋史》卷三一七《钱明逸传》："熙宁四年（1071）卒，年五十七。"

大中祥符九年（1016）

公四十岁。

正月二十八日，公侍宴于后苑。

《玉堂逢辰录》"侍宴"条："九年正月二十八日，先于阁门赐食。久之，召宰臣、亲王、承郎、给谏入玉宸殿赐宴。"

三月八日，公罢翰林学士。

《隆平集》卷一二《钱惟演传》："坐为人于开封府请求，夺职。"

《东都事略》卷二四《钱惟演传》："翰林学士。坐为人于开封府请求，夺职。"

《续资治通鉴长编》卷八六大中祥符九年三月条："壬子，给事中慎从吉削一任，翰林学士、给事中钱惟演罢学士。初，咸平县民张赟妻卢诉侄质被酒诟悖。张，豪族也，质本养子，而证左明白。质纳贿胥吏。从吉子大理寺丞锐，时督运石塘河，往来咸平，为请求县宰，本县断复质刘姓，而第令与卢同居。质暨卢迭为讼，县闻于府。会从吉权知府事，命户曹参军吕楷就县推问。卢之从叔虢略尉昭一纳白金三百两于楷，楷久而不决，且以俟追刘族为名即还府。卢兄太子中舍文质又因进士吴及纳钱七十万于从吉长子大理寺丞钧，以其事白父，而隐其受贿之状。卢又诣府列诉，即下其事右军巡院。昭一兄澄尝以手书达惟演，云寄语从吉，事逮钧、锐，请缓之。时及已亡命，军巡请搜捕，且曰：'未得及，则狱不具。'从吉亟召军巡判官祝坦至厅事后询之，毁所请状，又令锐密问坦狱情何若，颇自疑惧，因密作奏，请付御史台，未报。纠察刑狱王曾、赵稹诣便殿以闻，且言事涉从吉，虑军巡顾避。稹方知杂，请不以付台。乃命殿中侍御史王奇，户部判官、著作郎、直史馆梁固鞫治，仍遣中使谭元吉监之，逮捕者百余人。狱成，夺楷、钧二官，配隶衡州、郓州；锐、坦、文质皆夺一官，坦贬濠州参军。卢澄者，陈留县大豪也，尝入粟，得曹州助教，殖货射利，侵牟细民，颇结贵要，以是益横。刘综知府日，尝犯法。综愤其豪横，绳之，夺官，配郓州，仍请后有过不以赎论。诏可其奏。至是，与昭一并决杖，澄配隶江州，昭一特除名。从吉、惟演并坐责，自余决罚有差，情重者配隶外州。枢密直学士、右谏议大夫、知益州王曙，前知开封，尝举楷，于是坐降为左司郎中，职任如故。（原注：王曙降官在七月庚戌。）"

《宋史》卷二八八《赵稹传》："慎从吉知开封府，其子钧、锐受赇，事连钱惟演。稹与王曾白其奸状，从吉坐免，惟演亦罢去。"

《宋史》卷三一七《钱惟演传》："坐私谒事罢之。"

《宋史》卷二七七《慎从吉传》、《宋会要辑稿·刑法四·断狱》与《长编》略同。

按：据《慎从吉传》"从吉字庆之，钱俶之婿也"可知慎从吉与公为姻亲，故卢澄手书达公，求寄语从吉也。

三月十三日，公预宴于后苑。

《宋会要辑稿·礼四五·宴享三·杂宴》：大中祥符"九年三月十三日，赏花，宴于后苑。始诏开封府判官预会，自是推官亦诏。时翰林学士钱惟演坐卢澄事落职，特诏预"。

是月，宋真宗赐钱易绯鱼。

程俱《麟台故事》卷二："大中祥符九年三月，加王钦若检校太师，又加兵部郎中、直史馆张复，祠部员外郎、直集贤院祁晧阶勋，赐度支员外郎、直集贤院钱易，太常博士、秘阁校理慎镛绯鱼，皆预校《道藏》故也。"

四月二日，钱易受赐章服于阁门。

钱易《洞微志》："及修道书毕，与秘阁校理慎镛并蒙改赐章服，时大中祥符九年四月二日。于阁门受赐秉笏之际，见笏上大书'二十九'字，询之库吏，云：'此笏是第二等第二十九面也。'"

天禧元年（1017）

公四十一岁。

四月十二日，钱惟济徙知潞州。

《续资治通鉴长编》卷八九天禧元年四月条："庚辰，徙封州刺史、知绛州钱惟济知潞州。初，惟济自请试郡，授绛州，民有条桑者，盗夺桑不能得，乃自创其臂，诬桑主欲杀之，久系不能辨。惟济取盗而给食，视之，而盗以左手举匕箸。惟济曰：'以右手创他人者上重下轻，今汝创特下重，正用左手伤右臂尔，非尔自为之耶？'盗遂沮伏。上闻之，谓宰相向敏中曰：'惟济试守郡辄明辨，后必为能吏矣。'于是移潞州。民相惊有外寇,奔城而仆者相枕藉,惟济从容以出,从骑甚省,因密捕惑众者送狱,有顷自定。白骨山僧自言死日,远近趋之,争施金帛。惟济遣人护察,及期不死,乃杖配之。惟济兄惟演在禁林,尝奏曰:'惟济久在外,愿得一至京师,以慰兄弟之思。'上嘉其友爱,即日召之。"

《宋史》卷四八〇《钱惟济传》:"徙潞州。民相惊有外寇,奔城而仆者相枕藉,惟济从容行视,从骑甚省,民乃安。"

按:盗桑事《宋史·钱惟济传》亦有,从略。

八月五日,从钱惟济请诏诸路民为盗悉配牢城。

《续资治通鉴长编》卷九〇天禧元年八月庚午条:"诏诸路民为盗而质状小弱当配本城者,自今悉配牢城,从知潞州钱惟济之请也。"

《宋会要辑稿·刑法四·配隶》:天禧元年"八月五日,诏:'诸路民为盗而质状小弱,当配本城者,如所犯情重,并配牢城。'先是,知潞州钱惟济言:'准前诏,今后为盗者,刺配本城。臣自到任以来,累捉到穿墙贼,并赃满五贯已上,身首小弱,准条,并配本城永宁指挥。永宁虽本州有军额,请给甚厚,所募之人,并少壮任披带者。今为盗小弱免死之辈,参于其中,深未允当,乞行条约。'故有是诏。"

八月二十四日,钱易判三司都磨勘司。

《续资治通鉴长编》卷九〇天禧元年八月己丑条:"以祠部员外郎、直集贤院钱易判三司都磨勘司。易建议:'官物在籍而三司移文厘正,或其数细微,辄历年不得报,徒扰州县。自今官钱百、谷斗、帛二尺以下,非欺绐者,请除去之。'"

《宋史》卷三一七《钱易传》:"久之,判三司磨勘司。上言:'……'"

天禧二年 (1018)

公四十二岁。

正月十七日,公再入翰林。

《金坡遗事》卷下"礼遇词臣"条:"惟演再入院,天禧四年间,屡蒙召对,或龙图阁、滋福殿、承明殿,洎宣和门之北合子,皆从容赐坐,移刻而出。其言议及奏对,此略而不书。"

《金坡遗事》补遗"进草"条:"及天禧二年正月十七日再入院。"

《隆平集》卷一二《钱惟演传》:"久之,复学士。"

《东都事略》卷二四《钱惟演传》:"久之,复为学士。"

《学士年表》（收入《翰苑群书》）："天禧二年。钱惟演。正月，以工部侍郎拜。"

《宋史》卷三一七《钱惟演传》："寻迁尚书工部侍郎，再为学士、会灵观副使。"

正月二十一日，奏到钱绛与李守元、史方攻下溪州。

《续资治通鉴长编》卷九一天禧二年正月乙卯条："江德源等言辰州都巡检使李守元，部白丁会诸蛮入白雾团讨击，生擒蛮寇十五人，斩首百级，获器甲二百，招降其酋领黄文千、王文象等二百余人。于是守元又与知辰州钱绛、知澧州史方等引兵袭下溪州，破寨栅，斩蛮六十余人，降老幼千余，刺史彭儒猛亡入山林，执其子仕汉等赴阙。守元，继勋子也。（原注：乙卯，二十一日也。是日奏到，则其破蛮当在去年矣。此月二十七日辛酉又入下溪州，闰四月四日始奏到，今并书之。）"

二月二日，公草制文一篇。

《金坡遗事》补遗"进草"条："及天禧二年正月十七日再入院，二月二日又召对，令草今上封升王麻。"

二月十三日，钱绛言得富州刺史向通汉状。

《续资治通鉴长编》卷九一天禧二年二月丁丑条："知辰州钱绛言，得富州刺史向通汉状，请纳疆土，举宗赴阙。"

二月十五日，宋真宗降诏抚问辰州长吏。

《续资治通鉴长编》卷九一天禧二年二月条："己卯，赐下溪州讨蛮将士缗钱，令回日优犒设之。又降诏抚问荆湖、广南转运使，辰·澧·桂·宜州长吏、巡检使、内臣。"

五月十三日，钱绛为内殿承制、知凤州。

《续资治通鉴长编》卷九二天禧二年五月条："甲戌，以荆湖北路提点刑狱、权转运使事、屯田员外郎江嗣宗为都官员外郎，辰州都巡检、供备库副使李守元为西京作坊副使，内殿崇班、阁门祇候、知辰州钱绛为内殿承制，入内西头供奉官江德源为内殿崇班，左侍禁、阁门祇候刘永崇为东头供奉官，右侍禁、阁门祇候、知澧州史方为西头供奉官，辰·澧·鼎州都巡检使、右班殿直、阁门祇候康八元为右侍禁，以讨捕溪蛮有功。其使臣、将校，第劳迁补有差。召德源、八元赴阙。以守元为辰、澧、鼎州都巡检使，绛知凤州，永崇知施州，方知辰州。"

八月二十三日，钱惟灏知涟水军。

《续资治通鉴长编》卷九二天禧二年八月壬子条："以贺州团练使钱惟灏知和州。惟灏表谢，自陈和州去京太远，改命知涟水军。惟灏，俶之子也。"

《宋史》卷四八〇《钱俶传》："惟灏贺州团练使。"

九月十四日，赐钱暖进士及第。

《宋会要辑稿·选举九·赐及第》：天禧"二年九月十四日，赐太常寺奉礼郎钱暖进士及第。暖，翰林学士惟演之子，献《醴泉赋》，召试命之"。

《玉海》卷一九六"天禧醴泉"："二年九月乙酉，钱暖献《醴泉赋》，赐及第。"

《钱暖墓志》："僖公为学士，对章圣，赐无畏，访逮群从，以府君名上。翌日，召试舍人院，文等入优，横界进士第。得光禄丞，选馆阁校勘。"

> 按：据《玉海》，钱暖及第在九月二十六日，与《宋会要辑稿》异，或为献赋在前，赐及第在后之别。

十月三日，任布为开封府发解官。

《续资治通鉴长编》卷九二天禧二年十月壬辰条："开封府发解官任布等请依南省例，誊录进士试卷及进士试题，御笔点定。诏试题进入，余不许。"

十一月一日，宋真宗赐公牡丹。

《续资治通鉴长编》卷九二天禧二年十一月己未条："翰林学士晁迥为承旨。时朝廷数举大礼，诏令每下，多出迥手。尝夜召对，上令内侍持御前炉烛送归院。他日曲宴宜圣殿，内出牡丹百余盘，千叶者惟十余蒂，以赐宰臣、亲王。上顾迥与学士钱惟演，亦皆赐焉。"

十一月十六日，命公再考定开封府得解举人试卷。

《续资治通鉴长编》卷九二天禧二年十一月条："甲戌，命翰林学士钱惟演、盛度，枢密直学士王曙，龙图阁待制李虚己、李行简，于秘阁再考定开封府得解举人试卷，令秘阁校理王准封弥，定为三等，具名以闻。乃诏从上解百五十人。准，质子也。（原注：封弥，此非事始，书此为任布等得罪张本。）"

《宋会要辑稿·选举一五·发解》与《长编》同，但系于"十一月二十九日"。

十一月二十九日，任布等因荐举不实得罪。

《续资治通鉴长编》卷九二天禧二年十一月条："丁亥，命翰林学士承旨晁迥、知制诰陈尧咨于秘阁再考国子监及太常寺别试进士文卷，上其名。诏国子监从上解二十人、太常寺六人。开封府、国子监、太常寺发解官皆坐荐举不实，责监诸州酒税屯田员外郎、判度支勾院任布，邓州；著作郎、直集贤院徐奭，洪州；太子中允、直集贤院麻温其，池州；度支判官、太子中允、直集贤院杨侃，汝州；太子中允、直集贤院丁度，齐州。太常少卿、直史馆张复罚铜十斤。"

十二月二日，公等再考定试卷。

《宋会要辑稿·选举一五·发解》："十二月二日，惟演等再考定试卷以闻，诏从上依定百五十人与解。"

十二月九日，宋真宗诏文武官不得奏荐子孙外宗属。

《续资治通鉴长编》卷九二天禧二年十二月丁酉条："诏文武官自今承天节除子孙外，自余宗属及已食禄者，不得奏荐。"

> 按：此条史料并未直接提及公等，但与十一月公陷身之科举风波有关，也关系到钱氏家族其他成员的仕途，故录之。

天禧三年（1019）

公四十三岁。

正月九日，公等四人权同知贡举。

《金坡遗事》卷下"面奉赐诗"条："天禧三年正月九日，钱惟演承明殿面奉知举，真宗御制诗并序。"

《续资治通鉴长编》卷九三天禧三年正月条："丁卯，翰林学士钱惟演等四人权同知贡举。"

《宋会要辑稿·选举一·贡举》："三年正月九日，以翰林学士钱惟演权知贡举，枢密直学士王晓、工部侍郎杨亿、知制诰李咨权同知贡举，合格奏名进士程戡已下二百六十四人。"

《宋会要辑稿·选举一九·试官》："三年正月九日，以翰林学士钱惟演等权知贡举。"

正月十日，真宗赐公等诗一章。

《玉海》卷三〇《祥符赐知贡举诗》："天禧三年正月丁卯，命学士钱惟演等知举。翌日，赐御诗一章。"

按：据《玉海》，当十日赐诗，据《诗话总龟》，则九日即赐。今并存。

二月十九日，真宗又赐诗二首。

《金坡遗事》卷下"发榜赐诗"条："二月十八日将发榜，赐诗并序。"

《玉海》卷三〇《祥符赐知贡举诗》："二月丁未，又赐七言诗二首。"

按：据《玉海》，当十九日赐诗，据《诗话总龟》，则十八日即赐。今并存。

三月十三日，公预宴于后苑。

《宋会要辑稿·礼四五·宴享三·杂宴》："天禧三年十三日，曲宴后苑，登翔鸾阁，观太宗御集及圣制。又御仪凤阁、玉宸、安福殿，遂临池垂钓，射于太清楼下。帝作《赏花》、《钓鱼》五七言诗，命皇太子书以示近臣，群臣皆赋。前一日，诏翰林学士钱惟演已下被勘，并令预赴。"

三月二十六日，公因被诉考校不公降一官。

《续资治通鉴长编》卷九三天禧三年三月条："癸未，翰林学士钱惟演、枢密直学士王曙、工部侍郎杨亿、知制诰李咨、直史馆陈从易并降一官。进士陈损、黄异等五人，并决杖配隶诸州，其连状人并殿一举。初，损、异等率众伐登闻鼓，诉惟演等考校不公。命龙图阁直学士陈尧咨、左谏议大夫朱巽、起居舍人吕夷简于尚书省召损、异等，令具析所陈事，及阅视试卷以闻。尧咨等言惟演等贡院所送进士内五人文理稍次，从易别头所送进士内三人文理荒缪，自余合格，而损、异等所讼有虚妄，故并责焉。"

《宋史》卷三一七《钱惟演传》："又坐贡举失实，降给事中。"

马天宝《北宋吴越钱氏后裔——钱惟演研究》附录"与钱惟演相关史料及考证"："钱惟演在坐知举失实前，官为翰林学士、工部侍郎，并非工部尚书。工部尚书在这之后，《宋史·真宗纪》误将'工部侍郎'写成'工部尚书'。"

七月六日，公亲戚胥偃送舍人院试。

《续资治通鉴长编》卷九四天禧三年七月辛酉条："学士院言：'准诏大理评事胥偃与试，偃乃盛度婿，又钱惟演亲戚，欲乞下别处。'诏送舍人院试。自是有亲嫌者并如例。"

《宋会要辑稿·选举三二·召试杂录》略同，然系于"天禧三年九月六日"。

按：胥偃与钱惟演亲戚，不知亲于何处。《长编》七月辛酉日即六日，与《宋会要辑稿》九月六日不同，或当以《长编》为准。

七月十三日，公为南郊仪仗使。

《续资治通鉴长编》卷九四天禧三年七月条："戊辰，诏以十一月十九日有事于南郊，命向敏中为天书仪仗使、南郊大礼使，寇准为天书同仪仗使，丁谓为副使，李迪为扶持使，翰林学士承旨晁迥为南郊礼仪使，学士钱惟演为仪仗使，太子宾客王曙为卤簿使，权知开封府马元方为桥道顿递使，入内副都知周怀政为天书扶持都监。自封禅已来，特命辅臣兼五使之职。及是，始复旧制。"

《宋会要辑稿·礼二八·郊祀事务三》："天禧三年七月十四日，以亲郊，命……钱惟演为仪仗使。……故事，三岁一亲郊，不郊辄代以他礼，庆赏与郊同，而五使皆辅臣，不以官之高下。"

按：天禧三年七月丙辰朔，则戊辰日当为十三日，而《宋会要辑稿》系于十四日，未知孰是。

九月二十三日，公于清景殿观御制赐皇太子诸书。

《续资治通鉴长编》卷九四天禧三年九月条："丙子，诏宗室、辅臣、学士、三司使副、尚书丞郎、给谏、舍人、待制直龙图阁，于清景殿观御制赐皇太子《元良述》、《六艺箴》、《承华要略》十卷、《授时要略》十二卷，又以《国史》、《两朝实录》、《太宗文集》并《御集》、《御览》群书赐皇太子，遂宴从官。"

十一月十六日，公言皇太子盛德。

《续资治通鉴长编》卷九四天禧三年十一月条："戊辰，翰林学士钱惟演言：'正阳门习仪，皇太子立于御坐之西，左右以天气暄煦，持伞障日，太子不许，复遮以扇，太子又以手却之。文武在列，无不瞻睹。有司设马台于太庙内，太子乘马至门，命移出萧屏外，下马步进。及南郊坛，前驱者解青绳将入外壝，太子亟止之，将及外壝，即下马。伏以太子英睿之德，既自天资，谦恭之志，实遵圣训。虽汉储被诏不绝驰道，五官正服以见侍臣，比兹巨美，不可同日而语矣。昔桓荣以储宫专精博学，谓国家之福祐，书于史册。今太子持谦秉礼，发自至诚，上民传说，充溢都邑。伏望宣付史馆，以彰盛德。'诏奖皇太子，仍优答惟演。"

十一月十九日，宋真宗南郊祭天地，公参与其事。

《续资治通鉴长编》卷九四天禧三年十一月条："辛未，合祭天地于南郊，大赦天下。"

南郊祭天地前后，公奏设皇邸于御座之后。

欧阳修等《太常因革礼》卷三〇："天禧三年十一月十九日，礼院例册。是岁，翰林学士工部侍郎钱惟演奏：'臣伏睹仪注，将来郊祀，法驾往还，亲乘大辇者。谨案《周礼》，王大旅上帝，则张毡案，设皇邸。注：邸是屏风也，染羽象凤皇色以为饰。又《仪礼》：天子衮冕负斧扆。然则天子既服衮冕，虽居舆辇，皆合设扆明矣。欲望大辇中，设皇邸于御座之后，用协礼文。'诏可。"

十二月九日，宋真宗以参知政事丁谓为枢密使。

《续资治通鉴长编》卷九四天禧三年十二月辛卯条："宣徽北院使、知枢密院事、检校太尉曹利用，吏部尚书、参知政事丁谓，并为枢密使。"

十二月二十四日，公言请外国使御筵其乐人词语令舍人院、馆阁官分撰。

《续资治通鉴长编》卷九四天禧三年十二月条："丙午，翰林学士钱惟演上言：'伏见每赐契丹、高丽使御筵，其乐人词语多涉浅俗。请自今赐外国使宴，其乐人词语，教坊即令舍人院撰，京府衙前令馆阁官撰。'从之。既而知制诰晏殊等上章，援引典故，深诋其失。乃诏教坊撰讫，诣舍人院呈本焉。"

《宋会要辑稿·礼四五·宴享》略同。

是年，公葺治学士院小楼。

《金坡遗事》补遗"进草"条："淳化中，苏易简为学士时，建小楼于北轩，甚低窄。天禧三年，惟演奏重葺治，因去其下窗牖，施以曲槛，始明敞矣。"

是年，钱易撰《三司磨勘司题名记》。

郑獬《郧溪集》卷一五《三司续磨勘司题名记》："题名旧有记，龛于西壁，天禧己未岁，彭城钱易始为之。"陈志坚、梁太济《〈宋史·钱易传〉笺证》按："'天禧己未岁'，天禧三年也，则钱易之'判三司都磨勘司'，历时二年或二年以上。"

天禧四年（1020）

公四十四岁。

二月二十三日，诏钱暧与馆阁校勘。

《宋会要辑稿·选举三三·特恩除职》："天禧四年二月二十三日，翰林学士钱惟演言：'男光禄寺丞暧先蒙召试，进士及第，乞与改馆阁名目。'诏特与馆阁校勘，余人不得援例。"

三月二十八日，向敏中卒，年七十二。

《续资治通鉴长编》卷九五天禧四年三月条："己卯，左仆射、兼中书侍郎、平章事向敏中卒。"

是年春，钱易撰张咏墓志。

张咏《乖崖集》附录有此志，文曰："以天禧四年八月二十九日权葬于陈州宛丘县孝悌乡谢村里，礼也。……今春，得公弟殿中丞诜书一通，叙公之美，见托为志。"

> 按：此志撰于天禧四年八月二十九日张咏下葬前，池泽滋子《钱易年谱》系于天禧四年（1020）八月，颇有差误，盖未必在下葬之月所撰。

四月一日，公言春秋朝陵遣官事。

《续资治通鉴长编》卷九五天禧四年四月条："夏四月壬午朔，翰林学士钱惟演言：'伏以春秋朝陵，载于旧式，公卿亲往，盖表至恭。历代以来，国章斯在。唐显庆中，始诏三公行事，天宝以后，亦遣公卿巡谒，盖取朝廷大臣，不必须同国姓。后唐参用太常、宗正卿，晋开运中，亦命吏部侍郎李祥，其例甚多。近年以来，止遣宗正寺官，人轻位卑，实亏旧制。望自今于丞郎、诸司三品内遣官，或阙官，即差两省谏舍以上。所冀仰副追孝之心，以成稽古之美。'诏付有司详定。且言：'按唐显庆五年诏，三公备卤簿分行二陵，太常卿为副。长庆元年，通取尚书省四品以上清望官，及诸司五品以上清望官充。《开宝通礼》，差太常、宗正卿。今请依礼，三陵用太常、宗正卿，如阙官，即差尚书省四品以下两省五品以上，诸司三品或卿监。其分拜官二员，用尚书省五品以上。'诏可，如阙卿监以上官，即以次差摄。"

《太常因革礼》卷四六《吉礼一八·宗正卿行诸陵》、《宋会要辑稿·礼三九·命公卿巡陵》载公之言稍详。

《宋史》卷一二三《礼志二六》略同《长编》。

　　按：《太常因革礼》曰"天禧四年四月三日，礼院奏翰林学士刑部□□钱惟演状"云云，当指礼院于三日奏上公之状词，而公之状实于朔日上，故《长编》系于壬午朔。又，《宋会要辑稿》曰"四年四月二日，翰林学士钱惟演上言"云云，则与《太常因革礼》有异，非与《长编》有异。

四月五日，宋真宗令杭州葺吴越王钱氏庙，从公之请也。

《续资治通鉴长编》卷九五天禧四年四月条："丙戌，令杭州葺故吴越王钱氏庙，从其孙惟演之请也。"

四月九日，公请班序在杨亿之下。

《金坡遗事》卷下"学士班次三"条："天禧四年四月，杨亿再入翰林，诏亿班在钱惟演之下，盛度之上。惟演奏让云：'窃见太祖朝，窦仪自工部尚书再入翰林，班在旧学士之上。太宗朝，王旦以礼部郎中再知制诰，在吕祐之上。况杨亿在景德中已为学士，今来官位与臣并是丞郎。伏乞圣慈特升杨亿班在臣之上。'遂降诏从之。故亿谢表云：'更笃相先之义，俄颁得请之文。'"

《续资治通鉴长编》卷九五天禧四年四月庚寅条："命工部侍郎杨亿为翰林学士。大中祥符末，亿自汝州代还，久之不迁。……逾六年，乃复入禁署，于是令亿序班在钱惟演下、盛度上。惟演言：'亿景德中已为学士，况今与臣并官丞郎，望升亿班在臣上。'从之。"

《宋会要辑稿·仪制三·朝仪班序》略同《长编》。

　　按：据《二十史朔闰表》，天禧四年四月庚寅日为九日，与《宋会要辑稿》三日异，未知孰是。

五月二日，公《日记》记寇准事。

《续资治通鉴长编》卷九五天禧四年六月条："监察御史章频尝受诏，鞫邛州牙校讼盐井事，刘美依倚后家受赇，使人市其狱。频请捕系，上以后故不问，出频知宣州。（原注：频事因寇准请治刘氏附见，不得其时也。钱惟演《日记》：五月二日，寇公将制院文字上，事连刘马军，寇请赴台勘，上怒曰：'管军自前岂有此例，卿要送台，但送下。'寇惶恐而退。曹、丁并奏：'天旱不宜更起冤狱，中伤平人，乞罢之。'上云：'便罢，便罢！'寇又上殿，上甚不悦。其日，寇沮丧甚。惟演所言虽未可尽信，章频出知宣州必在此时，今附见，当考。)"

六月十六日，寇准为太子太傅、莱国公。公附丁谓。

《续资治通鉴长编》卷九五天禧四年六月条："丙申，以右仆射、兼中书侍郎、平章事寇准为太子太傅、莱国公。先是，准为枢密使，曹利用副之，准素轻利用，议事有不合者，准辄曰：'君一夫尔，岂解此国家大体耶。'利用由是衔之。而丁谓以拂须故，亦恨准，及同为枢密使，遂合谋欲排准。翰林学士钱惟演见谓权盛，附离之，与讲姻好。而惟演女弟实为马军都虞候刘美妻。时上不豫，艰于语言，政事多中宫所决，谓等交通诡秘，其党日固。刘氏宗人横于蜀，夺民盐井，上以皇后故，欲赦其罪，准必请行法，重失皇后意，谓等因媒蘖之。准尝独请间曰：'皇太子人望所属，愿陛下思宗庙之重，传以神器，以固万世基本。丁谓，佞人也，不可以辅少主，愿择方正大臣为羽翼。'上然之。（原注：正传云：丁谓、钱惟演，佞人也，不可辅少主。按此时惟演但为翰林学士，不当便与丁谓同日而语，附传亦不载惟演，恐正传误增之，今不取。张唐英《仁宗政要》又载准言丁谓恃才挟奸，曹利用恃权使气。恐唐英所载亦不得实。利用恃权使气，当在太后垂帘时，今犹未也。陈绎《拜罢录》亦正称丁谓。）准乃属翰林学士杨亿草表，请太子监国，且欲援亿以代谓。亿畏事泄，夜屏左右为之辞，至自起剪烛跋，中外无知者。既而准被酒，漏所谋。（原注：亿自起剪烛，此据附传，今正传削去。《龙川别志》乃云亿私语其妻弟张演曰：'数日之后，事当一新。'语稍泄，丁谓夜乘妇人车，与曹利用谋之。不知《别志》何所据。然《别志》所称立太子、废刘后，则是准罢相后周怀政之谋，而亿所草乃太子监国表尔。虽附传亦以为微服过利用为在此时，盖误也。《拜罢录》与附传同，今正传已改之。附传及《拜罢录》并云草制，正传但云草表，今从正传。）谓等益惧，力潜准，请罢准政事。上不记与准初有成言，诺其请。会日暮，召知制诰晏殊入禁中，示以除目，殊曰：'臣掌外制，此非臣职也。'乃召惟演。须臾，惟演至，极论准专恣，请深责。上曰：'当与何官？'惟演请用王钦若例，授准太子太保。上曰：'与太子太傅。'又曰：'更与加优礼。'惟演请封国公，出袖中具员册以进，上于小国中指莱字，惟演曰：'如此，则中书但有李迪，恐须别命相。'上曰：'姑徐之。'殊既误召，因言：'恐泄机事，臣不敢复出。'遂宿于学士院。及宣制，则非殊畴昔所见者，不知殊所见除目又何等也？殊不以告人，故亦莫得其详云。（原注：《仁宗实录》寇准附传、陈绎《拜罢录》、司马光《记闻》、张唐英《政要》、曾氏《隆平集》、苏氏《龙川别志》，并误以准初罢相时事，即周怀政所谋，盖不考其月日故也。《国史》正传已略正之，但不详耳，今取钱惟演《日记》及江休复《杂志》附益之。请太子监国，准奏也；传位太子、废皇后，周怀政谋也。准以监国奏泄罢相，以怀政谋泄远贬，二事初不同。诸书见准坐怀政出，即谓准本谋如此。其实谋出怀政，准未必知尔。仁宗景祐元年四月，以王曙言追谥杨亿，亦但云草奏请太子亲政，不云草制也。《龙川别志》又云：使亿草诏书，遣曙出使，诛异己者，曙藏去之，恐实不然，今止从《实录》。）"

《宋史》卷三一七《钱惟演传》："初，惟演见丁谓权盛，附之，与为婚。"

七月一日，钱昆等为吕夷简所推许。

《续资治通鉴长编》卷九六天禧四年七月条："秋七月庚戌朔……吕夷简等还自东、西川，言梓州路劝农使王罊、知梓州苏维甫、知邛州沈同、知蜀州钱昆、知昌州张用、通判益州狄棐·刘随、通判永兴军董希甫、知益州灵池县李纮，堪充三司、台省、转运提调刑狱藩郡之职。诏有司记其姓名，代还日升陟任使。罊，临城人，大中祥符初，举进士，授婺州观察推官，代还，上见其状貌奇伟，特迁著作佐郎。同，钱塘人。昆，易之兄。棐，长沙人。纮，昌龄从子也。"

七月四日，钱易考试诸州举人。

《宋会要辑稿·选举一九·试官》：天禧四年"四月七日，命直集贤院石中立、钱易考试诸州续解到举人"。

七月十二日，公《日记》记入宫事。

《续资治通鉴长编》卷九六天禧四年七月条："辛酉，召宗室、近臣及太子太傅寇准、兵部尚书冯拯，观苑中嘉谷，遂宴于玉宸殿。（原注：《隆平集》言准罢相，以太子太傅归班，请对不许。据此，则尝从后苑游观矣。钱惟演《日记》，七月十二日，召给谏、舍人及太子太傅等入承明殿，先赐食讫，召入玉宸殿看瑞谷。先于太清楼见讫，赐茶，便诣种谷处。按此，则《隆平集》误也。）"

七月十四日，宋真宗召公等对于滋福殿。

《东都事略》卷二四《钱惟演传》："累迁至刑部侍郎。天禧末，丁谓为参知政事，惟演见谓宠盛，附之，与讲姻好。而惟演女弟适后戚刘美，相与共排寇准。准既罢相，真宗欲相李迪，因问：'迪何如？'惟演曰：'迪无过，但才短尔。今执政中，曹利用、丁谓、任中正皆位迪上。'真宗默然。惟演又曰：'旧人中冯拯可用也。'真宗亦默然。真宗曰：'张知白何如？'惟演曰：'使之参政则可，为相则不可。'真宗卒以迪为相，拯遂拜枢密使。"

《续资治通鉴长编》卷九六天禧四年七月条："癸亥，上对参知政事李迪、兵部尚书冯拯、翰林学士钱惟演于滋福殿。寇准罢，上欲相迪，迪固辞，于是又以属迪。有顷，皇太子出拜上前，曰：'蒙恩用宾客为相，敢以谢。'上顾谓迪曰：'尚复何辞耶？'是日，惟演又力排寇准曰：'准自罢相，转更交结中外，求再用。晓天文、卜筮者皆遍召，以至管军臣僚、陛下亲信内侍，无不着意。恐小人朋党，诳惑圣听，不如早令出外。'上曰：'有何名目？'惟演曰：'闻准已具表乞河中府，见中书未除宰相，兼亦闻有人许以再用，遂不进此表。'上曰：'与河中府何如？'惟演乞召李迪谕旨，上曰：'李迪何如？'惟演言：'迪长者，无过，只是才短，不能制准。'因言中书宜早命宰相，上难其人。惟演对：'若宰相未有人，可且着三两员参知政事。'上曰：'参政亦难得人。'问今谁在李迪上，惟演对曰：'曹利用、丁谓、任中正并在李迪上。'上默然。惟演又言：'冯拯旧人，性纯和，与寇准不同。'上亦默然。既而曰：'张知白何如？'惟演言：'知白清介，使参政则可，恐未可为宰相。'上颔之。惟演又言：'寇准宜早令出外。准朋党盛，王曙又其女婿，作东宫宾客，谁不畏惧。今朝廷人三分，二分皆附准矣。臣知言出祸从，然不敢不言。惟陛下幸察。'上曰：'卿勿忧。'惟演再拜而退。后三日，拯遂拜枢密使，盖用惟演之言也。迪既除宰相，而准为太子太傅、莱国公如故。"

七月二十一日，公荐丁谓平章事、曹利用加同平章事。

《东都事略》卷二四《钱惟演传》："时曹利用、丁谓先以为枢密使。惟演入对，言曰：'今枢密院有三使，而中书止一相，曷迁曹利用或丁谓乎？'真宗曰：'谁可？'惟演曰：'谓可。'惟演又曰：'曹利用忠赤有功，亦宜与平章事。'真宗曰：'诺。'于是丁谓拜相，利用加同平章事。"

《续资治通鉴长编》卷九六天禧四年七月条："先是，冯拯以兵部尚书判都省，上欲加拯吏部尚书、参知政事，召学士杨亿使草制，亿曰：'此舍人职也。'上曰：'学士所职何官？'亿曰：'若枢密使、同平章事，则制书乃学士所当草也。'上曰：'即以此命拯。'拯既受命枢密，领使者凡三人，前此未有，人皆疑怪，曹利用、丁谓因各求罢。上徐觉其误，召知制诰晏殊语之，将有所易置。殊曰：'此非臣职也。'遂召钱惟演，惟演入，对曰：'冯拯故参知政事，今拜枢密使，当矣。但中书不当止用李迪一人，盍迁曹利用或丁谓过中书？'上曰：'谁可？'惟演曰：'丁谓文臣，过中书为便。'又言玉清昭应宫未有使，谓首议建宫，宜即令领此。又言曹利用忠赤，有功国家，亦宜与平章事。上曰：'诺。'庚午，以枢密使、吏部尚书丁谓平章事，枢密使、检校太尉曹利用加同平章事，皆用惟演所言也。（原注：此段参取钱氏及司马氏《日记》修入。晏殊误召，恐不至再，当考。冯拯自兵书加吏书，必参政，《日记》偶脱，今追填之。杨亿所云此舍人职，盖参政制乃舍人所当草也。）"

七月二十三日，宋真宗召寇准入对。

《续资治通鉴长编》卷九六天禧四年七月条："壬申……上既从钱惟演之言，擢丁谓首相，加曹利用同平章事，然所以待寇准者犹如故。谓等惧，谋益深。是日，准入对，具言谓及利用等交通踪迹，又言：'臣若有罪，当与李迪同坐，不应独被斥。'上即召迪至前质之，两人论辩良久，上意不乐，迪再三目准令退。及俱退，上复召迪入对，作色曰：'寇准远贬，卿与丁谓、曹利用并出外。'迪言：'谓及利用须学士降麻，臣但乞知一州。'上沉吟良久，色渐解，曰：'将取文字来。'迪退，复作文字却进，上遽洒然曰：'卿等无他，且留文字商量。'更召谓入对，请谓除准节钺，令出外，上不许。（原注：此据钱惟演《日记》删修，准、迪、谓入对，皆二十三日也。）越明日，杨崇勋等遂告变，周怀政伏诛。又三日，准乃远贬。"

八月六日，公为枢密副使。

《隆平集》卷一二《钱惟演传》："天禧四年，为枢密副使。"

《东都事略》卷二四《钱惟演传》："惟演寻拜枢密副使。"

《续资治通鉴长编》卷九六天禧四年八月条："乙酉，以枢密副使任中正、礼部侍郎王曾并参知政事，翰林学士钱惟演为枢密副使。"

《宋史》卷二一〇《宰辅年表一》：天禧四年八月乙酉"钱惟演自翰林学士、刑部侍郎、知制诰迁枢密副使"。

《宋史》卷三一七《钱惟演传》："复工部侍郎，擢枢密副使、会灵观使。"

《宋会要辑稿·职官五四·宫观使》："四年八月，以翰林学士钱惟演为枢密副使、兼会灵观使。"

九月一日，宋真宗诏钱易举堪御史者二人。

《续资治通鉴长编》卷九六天禧四年九月条："诏……知制诰祖士衡、

钱易，知杂御史刘烨，直龙图阁鲁宗道、冯元，各举堪御史者二人。诸路转运使副、劝农使各举幕职、州县官堪京官知县者二人，限十日内具名以闻。"

《宋史》卷三一七《钱易传》："真宗雅眷词臣，其典掌诰命，皆躬自柬拔。擢知制诰、判登闻鼓院、纠察在京刑狱。"

《宋会要辑稿·选举二七·举官一》略同《长编》。

《宋会要辑稿·职官一七·御史台》：天禧"四年四月，诏知制诰祖士衡、钱易，御史杂刘烨，直龙图阁鲁宗道、冯元，各于太常博士已上官举御史一人"。

> 按：《宋会要辑稿·职官一七·御史台》所系时间与同书《选举二七·举官一》、《长编》不合，或误。然亦可能是四月诏举一人，九月诏举二人。俟考。

十一月十五日，公受诏编次《圣政录》。

《续资治通鉴长编》卷九六天禧四年十一月壬戌条：宰臣等"又言：'陛下临御以来，功业隆盛。望令中书、枢密院取《时政记》中盛美之事，别为《圣政录》。'从之，仍令枢密副使钱惟演、参知政事王曾编次，丁谓等参详"。

十一月十八日，公加兵部侍郎，兼太子宾客。

《续资治通鉴长编》卷九六天禧四年十一月条："乙丑，对辅臣于承明殿，上曰：'朕迩来寝膳颇渐康复，然军国之事，未免劳心。今太子年德渐成，皇后素贤明，临事平允，深可付托。欲令太子莅政于外，皇后居中详处，卿等可议之。'辅臣进曰：'臣等所奉德音，实邦家之大庆，况太子升储以来，德望日隆，皇后辅翼岁久，中外遵教，海内瞻企，人无闲言。然太子既监总朝政，望令中书、枢密院大臣各兼东宫职任，庶日奉谋议，便于翼赞。'上许之，于是退议其等列，传旨命学士草制，诏可。自寇准贬斥，丁谓浸擅权，至除吏不以闻。李迪愤懑，尝慨然语同列曰：'迪起布衣，十余年位宰相，有以报国，死且不恨，安能附权臣为自安计乎！'及议兼职时，迪已带少傅，欲得中书侍郎、尚书，谓执不可，遂草熟状，谓加门下侍郎、兼少师，迪加中书侍郎、兼左丞，曹利用加检校太师，冯拯加检校太尉，并兼少保；任中正加右丞，钱惟演加兵部侍郎，王曾加户部侍郎，并兼宾客；玉清昭应宫副使、工部尚书林特，枢密直学士、右谏议大夫张士逊，先兼太子宾客，并改詹事；翰林学士、户部员外郎晏殊先兼舍人,改左庶子;余官悉如故。故事,两省侍郎无兼左右丞者,而迪旧人亦当迁尚书,谓专意抑迪,迪不能堪,变色而起。"

《宋史》卷一六二《职官志二》:"天禧四年,参政任中正、枢副钱惟演、参政王曾并兼太子宾客,执政兼东宫官始此。"

《宋史》卷三一七《钱惟演传》:"兼太子宾客。"

十一月十九日,公愿退就班列。

《续资治通鉴长编》卷九六天禧四年十一月条:"丙寅,晨朝待漏,谓又欲以特为枢密副使,仍领宾客。迪曰:'特去岁迁右丞,今年改尚书,入东宫,皆非公选,物议未息,况已奏除詹事,何可改也。'因诟谓,引手板欲击谓,谓走得免。同列极意和解,不听,遂入对于长春殿。内臣自禁中奉制书置榻前,上曰:'此卿等兼东宫官制书也。'迪进曰:'臣请不受此命。'因斥谓奸邪弄权,中外无不畏惧,臣愿与谓同下宪司置对。且言:'昨林特子在任,非理决罚人致死,其家诣阙诉冤,寝而不理。盖谓所党庇,人不敢言。'又曰:'寇准无罪罢斥,朱能事不当显戮,东宫官不当增置。又钱惟演亦谓之姻家。臣愿与谓、惟演俱罢政柄,望陛下别择贤才为辅弼。'又曰:'曹利用、冯拯亦相朋党。'利用进曰:'以片文只字遭逢圣世,臣不如迪。奋空拳,捐躯命,入不测之敌,迪不如臣也。'上顾谓曰:'中书有不当事耶?'谓曰:'愿以询臣同列。'乃问任中正、王曾,皆曰:'中书供职外,亦无旷阙事。'顷之,谓、迪等先退,独留枢密使副议之。上怒甚,初欲付御史台,利用、拯曰:'大臣下狱,不惟深骇物听,况丁谓本无纷竞之意,而与李迪置对,亦未合事宜。'上曰:'曲直未分,安得不辨!'既而意稍解,乃曰:'朕当即有处分。'惟演进曰:'臣与谓姻亲,忽加排斥,愿退就班列。'上慰谕久之,乃命学士刘筠草制,各降秩一级,罢相,谓知河南府,迪知郓州。"

《宋史》卷三一〇《李迪传》略同。

十一月二十日,公请留丁谓、李迪。

《续资治通鉴长编》卷九六天禧四年十一月条:"制书犹未出,丁卯,迪请对于承明殿,又请见太子于内东门,其所言盖不传。而谓阴图复入,惟演亦恐谓出则己失援,白上欲留之,并请留迪,因言:'契丹使将至,宰相绝班,冯拯旧臣,过中书甚便。若别用人,则恐生事。'上可之。(原注:迪对承明,不知言何事,而《实录》、正史皆不载,今特表而出之。)"

十一月二十一日，公始领东宫官。

《续资治通鉴长编》卷九六天禧四年十一月条："戊辰，命谓以户部尚书、迪以户部侍郎归班。事颇迫遽，其制词，舍人院所草也。筠所草制，讫不行。是日，惟演及中正、曾等并如初议迁秩，领东宫官，而太子议政诏书及拯、利用等制皆格。"

《宋会要辑稿·职官七·东宫官》：天禧四年"十一月二十一日，参知政事任中正、枢密副使钱惟演、参知政事王曾，并兼太子宾客"。

十一月二十二日，丁谓复相，晏殊草制。

《续资治通鉴长编》卷九六天禧四年十一月条："己巳，谓入对于承明殿，上诘所争状，谓曰：'非臣敢争，乃迪忿詈臣尔。臣不当与之俱罢，愿复留。'遂赐坐，左右欲设墩，谓顾曰：'有旨复平章事。'乃更以杌子进。于是入内都知张景宗、副都知邓守恩传诏送谓赴中书，令依旧视事。仍诏迪出知郓州，放朝辞，实时赴任。时已命学士刘筠草制，以拯为相，领玉清昭应宫使、昭文馆大学士，制入而未出也。谓既复相，其制亦卒不行。谓始传诏召刘筠草复相制，筠不奉诏，乃更召晏殊。筠既自院出，遇殊枢密院南门，殊侧面而过，不敢揖，盖内有所愧也。……（原注：《龙川别志》载二相忿争事，与《实录》、正史不同，且云刘筠辞不草制，乃命钱惟演。按此时惟演已副枢密，《别志》误矣。《记闻》亦以为草制者惟演也，今皆不取。然留丁谓、出李迪，其谋实自惟演，但不当草制，而草制者实晏殊也。）"

按：公时居官枢密副使，不当尚草丁谓复相制，《长编》自注已论之极详，而池泽滋子《钱惟演年谱》尚引《龙川别志》谓公所草，误。

是日，以公为都大管勾祥源观公事。

《续资治通鉴长编》卷九六天禧四年十一月己巳条："以枢密副使钱惟演为都大管勾祥源观公事。惟演先领会灵观使，于是乞改命故臣，故特置此职。"

《宋史》卷三一七《钱惟演传》："更领祥源观。"

《宋会要辑稿·职官五四·宫观使》："十一月，以枢密副使钱惟演管勾祥源观事。"

十一月二十三日，宋真宗诏皇太子与宰臣、枢密使以下会议常程事务。

《续资治通鉴长编》卷九六天禧四年十一月条："庚午，诏自今中书、枢密院诸司该取旨公事仍旧进呈外，其常程事务，委皇太子与宰臣、枢密使已下，就资善堂会议施行讫奏。皇太子上表陈让，优诏不允。"

十一月二十四日，枢密院上言参朝事。

《续资治通鉴长编》卷九六天禧四年十一月条："辛未，中书、枢密院上言：'自今百官五日于长春殿起居，其余只日视朝，请御承明殿，或其日不坐，则令閤门传宣放朝。'从之。"

十一月二十五日，皇太子见宰相、枢密使等。

《续资治通鉴长编》卷九六天禧四年十一月条："壬申，皇太子见宰相、枢密使于资善堂，诸司职掌以次参谒。"

十二月一日，杨亿卒。

《续资治通鉴长编》卷九六天禧四年十二月条："十二月丁丑朔，起复翰林学士杨亿卒。"

十二月三日，给祥源观公用钱月五十千。

《续资治通鉴长编》卷九六天禧四年十二月条："己卯，给祥源观公用钱月五十千。"

十二月九日，公以皇太子亲政获赐三千两。

《续资治通鉴长编》卷九六天禧四年十二月乙酉条："又赐太子少师丁谓、少傅冯拯、少保曹利用各五千两，宾客任中正・钱惟演・王曾、太保王钦若、詹事林特各三千两，左庶子晏殊、詹事张士逊各二千两，谕德鲁宗道、冯元各千两，自余宫臣、常从各有差。……以皇太子亲政行庆也。"

十二月十三日后，宰臣、枢密使赴资善堂祗候。

《续资治通鉴长编》卷九六天禧四年十二月条："诏中书、枢密院，自今内臣传旨处分公事，并须覆奏，令中书提点五房堂后官、枢密院承旨而下，自今月十三日后，从宰臣、枢密使赴资善堂祗候。中书、枢密院上言：'请自今遇只日承明殿不视事，则入内都知传宣中书、枢密院诣太子资善堂议事。应时政及后殿军头司公事素有定制者，施行讫奏。系迁改升降者，送中书、枢密院进呈取旨。如无公事，则宰臣、枢密使已下，遇参辞谢皇太子，许二三人已上为一班，诣堂延见，自余官僚，并止留榜子。'诏从之。自是辅臣每会议，皇太子秉笏南面而立，中书、枢密院以本司事递进承令旨。时政之外，京朝、幕职、州县官、使臣、禁卒咸引对焉。事毕，接见辅臣如常礼。"

十二月十四日，宋真宗诏资善堂议事止令张景宗侍皇太子。

《续资治通鉴长编》卷九六天禧四年十二月条："庚寅，诏中书、枢密院每赴资善堂议事，止令张景宗一员侍皇太子，余悉屏之。"

十二月二十一日，宋真宗诏资善堂议事不许皇太子无答拜。

《续资治通鉴长编》卷九六天禧四年十二月丁酉条："中书枢密院言，每至资善堂，请皇太子无答拜，诏不许。"

十二月二十二日，宋真宗诏群臣双日并门见辞谢。

《续资治通鉴长编》卷九六天禧四年十二月条："戊戌，诏文武群官、使臣、幕职、州县官遇双日，并门见辞谢。"

十二月二十五日，皇太子会师傅于资善堂。

《续资治通鉴长编》卷九六天禧四年十二月条："辛丑，皇太子会师傅、宫官于资善堂，赐教坊乐。"

十二月二十九日，宋真宗宴辅臣。

《续资治通鉴长编》卷九六天禧四年十二月条："乙巳，宴辅臣于龙图阁，以天章阁兴功也。"

闰十二月七日，宋真宗赐辅臣《册府元龟》各一部。

《续资治通鉴长编》卷九六天禧四年闰十二月条："癸丑，赐辅臣《册府元龟》各一部，板本初成也。"

闰十二月九日，钱守让领荣州刺史，公请终始保全钱氏一门。

《续资治通鉴长编》卷九六天禧四年闰十二月条："乙卯，以供备库使钱守让领荣州刺史，右屯卫将军刘守节为右武卫将军，西头供奉官刘守素为东头供奉官，阁门祇候、右侍禁刘守通为西头供奉官。守让，俶之孙。守节，继元之子。守素、守通，铢之子也。上因谓辅臣曰：'旧族可念。'钱惟演进曰：'陛下念旧继绝，恩逾前代。惟臣一门忠孝，伏愿终始保全也。'上曰：'卿一门忠孝，与常人异，先帝待以殊礼，朕安敢忘。'惟演拜谢。"

《宋史》卷四八〇《钱惟浚传》："守让字希仲，以荫累迁供备库使。天禧四年，录诸国之后，加领荣州刺史，改东染院使，卒。守让颇勤学为文章，退居多闭关读书，屡献歌颂，真宗优诏褒奖。有集二十卷。子恕，娶曹王元偁女长安县主。"

《宋会要辑稿·崇儒七·录诸国后》："钱俶：天禧四年闰十二月，以其子供备库使守让领荣州刺史。"

按：钱守让为钱惟浚之子，钱俶之孙，《宋会要辑稿》误以"孙"为"子"。

闰十二月二十九日，宋真宗召辅臣谕以辅导储贰之意。

《续资治通鉴长编》卷九六天禧四年闰十二月条："上久不豫，前二日，因饵药泄泻，前后殿罢奏事。乙亥，力疾御承明殿，召辅臣语其状，因谕以尽心辅导储贰之意，出手书一幅付之，其略曰：'朕近觉微恙发动，四体未得痊和。盖念太祖、太宗创业艰难，不敢懈怠，忧劳积久，成此疾疹。今皇太子虽至性天赋，而年未及壮，须委文武大臣尽忠翊赞。自今要切时政，可召入内都知会议闻奏，内廷有皇后辅化宣行，庶无忧也。'丁谓等进曰：'陛下微爽康和，即当平愈。况元储已亲庶政，克固海内之心，宫闱内助，事皆平允，特宽圣虑，勉近医药，以宁祉福。'自是圣体渐平，凡旬浃乃复常焉。时太子虽听事资善堂，然事皆决于后，中外以为忧。惟演，后戚也，王曾说惟演曰：'太子幼，非中宫不立，中宫非倚皇储之重，则人心亦不附。后厚于太子，则太子安，太子安，乃所以安刘氏也。'惟演以为然，因以白后，两宫由是益亲，人遂无间。"

是年，宋真宗尊钱俶为尚父。

《吴越备史·补遗》："时天禧四年，文僖公忝机衡之命，特诏尊王为尚父。"

天禧五年（1021）

公四十五岁。

正月一日，宋真宗御延庆殿见辅臣。

《续资治通鉴长编》卷九七天禧五年正月条："春正月丁丑朔，御延庆殿见辅臣。"

正月六日，宋真宗对辅臣于承明殿。

《续资治通鉴长编》卷九七天禧五年正月条："壬午，对辅臣于承明殿。"

二月二日，宋真宗召辅臣观书龙图阁。

《续资治通鉴长编》卷九七天禧五年二月条："二月丁未，召辅臣观书龙图阁。"

二月七日，钱易受赐金紫。

《续资治通鉴长编》卷九七天禧五年二月条："壬子，赐新除翰林学士李咨金紫，上因问宰相曰：'近臣中有未改章服者否？'丁谓曰：'知制诰张师德、祖士衡、钱易、知杂御史刘烨今并衣绯。'即命内侍召士衡、易、烨，赐以金紫。师德时知颍州，令就赐之。"

二月二十三日，钱惟济徙知镇州。

《续资治通鉴长编》卷九七天禧五年二月条："戊辰，徙客省使、高州团练使、知镇州李允则知潞州，永州团练使、知潞州钱惟济知镇州。"

《宋史》卷四八〇《钱惟济传》："迁永州团练使，改知成德军。"

三月二十五日，丁谓请太子宾客以下只日更互陪侍讲学。

《续资治通鉴长编》卷九七天禧五年三月条："庚子，宰臣丁谓请自今兼太子师傅，十日一赴资善堂，宾客已下只日更互陪侍讲学，上可之。是日，奉安《御集》、御书于天章阁，遂宴辅臣阁下。"

三月二十七日，公为右丞。

《东都事略》卷二四《钱惟演传》："加尚书右丞。"

《续资治通鉴长编》卷九七天禧五年三月条："壬寅，辅臣以天章阁成，并进秩。丁谓为司空，冯拯为左仆射，曹利用为右仆射，任中正为工部尚书，钱惟演为右丞，王曾为吏部侍郎，张士逊为给事中。初，利用止加阶邑，谓等请与同迁，命已下，乃帖麻宣授。"

四月十三日，皇太子生辰，宴宫僚、辅臣。

《续资治通鉴长编》卷九七天禧五年四月条："戊午，皇太子生辰，宴宫僚、辅臣于资善堂。"

是月，钱易权管勾会灵观判官事。

《宋会要辑稿·职官五四·宫观使》：天禧五年"四月，以翰林学士李咨权管勾景灵宫判官事，知制诰钱易权管勾会灵观判官事"。

五月九日，宋真宗诏皇太子读《春秋》。

《续资治通鉴长编》卷九七天禧五年五月条："癸未，诏皇太子读《春秋》。辅臣奏曰：'臣等时入资善堂陪侍讲席，太子天姿英迈，好学不倦，亲写大小字示臣等，天然有笔法。'上喜曰：'赖卿等辅导也。'辅臣皆再拜。"

七月十九日，宋真宗诏枢密使副二十人杂役军士。

《续资治通鉴长编》卷九七天禧五年七月条："壬辰，给宰臣、枢密使杂役军士三十人，参知政事、枢密使副二十人，皆以雄武兵充，著为常例，若指抽外州兵亦听。"

八月三日，钱暧为秘书郎。

《续资治通鉴长编》卷九七天禧五年八月条："丙午，以宰臣丁谓子光禄寺丞、馆阁校勘琪为太子中允，赐绯，冯拯子内殿承制端己为六宅副使，枢密使曹利用子供奉官、阁门祗候渊为内殿承制，参知政事任中正从子彭为侍禁，王曾子奉礼郎纲为大理评事，枢密副使钱惟演子光禄寺丞、馆阁校勘暧为秘书郎，张士逊子将作监主簿友直为奉礼郎。"

《钱暧墓志》："历秘书郎、太常丞，加五品服，为真集贤。以博士知礼院，同判吏部南院，入尚书省为祠部外郎。超司封，改祠部郎中、群牧判官。"

九月二十八日，钱仙芝充馆阁校勘。

《续资治通鉴长编》卷九七天禧五年九月条："庚子，以前知临海县事钱仙芝充馆阁校勘，从其季父惟演之请也。"

按：钱仙芝为公之兄子，唯不知谁子也。

十月六日，祥源观成，公加工部尚书。

《东都事略》卷二四《钱惟演传》："转工部尚书。"

《续资治通鉴长编》卷九七天禧五年十月条："戊申，祥源观成，总为屋六百一十三区。都大管勾观事、枢密副使钱惟演加工部尚书。惟演诣承明殿纳告敕，上不许，复令中使就第赐之。"

《宋史》卷三一七《钱惟演传》："累迁工部尚书。"

乾兴元年（1022）

公四十六岁。

正月十三日，公从皇太子朝拜启圣院太宗神御殿。

《续资治通鉴长编》卷九八乾兴元年正月条："癸未，始命皇太子朝拜启圣院太宗神御殿，师傅、宫僚悉从。"

二月十九日，宋真宗崩。

《续资治通鉴长编》卷九八乾兴元年二月条："戊午，上崩于延庆殿。仁宗即皇帝位。遗诏尊皇后为皇太后，淑妃杨氏为皇太妃；军国事兼权取皇太后处分。百官见上于延庆殿之东楹。遣内殿承制、阁门祗候薛贻廓告哀契丹，京城内外并增兵卫，罢工役。初，辅臣共听遗命于皇太后，退，即殿庐草制，军国事兼权取皇太后处分。丁谓欲去'权'字，王曾曰：'政出房闼，斯已国家否运，称权尚足示后，且言犹在耳，何可改也。'谓乃止。曾又言：'尊礼淑妃太遽，须他日议之，不必载遗制中。'谓怫然曰：'参政顾欲擅改制书耶？'曾复与辩，而同列无助曾者，曾亦止。时中外汹汹，曾正色独立，朝廷赖以为重。"

《宋史》卷三一〇《王曾传》略同。

二月二十日，群臣三上表请皇太后延对辅臣。

《续资治通鉴长编》卷九八乾兴元年二月条："己未，大赦，除常赦所不原者。百官进官一等。……群臣诣东上阁门上表请听政，又诣东内门请皇太后延对辅臣，皆批答不允。表三上，乃从之。"

二月二十四日，丁谓定仪注。

《续资治通鉴长编》卷九八乾兴元年二月条："先是，辅臣请皇太后所御殿，太后遣内侍张景宗、雷允恭谕曰：'皇帝视事，当朝夕在侧，何须别御一殿也。'乃令二府详定仪注。王曾援东汉故事，请五日一御承明殿，皇帝在左，太后坐右，垂帘听政。既得旨，而丁谓独欲皇帝朔望见群臣，大事则太后与帝召对辅臣决之，非大事悉令雷允恭传奏，禁中画可以下。曾曰：'两宫异处而柄归宦者，祸端兆矣。'谓不听。癸亥，太后忽降手书，处分尽如谓所议。盖谓不欲令同列预闻机密，故潜结允恭使白太后，卒行其意。及学士草词，允恭先持示谓，阅讫乃进。"

二月二十五日，宋仁宗听政。

《续资治通鉴长编》卷九八乾兴元年二月条："甲子，始听政。又赐辅臣以下袭衣、金犀带、鞍勒马有差。"

二月二十七日，公加兵部尚书。

《东都事略》卷二四《钱惟演传》："真宗崩，仁宗即位，进兵部尚书。"

《续资治通鉴长编》卷九八乾兴元年二月条："丙寅，宰臣丁谓加司徒、冯拯加司空，枢密使曹利用加左仆射，并兼侍中。参知政事任中正加兵部尚书、王曾加礼部尚书，枢密副使钱惟演加兵部尚书、张士逊加户部侍郎。王曾谓丁谓曰：'自中书令至谏议大夫、平章事，其任一也，枢密珥貂可耳。今主幼，母后临朝，君执魁柄，而以数十年旷位之官一旦除授，得无公议乎？'谓不听。"

《宋史》卷三一七《钱惟演传》："仁宗即位，进兵部。"

三月二十一日，皇太后垂帘见辅臣。

《续资治通鉴长编》卷九八乾兴元年三月条："庚寅，初御崇德殿听朝，皇太后设幄次于承明殿，垂帘以见辅臣。丁谓等奏曰：'属者太后受遗总政，群情协宁，实天命所定。'太后遣内侍答曰：'先帝升遐，内外晏然，皆卿等夙夜尽忠。'谓等各再拜。"

四月七日，加赠皇太后三代。

《续资治通鉴长编》卷九八乾兴元年四月条："丙午，加赠皇太后三代，父太师、尚书令通为彭城郡王，母徐国太夫人庞氏为越国太夫人，兄昭德节度使、兼太尉美为侍中。"

六月一日，上大行皇帝谥、庙号。

《续资治通鉴长编》卷九八乾兴元年六月条："六月己亥朔，翰林学士承旨李维上大行皇帝谥曰文明章圣元孝，庙号真宗。"

六月二十五日，丁谓得罪，公踧踖。

《续资治通鉴长编》卷九八乾兴元年六月条："癸亥，辅臣会食资善堂，召议事，（丁）谓独不与，知得罪，颇哀请。钱惟演遽曰：'当致力，无大忧也。'冯拯熟视惟演，惟演踧踖。"

《宋史》卷二八五《冯拯传》略同。

七月九日，公为枢密使。

《隆平集》卷一二《钱惟演传》："仁宗即位，除枢密使。"

《东都事略》卷二四《钱惟演传》："为枢密使。"

《续资治通鉴长编》卷二二太平兴国六年九月辛亥条："是日，以枢密副使、刑部侍郎石熙载为户部尚书充枢密使。用文资正官充枢密使，自熙载始也。（原注：天禧二年十一月丁谓、乾兴元年七月钱惟演，可考。熙载以文资正官充枢密使，不知带检校官否？据《仁宗实录》并《会要》，不带检校官，乃自惟演始。）"

《续资治通鉴长编》卷九八乾兴元年七月条："丙子，枢密副使钱惟演为枢密使。惟演旧位王曾上，曾既入相，亦正惟演使名。故事，枢密使必加检校官，惟演但以兵部尚书充使，有司失之也。（原注：太平兴国六年九月，石熙载初以文资正官充使，不知带检校官否，当考。）"

《宋史》卷二一〇《宰辅年表一》：乾兴元年"七月……钱惟演自枢密副使进枢密使"。

《宋史》卷三一七《钱惟演传》："王曾为相，以惟演尝位曾上，因拜枢密使。故事，枢密使必加检校官，惟演止以尚书充使，有司之失也。"

七月二十五日，宋仁宗诏中外臣僚有曾与丁谓往来者不问。

《续资治通鉴长编》卷九九乾兴元年七月条："壬辰，诏中外臣僚有曾与丁谓往来者，一切不问。时遣侍御史方谨言籍其家，得士大夫书，多干请关通者，悉焚之，不以闻，世称其长者。"

七月二十七日，辅臣请皇太后、皇帝五日一御承明殿。

《续资治通鉴长编》卷九九乾兴元年七月条："甲午，辅臣请皇太后、皇帝五日一御承明殿，凡军马机宜及臣下陈乞恩泽，并呈禀取旨；若常事，即依旧进入，候印画付外；或事从别旨，有未可行者，即于御前纳下，再俟处分。从之。"

是月，公为祥源观使。

《宋会要辑稿·职官五四·宫观使》："仁宗乾兴元年七月，以龙图阁直学士冯元为会灵观副使。是月，以枢密副使都大管勾祥源观事钱惟演为祥源观使。"

按：据《宋会要辑稿·宫观使》后文，"十一月，以入内内侍副都知周文质管勾祥源观事"，可知，公罢枢密副使后，祥源观使亦罢。

八月五日，钱仙芝为大理评事。

《续资治通鉴长编》卷九九乾兴元年八月条："壬寅……试校书郎、前知临海县、馆阁校勘钱仙芝为大理评事。故事，试衔虽覃恩无改官者，以仙芝帖职文馆，特迁之。"

九月十二日，宋仁宗与皇太后谕辅臣。

《续资治通鉴长编》卷九九乾兴元年九月条："己卯，上与皇太后谕辅臣曰：'前后所降天书，皆先帝尊道奉天，故灵贶昭答。今复土有日，其刻玉副本已奉安于玉清昭应宫，元降真文止于内中供养，则先意可见。矧殊尤之瑞，专属先帝，不可留于人间，当从葬永定陵，以符先旨。'用王曾、吕夷简之议也。"

九月二十一日，宋仁宗召辅臣出示《政要》。

《续资治通鉴长编》卷九九乾兴元年九月条："戊子，召辅臣，出《政要》十卷，泣而示之曰：'朕躬阅先帝《圣政记》，掇其事之要者，纂为此书，将以纳于皇堂也。'"

十月二十八日，刘筠班位在公上。

《宋会要辑稿·仪制三·朝仪班序》：乾兴元年"十月二十八日，翰林学士晏殊、李咨言：'天禧中，杨亿再授学士，位钱惟演之上。今刘筠复授学士，旧位在上，望依近例。'从之"。

十一月一日，公罢为保大节度使，知河阳。

《隆平集》卷一二《钱惟演传》："太后称制，宰臣冯拯以惟演太后姻家，请出之。除节度使、知河阳。……其为人少诚信。初附丁谓，力排准。其后逐谓，亦与有力焉。"

《东都事略》卷二四《钱惟演传》："章献明肃皇后称制，宰相冯拯以惟演，太后姻家也，请出之。除保大军节度使，知河阳。"

《续资治通鉴长编》卷九九乾兴元年十一月条："十一月丁卯朔，枢密使钱惟演罢为保大节度使，知河阳。初，惟演见丁谓权盛，附离之，与为婚姻。谓逐寇准，惟演与有力焉。及序枢密直学士题名石，独刊去准名，曰：'逆准削而不书。'谓祸萌，惟演虑并得罪，遂挤谓以自解。冯拯恶其为人，因言惟演以妹妻刘美，实太后姻家，不可预政，请出之。乃出惟演为镇国留后，即日改今命。惟演至河阳，尝请曲赐镇兵特支钱，太后将许之，侍御史知杂事蔡齐曰：'赏罚者，上之所操，非臣下所当请。且天子新即位，惟演连姻后家，乃私请偏赏以自为恩，必摇众心，不可许。'即劾惟演，罢赐钱。"

《宋史》卷二一〇《宰辅年表一》："十一月丁卯朔，钱惟演自枢密使，以保大军节度使知河阳。"

《宋史》卷二八六《蔡齐传》："钱惟演守河阳，请曲赐镇兵钱，章献太后将许之。齐曰：'上新即位，惟演外戚，请偏赏以示私恩，不可许。'遂劾奏惟演。……钱惟演附丁谓，枢密题名，辄削去寇准姓氏，云'逆准不书'。齐言于仁宗曰：'寇准忠义闻天下，社稷之臣也，岂可为奸党所诬哉！'仁宗遽令磨去。"

《宋会要辑稿·职官七八·罢免》：乾兴元年"十一月一日，枢密使、兵部尚书、充祥源观使钱惟演罢为检校太傅、保大军节度使。制书以惟演'顷露由衷，恳祈逊职。宅予忧之尚默，从乃欲之未皇。虽帷幄宣谋，靡愆于慎重；而葭莩联戚，终避于嫌疑'。故有是命"。

按：《长编》所载"逆准"一事，亦见《宋史》卷三一七《钱惟演传》，今从略。然点校本《宋史》谓之："独刊去准，名曰'逆准'，削而不书。"点校不同，含义颇异，附于此。

十一月五日，宋仁宗诏公班在柴宗庆之上。

《续资治通鉴长编》卷九九乾兴元年十一月条："辛未，诏保大节度使钱惟演班静难节度使柴宗庆之上。惟演、宗庆并检校太傅，而宗庆先为节度使,上以惟演尝历枢府,特升之。"

《宋会要辑稿·仪制三·朝仪班序》:乾兴元年"十一月五日,诏新保大军节度使钱惟演序班在柴宗庆之上。惟演、宗庆,并检校太傅,而宗庆先除。时以惟演曾任枢密,故升之"。

仁宗时,钱昆累知诸州。

《隆平集》卷一二《钱昆传》:"累官至谏议大夫,以秘书监致仕。卒,年七十七。子孟孙、孟荀、孟回。昆喜为诗赋,又喜草隶书,闲自画寒芦沙鸟于纨扇,有幽雅之趣,人竞藏之。有文集十卷。"

《东都事略》卷四八《钱昆传》:"累迁至三司度支判官。仁宗时,知庐、濠、泉、亳、梓、寿、许七州,为治尚宽简。官至右谏议大夫,以秘书监致仕。卒,年七十六。昆善为诗赋,又喜草隶。有文集十卷。"

《宋史》卷三一七《钱易传》:"昆字裕之。举进士,为治宽简便民。能诗,善草隶书,累官右谏议大夫,以秘书监于家。"

按:钱昆卒年及历官年份不得而知,故以《东都事略》所述"仁宗时",总系于仁宗即位之初。

天圣元年 (1023)

公四十七岁。

正月二十六日,刘美妻钱氏封越国夫人。

《续资治通鉴长编》卷一〇〇天圣元年正月条:"庚寅,赠侍中刘美妻吴兴郡夫人钱氏封越国夫人。钱氏,惟演妹也。"

二月二十六日,李维等奏议请钱俶配享太宗庙庭。

《续资治通鉴长编》卷一〇〇天圣元年二月庚申条:"枢密使钱惟演言:'真宗皇帝将祔太庙,有司议以功臣配享,臣先臣尚父秦国忠懿王俶,勋隆奕叶,位重累朝。亲率王徒,平百年之僭伪;躬持国籍,献千里之封疆。忠诚格于皇天,茂绩昭于惇史。所以太祖、太宗命无下拜,赐以不名。自先圣之纂承,念遗勋而益厚,举诸殊渥,萃此一门,在乎皇朝,诚居第一。伏望依体降诏,配享祖宗庙庭。'诏两制与崇文院检讨,礼官同共详议以闻。翰林学士承旨李维等奏议请钱俶配享太宗庙庭。奏入,不下。(原注:此据《会要》。)"

《宋会要辑稿·礼一一·杂录》《宋会要辑稿·礼五九·配享功臣》略同《长编》。

按：此时公已罢枢密使，不当复系枢密使衔。然此处言论或即任枢密使时上言，而罢枢密使后，李维等又奏请也。

三月一日后，公撰《春雪赋》。

《春雪赋》开首曰"癸亥岁二月晦，讫季春旦"云云，可知撰于三月旦日之后也。

五月三日，越国夫人钱氏卒，辍朝三日。

《续资治通鉴长编》卷一〇〇天圣元年正月条："钱氏，惟演妹也，及卒，辍视朝三日。（原注：卒在五月乙丑，今并书。）"

《宋会要辑稿·礼四一·辍朝》："赠侍中刘美妻越国夫人钱氏，天圣元年五月，特辍三日。"

《宋会要辑稿·礼四一·发哀杂录》："天圣元年五月三日，太常礼院言：'赠侍中刘美妻赵国夫人钱氏卒，准《礼令》，皇太后为亲兄弟妻本服大功，合于便殿发哀。缘在真宗大祥内，望罢其礼。'从之。"

六月四日，公徙知亳州。

《续资治通鉴长编》卷一〇〇天圣元年六月条："六月丙申，徙河阳保大节度使钱惟演知亳州。"

七月，刘颜因钱易等上其《辅弼名对》而为任城主簿。

《续资治通鉴长编》卷一〇〇天圣元年七月条："庚午（八日），以徐州文学刘颜为任城主簿。颜，彭城人，少孤，好古，学不专章句，师事高弁，举进士第。尝知龙兴县，坐法免。久之，授徐州文学。居乡里，教授数百人。采汉、唐奏议，为《辅弼名对》。冯元、刘筠、钱易、滕涉、蔡齐等上其书，故有此命。"

《宋会要辑稿·崇儒五·献书升秩》："仁宗天圣元年七月十七日，龙图阁直学士冯元、御史中丞刘筠、知制诰钱易、龙图阁待制滕涉、刘烨、知杂蔡齐，表上徐州文学刘颜集《辅弼名对》并目录四十一卷，诏颜与家便簿尉，仍谕宰臣等以所进书甚有可采，见令录本，以备观览。"

八月，公自河阳赴亳州，因朝京师，图入相，不果而去。

《续资治通鉴长编》卷一〇一天圣元年八月条："先是，钱惟演自河阳赴亳州，因朝京师，图入相。（监察御史鞠）咏奏：'惟演险，尝与丁谓为婚姻，缘此大用。后揣知谓奸状已萌，惧牵连得祸，因出力攻谓。今若遂以为相，必大失天下望。'太后遣内侍持奏示之，惟演犹顾望不行。咏语左正言刘随曰：'若相惟演，当取白麻廷毁之。'惟演闻，乃亟去。（原注：

《实录》、《国史》惟演传并不记惟演自河阳徙亳州,乃云在河阳逾年,请入朝,加平章事,判许州,未即行,冀复用,侍御史鞠咏奏弹之,始亟去。按惟演乾兴元年十一月知河阳,天圣元年六月徙亳州,七月自河阳徙亳州,因朝京师。惟演图入相,盖元年七八月间也。其自亳州来朝即加平章事,则天圣三年十二月,此时鞠咏已罢台职矣。《实录》、正史皆误,今不取。咏本传载论奏惟演在观芝前。按刘随以八月十四日始除谏官,乙卯,二十四日也,今附论奏惟演于观芝后,庶不失实事。)"

《宋史》卷二九七《鞠咏传》略同《长编》。

按:《宋史》卷三一七《钱惟演传》本之《续资治通鉴长编》原注所引《实录》《国史》之传,原注既已辨之甚详,今《宋史》本传文字从略。

闰九月七日,寇准卒。

《续资治通鉴长编》卷一〇一天圣元年闰九月条:"戊戌,寇准卒于雷州。"

闰九月八日,冯拯卒。

《续资治通鉴长编》卷一〇一天圣元年闰九月条:"冯拯病,不能赴河阳,己亥,卒。"

天圣二年 (1024)

公四十八岁。

四月二十二日,钱惟济加吉州防御使。

《续资治通鉴长编》卷一〇二天圣二年四月条:"己卯,知成德军、永州团练使钱惟济加吉州防御使,留再任。有伪为白金以质取缗钱者,其家来告,惟济密谓曰:'第声言被盗,而示以重购,质者当来责余直,即得之。'已而果然。"

《宋史》卷四八〇《钱惟济传》:"仁宗即位,加检校司空。民有伪作白金质取缗钱者,其家来告,惟济曰:'第声言被盗,示以重购,质者当来责余直,即得之矣。'已而果然,乃杖配之。以吉州防御使留再任,迁虔州观察使,知定州。"

七月十三日,公撰《通惠大师影堂记》。

《新刊国朝二百家名贤文粹》载有公所撰《通惠大师影堂记》,末曰:"时天圣甲子岁七月十三日记。"

八月二日，公言宋真宗谥号宜谥武。

《续资治通鉴长编》卷一〇二天圣二年八月条："丁巳……保大节度使钱惟演言：'真宗幸澶渊御契丹，杀其大将挞览，盟而服之。今谥号但称文不及武，宜谥武。'诏两制与太常礼院增益之。"

《宋史》卷三一七《钱惟演传》："初，真宗谥号称'文'，惟演曰：'真宗幸澶渊御契丹，盟而服之，宜兼谥武。'下有司议，乃加谥'武定'。"

八月二十七日，宋仁宗依李维等请加谥真宗。

《续资治通鉴长编》卷一〇二天圣二年八月条："壬午，翰林学士承旨李维等请加上真宗谥曰文明武定章圣元孝。诏恭依。"

十一月十日，宋仁宗上宋真宗谥号。

《续资治通鉴长编》卷一〇二天圣二年十一月条："十一月甲午，加上真宗谥。"

《宋史》卷八《真宗纪》："天圣二年十一月，上尊谥曰文明武定章圣元孝皇帝，庙号真宗。"

天圣三年（1025）

公四十九岁。

正月二十九日，追封越国夫人钱氏为郓国太夫人。

《续资治通鉴长编》卷一〇三天圣三年正月条："壬子，加赠皇太后兄赠侍中刘美为中书令，追封嫂越国太夫人钱氏为郓国太夫人。"

《宋会要辑稿·仪制一二·外戚追赠》：天圣三年正月"二十九日，崇仪使刘从德父侍卫亲军都虞候、武胜军节度观察留后、赠侍中美，特赠中书令，母越国夫人钱氏追封郓国太夫人。诸司使当于尚书省，从德以戚里故，于中书下告第"。

十月，钱易擢翰林学士。

《东都事略》卷四八《钱易传》："迁翰林学士。"

《学士年表》："天圣三年。钱易。十月，以左司郎中、知制诰拜。"

《宋会要辑稿·职官三·舍人院》："仁宗天圣三年，以吏部郎中、知制诰、知邓州张师德迁左谏议大夫。近制，舍人多次补学士，时师德首冠西掖，会擢钱易为学士，以师德被疾，遂特迁官罢职。"《宋会要辑稿·职官六·知制诰》同此。

《宋史》卷三一七《钱易传》："累迁左司郎中，为翰林学士。"

十一月三十日，王钦若卒。

《续资治通鉴长编》卷一〇三天圣三年十一月条："司徒、兼门下侍郎、平章事、冀国公王钦若……戊申，卒。"

十二月十七日，公加同平章事，判许州，由钱易草制文。

《金坡遗事》卷上"弟拜相兄草麻"条："钱希白易，于予为从父兄也。天圣三年十二月，予忝钧衡之命。时希白当制，世称：弟拜相，兄草麻，自古未有。惟座主拜相，门生草麻，前代记之矣。"

《隆平集》卷一二《钱惟演传》："请觐，加使相，判许州。"

《东都事略》卷二四《钱惟演传》："请觐，加同平章事，判许州。"

《续资治通鉴长编》卷一〇三天圣三年十二月条："乙丑……保大节度使钱惟演加同平章事，判许州。"

天圣中，钱易书万杉禅院"金仙宝殿"榜。

陈舜俞《庐山记》卷二《叙山南篇第三》："由开先至万杉院二里。本朝景德二年始建。旧有古石崖。先是，僧曰太超，即山植杉万本。有为之言于朝者，乃赐钱建院，仍锡土田、佛像、供器。及其成也，仁宗锡御篆榜其殿，曰'金仙宝殿'，内翰钱易书其门榜。……是院旧名庆云，天圣中敕改今额。"

按：池泽滋子《钱易年谱》天圣二年（1024）下据《庐山记》按云："仁宗于天圣元年赐榜，钱易卒于天圣四年，既然'仁宗锡御篆榜，其殿曰金仙宝殿，内翰钱易书其门榜。'故当在此年前后。"然《庐山记》唯有"天圣中"，不知"天圣元年"何据。今据"内翰钱易"之语，取钱易为翰林学士之年，系于天圣三年。

天圣四年（1026）

公五十岁。

正月，钱易卒。

《隆平集》卷一四《钱易传》："卒，年五十九。"

《东都事略》卷四八《钱易传》："卒，年五十九。"

《学士年表》："钱易正月卒。"

《宋史》卷三一七《钱易传》："为翰林学士，燠直未满，卒。仁宗怜之，召其妻盛氏至禁中，赐以冠帔。"

按：所谓僕直，据陈志坚、梁太济《〈宋史·钱易传〉笺证》按曰："钱易翰林学士既'以左司郎中知制诰拜'，依唐旧规，当僕直五十天，加上'遇本直更僕一日'，估计约需六十天以上僕直才满，而易僕直未满即已谢世。"又，盛氏，据苏颂《钱起居神道碑》，为"江东著姓，太子太傅文肃公之族属，追封平阳郡太夫人"。

二月十二日，公乞次子钱晦换内殿承制。

《续资治通鉴长编》卷一〇四天圣四年二月条："己未，保大节度使钱惟演言，次子大理评事晦乞换内殿承制。诏授内殿崇班。晦娶驸马都尉李遵勖女，即冀国大长公主所生也，故特从其请。"

《宋史》卷三一七《钱晦传》："晦字明叔，以大理评事娶献穆大长公主女，累迁东上閤门使、贵州团练使。"

　　按：胡宿《文恭集》卷一七有《钱晦、向传范并可东上閤门使加上骑都尉制》，可知其尚加上骑都尉之勋。

三月十五日，公撰毕《金坡遗事》，并就正于晁迥。

《玉海》卷五七淳化续翰林志条："天圣四年三月十五日，钱惟演为《金坡遗事》三卷。太宗御札、御诗及铭共九首，真宗诗六首标于上篇，终以杂记，晁迥别书三事附焉。"

天圣五年（1027）

公五十一岁。

正月十二日，钱仙芝点检试卷。

《宋会要辑稿·选举一九·试官》：天圣"五年正月十二日，以……集贤校理王举正、李宥、钱仙芝、李昭遘，馆阁校勘彭乘，点检试卷"。

天圣六年（1028）

公五十二岁。

八月二十二日，宋仁宗诏公等举才。

《续资治通鉴长编》卷一〇六天圣六年八月条："甲申，诏钱惟演以下至御史知杂五十五人举殿直以上材武、方略、晓边事者各一员，其未历亲民及两府亲戚、走马承受、閤门祇候者，毋得举。"

《宋会要辑稿·选举二七·举官》："六年八月，诏钱惟演、曹玮、李迪、晏殊，及令御史台告报宋绶等五十五人，限一月内各同罪保举人材机略、谙历边事或精熟武艺,殿直已上,不曾犯赃罪使臣一人,曾经监押巡检或知县寨主一任者,并许奏荐,当议相度任用。其所举人,明言是与不是亲戚故旧,及有无亲戚见任中外文武职事,即不得举两府臣僚亲戚,并走马承受、阁门祗候已上。"

十二月,公言户绝庄田事。

《宋会要辑稿·食货六一·民产杂录》:天圣六年"十二月,判许州钱惟演言:'本州准敕,户绝庄田,差官估价,召人承买。今有阳翟县户绝庄三十一顷,已有人户承买,遂差人监勒交割。据本庄现佃户称,要承买。缘准天圣元年诏,户绝庄或见佃人无力收买,即问地邻。五年六月敕,只云召人承买,收钱入官,即不言问与不问见佃。伏乞明降指挥。'事下有司详定,三司言:'五年所降敕命,只是为户绝庄估,价高重别估。计召人承买,即不改前敕,望以此意晓谕诸州,遵禀施行。'从之"。

天圣七年 (1029)

公五十三岁。

闰二月,曹利用卒。

《续资治通鉴长编》卷一〇七天圣七年闰二月条:"宦者多恶曹利用,必欲置之死。杨怀敏护送利用,行至襄阳驿,怀敏不肯前,且以语逼之。利用素刚,遂自经死,怀敏乃奏利用暴卒。"

五月二十二日,钱彦远赋平,诗落韵。

《宋会要辑稿·选举三一·召试》:天圣"七年五月二十二日,大理寺丞王素召试学士院,赋诗平,太常寺奉礼郎钱彦远赋平,诗落韵。诏素升陟差遣"。

八月十一日,钱仙芝考试亲戚举人。

《宋会要辑稿·选举一九·试官》:天圣"七年八月十一日,命集贤校理钱仙芝、秘阁校理范仲淹考试亲戚举人,屯田员外郎王涣封弥卷首"。

十月一日,钱仙芝言祠祭行事官事。

《太常因革礼》卷四《行事官下》:"天圣七年十月一日,殿中丞秘阁校理知礼院钱仙芝奏:'臣今月十五日,尚书省受誓戒,二十二日立冬,祀黑帝。至十七日,准监察使、殿中侍御史李宗咏牒,已准敕差充三司户部判官,更不赴祠所。窃详诏令,凡散斋致斋,身有故,即许牒官同摄。伏况祀为大事,著在经典,至如宰臣、参知政事,皆总领天下机务,每遇行事，尚于中书致斋二日，一日赴祠庙，矧此三日。司一局之职，亦未致妨阙职业。臣欲乞特降敕命，今后差充行事官，受誓戒讫，或遇别有差遣，须毕祠祭，然后赴职。所贵严肃祀事，稍存典型。'诏可。"

十月六日，公言许州进士发解事。

《宋会要辑稿·选举一五·发解》：天圣七年"十月六日，知许州钱惟演言：'本州准条解进士三十一人、诸科百六人。今试到进士三十一人、诸科八人外，进士王寅等十五人辞理可采，欲试诸科额三十人，添进士额十五人，自今为定。'诏与寅等数中选八人，委合格者解发，余不行"。

是年，公改武胜军节度使。

《东都事略》卷二四《钱惟演传》："改镇武胜。"

《宋史》卷三一七《钱惟演传》："天圣七年，改武胜军节度使。"

天圣八年（1030）

公五十四岁。

四月二十九日，公以疾求赴京师。

《续资治通鉴长编》卷一〇九天圣八年四月条："辛亥，武胜军节度使、同平章事、判许州钱惟演来朝。惟演以疾求赴京师也。"

八月二十六日，公判陈州。

《续资治通鉴长编》卷一〇九天圣八年八月条："丁未，徙判许州、武胜节度使、同平章事钱惟演判陈州，知江宁府、刑部尚书张士逊知许州。"

天圣九年（1031）

公五十五岁。

正月二十三日，公改判河南府。

《东都事略》卷二四《钱惟演传》："又徙泰宁。"

《续资治通鉴长编》卷一一〇天圣九年正月条："辛未，改新判陈州钱惟演判河南府。时惟演托疾久留京师，既除陈州，迁延不赴，且图相位。天章阁待制范讽奏曰：'惟演尝为枢密使，以皇太后姻属罢之，示天下以不私，今固不可复用。'殿中侍御史郭劝亦请督惟演上道，而惟演自言先垄在洛阳，愿司宫钥。遂命惟演守河南，促其行。他日，讽入对，太后谓曰：'惟演去矣。'讽曰：'惟演奴仆皆得官，不去尚奚以为！'时惟演弟处州观察使、知定州惟济亦迁武昌留后、知澶州，寻复知定州。劝又言：

'惟演不当为其弟求迁，且求总兵权，乞罢之。'不报。"

《宋史》卷二九七《郭劝传》："又言'武胜军节度使钱惟演迁延不赴陈州，觊望相位；弟惟济任观察使、定州总管，自请就迁留后；胡则以罪罢三司使，乃迁工部侍郎、集贤院学士。请趣惟演上道，罢惟济兵权，追则除命。'"

《宋史》卷三〇四《范讽传》略同《长编》。

《宋史》卷三一七《钱惟演传》："天圣七年……明年来朝，上言先垄在洛阳，愿守宫钥。即以判河南府，再改泰宁军节度使。"

七月，公撰《天台山护国寺碑》。

孙星衍《寰宇访碑录》卷六："天台山护国寺碑。钱惟演撰。李端懿行书。天圣九年七月。浙江天台。"又"护国寺碑阴。正书。浙江天台"。

十一月，钱暧迁两官。

《续资治通鉴长编》卷一一〇天圣九年十一月条："初，蔡州团练使、知相州刘从德以病召还，道卒，年四十二，赠保宁节度使，封荣国公，谥康怀。太后悲怜之尤甚，录内外姻戚门人及僮隶几八十人。从德姊婿龙图阁直学士马季良、母越国夫人钱氏兄惟演子集贤校理暧及妻父王蒙正皆缘遗奏，各迁两官。"

《宋史》卷四六三《刘从德传》略同。

天圣中，公刊钱俶十八帖与墨林帖于石。

刘克庄《后村先生大全集》卷一〇三《钱忠懿王帖》："后于墨林方氏见忠懿与其子遗墨五幅，草圣奇古，简而不烦，得钟王意。……天圣中，文僖公尝刊忠懿十八帖与墨林此帖，草法酷似。碑本已足贵，况真迹乎！"

明道元年（1032）

公五十六岁。

四月十八日，钱惟济再知定州，以疾不行。

《续资治通鉴长编》卷一一一明道元年四月条："戊午……武昌留后钱惟济在定州五年，于是入觐，命再守成德，以疾不行。"

十二月，钱惟济卒。

《东都事略》卷二四《钱俶传》："惟济，保静军留后，谥曰宣惠。"

《续资治通鉴长编》卷一一一明道元年四月条："惟济喜宾客，丰宴犒，家无余赀，帝特赐白金二千两，旧负公使钱七百万，一切贷之。及卒，别赐赙钱二百万、绢千匹。惟济颇知书，少挟文艺。性曒察，自谓有将帅才。前在成德凡六年，曹玮将兵屯真定，颇称其能戢下。然苛忍，所至牵蔓满狱。凡重囚弃市，或令人断手足、探肝胆，加备诸毒，用以威众，观者莫不色动，而惟济自若，人畏之，道不拾遗。在定州，有妇人视其夫前妻之子不仁，至烧铜钱以灼臂，惟济取其所生儿置雪中，械母使视儿死，其惨如此。（原注：惟济卒在是年十二月，因是月命再知成德，附见此事。）"

《宋史》卷四八〇《钱惟济传》："有妇人待前妻子不仁，至烧铜钱灼臂，惟济取妇人所生儿置雪中，械妇人往视儿死。其惨毒多此类。迁武昌军节度观察留后，改保静军留后。惟济喜宾客，丰宴犒，家无余赀，帝赐白金二千两，所负公使钱七百余万。卒，赠平江节度使，谥宣惠，遣使护葬事，赐赙钱二百万、绢千匹。有《玉季集》二十卷。惟济有吏干，能戢下而性苛忍，所至牵蔓满狱。重囚弃市，或断手足，探肝胆，用以威众。观者色动，而惟济自若也。"

《宋会要辑稿·礼五八·群臣谥》："武昌军节度观察留后、赠平江军节度使钱惟济，谥宣敏。"

《宋会要辑稿·仪制一一·武臣追赠》："武昌军节度观察留后钱惟济，明道元年十二月，赠临江军节度使。"

按：钱惟济生前数事，未知年月，统系于此。又，惟济谥号，《东都事略》《宋史》皆曰宣惠，《宋会要辑稿》曰宣敏，未知孰是。

明道二年（1033）

公五十七岁。

正月十七日，尝与公督修天津桥之孙祖德为夏州祭奠使。

《续资治通鉴长编》卷一一二明道二年正月条："甲申，以侍御史孙祖德为夏州祭奠使，朱昌符道病故也。祖德，北海人。前通判西京，方冬苦寒，诏罢内外工作，而钱惟演督修天津桥，格诏不下，祖德曰：'诏书可稽留耶？'卒白，罢役。"

《宋史》卷二九九《孙祖德传》略同《长编》。

按：池泽滋子《钱惟演年谱》系此事于天圣九年（1031），盖与公河南府任上其他事并书，今不取。明道年间公尚在河南府，故按

《续资治通鉴长编》附于孙祖德事后。此外，公于河南任上诸事，后世流传颇多，池泽滋子《钱惟演年谱》已整理之，然无确切时间。

三月七日，公为景灵宫使，留京师。

《隆平集》卷一二《钱惟演传》："屡徙藩镇，郁郁不得志。及耕籍田，求侍祠，留为景灵宫使。"

《东都事略》卷二四《钱惟演传》："惟演意在柄用，尝谓人以不得于黄纸后署名为恨，及屡徙镇，郁郁不得志，仁宗耕籍田，求入侍祠，留为景灵宫使。"

《续资治通鉴长编》卷一一二明道二年三月条："初耕籍田，泰宁节度使、同平章事、判河南府钱惟演求侍祠，许之。壬申，命惟演为景灵宫使，留京师。"

《宋史》卷三一七《钱惟演传》："惟演雅意柄用，抑郁不得志。及帝耕籍田，求侍祠，因留为景灵宫使。"

《宋会要辑稿·职官五四·宫观使》："明道中，钱惟演以使相为景灵宫使。"

三月二十九日，皇太后刘氏崩。

《续资治通鉴长编》卷一一二明道二年三月条："甲午，皇太后崩。"

四月十八日，公再判河南府。

《隆平集》卷一二《钱惟演传》："太后崩，还河阳。"

《东都事略》卷二四《钱惟演传》："章献崩，还判河南。"

《续资治通鉴长编》卷一一二明道二年四月条："癸丑，以景灵宫使、泰宁节度使、同平章事钱惟演判河南府。"

《宋史》卷三一七《钱惟演传》："太后崩，诏还河南。"

五月三日，公建言以庄献、庄懿皇太后并祔真宗之室。

《续资治通鉴长编》卷一一二明道二年五月条："五月丁卯，判河南府、泰宁节度使、同平章事钱惟演言：'母以子贵，庙以亲升，盖古今之通义也。庄懿皇太后辅佐先帝，诞育圣躬，德冠掖庭，功流宗社。陛下感深罔极，追荐尊名。既复寝园，将崇庙室。谨按：唐武宗韦太后以追尊升祔穆宗之室，皇朝孝明、孝章皇后并祔太祖之室，懿德、明德、元德并祔太宗之室，今真宗一室止祔庄穆皇后，典礼未称，请俟园陵毕，以庄献、庄懿皇太后并祔真宗之室。'诏太常礼院详定以闻。惟演既罢景灵宫使，还河南，不自安，乃建此议，以希帝意。"

《宋史》卷三一七《钱惟演传》："惟演不自安，请以庄献明肃太后、庄懿太后并配真宗庙室，以希帝意。"

《太常因革礼》卷九七、《宋会要辑稿·礼一〇·后妃庙》同《长编》。

五月十七日，吕夷简班序在公之下。

《宋会要辑稿·仪制三·朝仪班序》：明道"二年五月十七日，诏新除武胜军节度使、同中书门下平章事吕夷简，起居立位在泰宁军节度使、同平章事钱惟演之下，彰德军节度使、同平章事、驸马都尉柴宗庆之上"。

六月二十五日，礼院否决公所建言。

《续资治通鉴长编》卷一一二明道二年六月戊午条："初，以钱惟演议下礼院，礼院言：'夏商以来，父昭子穆，皆有配坐。每室一帝一后，礼之正仪。开元肃明皇后始有并祔。惟演引唐武宗母韦太后祔穆宗，孝明、孝章祔太祖故事。按穆宗惟以韦太后配，更无别后，太祖未尝以孝章配。伏寻先帝以懿德配飨太宗，及明德园陵礼毕，遂得升祔。元德自追尊后凡十七年，始克升配。今庄穆著位长秋，祔食真宗，斯为正礼。庄献母仪天下，与明德例同，若从古礼，止应祀后庙。庄懿帝母之尊，与元德例同，便从升祔，似非先帝谨重之意，况前代无同日并祔之比。惟上裁之。'诏都省与礼院议，皆以谓：'庄穆位崇中壸，与懿德有异，已祔真庙，自协一帝一后之文。庄献辅政十年，庄懿诞育圣躬，德莫与并，退就后庙，未厌众心。按《周礼》大司乐职，"奏夷则，歌小吕，以享先妣"。先妣者，姜嫄也，帝喾之妃，后稷之母，特立庙而祭，谓之閟宫。宜于太庙外别立新庙，奉安二后神主，同殿异室，岁时荐享，用太庙仪。别立庙名，自为乐曲，以崇世享。忌前一日，不御正殿，百官奉慰，著之甲令。'诏恭依。"

亦见《宋史》卷一〇九《礼志十二》颇有详略。

九月四日，公落平章事。

《隆平集》卷一二《钱惟演传》："请以章宪太后、章懿太后同配食真宗庙。御史中丞范讽劾奏惟演擅议宗庙，落平章事，改镇崇信。"

《东都事略》卷二四《钱惟演传》："请以章献、章懿二后同配食真宗庙室，御史劾奏惟演擅议宗庙，落平章事，镇崇信。"

《续资治通鉴长编》卷一一三明道二年九月条："丙寅，崇信节度使、同平章事、判河南府钱惟演落平章事，赴本镇。初，惟演欲为自安计，首建二后并配议。既与刘美为亲，又为其子暧娶郭皇后妹。至是，又欲与庄懿太后族为婚。御史中丞范讽劾奏惟演不当擅议宗庙，又言惟演在庄献时，权宠太盛，与后家连姻，请行降黜。上谕辅臣曰：'先后未葬，朕不忍遽责惟演。'讽即袖告身入对曰：'陛下不听臣言，臣今奉使山陵，而惟演守河南，臣早暮忧刺客，愿纳此，不敢复为御史中丞矣。'上不得已，可之，讽乃趋出。"

《宋史》卷三一七《钱惟演传》："惟演既与刘美亲，又为其子暧娶郭后妹，至是，又欲与庄懿太后族为婚。御史中丞范讽劾惟演擅议宗庙，且与后家通婚姻。落平章事，为崇信军节度使，归本镇。"

　　按：马天宝《北宋吴越钱氏后裔——钱惟演研究》附录"与钱惟演相关史料及考证"认为钱惟演落平章事后"判河南府"，而不是贬"随州"，误。盖明年钱惟演即卒于随州，不得再判河南府也。即所谓"归本镇"者，乃归崇信军节度使所在之随州，非河南府。

九月五日，钱暧夺一官。

《续资治通鉴长编》卷一一三明道二年九月条："丁卯，复夺暧一官，落集贤校理，听随惟演行，诸子皆补外州监当。"

《钱暧墓志》："僖公谪汉东，府君饮章自劾，愿解官从，缙绅是之，以司封外郎行。"

景祐元年（1034）

公五十八岁。

五月二十七日，公撰《宁海县新建衙楼记》。

林表民《赤城集》卷四载有公所撰《宁海县新建衙楼记》，文曰："景祐改元……是岁五月二十有七日记。"

闰六月二十八日，公所善欧阳修为镇南节度掌书记、馆阁校勘。

《续资治通鉴长编》卷一一四景祐元年闰六月条："乙酉，前西京留守推官欧阳修为镇南节度掌书记、馆阁校勘，枢密使王曙所荐也。修，安福人，询之裔孙。始，钱惟演留守西京，修及尹洙为官属，皆有时名，惟演待之甚厚。修等游饮无节，惟演去，曙继至，数加戒敕，尝厉色谓修等曰：'诸君知寇莱公晚年之祸乎？正以纵酒过度耳。'众客皆唯唯，修独起对曰：'以修闻之，寇公之祸，正以老而不知止耳。'曙默然，终不怒，更荐修及洙，置之馆阁，议者贤之。（原注：修、洙得馆职，据《会要》皆王曙所荐。或称责欧阳修乃王曾，非也。钱惟演以明道二年九月去西京，曙即继之，曙寻拜枢密使。景祐元年正月，王曾始为留守，度其至时，修已不在西京矣。今从本传。然曙既死是年九月，洙初除馆阁校勘，盖曙先荐之也。）"

《宋史》卷二八六《王曙传》略同。

七月十八日，公卒于随州，享年五十八岁。

《隆平集》卷一二《钱惟演传》："卒，年五十八，特赠侍中。"

《东都事略》卷二四《钱惟演传》："卒，年五十八，赠侍中。"

《续资治通鉴长编》卷一一五景祐元年七月条："乙巳，随州言崇信军节度使钱惟演卒。特赠侍中，命官护葬事。惟演始以父归国，故亟显，然自以才能进，文辞清丽，名与杨亿、刘筠相上下。尝曰：'翰林学士备顾问，司典诰，于天下之书，一有所不观，何以称职！'故益储文籍，侔秘府。又多藏古书帖名画。喜奖励后进，欧阳修、尹洙皆出幕下。虽官兼将相，阶、勋、品皆第一，而终不历中书，故尝谓人曰：'吾生平不足者，惟不得于黄纸尾押字耳。'"

《宋史》卷三一七《钱惟演传》："未几，卒，特赠侍中。"

《宋会要辑稿·礼四一·辍朝》："崇信军节度使钱惟演，七月……并辍一日。"

《宋会要辑稿·仪制一一·武臣追赠》："崇信军节度使钱惟演，景祐元年七月。以上赠侍中。"

《钱暧墓志》："僖公毁灶缀足，府君孺慕加礼。"

十月五日，公初谥文墨，钱暧等诉于朝，改谥思。

孔平仲《谈苑》卷二："张唐公谥钱思公作'文墨'，公诸了服经邀执政诉之，石中立指其幼者云：'此东山一寸金也。'"

《东都事略》卷二四《钱惟演传》："初谥曰文墨，改谥曰思。"

《续资治通鉴长编》卷一一五景祐元年十月辛酉条："改崇信节度使、赠侍中钱惟演谥曰思。先是，太常博士、秘阁校理、同知礼院张瑰议曰：'惟演历清华，升宥密，博学业文，此其所优也。自母后助治，逮主上躬政，而附援求益，迎合轻议，为执法所纠，左降偏郡。夫位兼将相，不为不达矣；任易中外，不为不用矣；宜引满覆之诫，而贪慕权要，崦生不足，此其所劣也。前史称沈约昧于荣利，有志台司，元积大为赂遗，经营相位，惟演之谓矣。谥法：敏而好学曰文，贪而败官曰墨。请谥文墨。'

其家诉于朝，诏判太常礼院章得象等覆议，以惟演无贪黩状，而晚节率职自新，有惶惧可怜之意，取谥法追悔前过，改谥曰思，诏可。仍诏自今定谥，须礼院集官众议之。"

《宋史》卷三一七《钱惟演传》："太常张瑰按谥法：敏而好学曰文，贪而败官曰墨，请谥文墨。其家诉于朝，诏章得象等覆议，以惟演无贪黩状，而晚节率职自新，有惶惧可怜之意，取谥法追悔前过曰思，改谥曰思。"

《宋史》卷三三〇《张瑰传》略同。

《宋会要辑稿·礼五八·群臣谥》："崇信军节度使、赠侍中钱惟演。初，博士张瑰议：'……请谥文墨。'惟演子暧等诉曰：'……乞别令详议。'诏送翰林学士、判太常寺章得象与礼官详议。得象等议：'……宜谥曰思。'诏从之。"

谱　后

按：钱惟演有子数人，然除了钱晦和钱景臻之父钱暄附传于《钱惟演传》末以外，其他数子事迹多不详，故以下专门整理钱惟演殁后子辈事迹若干，以见其家族延续情况。另外，关于钱惟演的子辈人数，《隆平集》本传载："子暖、晦、昕、昉、曦、晒、晔、曈、旽、晚、曜。"《宋史》本传载"子暧、晦、暄"。其中《隆平集》之"暖"当即"暧"。

景祐二年（1035）

十一月十五日，录用钱氏子孙。

《宋会要辑稿·崇儒七·录诸国后》："景祐二年十一月十五日，南郊赦。两浙钱氏、泉州陈氏、西川孟氏、江南李氏、湖南马氏、荆南高氏、广南刘氏、河东刘氏子孙未仕者，于所在投状，择其近亲一人，特录用之。"

景祐四年（1037）

六月，钱曜录为三班借职。

《宋会要辑稿·崇儒七·录诸国后》："钱俶：……景祐四年六月，录其从孙曜为三班借职。"

按：钱曜为钱惟演之子，钱俶之孙，非从孙也。

康定二年（1041）

八月二十八日，钱暄上其父《掖垣集》。

《宋会要辑稿·选举三二·召试杂录》：康定二年八月"二十八日，光禄寺丞钱暄上其父惟演《掖垣集》，送学士院召试。诏自今后臣僚子孙所藏家集，已经进献外，余人不得再进"。

按：此处所诏"余人不得再进"，或暗示钱暄上《掖垣集》时，此书此前已经有人进献，而且也是钱惟演的子孙，故而钱暄多此一举，目的在于获得召试的机会，宋廷又不好回绝，只能满足他的要求之后，下诏杜绝此类事件。

庆历二年（1042）

二月六日，钱暄召试学士院。

《宋会要辑稿·选举三一·召试》："庆历二年二月六日，光禄寺丞钱暄召试学士院，赋四上、诗三下，诏与亲民差遣。"

庆历五年（1045）

十二月二十五日，钱暧等诉于朝，得改谥公为"文僖"。

《东都事略》卷二四《钱惟演传》："又改曰文僖，凡三易名云。"

《续资治通鉴长编》卷一五七庆历五年十二月条："丙子，改谥崇信节度使钱惟演为文僖。惟演尝请章献、章懿二后祔真宗庙，由此左迁，既谥曰思，及二后祔庙礼毕，其子暧等诉于朝，故复改谥。"

《宋史》卷三一七《钱惟演传》："庆历间，二太后始升祔真宗庙室，子暧复诉前议，乃改谥曰文僖。"

《宋会要辑稿·礼五八·群臣谥》："惟演尝谓章献、章懿二后祔真宗庙室，由此左迁。既谥曰思，庆历三年行升祔之礼，其子暧等又诉于朝，故改谥。"

按：据司马光《涑水纪闻》卷一〇"刘沆子刘瑾诉张瑰"条，可知张瑰亦曾因草刘沆赠侍中诰词而为刘家所讼，其中"母妻之谤，出于钱晦所讼"，终致张瑰左迁。可知钱暧与钱晦颇为公之旧谥不平。又，《宋会要辑稿》系于庆历三年，误。

庆历六年（1046）

八月十二日，钱晦为契丹国母生辰副使。

《续资治通鉴长编》卷一五九庆历六年八月条："己未，刑部员外郎、知制诰王琦为契丹国母生辰使，六宅使、嘉州刺史钱晦副之。"

庆历七年（1047）

二月一日，王琪因钱晦等言而受责。

《续资治通鉴长编》卷一六〇庆历七年二月条："二月丙午朔，刑部员外郎、知制诰王琪责授信州团练副使，不签书州事。初，琪对便殿，上从容谓曰：'卿雅有心计，若三司使缺，宜无以易卿。'及使契丹，道属疾，肩舆以行。使还，其副钱晦希执政意，言琪至靴淀，敌遣医候之，云无疾，更欲以马溺，又在道多失言。御史何郯亦言琪与枢密院有亲嫌，自当辞行，既冒宠利，又托疾废事，启外蕃疑心，不可不惩。琪坐是黜降。"

《宋会要辑稿·职官六五·黜降官二》略同《长编》。

按：王琪即前文王琦。由此事可知，钱晦亦难正直。

七月十八日，钱暖卒。

《钱暖墓志》："遗恩，还祠部练祭，再入集贤封传。虑畿邑狱，占奏详敏，赐三品绶，判尚书本司，参惣刑部案覆。满岁，迁度支。而府君酬书凡十五年不改职，朝庭知其本末，特换刑部直太史，升清近，旌勤久。俄分判三司度支案，复判户部案。移开坼司，以才不以恩。稍进兵部郎中、太常少卿。时宰相以府君名臣子，恬静博约，欲处以谏大夫，备顾问。会府君从女为王室诸妇，任人非同族，事暴，语连下狱。狱吏卞刻自功掯摭，所馈鱼蟹论赃。朝庭闵其枉，不欲缘亲诎法，唯府君未减夺官，它论如律。府君既以诬罪废，咄咄书空事，寄情外厌。都下宾客，单车径西入洛，文酒适适。居一岁，出游还，浴杆中得疾，遂不起。享年五十有六，实庆历七年七月十八日也。"

十一月九日，追复公为泰宁节度使、同平章事。

《续资治通鉴长编》卷一六一庆历七年十一月条："己卯，追复故崇信节度使钱惟演为泰宁节度使、同平章事。"

庆历八年（1048）

十一月，钱晦言天子大朝会宦官不宜与士大夫共坐殿上。

《续资治通鉴长编》卷一六五庆历八年十一月条："初，西上阁门使钱晦亦言天子大朝会，令宦官齿士大夫坐殿上，必为四方所笑。然竟为奏定坐图。及御史有言，守忠自知未允，宴日，辞而不赴。（原注：《钱晦传》云：守忠移阁门，定朝列宴坐位，晦因对言，天子大朝会，令宦官齿士大夫坐殿上，必为四方所笑。守忠更欲以礼服进酒，晦又以为不可。礼官议与晦同，而言事官亦有言者。会守忠卒，其事遂寝。按何郯奏议，则阁门竟为定坐图，晦但有此言尔。'守忠自知未允，辞而不赴'，此据江休复《杂志》。又守忠卒于至和元年正月癸巳，定坐图乃庆历八年冬，守忠不赴宴，非遽死也。晦传称'会守忠卒'，误矣。必以江休复《杂志》为正。又晦传所言'以礼服进酒'，及'礼官议与晦同'，于他书无所考证，今不取。'言事官有言者'，即何郯也。江休复《杂志》云：守忠延福宫使、遂州留后。乾元节上寿，押正任观察使，阁门不敢谁何。又云：乞缀本品坐宴，阁门亦从之，自知未允，辞而不赴。按守忠如正任班，盖有诏旨，阁门固不敢谁何也。岂江氏不知当日已有诏旨，或虽有诏旨，朝议终不以为允乎？今附见。所称乾元节上寿，当是皇祐元年四月事，然则守忠虽辞宴不赴，犹以本班上寿，或即是《钱晦传》所称'以礼服进酒'也。当考。）"

《宋史》卷三一七《钱晦传》："王守忠领两使留后，移阁门定朝立燕坐位，晦因言：'天子大朝会，令宦者齿士大夫坐殿上，必为外夷所笑。'守忠更欲以礼服进酒，晦又以为不可。"

皇祐二年（1050）

三月二十二日，钱晦为回谢契丹国信副使。

《续资治通鉴长编》卷一六八皇祐二年三月条："己酉，翰林学士、刑部郎中、知制诰赵概为回谢契丹国信使，西上阁门使、贵州团练使钱晦副之。"

皇祐三年（1051）

三月二十三日，钱晦为群牧都监。

《续资治通鉴长编》卷一七〇皇祐三年三月条："甲戌，召近臣及馆阁、省府官，观瑞竹于后苑，退而多为赋颂以献者。旧制，群牧判官不与。时阁门使钱晦为群牧都监，殿中丞李复圭为群牧判官，复圭属晦求与，因召之，后遂成例，嘉祐五年乃厘正之。复圭，淑子也。（原注：复圭属晦，此据江休复《杂志》。嘉祐五年六月始复旧制，据《会要》第一百四卷。）"

四月六日，钱晦领忠州防御使。

《续资治通鉴长编》卷一七〇皇祐三年四月条："丙戌，以献穆大长公主子华州观察使李端懿为镇国留后，越州观察使李端愿为镇东留后，西京左藏库使、资州刺史李端愿领陵州团练使，内殿承制李谅为供备库副使，内殿崇班李评、李说并为内殿承制。又以其婿东上阁门使、贵州团练使钱晦领忠州防御使。"

　　按：蔡襄《端明集》卷一五有《防御使钱晦母制》，可知钱晦母亲曾在钱晦为防御使时受封，暂附于此。

皇祐五年（1053）

八月十五日，钱晒为契丹国母生辰副使。

《续资治通鉴长编》卷一七五皇祐五年八月条："辛亥，度支副使、工部郎中周沆为契丹国母生辰使，左藏库副使钱晒副之。"

九月四日，钱晦知河中府。

《续资治通鉴长编》卷一七五皇祐五年九月条："庚午，东上阁门使、忠州团练使钱晦知河中府。上问晦家所传铁券，欲见之，晦并三朝御书以进。上皆亲识其末，还之。又赐飞白'安民'字，因戒曰：'陕西兵方解，民困久矣，卿为朕爱抚，无纵酒作乐，使人谓为贵戚子弟。'晦顿首谢。"

《宋史》卷三一七《钱晦传》："勾当三班院、群牧都监，授忠州防御使，知河中府。帝因戒曰：'陕西方罢兵，民困久矣。卿为朕爱抚。毋纵酒乐，使人呼为贵戚子弟也。'晦顿首谢。改颍州防御使，为秦凤路马步军总管。复还三班院，同提举集禧观。历霸州防御使，为群牧副使，卒。"

　　按：《长编》所言赐飞白事，亦见《玉海》卷三四，从略。又，王安石《临川文集》卷五二有《卫州防御使钱晦霸州防御使制》，可知在霸州防御使之前，钱晦尚历卫州防御使。

熙宁八年（1075）

十二月九日，钱景臻尚许国大长公主。

《东都事略》卷二四《钱惟演传》："暄子景臻，尚仁宗女许国大长公主，拜左领军卫大将军、驸马都尉。"

《续资治通鉴长编》卷二七一熙宁八年十二月条："丙申，诏赠太师、尚书令、兼中书令、英国公钱惟演孙景臻尚许国大长公主，赠安化军节度使、兼侍中曹琮孙诗尚邠国大长公主，并授左领军卫大将军、驸马都尉。"

《宋史》卷三一七《钱暄传》："子景臻，尚秦、鲁国大长公主。"

《宋会要辑稿·帝系八·驸马》：熙宁八年"十二月十六日，以崇信军节度使钱惟演孙景臻为左领军卫大将军、驸马都尉，选尚许国大长公主"。

按：公受诏赠太师、尚书令、兼中书令、英国公，仅见于《长编》。

是年，公之女婿刘绛卒。

据钱景谌《宋故朝请郎守大理寺丞致仕刘君墓志铭并序》，知刘绛娶钱惟演女，卒于熙宁八年。墓志 2011 年收缴于陕西户县，原文不得其详。相关信息见王亚周《陕西省户县发现宋代钱惟演女婿墓志》。

元丰二年（1079）

二月五日，钱暄妻胡氏封永嘉郡夫人。

《宋会要辑稿·帝系八·驸马》：元丰"二年二月五日，诏：韩国大长公主姑、少府监钱暄妻、同安郡君胡氏，可特进封永嘉郡夫人"。

九月七日，宋神宗令陈祐甫代钱曜检定诸埽桩料。

《续资治通鉴长编》卷二〇〇元丰二年九月条："壬申，上批：'近差都水监勾当公事钱曜检定诸埽桩料，闻二都大司已计夫二十余万，外尚有五都大司及诸河工料，如此则来岁虽起三四十万夫，未能应副，公私财用，枉费过当，深为可惜。钱曜新作水官，不历河事，恐为沿河冒利者所罔，不能究悉底里，可差本监主簿陈祐甫代曜检定以闻。'"

元丰四年（1081）

十二月七日，钱晛（钱晙）在府州通判任上。

《续资治通鉴长编》卷三二一元丰四年十二月条："己未，河东都转运司言：'已牒王中正，候张世矩到本路，即军中械送府州系狱，差府州通判钱眲勘劾。'"

    按：眲字结构为"目"旁"冓"，《文渊阁四库全书》本《续资治通鉴长编》作"日"旁，他书未见，或为钱晒、钱晚中一人，附记于此。

元丰五年（1082）

二月二十四日，钱曜罚铜。

《续资治通鉴长编》卷三二三元丰五年二月条："丙子……诏：'前知澶州韩璹，都水监丞张次山、苏液，北外都水丞陈祐甫，判都水监张唐民，主簿李士良，都水监勾当公事钱曜、张元卿罚铜有差；大、小吴埽使臣各追一官勒停；澶州通判、幕职官，临河、濮阳县令佐并冲替；本路监司劾罪。'以去岁河决，不能救护提举也。"

元丰七年（1084）

九月二十一日，钱暄为宝文阁待制。

《东都事略》卷二四《钱惟演传》："有子暄，为宝文阁待制。"

《续资治通鉴长编》卷三四九元丰七年十月己巳条原注："九月戊午，中散大夫、知郓州钱暄除宝制。"

《宋史》卷三一七《钱暄传》："暄字载阳，以父荫累官驾部郎中、知抚州，移台州。台城恶地下，秋潦暴集，辄记溺，人多即山为居。暄为增治城堞，垒石为台，作大堤捍之。进少府监、权盐铁副使。暄钩考诸路通租，两浙转运使负课当坐，暄上言：'浙部仍岁饥，故租赋不登籍，今使者获罪，必亟敛于民，民不堪矣。'神宗即诏释之。官制行，为光禄卿，出知郓州，拜宝文阁待制，卒。"

    按：钱暄历官年月不详，今以《宋史》所载总叙于此。曾巩《元丰类稿》卷二〇有《钱暄光禄卿》制文一道，王安石《临川文集》卷五〇有《监在京都盐院钱暄比部郎中制》一道。

九月二十三日，宋神宗赐钱景臻长子名忱。

《续资治通鉴长编》卷三四八元丰七年九月条："庚申……诏韩国大长公主钱氏长子赐名忱，为庄宅副使。"

十月三日，钱景臻入对并谢。

《续资治通鉴长编》卷三四九元丰七年十月条："己巳，驸马都尉钱景臻对，因谢父知郓州暄除宝文阁待制。上曰：'暄为郡有声，朝廷自以才用。'又谢子忱赐名，上曰：'主贤，宜有子也。其勉以学。'"

《宋会要辑稿·帝系八·驸马》：元丰七年"十月三日，驸马都尉钱景臻对，因谢父暄除宝文阁待制。帝曰：'暄治郡有声，朝廷自以才用。'又谢子忱赐名。帝曰：'公主贤，宜有子也，其勉以学。'"

元丰八年（1085）

五月一日，钱暄卒。

《续资治通鉴长编》卷三五六元丰八年五月条："五月癸巳朔，中大夫、宝文阁待制钱暄卒。"

八月十二日，钱曘为都水监丞。

《续资治通鉴长编》卷三五九元丰八年八月条："癸酉，诏朝奉大夫钱曘，宣德郎、御史台主簿俞勤，并为都水监丞，自今并中书省差。"

《宋会要辑稿·职官三·中书省》："元丰八年八月十二日，诏：'朝奉大夫钱曘、宣德郎御史台主簿俞瑾并为都水监丞，自今并中书省差。'"

> 按：刘攽《彭城集》卷一九有《水部郎中王谔可知济州、都水监丞钱曘可水部郎中制》，可知钱曘在都水监丞之后为水部郎中。

元祐三年（1088）

八月二十二日，钱晙提点福建路刑狱。

《续资治通鉴长编》卷四一三元祐三年八月条："乙未，知真州、朝议大夫钱晚提点福建路刑狱。"

> 按：钱晚他书未见，而文渊阁四库全书本《续资治通鉴长编》此处作"钱晙"，则即公之子也。亦见同卷末刘安世贴黄，曰"又闻除知真州钱晚为福建路提点刑狱，亦是吕公著姻家"云云，则可知钱氏与吕公著联姻。

元祐五年（1090）

十一月十四日，钱曘为河北西路提点刑狱。

《续资治通鉴长编》卷四五〇元祐五年十一月条："甲戌，提点河北西路刑狱张商英为江南西路转运副使，提点永兴军路刑狱孙亚夫为比部郎中，比部郎中钱曜为河北西路提点刑狱。"

参考文献

著作（包括古人撰述、今人研究和学位论文）

毕沅、阮元：《山左金石志》，《石刻史料新编》本，台北：新文丰出版公司，1978。

陈舜俞：《庐山记》，《大正新修大藏经》本。

陈振孙：《直斋书录解题》，中华书局，1987。

程俱：《麟台故事》，《文渊阁四库全书》本。

池泽滋子：《吴越钱氏文人群体研究》，上海人民出版社，2006。

洪遵：《翰苑群书》，《丛书集成初编》本，中华书局，1991。

胡寅：《斐然集》，容肇祖点校，中华书局，1993。

孔平仲：《谈苑》，《文渊阁四库全书》本。

李曼主编《开封繁塔石刻》，中州古籍出版社，2017。

李焘：《续资治通鉴长编》，中华书局，1995。

李一飞：《杨亿年谱》，上海古籍出版社，2002。

李最欣：《钱氏吴越国文献和文学考论》，中国社会科学出版社，2007。

林表民编《赤城集》，《文渊阁四库全书》本。

刘克庄：《后村先生大全集》，《宋集珍本丛刊》本，线装书局，2004。

马天宝：《北宋吴越钱氏后裔——钱惟演研究》，硕士学位论文，河北大学，2011。

欧阳修：《太常因革礼》，《文渊阁四库全书》本。

钱惟演：《钱惟演集》，胡耀飞点校，浙江古籍出版社，2014。

钱俨：《吴越备史》，《五代史书汇编》本，杭州出版社，2004。

钱易：《南部新书》，黄寿成点校，中华书局，2002。

钱易：《洞微志》，《文渊阁四库全书》本。

释文莹：《湘山野录·玉壶清话》，杨立扬点校，中华书局，1984。

释义天：《圆宗文类》，《卍续藏》本。

释宗晓：《四明尊者教行录》，王坚点校，上海古籍出版社，2010。

苏颂：《苏魏公文集》，王同策等点校，中华书局，1998。

孙星衍：《寰宇访碑录》，《石刻史料新编》本，台北：新文丰出版公司，1978。

脱脱等：《宋史》，中华书局，1985。

王称：《东都事略》，《文渊阁四库全书》本。

王晓波：《寇准年谱》，巴蜀书社，1995。

王应麟：《玉海》，江苏古籍出版社、上海书店，1987。

徐帆：《宋会要辑稿》，影印本，中华书局，1957；点校本，上海古籍出版社，2014。

杨亿：《武夷新集》，《文渊阁四库全书》本。

曾巩撰，王瑞来校证《隆平集校证》，中华书局，2012。

曾枣庄、刘琳主编《全宋文》，上海辞书出版社、安徽教育出版社，2006。

曾枣庄、舒大刚：《北宋文学家年谱》，文津出版社，1996。

张咏：《张乖崖集》，张其凡点校，中华书局，2000。

张兴武：《五代艺文考》，巴蜀书社，2003；修订版题《补五代史艺文辑考》，上海古籍出版社，2016。

赵士炜：《中兴馆阁书目辑考》，《中国历代书目丛刊》本，现代出版社，1987。

郑獬：《郧溪集》，《文渊阁四库全书》本。

郑再时：《〈西昆酬唱集〉笺注》，齐鲁书社，1986。

朱玉龙：《五代十国方镇年表》，中华书局，1997。

祝穆：《方舆胜览》，施和金点校，中华书局，2003。

佚名：《新刊国朝二百家名贤文粹》，《续修四库全书》本。

论文

陈志坚、梁太济：《〈宋史·钱易传〉笺证》，《徽音永著：徐规教授纪念文集》，华东师范大学出版社，2012。

李朝军：《晁迥年谱简编》，《乐山师范学院学报》2005年第8期。

罗筱玉：《吴越钱氏皇室刺温考》，《温州职业技术学院学报》2009年第2期。

王亚周：《陕西省户县发现宋代钱惟演女婿墓志》，中华人民共和国国家文物局网站，2011年8月24日，最后访问时间：2012年10月31日。

附录

吴越国与吴越钱氏研究论著目录

凡 例

一、本目录收录百年来关于吴越国研究的所有专书（史料和专著）、学位论文、单篇论文（期刊论文和论文集论文），各类按作者姓氏拼音排序。

二、本目录刊物论文部分在吴越国本身研究之外另辟吴越佛教一类，以示相关研究之专门性。

一 专书

蔡涉：《钱镠》，浙江人民出版社，1983。

陈全新：《永明延寿圆融观研究》，宗教文化出版社，2012。

陈尚君：《〈旧五代史〉新辑会证》，复旦大学出版社，2005。

陈晓莹：《晚近的历史记忆：两宋的五代十国史研究》，中国社会科学出版社，2018。

陈信雄：《越窑在澎湖：五代十国时期大量越窑精品的发现》，台湾：文山书局，1994。

池泽滋子：《吴越钱氏文人群体研究》，上海人民出版社，2006。

杜文玉：《五代十国制度研究》，人民出版社，2006。

杜文玉：《五代十国经济史》，学苑出版社，2011。

范祥雍点校《宋高僧传》，中华书局，1987；上海古籍出版社，2014。

方积六：《五代十国军事史》，军事科学出版社，1998。

冯巧英：《永明延寿大师传》，台北：佛光文化事业有限公司，1990。

傅璇琮主编《唐五代文学编年史》，辽海出版社，1998。

傅璇琮等主编《五代史书汇编》，杭州出版社，2004。

顾立诚：《走向南方——唐宋之际自北向南的移民与其影响》，台湾大学出版委员会，2004。

郭延成：《永明延寿"一心"与中观思想的交涉》，宗教文化出版社，2012。

杭州市文物考古研究所、临安市文物馆：《五代吴越国康陵》，文物出版社，2014。

何灿浩：《唐末政治变化研究》，中国文联出版社，2001。

何勇强：《钱氏吴越国史论稿》，浙江大学出版社，2002。

胡顺萍：《永明延寿"一心"思想之内涵要义与理论建构》，台北：万卷楼，2004。

胡耀飞点校《钱惟演集》，浙江古籍出版社，2014。

黄公元：《一代巨匠，两宗祖师：永明延寿大师及其影响研究》，宗教文化出版社，2009。

黄敬家：《赞宁〈宋高僧传〉叙事研究》，台北：学生书局，2008。

黄志高：《罗隐诗风究析》，台北：学海出版社，1981。

贾晋华：《古典禅研究：中唐至五代禅宗发展新探》（修订版），上海人民出版社，2013。

金建锋：《弘道与垂范：释赞宁〈宋高僧传〉研究》，中国社会科学出版社，2014。

孔维勤：《永明延寿宗教论》，台北：新文丰出版公司，1983。

赖建成：《晚唐暨五代禅宗的发展——以与会昌法难有关的僧侣和禅门五宗为重心》（上、下），台北：花木兰文化出版社，2009。

赖建成：《吴越佛教之发展》，台北：花木兰文化出版社，2010。

黎毓馨主编《吴越胜览：唐宋之间的东南乐国》，中国书店，2011。

李定广：《唐末五代乱世文学研究》，中国社会科学出版社，2006。

李定广：《罗隐年谱》，上海古籍出版社，2012。

李定广：《罗隐集系年校笺》，人民文学出版社，2013。

李辉：《吴越国佛教史》，中国社会科学出版社，2015。

李晓杰：《中国行政区划通史·五代十国卷》，复旦大学出版社，2014。

李之亮：《罗隐诗集笺注》，岳麓书社，2001。

李最欣：《钱氏吴越国文献和文学考论》，中国社会科学出版社，2007。

李最欣主编《吴越钱氏家族文化研究》，齐鲁书社，2010。

梁天瑞：《吴越书》，台北：宏文艺苑，2000；上海辞书出版社，2012。

刘泽亮整理《永明延寿禅师全书》全三册，宗教文化出版社，2008。

柳幹康『永明延寿と「宗鏡録」の研究——一心による中国仏教の再編』、法藏館、2015。

吕武志：《唐末五代散文研究》，台北：学生书局，1989。

牧田谛亮：《五代宗教史研究》，京都：平乐寺书店，1971。

南怀瑾：《〈宗镜录〉略讲》，民族知识出版社，2000。

潘慧惠：《罗隐集校注》，浙江古籍出版社，2011。

潘庆平等：《武肃钱王传》，临安政协文史委、钱镠研究会，1994。

祁开龙：《五代十国时期南方士人群体研究》，人民日报出版社，2015。

钱济鄂：《吴越国武肃王纪事》，新加坡：木屋学社，1993。

钱文选整理《钱氏家乘》，商务印书馆，1939；上海书店出版社，1996。

冉云华：《永明延寿》，台北：东大出版公司，1999。

山崎覺士『中国五代国家論』、思文阁、2010。

孙劲松：《心史：永明延寿佛学思想研究》，商务印书馆，2013。

陶福贤编著《千古一族》，京华出版社，2004。

陶初阳编著《吴越钱王文化通典》，华文出版社，2016。

田青青：《永明延寿心学研究》，巴蜀书社，2010。

屠树勋：《钱镠传》，浙江工商大学出版社，2013。

屠树勋：《五代·吴越国史》，中国文史出版社，2018。

汪德振：《罗隐年谱》，商务印书馆，1937。

王翠玲：《永明延寿与中国佛教》，台南：妙心出版社，2007。

王凤珠：《永明禅师禅净融合思想研究》，台北：学生书局，2007。

王建华：《钱镠与西湖》，杭州出版社，2005。

王茂福：《皮陆诗传》，吉林人民出版社，2000。

王小兰：《晚唐五代江浙隐逸诗人研究》，人民文学出版社，2009。

吴树国：《唐宋之际田税制度变迁研究》，黑龙江大学出版社，2008。

武建国：《五代十国土地所有制研究》，中国社会科学出版社，2002。

杨渭生：《一剑霜寒十四州：吴越英主钱镠》，杭州出版社，2016。

杨文斌：《一心与圆教——永明延寿思想研究》，巴蜀书社，2011。

杨志飞：《赞宁〈宋高僧传〉研究》，巴蜀书社，2016。

于德隆点校《永明延寿大师文集》，九州出版社，2014。

张兴武：《五代十国文学编年》，人民文学出版社，2001。

张兴武：《五代艺文考》，巴蜀书社，2003。

张亚联主编《组武是绳——吴越钱氏后裔临安寻根录》，中国文史出版社，2015。

章红梅：《五代石刻校注》，凤凰出版社，2017。

浙江省文物考古研究所：《晚唐钱宽夫妇墓》，文物出版社，2012。

郑学檬：《五代十国史研究》，上海人民出版社，1991。

郑学檬：《中国古代经济重心南移和唐宋江南经济研究》，岳麓书社，2003。

郑以墨：《五代墓葬美术研究》（上、下），台北：花木兰文化出版社，2014。

周阿根：《五代墓志汇考》，黄山书社，2012。

周阿根：《五代墓志词汇研究》，中国社会科学出版社，2015。

周祝伟：《7—10世纪杭州的崛起与钱塘江地区结构变迁》，社会科学文献出版社，2006。

周睿：《吴越释氏考》，台北：花木兰文化出版社，2011。

朱玉龙：《五代十国方镇年表》，中华书局，1997。

诸葛计、银玉珍：《吴越史事编年》，浙江古籍出版社，1989。

邹小芃、邹身城、刘伟文：《两浙第一世家吴越钱氏》，中国文史出版社，2006。

二 学位论文（出站报告）

陈建廷：《唐代浙东变乱研究》，硕士学位论文，台湾淡江大学，2007。

陈杰：《明州与8—10世纪中日交流》，硕士学位论文，浙江大学，2007。

陈凌：《吴越钱氏政治史片论》，硕士学位论文，北京大学，2003。

陈磊：《唐后期到五代（755—978）江淮地区的商业和商人研究》，博士后出站报告，复旦大学，2004。

陈霓贞：《罗隐文章研究》，硕士学位论文，台湾东海大学，2008。

陈鹏：《唐末文学研究——以罗隐、韦庄、韩偓为中心》，硕士学位论文，武汉大学，2004。

陈星光：《皮日休散文研究》，硕士学位论文，台湾中正大学，1999。

陈秀宏：《十国科举制度考》，硕士学位论文，东北师范大学，2001。

程艳：《唐宋之际农业税收货币化对江南农村经济的影响》，硕士学位论文，陕西师范大学，2006。

崔世平：《唐宋变革视野下的五代十国墓葬》，博士学位论文，南京大学，2008。

邓惠红：《罗隐诗文研究》，硕士学位论文，四川大学，2007。

丁晓雷：《五代十国的墓葬》，硕士学位论文，北京大学，2001。

段振文：《王闽灭亡原因探究》，硕士学位论文，郑州大学，2011。

高宏涛：《罗隐诗歌研究》，硕士学位论文，河北大学，2007。

高学钦：《五代时期十国与中原王朝的政治关系研究》，硕士学位论文，福建师范大学，2004。

高新生：《十国法律制度考》，硕士学位论文，东北师范大学，2002。

葛洲子：《五代北宋时期江南地区禅宗法脉的空间流动》，博士学位论文，复旦大学，2016。

龚依冰：《五代十国时期南方十国墓葬随葬俑研究》，硕士学位论文，南京大学，2015。

顾立诚：《走向南方——唐宋之际自北向南的移民与其影响》，硕士学位论文，台湾大学，2001。

郭延成：《永明延寿"一心"与中观思想的交涉》，博士学位论文，南开大学，2009。

何文凤：《法眼宗延寿佛教心性论及其实践观研究》，硕士学位论文，上海社会科学院，2006。

何湘：《晚唐寒俊诗人罗隐略论》，硕士学位论文，湖南科技大学，2005。

赫希娜：《一塌糊涂泥塘里的光彩和锋芒——皮日休、陆龟蒙、罗隐与晚唐小品文》，硕士学位论文，内蒙古大学，2004。

洪燕妮：《一心万法，万法一心：永明延寿的心性论研究——以〈心赋注〉为例进行探讨》，硕士学位论文，厦门大学，2009。

胡滨：《五代时期南方九国"善和邻好"政策与史家评论》，硕士学位论文，上海师范大学，2010。

黄琛杰：《永明延寿思想中的禅与净》，硕士学位论文，台湾政治大学，2002。

黄剑波:《五代十国壁画研究》,博士学位论文,上海大学,2015。

黄敬家:《赞宁〈宋高僧传〉叙事研究》,博士学位论文,台湾师范大学,2006。

黄玫茵:《唐宋间长江中下游新兴官僚研究(755—960A.D.)》,博士学位论文,台湾大学,2006。

黄启江:《五代时期南方诸国之经营》,硕士学位论文,台湾大学,1976。

黄绎勋:《观心与成佛——永明延寿〈观心玄枢〉第二问的研究》,硕士学位论文,台湾法光佛教文化研究所,1994。

黄致远:《罗隐及其诗研究》,硕士学位论文,台湾中国文化大学,2004。

惠联芳:《论罗隐及其诗》,硕士学位论文,西北大学,2003。

江玮平:《唐末五代初长江流域下游的在地政治——淮、浙、江西区域的比较研究》,硕士学位论文,台湾大学,2006。

江政宽:《皮日休的生平与思想——兼论其在唐宋之际思想变迁中的角色》,硕士学位论文,台湾中正大学,1994。

金建锋:《释赞宁〈宋高僧传〉研究》,博士学位论文,上海师范大学,2009。

孔维勤:《宋永明延寿宗教论与根识境之探讨》,博士学位论文,台湾中国文化大学,1981。

赖建成:《吴越佛教之发展》,硕士学位论文,台湾中国文化大学,1986。

李昂:《五代十国时期东南沿海宗教教化空间研究——以吴越国、闽国、南汉国为例》,硕士学位论文,暨南大学,2017。

李碧妍:《唐镇海军研究》,硕士学位论文,上海大学,2008。

李辉:《钱惟演诗歌创作心态研究》,硕士学位论文,陕西师范大学,2016。

李泠波:《罗隐落第后诗歌思想研究》,硕士学位论文,内蒙古大学,2009。

李全德:《十国学校制度考》,硕士学位论文,东北师范大学,2000。

李蜀蕾:《十国墓葬初步研究》,硕士学位论文,吉林大学,2004。

李亚男:《赞宁〈大宋僧史略〉研究》,硕士学位论文,华东师范大学,2012。

李最欣:《钱氏吴越国文献文学考论》,博士学位论文,复旦大学,2005。

刘桂芳:《罗隐咏史诗时空审美研究》,硕士学位论文,台湾屏东师范学院，2004。

卢胡彬：《海壖地缘与割据王朝政权之维系》，博士学位论文，台湾师范大学，1997。

卢婧萍：《钱惟演诗歌研究》，硕士学位论文，西南交通大学，2012。

罗立刚：《五代十国文编年》，博士后出站报告，厦门大学，2007。

吕若珈：《〈宗镜录〉对唯识哲学中"识"的概念所进行之诠释与转化》，硕士学位论文，台湾师范大学，2009。

马天宝：《北宋吴越钱氏后裔——钱惟演研究》，硕士学位论文，河北大学，2011。

马再杰：《唐末五代浙江地区经济开发研究》，硕士学位论文，辽宁大学，2014。

潘玲：《罗隐思想、心态及创作研究》，硕士学位论文，北京大学，2005。

彭文峰：《唐末五代南方割据政权统治集团本土化与南人当国研究》，博士后出站报告，华东师范大学，2009。

彭艳芬：《五代时期契丹辽朝与吴越、南唐的交聘研究》，硕士学位论文，河北大学，2006。

祁开龙：《五代南方士风的变化》，硕士学位论文，福建师范大学，2009。

钱斌：《历史与非遗视域下的"钱王传说"研究》，硕士学位论文，华东师范大学，2016。

仇春霞：《罗隐的理想与诗文创作》，硕士学位论文，西南大学，2007。

阙文华：《〈宗镜录〉法相唯识之研究》，硕士学位论文，台湾中国文化大学，1965。

任荟婵：《永明延寿禅净双修的思想》，硕士学位论文，西南政法大学，2015。

施东颖：《〈宗镜录〉的法相唯识思想》，硕士学位论文，四川联合大学，1997。

施仲谋：《永明延寿思想之研究》，硕士学位论文，香港能仁书院，1984。

石光韬：《十国货币制度考论》，硕士学位论文，东北师范大学，2002。

释智学：《永明延寿研究》，博士学位论文，日本东京大学，2000。

宋靖：《十国地方行政考》，硕士学位论文，东北师范大学，2003。

宋良和：《赞宁及其〈宋高僧传〉研究》，硕士学位论文，浙江大学，2009。

孙劲松：《心史——永明延寿佛学思想研究》，博士学位论文，武汉大学,2007。

孙先文:《吴越钱氏政权研究》,硕士学位论文,安徽大学,2004。

孙兴国:《罗隐诗文研究》,硕士学位论文,山东师范大学,2010。

田启文:《晚唐讽刺小品文探析——以罗隐、皮日休、陆龟蒙三家为论》,博士学位论文,台湾师范大学,2000。

田青青:《永明延寿心学研究》,博士学位论文,厦门大学,2008。

田雁:《五代时期县级军研究》,硕士学位论文,湖北省社会科学院,2002。

王承:《五代杭州佛寺》,硕士学位论文,同济大学,2003。

王德权:《唐五代(712—960 A. D.)地方官人事递嬗之研究》,博士学位论文,台湾师范大学,1993。

王凤珠:《永明禅师禅净融合思想研究》,博士学位论文,台湾师范大学,2003。

王良永:《罗隐〈谗书〉检论》,硕士学位论文,安徽大学,2003。

王美华:《十国礼仪制度考》,硕士学位论文,东北师范大学,2000。

王思丽:《罗隐诗歌研究》,硕士学位论文,陕西师范大学,2006。

王欣:《辽墓与五代十国墓的布局、装饰、葬具的共性研究》,硕士学位论文,吉林大学,2013。

王怡心:《皮日休在晚唐文学中的地位》,硕士学位论文,台湾政治大学,1994。

王盈芬:《皮日休诗歌研究》,硕士学位论文,台湾中正大学,1992。

王征宇:《礼制与葬俗——吴越国墓葬相关问题研究》,硕士学位论文,浙江大学,2014。

魏祝挺:《吴越国佛塔经幢通考以及形制分布的初步研究》,硕士学位论文,浙江大学,2016。

温运娟:《十国宰相制度考》,硕士学位论文,东北师范大学,2000。

翁艾:《罗隐咏物诗研究》,硕士学位论文,汕头大学,2010。

伍伯常:《中唐迄五代之军事传统与北宋统一战略》,硕士学位论文,香港中文大学,1986。

吴斌:《罗隐悲剧性研究》,硕士学位论文,江西师范大学,2008。

吴器:《罗隐研究》,硕士学位论文,华东师范大学,2005。

吴淑媚:《永明禅师修行之探讨——以〈自行录〉一○八佛事为中

心》，硕士学位论文，台湾玄奘大学，2007。

吴树国：《赋役制度与十国经济》，硕士学位论文，东北师范大学，2002。

吴树国：《唐宋之际田税制度研究》，博士学位论文，东北师范大学，2007。

谢昭南：《五代时期各国关涉契丹史事研究》，硕士学位论文，中国文化大学，1971。

杨超：《五代著述研究述评》，硕士学位论文，吉林大学，2007。

杨超：《五代著述考略》，博士学位论文，华中师范大学，2013。

杨妙燕：《皮日休与陆龟蒙的散文研究》，硕士学位论文，高雄师范大学，1992。

姚礼群：《宋代吴越钱氏家族的人才研究》，硕士学位论文，杭州大学，1996。

姚垚：《皮日休、陆龟蒙唱和诗研究》，硕士学位论文，台湾大学，1979。

徐春琴：《赞宁〈笋谱〉研究》，硕士学位论文，华东师范大学，2010。

徐莹：《唐五代越窑青瓷的国内分布与传播路线研究》，硕士学位论文，浙江大学，2016。

曾祥波：《晚唐五代之交的江南诗人群及其诗风》，硕士学位论文，北京大学，2004。

张红：《晚唐诗人罗隐研究》，硕士学位论文，四川师范大学，2006。

张惠敏：《五代吴越国衣锦城初步研究》，硕士学位论文，浙江大学，2016。

张慧梅：《罗隐讽刺文学研究》，硕士学位论文，台湾东海大学，1984。

张志芳：《"一心"统万法——永明延寿佛学思想研究》，博士学位论文，南京大学，2002。

张子清：《罗隐咏史诗研究》，硕士学位论文，湘潭大学，2005。

赵旭东：《五代与十国政治、军事关系研究》，硕士学位论文，厦门大学，2008。

郑铭德：《忠孝世家：宋代吴越钱氏研究》，硕士学位论文，台湾"清华大学"，1999。

郑淑萍：《罗隐〈谗书〉研究》，硕士学位论文，台湾南华大学，2011。

郑颖：《〈十国春秋〉校读札记》，硕士学位论文，南京师范大学，2004。

周建军：《泥塘里的光辉和锋芒——试论唐末五代散文》，硕士学位论文，湘潭大学，1999。

周庆彰：《五代时期南方诸政权政区地理》，博士学位论文，复旦大学，2010。

周睿：《一塌糊涂的泥塘里的光彩和锋芒——李唐王朝最后四十七年文学中的理想主义精神研究》，硕士学位论文，西南师范大学，2004。

周义雄：《五代时期的吴越》，硕士学位论文，台湾中国文化大学，1994。

周祝伟：《7—10 世纪钱塘江下游地区开发研究》，博士学位论文，浙江大学，2003。

朱德军：《唐代中后期地方独立化问题研究》，硕士学位论文，天津师范大学，2005。

朱祖德：《唐五代两浙地区经济发展之研究》，博士学位论文，台湾中国文化大学，2004。

祝露：《唐末五代越窑对黄堡窑制瓷业影响之研究》，硕士学位论文，南开大学，2003。

邹春秀：《罗隐论稿》，硕士学位论文，安徽师范大学，2004。

三　单篇论文

阿部肇一「吳越忠懿王の佛教策に関する一考察」『駒澤史學』第 2 號、1953。

安藤智信「吳越武肅王錢鏐と仏教——神秘への傾向性と王侯への野望」『大谷学報』第 50 卷第 4 號、1971。

鲍翔麟、许懋汉：《钱鏐与溦浦》，《钱鏐研究》第 9 辑，2001。

鲍永军：《钱鏐先祖考辨》，《钱鏐研究》第 9 辑，2001。

卞初阳：《论钱鏐保境安民的基本国策》，《钱鏐研究》试刊号，1992。

卞初阳：《初论钱鏐与吴越精神》，《钱鏐研究》第 13 辑，2004。

卞孝萱：《五代时期南方诸国与契丹的关系》，《山西师范学院学报》1957 年第 3 期；分四篇收入氏著《冬青书屋笔记》，东方出版中心，1999。

蔡钢铁：《唐五代温州瓷业及外销问题探讨》，《南方文物》1997 年第 2 期。

蔡涉：《东南重望，吴越福星——武肃王钱鏐传略》，周峰主编《吴越首府杭州》，浙江人民出版社，1988。

蔡涉：《开拓吴越，富甲东南》，《钱镠研究》试刊号，1992。

蔡涉：《吴越钱氏世家初考》，《钱镠研究》第 4 辑，1994。

常耀星：《当年约略说杭州——吴越杭州地名》，周峰主编《吴越首府杭州》，浙江人民出版社，1988。

陈春林：《浅论吴越国国王钱镠的军事思想》，《钱镠研究》第 3 辑，1993。

陈鹏：《"不是金陵钱太尉，世间谁肯更容身"——论罗隐的悲剧人生和诗文创作》，《玉溪师范学院学报》2009 年第 1 期。

陈邵龙：《从史志、遗存及考古发现看吴越国对福建（福州）的统治》，黎毓馨主编《吴越胜览国际学术研讨会论文集》，中国书店，2011。

陈剩勇：《吴越国与海外诸国经济文化交流述略》，《钱镠研究》第 7 辑，1998。

陈维良：《评吴越十四州》，《钱镠研究》第 16 辑，2007。

陈小辉：《〈全宋诗〉之钱惟演、杨杰、张商英诗重出考辨》，《华北电力大学学报》（社会科学版）2017 年第 1 期。

陈信雄：《台湾、澎湖出水出土的吴越国越窑青瓷——开启两岸交通史的五千份证据》，黎毓馨主编《吴越胜览国际学术研讨会论文集》，中国书店，2011。

陈秀宏：《十国科举制度考略》，《文史》2002 年第 4 辑。

陈秀宏：《科举制度与十国士阶层》，《求是学刊》2003 年第 4 期。

陈秀宏：《十国科举制度考》，任爽主编《十国典制考》，中华书局，2004。

陈引奭：《临海市博物馆藏〈钱王铁券摹册〉初探》，《东方博物》2018 年第 2 期。

陈元甫：《五代吴越王室贵族墓葬形制等级制度探析》，《东南文化》2013 年第 4 期。

陈志坚：《唐末南方割据中北人武力的作用》，《北京大学研究生学志》1999 年第 3 期。

陈志坚、梁太济：《〈宋史·钱易传〉笺证》，《徽音永著：徐规教授纪念文集》，华东师范大学出版社，2012。

成玮：《武力的征服与文化的反征服——论北宋初年江南、吴越两地文人群及其诗史贡献》，从江南看中国文学与历史学术研讨会，上海：华东师范大学，2010 年 12 月。

痴翁、李华英:《"吴越国研究"书刊要目》,周峰主编《吴越首府杭州》,浙江人民出版社,1988;亦题《"钱镠研究"有关书刊要目》,《钱镠研究》第 2 辑,1992。

池泽滋子:《钱惟演年谱》,《宋人年谱丛刊》,四川大学出版社,2001;收入氏著《吴越钱氏文人群体研究》,上海人民出版社,2006。

池泽滋子:《略论北宋钱氏文人群体的文学成就》,《宋代文化研究》第 11 辑,线装书局,2002。

池泽滋子:《五代吴越国钱氏的文学成就》,《"中央大学"人文科学研究所纪要》第 44 期,2002。

池澤滋子「錢易試論:『西崑酬唱集』周邊の文人研究」『橄欖』第 11 號、2002。

池泽滋子:《钱惟演试论》,《宋代文化研究》第 13、14 合辑,四川大学出版社,2006。

池泽滋子:《钱惟演与〈西昆酬唱集〉》,章培恒主编《中国中世文学研究论集》,上海古籍出版社,2006。

池泽滋子:《钱易年谱》,氏著《吴越钱氏文人群体研究》,上海人民出版社,2006。

池泽滋子:《钱易论》,《钱镠研究》第 16 辑,2007。

池泽滋子:《吴越钱氏文人群体中之武肃王》,《吴越钱氏》第 2 期,2009。

池泽滋子:《钱俨年谱》(上),《吴越钱氏》第 4 期,2010。

池泽滋子:《钱俨年谱》(中),《吴越钱氏》第 5 期,2010。

池泽滋子:《钱俨年谱》(下),《吴越钱氏》第 6 期,2011。

池澤滋子「『錢氏家訓』試訳——『吳越錢氏』の現代的意義について」『中央大學論集』第 37 號、2016。

褚定济:《钱王在天台山的遗踪》,《吴越钱氏》第 5 期,2010。

戴显群:《五代时期南方割据政权内政外交政策主旨及其对统一进程的影响》,中国唐史学会第十届年会会议论文,上海师范大学,2007。

戴显群、祁开龙:《唐末五代北方士人南迁及其对南方士风的影响》,中国唐史学会第十届年会第二次会议,西南大学,2009。

戴志强:《江南行随笔三则——曹魏五铢、十国吴越铅开元钱和早期青铜货币的考察》,《中国钱币》1997 年第 3 期。

刁鸿翔：《关于钱镠铁券的流传问题》，《文物参考数据》1958 年第 12 期。

丁莉丽：《话说钱王》，《钱镠研究》第 16 辑，2007。

丁培仁：《钱镠道教〈水府告文〉新释——兼谈龙简与醮》，（香港）《弘道》第 10 期，2001；收入氏著《求实集——丁培仁道教学术研究论文集》，巴蜀书社，2006。

丁荣观：《钱镠铁券试探》，《钱镠研究》第 5 辑，1996。

丁晓雷：《五代十国时期的杨吴、南唐和吴越墓葬》，北京大学文物爱好者协会编《青年考古学家》第 11 期，1998。

丁雨：《晚唐至宋初明州城市的发展与对外陶瓷贸易刍议》，《故宫博物院院刊》2014 年第 6 期。

董楚平：《〈新建风山灵德王庙记〉注释》，氏著《防风氏的历史与神话》，浙江古籍出版社，1996。

冻国栋：《罗隐〈吴公约神道碑〉所见唐末之"杭州八都"》，原载《魏晋南北朝隋唐史资料》第 15 辑，武汉大学出版社，1997；收入《中国中古经济与社会史论稿》，武汉：湖北教育出版社，2006。

窦萍：《浅谈运河对吴越国贡茶运输的意义》，《农业考古》2010 年第 5 期。

渡边道夫「呉越建國の過程」『史観』第 56 册、1959。

渡边道夫「呉越国の支配構造」『史観』第 76 册、1967。

方爱龙：《北宋·苏轼表忠观碑》，《杭州师范大学学报》（社会科学版）2009 年第 5 期。

方杰：《古都绍兴拾零》，《中国古都研究》第 3 辑，浙江人民出版社，1987。

方犁：《"纳土归宋"刍议》，《钱镠研究》试刊号，1992。

费成康：《李煜钱俶留下的历史启迪》，《光明日报》2003 年 6 月 3 日。

费胜成：《〈新建风山灵德王庙记〉碑考析》，应征主编《镌石印痕——环太湖历史碑刻拓片精萃》，中国书店，2013。

冯先铭：《有关临安钱宽墓出土"官"、"新官"款白瓷问题》，《文物》1979 年第 12 期。

冯晓庭：《丘光庭〈兼明书〉经说的意义与价值》，《文与哲》第 19 期，2011。

傅宏明：《杭州五代吴越文物遗迹赏析》，《文物天地》2001年第3期。

甘永有：《五代吴越幕僚诗歌初探》，《现代语文》（学术综合版）2014年第7期。

高超云：《五代錾花银渣斗》，《钱江晚报》2000年5月9日；收入《钱镠研究》第九辑，2001。

高新生：《十国吏治与行政法初探》，《长春师范学院学报》2001年第4期。

高新生：《十国法律制度考》，任爽主编《十国典制考》，中华书局，2004。

高学钦：《五代时期十国与中原王朝的关系特征分析》，《重庆科技学院学报》（社会科学版）2008年第8期。

高正亮：《唐末淮南、两浙镇将地理分布补考》，《历史地理》2018年第1期。

耿元骊：《五代十国时期南方沿海五城的海上丝绸之路贸易》，《陕西师范大学学报》（哲学社会科学版）2018年第4期。

龚剑峰：《吴越国王生平葬处考辨》，《钱镠研究》试刊号，1992。

龚玉和：《从〈水浒〉看古人对吴越国与宋代之褒贬》，张虹、王益庸主编《水浒争鸣》第15辑，万卷出版公司，2014。

郭湖生：《喻皓》，《建筑师》1980年第3期。

郭武雄：《九国志纂辑探讨与清辑本补遗》，《辅仁历史学报》1989年第1期。

韩国磐：《五代时期南中国经济发展及其限度》，《厦门大学学报》1958年第1期。

杭州市文物考古研究所、临安文物馆：《五代吴越国康陵》，《文物》2014年第6期。

何灿浩：《试论五代十国时期南方诸国宗室内争的发生原因》，《浙江师范大学学报》（社会科学版）2003年第1期。

何灿浩：《五代十国南方诸国的宗室内争》，张国刚主编《中国中古史论集》，天津古籍出版社，2003。

何灿浩：《吴越国方镇体制的解体与集权政治》，《历史研究》2004年第3期。

何灿浩：《吴越国宗室述论》，《南开学报》（哲学社会科学版）2004年第5期。

何灿浩：《控御与柔服：赵宋兼并吴越国的特殊方式》，《史学月刊》2008年第9期。

何剑明：《论南唐与吴越的战争及对南唐失国的影响》，《南京政治学院学报》2002年第4期。

何秋雨：《浙江省博物馆藏五代吴越国阿育王塔》，《收藏家》2011年第3期。

何勇强：《吴越钱氏宗族发达探源》，《钱镠研究》第7辑，1998。

何勇强：《唐末两浙的武勇都与武勇都之乱》，《中国史研究》1999年第3期。

何勇强：《论吴越国的海上外交》，《杭州师范学院学报》（人文社会科学版）2001年第3期。

何勇强：《养子、内牙军与吴越国中期政局》，《杭州师范学院学报》（社会科学版）2002年第6期。

何勇强：《吴越国对外贸易机构考索》，《海交史研究》2003年第1期。

何勇强：《欧阳修与吴越国重敛虐民的一段公案》，《经济研究参考》2009年第68期。

何征：《五代吴越国钱镠与浙江越窑》，《陶瓷研究》2000年第5期；又刊2001年第1期。

何忠礼：《钱镠和他的吴越国对两浙地区的贡献》，《钱镠研究》第16辑，2007。

洪建平：《浅谈钱镠》，《钱镠研究》试刊号，1992。

洪建平：《钱镠与杭州城》，《历史博览》1994年第12期。

胡爱军：《试论吴越国的经济建设措施和成就》，《钱镠研究》第3辑，1993。

胡国枢：《吴越国京都杭州繁荣的历史启示》，《杭州师范学院学报》（社会科学版）1987年第3期；又刊《中国古都研究》第四辑，浙江人民出版社，1989。

胡鲁昌：《钱镠是杭州城的缔造者》，林正秋主编《杭州古都文化研究会论文集》，杭州古都文化研究会，2006。

胡平法：《台州传世文物之最：钱镠铁券收藏考略》，《台州学院学报》2008年第4期。

胡平法：《人间至宝——"钱氏二王手泽"流传考略》，《台州学院学报》2009年第1期。

胡耀飞：《试论湖州在吴越国国防中的地位》，《湖州师范学院学报》2009年第5期。

胡耀飞整理《五代吴越国研究论著目录》（上），钱宗保主编《吴越钱氏》第9期，上海钱镠研究会，2012。

胡耀飞整理《五代吴越国研究论著目录》（下），钱宗保主编《吴越钱氏》第10期，上海钱镠研究会，2013。

胡耀飞：《吴越国钱氏诗文留迹湖州考》，池炜主编《西吴史学》第2期，湖州师范学院历史系，2013。

胡耀飞：《唐宋之际苏州军政史研究》，陈瑞近主编《苏州文博论丛》第4辑，文物出版社，2013。

胡耀飞：《晚唐五代浙东出土墓志罐辑考》，黎小龙主编《长江文明》第16辑，重庆出版社，2014。

胡耀飞：《嘉兴历史上一篇重要文献——钱镠〈金山忠烈昭应庙祭献文〉》，《嘉兴日报》2014年9月25日，第19版"梅花洲"。

胡耀飞：《姓望与家庭：瓷墓志所见晚唐至宋初上林湖地区中下层社会研究》，王刚主编《珞珈史苑·2014年卷》，武汉大学出版社，2015。

胡耀飞：《武人的另一面：吴越武肃王钱镠诗文系年考》，《唐代江南社会暨中国唐史学会会议论文集》，江苏人民出版社，2015。

胡耀飞：《吴越钱氏忠逊王支成员及著述考》，王水照、朱刚主编《新宋学》第4辑，上海人民出版社，2015。

胡耀飞：《吴越国、两宋时期吴越钱氏家族世系综考》，包伟民主编《中国城市史研究论文集》，杭州出版社，2016。

胡耀飞：《五代的"通判"与"判"——从福州出土〈赵偓墓志〉谈起》，杜文玉主编《唐史论丛》第25辑，三秦出版社，2017。

胡耀飞：《传世与出土：吴越国、两宋时期吴越钱氏家族碑志整理》，姜锡东主编《宋史研究论丛》第23辑，科学出版社，2018。

胡月耕：《〈资治通鉴〉有关钱镠记载的评述》，《钱镠研究》第8辑，1998。

胡月耕：《〈资治通鉴〉中有关钱镠记载辑录》，《钱镠研究》第9辑，2001。

湖州市飞英塔文物保管所：《湖州飞英塔发现一批壁藏五代文物》，《文物》1994年第2期。

桓进：《与五代吴越史有关的几个问题》，《杭州师范学院学报》（社会科学版）1982年第2期。

黄天钟：《关于钱镠铁券的流传问题的补充》，《文物》1959年第4期。

黄修珠：《钱勰及其与苏、黄、米》，《南京艺术学院学报》（美术与设计）2016年第3期。

黄义军：《唐宋之际南方的白瓷生产与青白瓷的产生》，《华夏考古》2008年第1期。

黄涌泉、王士伦：《五代吴越文物——铁券与投龙简》，《文物参考数据》1956年第12期。

黄正瑞：《松山钱王陵考探》，李最欣主编《吴越钱氏家族文化研究》，齐鲁书社，2010。

纪晓华：《五代吴越后主钱俶死因辨》，《才智》2011年第32期。

江天蔚：《千年风物依旧，阅尽人间沧桑——杭州的吴越文物真迹》，周峰主编《吴越首府杭州》，浙江人民出版社，1988。

江夏：《吴越国珍宝，秘色瓷现身——记临安吴越国钱氏王室珍宝展》，《典藏·古美术》2006年第4期。

金柏东、王同军：《浙江温州五代、北宋瓷制明器》，《考古》1993年第8期。

金平：《苏轼〈表忠观碑〉历史沿革考述》，《东方博物》2007年第1期。

金文经：《七～十世纪新罗与江南文化交流》，杭州大学国学研究所编《中国江南社会与中韩文化交流》，杭州出版社，1997。

景迪云：《五代吴越国时期的书法》，《东方博物》2004年第3期。

康聪会：《钱惟演诗歌研究现状述论》，《现代语文》（学术综合版）2015年第4期。

柯毓贤：《〈转天图经〉考》，《食货月刊》第13卷第5～6期，1983。

柯毓贤：《〈转天图经〉续考：裘甫、董昌与巫觋道》，《食货月刊》

第 16 卷第 9~10 期，1987。

柯毓贤：《"明王"与"罗平王"——以〈转天图经〉为中心之考察》，《东方宗教研究》第 3 期，1993。

赖忠先：《杭州西湖保俶塔之"俶"读音考》，李最欣主编《吴越钱氏家族文化研究》，齐鲁书社，2010。

蓝春秀：《浅谈秘色瓷》，《钱镠研究》第 7 辑，1998。

蓝春秀：《吴越钱氏王族墓葬文化保护与利用探析》，《钱镠研究》第 8 辑，1998。

蓝春秀：《晚唐水邱氏墓出土白瓷》，（台北）《故宫文物月刊》第 16 卷第 11 期，1999。

蓝春秀：《浙江临安五代吴越国马王后墓天文图及其他四幅天文图》，《中国科技史料》1999 年第 1 期；又刊《钱镠研究》第 9 辑，2001。

蓝春秀：《五代吴越国王室墓葬出土——晚唐五代越窑青瓷浅议》，《艺术家》第 49 卷第 4 期，1999。

蓝颜：《钱氏家族辉煌史》，《国学》2010 年第 9 期。

黎淑仪：《吴越国越窑及其"吴越国风格"——兼论越窑青瓷上的龙纹与摩羯纹》，黎毓馨主编《吴越胜览国际学术研讨会论文集》，中国书店，2011。

黎小瑶：《欧阳修成长于钱惟演手下的思考》，《湛江师范学院学报》1994 年第 3 期。

黎毓馨：《吴越胜览：五代时期吴越国文物综述》，《收藏家》2011 年第 12 期。

李彬森、郭璐莎：《五代北宋时期的越窑青瓷——以中心—边缘关系切入》，《华夏考古》2018 年第 3 期。

李东华：《五代吴越的对外关系》，《中国海洋发展史论文集》第 5 辑，中研院中山社会科学研究所，1993。

李东华：《五代吴越国的金钱外交》，《历史月刊》1992 年第 9 期。

李东华：《从五代的东南三国看近世中国海洋活动的开展》，"第二届海洋史研习营"，中研院人社中心海洋史研究专题中心主办，金门技术学院，2007 年 8 月。

李洪华：《浅谈钱镠的治国方略及历史功绩》，《浙江档案》2004 年第 1 期。

李辉炳：《关于"官"、"新官"款白瓷产地问题的探讨》，《文物》1984年第12期。

李军：《论越窑青瓷与吴越国的发展》，黎毓馨主编《吴越胜览国际学术研讨会论文集》，中国书店，2011。

李前桥：《江苏常熟出土的六方吴越国墓志》，黎毓馨主编《吴越胜览国际学术研讨会论文集》，中国书店，2011。

李全德：《十国学校制度考》，任爽主编《十国典制考》，中华书局，2004。

李全德：《略论唐代枢密院制度在十国时期的发展》，《汉唐盛世的历史解读：汉唐盛世学术研讨会论文集》，中国人民大学出版社，2009。

李绍平：《路振与〈九国志〉》，《史学史研究》1984年第3期。

李蜀蕾：《吴越国"善事中国"之策实质考——从吴越国马氏墓出土铭文石刻谈起》，吉林大学边疆考古研究中心编《庆祝魏存成先生七十岁论文集》，科学出版社，2015。

李蜀蕾：《论吴越国钱元瓘墓、马氏墓的越礼现象》，黎毓馨主编《吴越胜览国际学术研讨会论文集》，中国书店，2011。

李献奇：《北宋钱景诜、钱文楚墓志摭谈》，《中原文物》1998年第2期。

李翔：《吴越国元氏家族演进述论》，《宁波大学学报》（人文科学版）2015年第5期。

李小霞：《宋代礼贤宅述略》，《开封大学学报》2014年第1期。

李晓杰：《吴越国政区地理考述》，《历史地理》第29辑，复旦大学出版社，2014。

李鑫：《唐宋时期明州港对外陶瓷贸易发展及贸易模式新观察——爪哇海域沉船资料的新启示》，《故宫博物院院刊》2014年第2期。

李湛栋：《北宋钱暧墓志及相关考释》，《安阳师范学院学报》2018年第4期。

李之川：《陵园长在，芳草萋萋——临安的吴越文物遗迹》，周峰主编《吴越首府杭州》，浙江人民出版社，1988；又题《临安吴越文物与遗迹》，《钱镠研究》试刊号，1992。

李志鸿：《十世纪中国南方佛教政治论述的建构与宣传》，《中国文哲研究通讯》第27卷第4期，2017。

李志庭：《"罗刹石"考》，《浙江学刊》（双月刊）1995年第1期。

李志庭：《略谈唐末五代十国时期钱镠的军事思想》，《军事历史研究》1996 年第 4 期。

李志庭：《唐末杭州城垣界址之我见》，《杭州大学学报》1996 年第 4 期。

李志庭：《也谈钱镠"保境安民"国策》，《中国史研究》1997 年第 3 期。

李志庭：《吴越国的治国方略》，《浙江史学论丛》第 1 辑，杭州出版社，2004。

李最欣：《〈吴越备史〉平质——吴越国文献资料整理研究之一》，《杭州师范学院学报》2003 年第 6 期。

李最欣：《〈中国古籍善本书目〉失误举隅：〈吴越备史〉馆藏等情况的记载舛漏之正补》，《古籍整理研究学刊》2005 年第 2 期。

李最欣：《吴仁璧沉江事件考论》，《杭州师范学院学报》（社会科学版）2005 年第 3 期。

李最欣：《〈吴越备史〉的成书、流传及版本源流考》，《古籍整理研究学刊》2005 年第 5 期。

李最欣：《〈钱俨和《吴越备史》〉一文补正》，《史学月刊》2006 年第 11 期。

李最欣：《后唐"安重诲事件"的真相和实质初探》，《赣南师范学院学报》2008 年第 2 期；又刊李最欣主编《吴越钱氏家族文化研究》，齐鲁书社，2010。

李最欣：《罗虬〈比红儿诗〉本事演变及真相新探》，李最欣主编《吴越钱氏家族文化研究》，齐鲁书社，2010。

李最欣、李亚莉：《中国首届吴越钱氏家族文化国际学术研讨会综述》，《文学遗产》2008 年第 4 期。

理明：《五代后梁擢授胡进思吴越兵部尚书诰命辨疑》，《浙江档案》2002 年第 3 期。

厉祖浩：《吴越时期"省瓷窑务"考》，《故宫博物院院刊》2013 年第 3 期。

栗原益男「鉄券授受現象からみた君臣関係について」（一、二）『史学雑誌』第 65 巻第 6、7 號、1956；收入氏著『唐宋變革期の國家と社會』、汲古書院、2014。

栗原益男「君臣間における鉄券誓約の内容について：唐朝・五代を中心として」『史学雑誌』第 71 卷第 7 號、1962；收入氏著『唐宋變革期の國家と社會』、汲古書院、2014。

栗原益男「"鉄券"補考」『岩井博士古稀記念典籍論集』、岩井博士古稀記念事業會、1963；收入氏著『唐宋變革期の國家と社會』、汲古書院、2014。

梁天瑞：《吴越史实辨正》，《吴越书》，上海辞书出版社，2012。

梁岩华：《温州发现五代子城谯门遗址》，《新民晚报》2014 年 3 月 25 日。

梁志明：《"水府告文"考释》，《东南文化》1993 年第 3 期。

林华东：《杭州三台山五代墓》，《考古》1984 年第 1 期。

林煌达：《宋初政权与南方诸降国臣的互动关系》，（台湾）《东吴历史学报》2004 年第 12 期。

林士民：《唐、吴越时期浙东与朝鲜半岛通商贸易和文化交流之研究》，《海交史研究》1993 年第 1 期。

林树建：《唐五代浙江的海外贸易》，《浙江学刊》1981 年第 4 期。

林耀椿：《苏轼〈表忠观碑〉考述》，林庆彰主编《国际汉学论丛》第 2 辑，台湾乐学书局，2005。

林亦修：《温州唐末五代移民的社会背景述略》，《温州大学学报》（社会科学版）2007 年第 3 期。

林正秋：《五代吴越国时期的杭州火灾》，《浙江消防》1994 年第 2 期。

临安市文物馆：《钱镠墓神道墓表、石像生与王陵葬制考》，《杭州文博》2011 年第 1 期。

刘闯：《与潮水的抗争——从钱镠"射潮"看五代时期杭州地区居民的生存环境》，《原生态民族文化学刊》2014 年第 4 期。

刘闯：《防御与扩张：唐末五代吴越钱氏筑城之时空解析》，《中国历史地理论丛》2017 年第 2 期。

刘闯：《唐末董昌研究三题》，《杭州电子科技大学学报》（社会科学版）2018 年第 1 期。

刘杭民：《钱镠唱吴歌》，《西湖》1979 年第 2 期。

劉恆武「五代吳越国の対日『書函外交』考」『古代文化』第 59 卷

第 4 號、2008；中译本题《五代时期吴越国与日本之间的"信函外交"》，《社会科学战线》2009 年第 1 期。

刘恒武：《唐宋明州港区变迁的考察》，包伟民主编《中国城市史研究论文集》，杭州出版社，2016。

刘健平：《湖州仪凤桥发现吴越国铅铁钱》，《安徽钱币》2009 年第 2 期。

刘静：《两浙第一世家：吴越钱氏》，《观察与思考》2008 年第 21 期。

刘凯：《唐末五代杭州天柱观与江南道教发展论考——以钱镠所撰〈天柱观记〉为中心》，《中山大学学报》（社会科学版）2014 年第 2 期。

刘伟：《五代吴越王钱氏与越窑秘色青瓷》，《中国文物世界》第 170 期，1999。

刘艳萍：《唐宋洛阳分司长官对文人群体的影响——以裴度、钱惟演、文彦博、韩绛为中心》，《河南科技大学学报》（社会科学版）2013 年第 4 期。

刘正平：《读史札记四则——关于吴越钱氏》，李最欣主编《吴越钱氏家族文化研究》，齐鲁书社，2010。

柳立言：《北宋吴越钱家婚宦论述》，《中央研究院历史语言研究所集刊》第 65 本第 4 分，1994。

楼建龙、王芳：《福州发现五代越国墓葬》，《福州日报》1997 年 9 月 11 日。

卢胡彬：《吴越国的精致文化》，（台湾）《复兴学报》1999 年第 1 期。

卢胡彬：《吴越钱氏政权》，（台湾）《复兴学报》2000 年第 1 期。

卢胡彬：《吴越国水利发展史》，台湾历史、地理与变迁学术研讨会，嘉义大学史地学系，2003。

卢仁江：《钱镠对吴越国的积极贡献》，《浙江档案》1995 年第 9 期。

卢向前：《吴越国与后百济关系略论》，《浙江学刊》2005 年第 2 期。

卢燕平：《罗邺》，陈耀东、陈思群主编《浙籍文化名人评传》，浙江大学出版社，2003。

卢燕平：《罗虬》，陈耀东、陈思群主编《浙籍文化名人评传》，浙江大学出版社，2003。

陆鉴三：《城凡三重，纵宽横仄——吴越杭州城》，周峰主编《吴越首府杭州》，浙江人民出版社，1988。

罗威：《路振〈九国志〉述评》，《长沙师范专科学校学报》2007 年第 1 期。

罗威：《〈九国志〉的版本及学术价值》，《长沙大学学报》2007 年第 4 期。

罗筱玉：《吴越钱氏皇室刺温考》，《温州职业技术学院学报》2009 年第 2 期。

罗争鸣：《吴越国钱镠、钱俶崇道简论》，李最欣主编《吴越钱氏家族文化研究》，齐鲁书社，2010。

吕洪年：《论"钱王的先祖是彭祖"说》，《钱镠研究》第 5 辑，1996；又刊李最欣主编《吴越钱氏家族文化研究》，齐鲁书社，2010。

吕洪年：《钱王时代中日间的友好交往》，《钱镠研究》第 8 辑，1998。

吕以春：《试论五代吴越的基本国策与县名更改》，《杭州大学学报》1985 年第 2 期。

吕以春：《钱镠与杭州》，《浙江学刊》1987 年第 2 期。

吕以春：《五代吴越的基本国策与都城杭州的开拓》，《中国古都研究》第 5、6 合辑，北京古籍出版社，1991。

吕以春：《五代吴越国的县名更改》，《钱镠研究》试刊号，1992。

马天宝：《北宋降臣研究——以吴越钱氏后裔钱惟演为例》，《吉林画报·新视界》2010 年第 7 期。

梅玫：《〈十国春秋〉标点纠谬一则》，《中国史研究》2003 年第 3 期。

孟二冬：《南唐登科考——附考：吴、蜀、南汉、吴越、北汉、契丹》，《国学研究》第十九卷，北京大学出版社，2007。

孟国栋：《异质之美：上林湖新出瓷墓志生成的地域因缘及其文化内涵》，《浙江社会科学》2018 年第 12 期。

苗梦颖：《新旧〈五代史〉关于吴越钱氏家族记载的异同》，《长江师范学院学报》2018 年第 3 期。

缪启愉：《吴越钱氏在太湖地区的圩田制度和水利系统》，《农史研究集刊》第 2 册，科学出版社，1960。

明堂山考古队：《临安县唐水邱氏墓发掘报告》，浙江省文物考古所编著《浙江省文物考古所学刊》，文物出版社，1981。

倪连德：《一代明主，功及后世——水利建设和农业》，周峰主编《吴越首府杭州》，浙江人民出版社，1988。

倪连德：《辏闽粤舟橹，通商旅宝货——商业和对外交往》，周峰主编《吴越首府杭州》，浙江人民出版社，1988。

倪士毅：《治杭八六载，有国七二年——吴越国始末》，周峰主编《吴越首府杭州》，浙江人民出版社，1988。

倪士毅、方如金：《论钱镠》，《杭州大学学报》1981年第3期。

倪亚清、张惠敏：《浙江临安余村五代墓发掘报告》，《东南文化》2016年第4期。

钮因莉、张珏：《杭州钱王祠变迁述略》，《浙江工贸职业技术学院学报》2004年第1期。

钮智芳：《吴越国在杭嘉湖》，氏著《杭嘉湖风物》，黄山书社，2007。

欧佳：《白玉琢成九苞禽——五代吴越国康陵出土圆雕飞禽辨析》，《东方博物》2017年第4期。

欧炀：《浙江临安开展钱镠研究》，《东南文化》1992年第6期。

欧炀：《英雄与富翁——吴越国王钱镠的心态分析》，《东南文化》1993年第2期；又刊《钱镠研究》第三辑，1993。

潘慧惠：《"抗争和激愤之谈"——关于罗隐的〈谗书〉》，《杭州师范学院学报》1981年第2期。

潘慧惠：《文采灿然，江东独步——罗隐略传》，周峰主编《吴越首府杭州》，浙江人民出版社，1988。

潘慧惠：《论罗隐及其诗文》，《文史哲》1995年第1期。

潘慧惠：《罗隐》，陈耀东、陈思群主编《浙籍文化名人评传》，浙江大学出版社，2003。

潘庆平：《浅析五代史上的两个临安人》，《钱镠研究》第7辑，1998。

裴元博：《从近年出土文物看契丹与吴越国的交往》，黎毓馨主编《吴越胜览国际学术研讨会论文集》，中国书店，2011。

彭剑青：《罗隐进钱府考》，《青海民族学院学报》（社会科学版）1988年第2期。

彭燕：《浅析吴越国时期绍兴雕版印刷文化》，《图书馆工作与研究》2014年第2期。

齐凤楠：《钱镠故事的文本演变与割据称雄主题》，《天中学刊》2015年第6期。

祁开龙：《论唐末五代南方士人群体的奢侈之风》，《龙岩学院学报》

2014 年第 3 期。

钱大莘：《对〈对《钱氏铁券》铭文考证〉的考证——与钱平甫先生商榷》，《钱镠研究》第 9 辑，2001。

钱大莘：《赐钱镠铁券铭文考》，《钱镠研究》第 13 辑，2004；又题《唐昭宗赐钱镠铁券铭文考》，刊李最欣主编《吴越钱氏家族文化研究》，齐鲁书社，2010。

钱大莘：《试论吴越文化》，《钱镠研究》第 14 辑，2004。

钱大莘：《关于唐昭宗赐钱镠铁券铭文之我见》，《吴越钱氏》第 4 期，2010。

钱定平：《文化是一种传统的信仰：以吴越钱氏为例谈文化传统的承续》，《吴越钱氏》第 2 期，2009。

钱东方：《永康武肃王生祠》，《吴越钱氏》第 8 期，2012。

钱汉东：《武肃王与他的吴越国》，《吴越钱氏》第 7 期，2012；又刊《吴越书》，上海辞书出版社，2012。

钱汉东：《武肃王铁券金书考略》，《东方收藏》2018 年第 12 期。

钱杭：《钱镠以下世系的几个问题》，刘昶主编《水乡江南：历史与文化论集》，上海古籍出版社，2014。

钱杭园：《吴越文化与钱镠》，《钱镠研究》第 13 辑，2004。

钱吉虎：《钱王在枫桥的遗踪：读〈枫桥史志〉札记》，《吴越钱氏》第 6 期，2011。

钱吉虎、钱璟：《〈资治通鉴〉话钱镠》，《吴越钱氏》第 8 期，2012。

钱济鄂：《吴越疆域说》，氏著《吴越国武肃王纪事》卷上，新加坡木屋学社，1993。

钱济鄂：《吴越所统军名说》，氏著《吴越国武肃王纪事》卷上，新加坡木屋学社，1993。

钱济鄂：《通州为吴越管辖说》，氏著《吴越国武肃王纪事》卷上，新加坡木屋学社，1993。

钱济鄂：《武肃王庙碑暨神道碑考》，氏著《吴越国武肃王纪事》卷上，新加坡木屋学社，1993。

钱济鄂：《罗李杨皮四家传记》，氏著《吴越国武肃王纪事》卷上，新加坡木屋学社，1993。

钱济鄂：《谁著〈吴越备史〉》，氏著《吴越国武肃王纪事》卷中，新加坡木屋学社，1993。

钱济鄂：《武胜军掌书记范垧为范仲淹生父考》，氏著《吴越国武肃王纪事》卷中，新加坡木屋学社，1993。

钱济鄂：《吴越国武肃王史谬订正》，氏著《吴越国武肃王纪事》卷中，新加坡木屋学社，1993。

钱济鄂：《武肃王所营殿堂考》，氏著《吴越国武肃王纪事》卷中，新加坡木屋学社，1993。

钱济鄂：《吴越后宫闱仪多贤淑》，氏著《吴越国武肃王纪事》卷中，新加坡木屋学社，1993。

钱济鄂：《吴越国海外邦交》，氏著《吴越国武肃王纪事》卷中，新加坡木屋学社，1993。

钱济鄂：《吴越国人才济济》，氏著《吴越国武肃王纪事》卷中，新加坡木屋学社，1993。

钱济鄂：《为一统后王捐让献土》，氏著《吴越国武肃王纪事》卷下，新加坡木屋学社，1993。

钱济鄂：《宋以辽俗乱华对吴越多荒忽不轨》，《钱镠研究》第13辑，2004。

钱济鄂：《二史贬损吴越纠谬》，《吴越书》，上海辞书出版社，2012。

钱江潮：《武肃王钱镠传略》，《钱镠研究》第4辑，1994。

钱茂康：《吴地幸逢钱节度，人间无事看花嬉——从武肃遗训看吴越钱氏的历史贡献》，李最欣主编《吴越钱氏家族文化研究》，齐鲁书社，2010。

钱茂竹：《钱镠与越州》，《钱镠研究》第15辑，2005。

钱明锵：《浅说"吴越钱氏"》，《杭州通讯》（下半月）2008年第3期。

钱明锵：《吴越钱氏的历史贡献及其现实意义》，李最欣主编《吴越钱氏家族文化研究》，齐鲁书社，2010。

钱鹏：《钱易：北宋大才子与溧阳的千年情缘》，《吴越钱氏》第6期，2011。

钱平甫：《对〈钱氏铁券〉铭文的考证》，《钱镠研究》试刊号，1992。

钱汝平：《新见吴越国宗室钱义光墓志考释》，《台州学院学报》2018年第4期，第84~88页。

钱四青：《吴越钱王更改浙江地名之内因》，《钱镠研究》第 11 辑，2003。

钱听涛：《关于钱镠先世、茔墓等的一些资料及其他》，《钱镠研究》第 3 辑，1993。

钱听涛：《钱镠铁券千年播迁记》，《炎黄春秋》2002 年第 12 期；又刊《钱镠研究》第 13 辑，2004。

钱万胜、钱明海：《重修宋谥宣惠王钱惟济墓》，《吴越钱氏》第 6 期，2011；又刊《吴越钱氏》第 8 期，2012。

钱伟疆：《武肃王〈钱氏大宗谱〉源流考》，《钱镠研究》第 12 辑，2003。

钱未波：《对吴越国王钱俶之死的商榷》，《钱镠研究》第 16 辑，2007。

钱文辉：《钱武肃王像：常熟博物馆藏吴越文化珍品》，《吴越钱氏》第 6 期，2011。

钱文选：《吴越纪事诗》，《文澜学报》第 3 卷第 2 期，1937。

钱文梓：《吴越国在上海的古迹》，《吴越钱氏》第 3 期，2009。

钱玉成：《苏州虎丘塔是五代吴越国树立的千年丰碑》，《吴越钱氏》第 1 期，2009。

钱玉成、马晓茵：《苏州虎丘云岩寺塔发现的古代钱币》，《吴越钱氏》第 3 期，2009。

钱聿肇：《略论钱俶与李煜——兼浅析钱俶纳土归宋的原因》，《钱镠研究》第 15 辑，2005。

钱昭进：《钱王武康足迹与钱氏文化》，《钱镠研究》第 14 辑，2004。

钱镇国：《评钱镠"计走黄巢"》，《钱镠研究》第 4 辑，1994。

钱镇国：《唐昭宗皇帝钦赐钱镠金书铁券铭文现状考辨》，《钱镠研究》第 13 辑，2004；又署名"钱镇国、钱明"，刊李最欣主编《吴越钱氏家族文化研究》，齐鲁书社，2010。

钱镇国：《苏轼〈表忠观碑〉考》，《钱镠研究》第 15 辑，2005；又刊李最欣主编《吴越钱氏家族文化研究》，齐鲁书社，2010。

钱镇国：《吴越钱氏家族》，李最欣主编《吴越钱氏家族文化研究》，齐鲁书社，2010。

钱征：《〈百家姓〉著者考》，《钱镠研究》第 18 辑，2010。

钱征：《鲁迅笔下的吴越钱王》，《钱镠研究》第 19 辑，2011。

钱志仁：《吴越文化与钱镠》，《钱镠研究》第 18 辑，2010。

钱志仁：《钱武肃王：吴越繁荣的奠基人》，《吴越钱氏》第 6 期，2011。

钱志熙：《吴越王钱镠先世考略——并论先世对其霸业的影响关系》，《中国典籍与文化》2005年第3期；收入氏编《乐清钱氏文献丛编》，线装书局，2010；又刊钱宗保主编《吴越钱氏》第15期，上海钱镠研究会，2015。

钱治安：《钱景臻夫妇墓实地调研报告》，《吴越钱氏》第6期，2011。

钱治安：《苏轼"表忠观碑"校勘》，《吴越钱氏》第12期，2014。

钱宗保：《钱氏家谱目录》，《钱镠研究》第16辑，2003。

钱宗保：《太祖武肃王年谱》，《吴越钱氏》第2期，2009。

钱宗保、钱吉虎：《天台王陵考察记》，《吴越钱氏》第7期，2012。

乔治忠：《清初史家吴任臣及其〈十国春秋〉》，《南开大学历史系建系七十五周年纪念文集》，南开大学出版社，1998。

戎默：《钱惟演做过宰相吗？——诗词读本作者小传的撰写》，《上海书评》2019年4月9日。

闫华芳：《论吴越、宋对日贸易》，《宋史研究论丛》第21辑，科学出版社，2017。

三笠景子「唐宋時代の越窯と金銀器——線刻装飾を施した呉越国"秘色窯"の青磁」久保智康主編『东アジアをめぐる金属工芸——中世・国际交流の新视点』、勉誠出版、2010。

沙孟海：《吴越钱氏投水府银简》，氏著《沙孟海论书文集》，上海书画出版社，1997。

山根直生「書評：山崎覺士著『中国五代国家論』」『古代文化』第63卷第1號、2011。

山崎覺士「呉越国王と『真王』概念」『歴史学研究』第752號、2001；中译题《吴越国王与"真王"含义——五代十国的中华秩序》，收入《宋代社会的空间与交流》，河南大学出版社，2008。

山崎覺士「未完の海上国家：呉越国の試み」『古代文化』第54卷第2號、2001。

山崎覺士「港湾都市，杭州——9・10世紀中国沿海の都市変貌と東アジア海域」『都市文化研究』第2號、2003。

山崎覺士「呉越国の首都杭州——双面の都市変貌」編集部編『アジア遊学』第70號、『波騒ぐ東アジア』、勉誠出版、2004。

山崎覺士「9・10世紀における中国港湾都市と河口域の変貌：呉越

国杭州域の開発」『比較都市史研究』第 24 卷第 2 號、2005。

山崎覺士「唐末杭州における都市勢力の形成と地域編成」『都市文化研究』第 7 號、2006。

山崎覺士「吳越国対外政策の幾つかの問題」；中译题《吴越国对外政策的若干问题》，同时收入黎毓馨主编《吴越胜览国际学术研讨会论文集》，中国书店，2011。

邵群：《吴越钱氏郊坛初论》，《杭州文博》2005 年第 1 期；又收入黎毓馨主编《吴越胜览国际学术研讨会论文集》，中国书店，2011。

邵群：《吴越钱氏郊坛遗址研究》，《遗产与保护研究》2017 年第 3 期。

沈杰、张蕾：《五代及以前西湖空间格局的演变及其意义》，《建筑学报》2017 年增刊。

石超：《吴越国金银器的初步研究》，黎毓馨主编《吴越胜览国际学术研讨会论文集》，中国书店，2011。

石光韬：《十国货币制度考》，任爽主编《十国典制考》，中华书局，2004。

史岩：《杭州南山区雕刻史迹初步调查》，《文物参考资料》1956 年第 1 期。

水野梅曉「錢武肅王畫像に就いて」『日華佛教研究會年報』第 1 年、1936。

宋靖：《十国地方行政考》，任爽主编《十国典制考》，中华书局，2004。

宋宪章：《匪私于钱，所以劝忠——钱王祠》，周峰主编《吴越首府杭州》，浙江人民出版社，1988。

苏勇强：《五代时期吴越国印刷文化传统》，《深圳大学学报》（人文社会科学版）2008 年第 5 期。

苏勇强：《五代南方造纸业与北宋"开宝藏"雕印》，《深圳大学学报》（人文社会科学版）2010 年第 2 期。

苏州市文管会、吴县文管会：《苏州七子山五代墓发掘简报》，《文物》1981 年第 2 期。

孙健：《浅论吴越国的治国策略》，《华章》2012 年第 21 期。

孙美娟：《加强吴越国历史资料梳理辨证》，《中国社会科学报》2019 年 1 月 16 日。

孙诒让：《唐静海军考》，《国粹学报》第 5 卷第 9 号，1909；收入氏著《籀庼述林》，中华书局，2010。

孙亦平：《杜光庭与天台山道教》，《浙江社会科学》2003年第6期。

谭其骧：《杭州都市发展之经过》，原载杭州《东南日报》副刊《云涛》1948年第26期；收入《长水集》（上），人民出版社，1987。

汤蓉岚：《论钱氏吴越国的立国基础和内外关系》，《台州师专学报》1996年第5期。

唐剑平：《临安"十锦"考》，《钱镠研究》第6辑，1997。

唐剑平：《试论钱镠对杭州的历史功绩》，《钱镠研究》第8辑，1998。

唐俊杰、郎旭峰：《杭州发现国内最早海塘遗址——五代吴越捍海塘》，《中国文物报》2015年2月13日。

陶福贤：《钱镠与吴越国》，《今日浙江》2000年第23期。

陶福贤：《吴越思源话钱王》，《统一论坛》2002年第3期。

陶福贤：《"上有天堂，下有苏杭"的奠基人》，《百姓》2003年第12期。

陶福贤：《钱镠，"长三角"繁荣的奠基人》，李最欣主编《吴越钱氏家族文化研究》，齐鲁书社，2010。

田玉英：《十国翰林学士的政治文化职能探析》，《忻州师范学院学报》2008年第1期。

田中整治「吴越と闽との関係——闽国の内乱を中心として」『東洋史研究』第28卷第1號、1969。

田中整治「南唐と吴越との関係」『史流』第16號、1975。

屠承先：《吴越国文化与日本》，《日本学刊》1996年第3期。

屠树勋：《钱镠的基本国策与中国经济文化重心之南移》，《钱镠研究》第7辑，1998。

汪济英：《记吴越国的另一官窑——浙江上虞县窑寺前窑址》，《文物》1963年第1期。

王伯敏：《西湖飞来峰的石窟艺术》，《文物参考数据》1956年第1期。

王伯敏：《画家画事，琐闻琐录》，周峰主编《吴越首府杭州》，浙江人民出版社，1988。

王凤翔：《"十国"之说的由来》，《史学月刊》2008年第11期。

王国林：《钱镠独霸浙江的努力》，《钱镠研究》第5辑，1996；又刊

《浙江史学论丛》第一辑，杭州出版社，2004。

王国林：《浅析钱镠孝道的重心》，《钱镠研究》第7辑，1998。

王海明：《五代钱氏捍海塘发掘简报》，《文物》1985年第4期。

王建革：《唐末江南农田景观的形成》，《史林》2010年第4期。

王建华：《浅析关于五代吴越国王钱镠的异象传说》，《钱镠研究》第7辑，1998。

王剑：《"钱俶"的名字该怎么读》，《中国典籍与文化》2007年第2期。

王力平：《从关中郡姓到吴越望宗——唐宋之际杜氏家族的南迁》，氏著《中古杜氏家族的变迁》，商务印书馆，2006；又题《从关中旧族到吴越新望——唐宋之际杜氏家族的南迁》，刊乔凤岐、冯金忠主编《魏晋隋唐史研究——欣贺宁志新教授七十华诞论文集》，中国社会科学出版社，2016。

王连旺：《钱端英与〈表忠观碑〉》，浙学新视野暨"东南三贤"国际学术研讨会，金华：浙江师范大学，2019年6月1~2日。

王美华：《礼乐制度与十国政治》，《东北师大学报》（哲学社会科学版）2001年第5期。

王美华：《礼乐制度与十国时期的南方文化》，《史学集刊》2002年第3期。

王美华：《十国礼仪制度考》，任爽主编《十国典制考》，中华书局，2004。

王美华：《礼制演变与十国时期的南方社会：以个体家庭意识为研究中心》，《辽宁大学学报》2006年第1期。

王美华：《礼制与十国时期南方的社会、政治和文化》，卢向前主编《唐宋变革论》，黄山书社，2006。

王明前：《五代时期十国割据政权财政体系与货币政策初探》，《浙江工贸职业技术学院学报》2012年第1期。

王明前：《五代时期中南华南四国及北汉的政治体制与重商经济》，《湖北大学成人教育学院学报》2012年第3期。

王明前：《五代时期江南三国的政治体制与财政经济》，《盐城工学院学报》（社会科学版）2012年第3期。

王铭：《〈唐昭宗赐钱镠铁券〉研究》，《浙江档案》2002年第5期；又刊《成都师专学报》2003年第3期。

王牧：《五代吴越国的线刻铜镜及相关问题》，黎毓馨主编《吴越胜览国际学术研讨会论文集》，中国书店，2011。

王牧：《五代吴越国的铜镜类型及纹饰特点（上）——兼议五代时期的铜镜及相关问题》，《收藏家》2018年第6期。

王牧：《五代吴越国的铜镜类型及纹饰特点（下）——兼议五代时期的铜镜及相关问题》，《收藏家》2018年第7期。

王庆：《读志随笔·钱王置千秋》，《余杭史志》2012年第2期。

王士伦：《崇德县崇福寺拆卸东西两塔塔顶部分时发现文物四十七件》，《文物参考数据》1956年第1期。

王士伦：《五代吴越的两件文书》，《文物》1960年第1期。

王士伦：《喻皓建梵天寺塔一事质疑》，《浙江学刊》1981年第2期。

王士伦：《超柴、汝、定，启哥、弟、官——吴越秘色瓷》，周峰主编《吴越首府杭州》，浙江人民出版社，1988。

王士伦：《雕版印刷，称誉当时》，周峰主编《吴越首府杭州》，浙江人民出版社，1988。

王士伦：《钱镠铁券》，周峰主编《吴越首府杭州》，浙江人民出版社，1988。

王士伦：《吴越浮屠，匠心独具——兼谈喻皓》，周峰主编《吴越首府杭州》，浙江人民出版社，1988。

王士伦：《继承前人，技艺精湛——石窟造像艺术》，周峰主编《吴越首府杭州》，浙江人民出版社，1988。

王同军：《浙江乐清县发现五代土坑墓》，《考古》1992年第8期。

王心喜：《钱氏吴越国与日本的交往及其在中日文化交流史上的地位》，《杭州师范学院学报》（社会科学版）2003年第2期；又见《中国文化研究》2003年第3期。

王心喜：《论五代吴越国与日本的交往》，《海交史研究》2004年第1期。

王心喜：《五代吴越国时期宁波与日本海外贸易年次及特点探讨》，《宁波与"海上丝绸之路"国际学术研讨会论文集》，宁波市文化广电新闻出版局，2005。

王心喜：《五代吴越国与日本交往通论》，《登州与海上丝绸之路——登州与海上丝绸之路国际学术研讨会论文集》，人民出版社，2009。

王心喜、毛姝菁：《钱氏吴越国与日本交往通论》，李最欣主编《吴越钱氏家族文化研究》，齐鲁书社，2010。

王雪玲：《铁券制度考略》，党怀兴、赵望秦、张新科主编《中国古典文献论丛》，中国社会科学出版社，2004。

王煜：《陈子龙谈钱镠及钱谦益》，《吴越钱氏》第3期，2009。

王中河、卢惠来：《浙江黄岩县灵石寺塔——吴越国的戏剧砖刻》，浙江省艺术研究所编《艺术研究论丛》，同济大学出版社，1989。

巫海燕：《钱镠的人水和谐观初探》，《科教文汇》（下旬刊）2009年第9期。

吴国武：《钱惟演与宋初诗歌的嬗变》，《中国典籍与文化》2009年第3期。

吴建华：《吴越国王钱俶墓志考释》，《中原文物》1998年第2期。

吴礼权：《触景生情的语言机趣——陶谷与钱俶的外交语言文本解构》，《古今艺文》第22卷第3期，1995；又刊《国文天地》第12卷第6期，1996。

吴树国：《论钱米并征与十国田税的变迁》，《长春师范学院学报》2002年第3期。

吴树国：《十国赋役制度考》，任爽主编《十国典制考》，中华书局，2004。

吴树国：《十国商税考论》，《长春师范学院学报》（人文社会科学版）2005年第3期。

吴树国：《赋役制度与十国财政》，《黑龙江社会科学》2005年第3期。

吴松弟：《唐后期五代江南地区的北方移民》，《中国历史地理论丛》1996年第3期。

吴铁城、李希圣：《论吴越国王对两浙地区开发和建设的历史贡献》，《地域研究与开发》1995年第2期。

武丹：《重苛乎？慈爱乎？——钱镠治国小考》，《经济研究参考》2014年第40期。

西冈虎之助「日本と吴越との交通」『歴史地理』第42卷第1号、1923；收入『西冈虎之助著作集』第三卷、三一書房、1984。

夏定域：《吴越钱氏之文化》，《文澜学报》第一集，浙江省立图书馆，1935。

夏鼐：《〈梦溪笔谈〉中的喻皓〈木经〉》，《考古》1982年第1期。

献璋：《吴汉月墓石刻》，《杭州通讯》（下半月）2009年第1期。

谢芳、陈华文：《论两宋时期钱镠传说的流变》，《民俗研究》2016年第2期。

徐冲：《烽火遍天下，平安独此邦——吴越国西府杭州的行政区划（附东府越州）》，周峰主编《吴越首府杭州》，浙江人民出版社，1988。

徐冲：《吴越国人物录》，周峰主编《吴越首府杭州》，浙江人民出版社，1988。

徐规、林正秋：《五代十国时期的杭州》，《杭州师范学院学报》1979年第1期。

徐立新：《丘光庭年代、著作考》，《台州师专学报》2002年第1期。

徐玲：《吴越国钱氏王族文物的初步研究——以临安市文物馆藏品为中心》，《杭州文博》2017年第1期。

徐晓光：《"钱俶赂赵普"年代考》，罗家祥主编《华中国学》第二卷，华中科技大学出版社，2014。

徐映璞：《〈新五代史·吴越世家〉补正》，氏著《两浙史事丛稿》，浙江古籍出版社，1988。

徐治中、倪德富：《五代吴越国大事记（公元874年—公元988年）》，周峰主编《吴越首府杭州》，浙江人民出版社，1988；又刊《钱镠研究》试刊号，1992。

许懋汉、陶福贤：《读张元济〈劝归顺书〉识钱王》，《钱镠研究》第19辑，2011。

许扬本：《论钱镠》，《钱镠研究》试刊号，1992。

许扬本：《再谈钱镠》，《钱镠研究》第4辑，1994。

薛正昌：《钱氏家族与吴越佛教文化》，《浙江社会科学》2013年第3期。

扬之水：《雷峰塔地宫出土"光流素月"镜线刻画考》，《东方博物》2006年第4期。

杨鸿勋：《杭州雷峰塔复原研究》，《中国历史文物》2002年第5期。

杨建华：《论五代吴越时期的浙江文化》，《浙江学刊》1990年第6期。

杨俊峰：《五代南方王国的封神运动》，《汉学研究》第 28 卷第 2 期，2010。

杨渭生：《一剑霜寒十四州的江南雄藩钱镠》，《文史知识》1996 年第 10 期；又刊《钱镠研究》第 8 辑，1998。

杨渭生：《略论东南雄藩钱镠》，《浙江万里学院学报》2003 年第 3 期。

杨渭生：《吴越国时期的杭城建设》，《杭州通讯》（下半月）2009 年第 8 期。

杨一平：《关于史籍中对钱镠不同记载的几点看法》，《钱镠研究》第 4 辑，1994。

杨一平：《"上有天堂，下有苏杭"的由来和发展》，《钱镠研究》第 13 辑，2004。

杨一平：《钱镠对保护杭州和浚深西湖的两项重要历史贡献》，《钱镠研究》第 13 辑，2004。

杨一平：《"八百里"钱镠计退黄巢兵》，《钱镠研究》第 15 辑，2005。

姚礼群：《宋代钱氏家族人才简述》，《钱镠研究》第 6 辑，1997。

姚礼群、张伟：《宋代钱氏家族人才状况初探》，《宁波大学学报》（人文科学版）1998 年第 1 期。

姚毓璆、郑祺生：《留住西湖水，亭榭缀群山——西湖和园林》，周峰主编《吴越首府杭州》，浙江人民出版社，1988。

伊東徹夫「錢寬墓出土の『官』字銘白磁について」『美學』第 42 卷第 2 號、1991。

伊世同：《最古的石刻星图——杭州吴越墓石刻星图评介》，《考古》1975 年第 3 期。

伊世同：《临安晚唐钱寛墓天文图简析》，《文物》1979 年第 12 期。

伊藤宏明「吳越杭州城考」『鹿兒島大學法文學部紀要・人文學科論集』第 42 號、1995。

伊藤宏明「山崎覺士著『中國五代國家論』」『唐代史研究』第 15 號、2012。

伊藤茂樹「南都浄土教と永明延寿」『印度學佛教學研究』第 66 卷第 2 號、2018。

夷风：《雷峰塔地宫出土古钱分析》，《安徽钱币》2009 年第 4 期。

桜井ハル子「五代十国の呉越について」『寧樂史苑』第 15 號、1967。

于天池：《题〈锡山钱武肃王祠志〉》，《北京师范大学学报》（人文社会科学版）2000 年第 3 期。

余嘉锡：《罗虬〈比红儿〉诗》，氏著《余嘉锡论学杂著》，中华书局，2007。

俞剑华、罗尗子、于希宁：《杭州五代宋元石刻造像复勘后的一点意见》，《文物参考数据》1956 年第 12 期。

俞清源：《吴越王钱镠幸径山》，《余杭史志》2008 年第 1 期。

虞浩旭：《唐五代宋初上林湖瓷业发达原因探析》，《景德镇陶瓷》1994 年第 4 期。

虞浩旭：《五代吴越国钱氏家族与越窑的发展》，《陶瓷研究》1997 年第 2 期；又刊《钱镠研究》第六辑，1997。

虞浩旭：《论唐宋时期往来中日间的"明州商帮"》，《浙江学刊》1998 年第 1 期。

喻松青：《〈转天图经〉新探》，《历史研究》1988 年第 2 期。

袁林、和广汉：《杭州雷峰塔出土钱币——日本"饶益神宝"在中国首次出土》，《西安金融》2002 年第 8 期。

袁琳：《从吴越国治到北宋州治的布局变迁及制度初探》，王贵祥主编《中国建筑史论汇刊》第六辑，建筑工业出版社，2012。

袁宣萍：《善诱黎元，八蚕桑柘——杭州丝绸》，周峰主编《吴越首府杭州》，浙江人民出版社，1988。

袁宣萍：《从雷峰塔地宫出土丝织品看吴越国的丝绸业》，黎毓馨主编《吴越胜览国际学术研讨会论文集》，中国书店，2011。

岳东：《唐后期与五代时南方城市的改造论略》，《天水师范学院学报》2012 年第 3 期。

岳毅平：《〈九国志〉丛考》，《文献》1999 年第 2 期。

臧嵘：《关于五代十国时期北方和南方经济发展估计的几点看法》，《史学月刊》1981 年第 2 期。

曾馥榆、应海芬、蔡玉婷、鲍沁星：《吴越国与南宋御花园"排衙石"用典源流与造园影响考析》，中国风景园林学会编《中国风景园林学会 2014 年会论文集》，中国建筑工业出版社，2014。

曾国富：《五代吴越国治国方针浅析》，《文史博览》2006 年第 24 期。

曾国富：《五代吴越国王钱镠略论》，《广西社会科学》2007 年第 1 期。

曾国富：《吴越国统治者的重民思想及利民施政》，《唐都学刊》2007 年第 2 期。

曾国富：《钱镠与传统宗教》，《船山学刊》2007 年第 4 期。

曾国富：《儒学对五代吴越国历史的影响》，《孔子研究》2007 年第 5 期。

曾国富：《五代时期割据政权中道士受宠现象探因》，《兰州学刊》2008 年第 1 期。

曾国富：《道教与五代吴越国历史》，《宗教学研究》2008 年第 2 期。

曾国富：《五代时期南方九国的保境安民政策》，《湛江师范学院学报》2011 年第 1 期。

曾昭明：《钱氏吴越国史年代学札记》，黎毓馨主编《吴越胜览国际学术研讨会论文集》，中国书店，2011。

张宏明：《"宝正通宝"是假钱——对〈宝正通宝之谜〉一文匡正》，《钱镠研究》第 9 辑。

张剑光：《略论唐五代三吴地区的宗教信仰》，《学术月刊》1998 年第 9 期。

张剑光：《略论唐五代江南城市的经济功能》，《上海师范大学学报》（社会科学版）2001 年第 3 期。

张剑光：《唐五代江南水上交通路线的建设》，《历史教学问题》2002 年第 2 期。

张剑光：《唐五代江南麻布纺织的地理分布》，《中国社会经济史研究》2002 年第 2 期。

张剑光：《唐五代江南的外商》，《史林》2006 年第 3 期。

张剑光：《唐五代宁绍地区的纺织业》，《绍兴文理学院学报》（哲学社会科学）2007 年第 6 期。

张剑光：《唐五代温台地区的海洋经济》，陈国灿、于逢春主编《环东海研究》第一辑，中国社会科学出版社，2015。

张剑光：《唐五代时期杭州的饮食与娱乐活动》，《浙江学刊》2016 年第 1 期。

张剑光、陈巧凤：《隋唐五代江南造船业的发展》，《江苏技术师范学院学报》（职教通讯）2009 年第 1 期。

张剑光、邹国慰：《唐五代环太湖地区的水利建设》，《南京大学学报》（哲学·人文·社会科学）1999 年第 3 期。

张剑光、邹国慰：《唐五代时期江南农业生产商品化及其影响》，《学术月刊》2010 年第 2 期。

张静：《〈九国志〉史学研究》，《安徽文学》（下半月）2009 年第 3 期。

张美兰：《〈十国春秋〉禅僧列传校读记》，《古籍整理研究学刊》2002 年第 3 期。

张兴武：《吴越艺文志》，《杭州师范学院学报》（社会科学版）2005 年第 6 期。

张秀民：《五代吴越国的印刷》，《文物》1978 年第 12 期。

张亦民：《吴越钱王与北宋统一》，《统一论坛》1997 年第 1 期。

张友臣：《〈十国纪年〉存亡略考》，《齐鲁学刊》1987 年第 5 期。

张玉兰：《康陵——五代吴越国艺术宝库》，《浙江工艺美术》1999 年第 2 期。

张玉兰：《浙江临安五代吴越国康陵发掘简报》，《文物》2000 年第 2 期。

张玉兰：《晚唐五代钱氏家族墓葬初步研究》，《东南文化》2005 年第 5 期。

张玉霖：《钱俶与福州华林寺》，《黑龙江史志》2014 年第 9 期。

赵福莲：《杂论罗隐的传说故事》，浙江省民间文艺家协会编《民间文学集成研究》，新华出版社，1993。

赵雅书：《五代吴越国的创始者——钱镠》，《台大历史学报》1980 年第 7 期。

赵雅书：《吴越国的第二代君主——钱传瓘（887—941）》，《台大历史学报》1996 年第 20 期。

赵雅书：《吴越国的第三代——守成时期的两位君主钱宏佐（928—947）、钱弘倧（928—971）两兄弟》，台湾大学历史系编《史学：传承与变迁学术研讨会论文集》，1998。

赵雅书：《五代吴越国末代君王钱俶（928—988）的历史地位》，刘翠溶主编《中国历史的再思考：许倬云院士八十五岁祝寿论文集》，台湾联经出版社，2015。

赵一鹤、王士伦：《喻皓建梵天寺塔质疑》，《古建园林技术》1995年第3期。

赵幼强：《唐五代吴越国帝王投简制度考》，《东南文化》2002年第1期。

浙江省博物馆、杭州市文管会：《浙江临安晚唐钱宽墓出土天文图及"官"字款白瓷》，《文物》1979年第12期。

浙江省文物管理委员会：《金华万佛塔塔基出土文物概况》，氏编《金华万佛塔出土文物》，文物出版社，1958。

浙江省文物管理委员会：《杭州、临安五代墓中的天文图和秘色瓷》，《考古》1975年第3期。

浙江省文物管理委员会：《浙江临安板桥的五代墓》，《文物》1975年第8期。

浙江省文物管理委员会、杭州师范学院历史系考古组：《杭州郊区施家山古墓发掘报告》，《杭州师范学院学报》1960年第1期。

郑昌炎、肖亥：《试析五代史上的两个临安人——浅谈董昌在钱氏立国中的特殊作用》，《古今谈》2008年第2期。

郑嘉励：《吴越国末期的越窑单字款瓷器》，黎毓馨主编《吴越胜览国际学术研讨会论文集》，中国书店，2011。

郑瑾：《钱镠对钱塘江和西湖的治理》，氏著《杭州西湖治理史研究》，浙江大学出版社，2010。

郑学檬：《唐五代太湖地区经济试探》，《学术月刊》1983年第2期。

郑学檬：《五代时期长江流域及江南地区的农业经济》，《历史研究》1985年第4期。

郑学檬：《唐五代时期的台州历史述略》，《台州史学》，1985。

郑学檬：《关于唐五代太湖地区社会经济发展问题的再认识》，《古代长江下游的经济开发》，三秦出版社，1989。

郑以墨：《五代吴越国墓葬制度研究》，《东南文化》2010年第4期。

钟婴：《犹喜曾无封禅书——林逋评传》，周峰主编《吴越首府杭州》，浙江人民出版社，1988。

周钧源：《钱塘江潮与武肃王钱镠》，《浙江月刊》第4卷第7期，1972。

周少雄：《吴越国区域文学散论——兼说中古时期浙江区域文化主中心的西迁及其意义》，《钱镠研究》第八辑，1998。

周维强：《"度德量力而识时务"——钱镠与唐末五代杭州及吴越国的治理》，《西湖》2005 年第 6 期。

周扬波：《吴兴沈氏在五代历史上的表现》，氏著《从士族到绅族——唐以后吴兴沈氏宗族的变迁》，浙江大学出版社，2009。

周扬波：《〈百家姓〉新解》，氏著《从士族到绅族——唐以后吴兴沈氏宗族的变迁》，浙江大学出版社，2009。

朱馥生：《保境安民，造福两浙——建都杭州的吴越国王钱镠》，《钱镠研究》第 3 辑，1993。

朱馥生：《吴越国改元探索》，《杭州师范学院学报》1997 年第 1 期；又刊《钱镠研究》第 6 辑，1997。

朱馥生：《钱镠计退黄巢与"镇压义军说"的起源小考》，《钱镠研究》第 8 辑，1998。

朱更翎：《吴越钱氏的水利》，《中国科学院水利电力部水利水电科学研究院科学研究论文集》第 25 集，水利电力出版社，1986。

朱金大：《吴越国货币之我见》，《钱镠研究》第五辑，1996；又刊《钱镠研究》第 13 辑，2004。

朱金大：《水丘氏墓出土的钱币对"开元通宝"分期归类的意义》，《钱镠研究》第 13 辑，2004。

朱金大：《吴越国铸行唐制钱初探》，《钱镠研究》第 13 辑，2004。

朱金大：《漫谈吴越国流通货币》，《钱镠研究》第 13 辑，2004。

朱金大、钱平甫：《水丘氏墓银质镀金"开元通宝"钱考》，《钱镠研究》第 4 辑，1994。

朱金大、钱平甫：《临安吴越王钱镠母水邱氏墓出土开元通宝银镀金钱》，《中国钱币》1995 年第 3 期。

朱晓东：《钱镠墓神道墓表、石像生和王陵葬制考》，《钱镠研究》第 19 辑，2011。

朱晓东：《临安发现吴越国金紫光禄大夫墓》，《杭州文博》2011 年第 1 期。

朱晓东、梁丽华、张惠敏：《临安发现吴越国金紫光禄大夫墓》，《钱镠研究》第 18 辑，2010。

朱仲玉：《吴任臣和〈十国春秋〉》，《中国历史文献集刊》第 4 辑，1983。

朱子彦：《铁券制略论》，《钱镠研究》第 13 辑，2004。

朱子彦、许仲毅：《铁券制略论》，《学术月刊》1983 年第 1 期。

朱子彦、许仲毅：《铁券制度与中国封建社会》，上海市历史学会编《中国史论集》，1986。

朱祖德：《唐五代两浙地区城市分布的变迁》，（台湾）《史学汇刊》第 20 期，2005。

朱祖德：《五代时期吴越立国的经济基础》，（台湾）《史学汇刊》第 23 期，2009。

朱祖德：《试论唐五代太湖地区经济的发展》，（台湾）《淡江史学》第 22 期，2010。

竺家惠：《关于吴越国王投简中的"射的"》，《东方博物》第 4 辑，浙江大学出版社，1999。

庄华峰：《五代时期东南诸国的政策与经济开发》，《中国史研究》1998 年第 4 期；收入安徽师范大学历史系中国古代史教研室编《中国古代史论文集》，2000。

邹劲风：《钱俨》，陈耀东、陈思群主编《浙籍文化名人评传》，浙江大学出版社，2003。

邹劲风：《钱俨和〈吴越备史〉》，《史学月刊》2004 年第 11 期。

邹身城：《杭州钱氏家族》，《杭州通讯》（下半月）2009 年第 1 期。

邹身城、刘勇、邹小芃：《吴越钱氏家族文化特色研究》，李最欣主编《吴越钱氏家族文化研究》，齐鲁书社，2010。

邹小芃、邹身城：《钱镠创建吴越国 1100 年礼赞》，《杭州通讯》2007 年第 1 期。

佐竹靖彦「杭州八都から呉越王朝へ」『東京都立大学人文学報』第 127 號、1978；收入氏著『唐宋變革の地域的研究』、同朋舍、1990。

佐佐木秀宪：《关于晚唐五代越窑青瓷的若干考察》，《文博》1995 年第 6 期。

四　吴越佛教

艾思仁：《公元 956 年陀罗尼经》，黎毓馨主编《吴越胜览国际学术研讨会论文集》，中国书店，2011。

鲍志成：《吴越国时期杭州佛教寺院考略》，第十届吴越佛教学术研讨会，杭州佛学院，2012。

贝逸文：《吴越时期舟山寺院文化与海外交流》，《浙江海洋学院学报》（人文科学版）2003 年第 1 期。

别祖云：《永明延寿戒律思想的心学特质分析》，《世界宗教研究》2009 年第 2 期。

蔡惠明：《延寿大师与〈宗镜录〉》，（香港）《内明》第 175 期，1986。

蔡惠明：《延寿禅师与灵隐、净慈两寺》，《浙江佛教》1996 年第 1 期。

蔡日新：《法眼大师，禅宗巨匠——永明延寿禅师述禅》，《吴越佛教》第一卷，宗教文化出版社，2006。

柴田泰「宋代淨土教の一斷面——永明延寿について」『印度學佛教學研究』第 13 卷第 2 號、1965。

柴田泰「永明延寿の唯心浄土説」『印度學佛教學研究』第 32 卷第 2 號、1984。

柴田泰「蓮社列祖としての延寿と宗賾」『印度學佛教學研究』第 48 卷第 1 號、1999。

常青：《杭州石屋洞造像调查与资料辑录》，《石窟寺研究》第 7 辑，科学出版社，2018。

陈兵：《中国佛学的第二位集大成者——永明延寿》，杭州佛学院编《永明延寿大师研究》，宗教文化出版社，2005。

陈汉民、洪尚之：《论雷峰塔兴衰的时代印记及其现实意义》，盛久远主编《西湖文澜——西湖文化研讨会论文集萃》，杭州出版社，2015。

陈坚：《永明延寿论"名"》，《吴越佛教》第一卷，宗教文化出版社，2006。

陈平：《钱（弘）俶造八万四千〈宝箧印陀罗尼经〉（上）——兼谈吴越〈宝箧印陀罗尼经〉与阿育王塔的关系》，《荣宝斋》2012 年第 1 期。

陈平：《钱（弘）俶造八万四千〈宝箧印陀罗尼经〉（下）——兼谈吴越〈宝箧印陀罗尼经〉与阿育王塔的关系》，《荣宝斋》2012 年第 2 期。

陈全新：《论永明延寿〈观心玄枢〉的"观心"思想》，《邯郸学院学报》2011 年第 4 期。

陈全新：《论永明延寿的"因果无差"观》，《濮阳职业技术学院学报》2012 年第 1 期。

陈全新：《论永明延寿圆融观的特色》，《南京航空航天大学学报》（社会科学版）2012 年第 4 期。

陈全新：《论永明延寿圆融观的现实意义》，《辽宁医学院学报》（社会科学版）2012 年第 4 期。

陈全新、袁宏禹：《论永明延寿用一心说对八识说、九识说乃至诸识说的圆融》，《法音》2013 年第 8 期。

陈荣富：《永明延寿与中国佛教新结构的形成》，杭州佛学院编《吴越佛教学术研讨会论文集》，宗教文化出版社，2004。

陈荣富：《永明延寿与中国佛教新趋向的形成》，（台湾）《普门学报》2004 年第 24 期。

陈荣富：《永明延寿对禅净合一的重大贡献》，《吴越佛教》第五卷，宗教文化出版社，2010。

陈文庆：《〈宗镜录〉成书新探》，《福建师范大学学报》（哲学社会科学版）2018 年第 3 期。

陈杏珍：《雷峰塔的名称及其他》，《文物天地》1997 年第 6 期。

陈英善：《永明延寿对天台六即之运用》，第二届天台佛教学术研讨会，宁波：七塔禅寺，2018 年 11 月 10～11 日。

陈永革：《永明延寿与晚明吴越佛教》，杭州佛学院编《永明延寿大师研究》，宗教文化出版社，2005。

程群：《〈唯心诀〉解读》，杭州佛学院编《永明延寿大师研究》，宗教文化出版社，2005。

成荫：《吴越国家与僧人杭州合作建寺考》，《文史杂志》2013 年第 5 期。

池丽梅：《再谈东亚佛教中的"边地情结"及其回流、反哺之今昔：以五代宋初的天台教典回流问题为中心》，复旦大学中古中国研究前沿席明纳之二，2013 年 8 月 15 日。

池田鲁参「趙宋天台学の背景——延寿教学の再評価」『駒沢大学仏教学部論集』第 14 号、1983。

池田鲁参「永明延寿の天台学」『印度學佛教學研究』第 32 卷第 1 号、1983。

池田魯參「永明延寿の起信論研究」『駒澤大學佛教學部研究紀要』第 43 號、1985。

池田魯參「永明延寿の教学と起信論」『印度學佛教學研究』第 33 卷第 2 號、1985。

冲本克己：《〈宗镜录〉的数据价值》，杭州佛学院编《永明延寿大师研究》，宗教文化出版社，2005。

崔應天「中国阿育王塔舍利器の受容——東国大博物館所蔵の石造阿育王塔を中心に」久保智康主編『东アジアをめぐる金属工芸——中世・国際交流の新視点』、勉誠出版、2010。

丁荣观：《吴越王朝与佛教文化》，《钱镠研究》第八辑，1998。

丁胜源、周汉芳：《佛门回文考略》，长安佛教学术研讨会论文，2009 年 10 月 29 日。

董群：《延寿对宗密禅教融合论思想的继承和发展》，杭州佛学院编《永明延寿大师研究》，宗教文化出版社，2005。

杜文玉：《吴越国杭州佛寺考——以〈咸淳临安志〉为中心》，杜文玉主编《唐史论丛》第 26 辑，三秦出版社，2018。

方立天：《永明延寿与禅教一致思潮》，《哲学研究》2005 年第 3 期；收入杭州佛学院编《永明延寿大师研究》，宗教文化出版社，2005。

冯树芳：《〈宗镜录〉妙旨》，杭州佛学院编《永明延寿大师研究》，宗教文化出版社，2005。

服部敦子「錢弘俶八万四千塔をめぐる現状と課題」久保智康主編『东アジアをめぐる金属工芸——中世・国際交流の新視点』、勉誠出版、2010。

服部敦子：《有关阿育王塔建造之考察——以佛教图像研究为中心》，黎毓馨主编《吴越胜览国际学术研讨会论文集》，中国书店，2011。

服部英淳「永明延寿の淨土思想」『印度學佛教學研究』第 14 卷第 2 號、1966。

高柏生：《永明大师绝待圆融的佛教思想文化与启示》，杭州佛学院编《吴越佛教学术研讨会论文集》，宗教文化出版社，2004。

顾伟康：《关于永明延寿的"四料简"》，赖永海主编《禅学研究》第四辑，江苏古籍出版社，2000。

管菊芬：《杭州梵天寺经幢及其佛教造像》，黎毓馨主编《吴越胜览国际学术研讨会论文集》，中国书店，2011。

郭延成：《"中道一心"抑或"一心中道"：论永明延寿的"一心"与中道思想的关系》，《辽宁大学学报》（哲学社会科学版）2010年第5期；又刊（台湾）《普门学报》第59期，2010。

郭延成：《论永明延寿对大乘空宗的判摄》，《五台山研究》2011年第1期。

郭延成：《永明延寿的中观思想与天台宗佛学》，麻天祥主编《中日韩天台学术对话》，人民出版社，2011。

郭延成：《论永明延寿禅师对真心妄心之内涵及其关系的阐释》，《中国佛学》2012年第2期。

郭延成：《禅宗法眼宗永明延寿祖师所建构的中国佛教之"一心"思想及其当代意义》，黄夏年主编《中国禅学研究》，中州古籍出版社，2012。

郭延成：《论永明延寿禅师的中道思想》，《中国佛学》2015年第2期。

韩剑英：《宋初慈光晤恩大师历史地位考辨》，可祥主编《首届天台佛教学术研讨会：唐宋天台佛教论文集》，上海书店出版社，2018。

韓京洙「永明延寿の禅浄融合思想」『印度學佛教學研究』第37卷第1號、1988。

韓泰植「延寿門下の高麗修学僧について」『印度學佛教學研究』第32卷第1號、1983。

韩廷杰：《〈宗镜录〉与唯识三境》，杭州佛学院编《永明延寿大师研究》，宗教文化出版社，2005。

何灿浩：《吴越佛教片论》，《宁波大学学报》（人文科学版）2002年第1期。

何灿浩：《再论吴越佛教》，《宁波大学学报》（人文科学版）2003年第1期。

何建明：《论永明延寿对近代中国禅佛教的影响》，（台湾）《内明》第288期，1996。

何启民：《永明延寿的禅净双修说》，（台湾）《海潮音》第45卷第12期，1964。

何启民：《永明延寿的三种传记》，（台湾）《海潮音》第49卷第3期，1968。

何秋雨：《浙江省博物馆藏五代吴越国阿育王塔》，《收藏家》2011年第3期。

何勇强：《吴越国杭州佛教寺院空间分布研究》，黎毓馨主编《吴越胜览国际学术研讨会论文集》，中国书店，2011。

何照清：《〈宗镜录〉中禅宗数据之意义与开展》，第二届吴越佛教文化与社会学术研讨会，杭州佛学院，2004年11月。

洪樱娟（释玮定）：《永明延寿"禅净双修"之探讨——以〈万善同归集〉为主》，杭州佛学院编《永明延寿大师研究》，宗教文化出版社，2005。

忽滑谷快天：《永明延寿的宗风与其细行》，张曼涛主编《佛教人物史话》，（台湾）大乘文化出版社，1978。

胡建明：《论宗密对永明延寿禅师的佛学思想的影响》，《吴越佛教》第七卷，九州出版社，2012。

胡晓光：《从永明禅师的唯心观谈起看中国佛教的基本特质》，第二届吴越佛教文化与社会学术研讨会，杭州佛学院，2004。

华方田：《永明延寿的禅净思想及其特点》，杭州佛学院编《永明延寿大师研究》，宗教文化出版社，2005。

华方田：《永明延寿与禅教会通》，《竞争力》2009年第12期。

桓进：《保俶塔建于何时》，《浙江学刊》1983年第1期。

桓进：《湖州飞英塔发现珍贵文物——吴越王太后经函》，《钱江晚报》1989年1月4日，头版。

黄琛杰：《永明延寿思想中的禅与净》，（台湾）《现代佛教学会通讯》2003年第15期。

黄诚：《永明延寿禅师的著述及思想略论》，《贵州大学学报》（社会科学版）2012年第4期。

黄公元：《"禅净四料简"是否永明延寿之作的我见》，《浙江佛教》2004年第3期。

黄公元：《慧日永明，智觉延寿——杭州净慈寺永明塔院楹联赏析》，《佛教文化》2004年第4期。

黄公元：《杭州第一高僧——永明延寿大师》，第二届吴越佛教文化与社会学术研讨会，2004。

黄公元：《重温永明延寿大师的禅净融通思想》，杭州佛学院编《永明延寿大师研究》，宗教文化出版社，2005。

黄公元：《雍正皇帝与永明延寿禅师》，《杭州师范学院学报》（社会科学版）2006 年第 3 期。

黄公元：《永明大和尚与"和谐世界，从心开始"》，《首届世界佛教论坛论文集·获奖征文卷》，宗教文化出版社，2006。

黄公元：《〈临终生西偈〉与延寿慧亨禅师——兼论〈临终生西偈〉非永明延寿所作》，《台州佛教》2007 年第 3 期。

黄公元：《此延寿，非彼延寿——由〈临终生西偈〉的作者谈起》，《吴越佛教》第三卷，宗教文化出版社，2008。

黄公元：《由〈智觉禅师自行录〉看永明延寿的僧范形象与融合特色》，《浙江学刊》2009 年第 1 期。

黄公元：《从明末四大高僧看永明延寿对晚明佛教的深刻影响》，《世界宗教研究》2010 年第 5 期。

黄公元：《虚云老和尚对永明延寿思想的继承与发扬》，纯闻主编《巍巍云居，千年真如：虚云禅师佛学国际研讨会论文集》，中州古籍出版社，2012。

黄公元：《永明延寿的高丽弟子及其对海东佛教的深远影响》，第十届吴越佛教学术研讨会，杭州佛学院，2012 年 10 月。

黄公元：《〈宗镜录〉与天台教及〈法华经〉——以〈宗镜录〉对天台教根本经典〈法华经〉的引用为重点》，可祥主编《首届天台佛教学术研讨会：唐宋天台佛教论文集》，上海书店出版社，2018。

黄敬家：《中国史传论赞与赞宁〈宋高僧传〉的系、通》，（台湾）《中国学术年刊》2006 年第 28 期。

黄敬家：《僧史家赞宁对高僧遗身争议的诠释》，（台湾）《玄奘人文学报》2008 年第 8 期。

黄敬家：《中国僧传对传统史传叙事方法的运用——以〈宋高僧传〉为例》，《台北大学中文学报》2009 年第 6 期。

黄敬家：《禅师形象的三种呈现方式：以〈宋高僧传〉、〈景德传灯录〉、〈禅林僧宝传〉为例》，（台湾）《成大宗教与文化学报》2010 年第 14 期。

黄夏年：《天台德韶与天台宗》，杭州佛学院编《永明延寿大师研究》，宗教文化出版社，2005；又刊《浙江社会科学》2006 年第 2 期。

黄夏年：《天台德韶与高丽佛教》，可祥主编《首届天台佛教学术研讨会：唐宋天台佛教论文集》，上海书店出版社，2018。

黄绎勋：《"观心与成佛"——永明延寿〈观心玄枢〉第二问的研究》，（台湾）《法光》1994年第60期。

黄绎勋：《永明延寿之净土法门——以〈智觉禅师自行录〉为中心》，《冉云华先生八秩华诞寿庆论文集》，（台湾）法光出版社，2003。

黄绎勋：《吴越诸王（893—978）与佛教》，（台湾）《中华佛学学报》第17卷，2004。

黄绎勋：《永明延寿"观心成佛"的思想初探——以"观心玄枢"第二问为中心》，（台湾）《内明》第275期，2005。

吉田刚（释睿礼）：《永明延寿之华严思想》，杭州佛学院编《永明延寿大师研究》，宗教文化出版社，2005。

江建昌：《〈宗镜录〉指归三主要道》，杭州佛学院编《永明延寿大师研究》，宗教文化出版社，2005。

金东淑：《小考〈宗镜录〉中的"禅教一致"思想》，《五台山研究》2011年第2期。

金东淑：《初探〈宗镜录〉中的真心修行观及其意义》，《五台山研究》2016年第3期。

金建锋：《释赞宁籍贯和生卒年考》，《湖州师范学院学报》2008年第5期。

金建锋：《论释赞宁〈宋高僧传〉的史料价值》，《史学史研究》2010年第1期。

金建锋：《释赞宁与士大夫交游考论》，《江西教育学院学报》2010年第1期。

金建锋：《释赞宁著述考》，《古籍整理研究学刊》2010年第3期。

金建锋：《宋僧释赞宁生平事迹考》，《法音》2010年第10期。

金建锋：《从释赞宁身份看〈宋高僧传〉的编撰性质》，《湖州师范学院学报》2011年第3期。

金建锋：《论宋初释赞宁〈笋谱〉的价值》，《宜春学院学报》2016年第8期。

金申：《吴越国王造阿育王塔》，《东南文化》2002年第4期。

金申：《雷峰塔地宫出土的金铜佛坐像》，《中国历史文物》2002年第5期。

金申：《雷峰塔地宫出土的玉童子像不是善财童子》，《中国历史文物》2003 年第 1 期。

孔维勤：《宋释永明延寿论心王义至八识之展开》，（台湾）《华冈佛学学报》1983 年第 6 期。

孔维勤：《宋释永明延寿思想之研究》，（台湾）《华学月刊》第 144 期，1983。

孔维勤：《宋释永明延寿之理事观》，（台湾）《华冈佛学学报》1985 年第 8 期。

孔维勤：《宋释永明延寿论"禅净合一"》，（台湾）《东吴大学哲学系传习录》1986 年第 5 期。

赖建成：《五代吴越国之佛教情势（1）》，《狮子吼》1990 年第 3 期。

赖建成：《五代吴越国之佛教情势（2）》，《狮子吼》1990 年第 4 期。

赖建成：《五代吴越国之佛教情势（3）》，《狮子吼》1990 年第 6 期。

赖建成：《五代吴越国之佛教情势（4）》，《狮子吼》1990 年第 7 期。

赖建成：《晚唐宋初天台宗在吴越地区的发展》，（台湾）《圆光佛学学报》2004 年第 9 期。

劳伯敏：《关于绍兴柯山大佛成像年代的探讨》，黎毓馨主编《吴越胜览国际学术研讨会论文集》，中国书店，2011。

黎毓馨：《杭州雷峰塔遗址考古发掘及意义》，《中国历史文物》2002 年第 5 期。

黎毓馨：《杭州雷峰塔地宫的清理》，《考古》2002 年第 7 期。

黎毓馨：《杭州雷峰塔地宫出土的金银器》，《收藏家》2002 年第 11 期。

黎毓馨：《杭州雷峰塔地宫出土玉器综述》，上海博物馆编《中国隋唐至清代玉器学术研讨会论文集》，上海古籍出版社，2002。

黎毓馨：《杭州雷峰塔地宫出土的钱币》，《中国钱币》2003 年第 1 期。

黎毓馨：《阿育王塔实物的发现与初步整理》，《东方博物》2009 年第 2 期。

黎毓馨：《雷峰塔地宫出土的纯银阿育王塔》，《东方博物》2009 年第 3 期。

黎毓馨：《吴越国时期的佛教遗物——以阿育王塔、刻本〈宝箧印经〉、金铜造像为例》,《东方博物》2014 年第 4 期。

黎毓馨:《瑞相重明——雷峰塔文物陈列》,《艺术品》2016 年第 2 期。

李海涛:《高丽谛观与吴越佛教天台宗》,《延边大学学报》(社会科学版) 2013 年第 2 期。

李明芳:《〈肇论钞〉初探——以〈宗镜录〉所见佚文为主》,(台湾)《东吴哲学学报》2003 年第 8 期。

李明友:《太虚论永明延寿》,《吴越佛教》第一卷,宗教文化出版社,2006。

李尚全:《永明延寿禅师的生平及其佛学思想述论》,杭州佛学院编《永明延寿大师研究》,宗教文化出版社,2005。

李向平:《信仰转型:从大师型到仪式化——永明延寿的禅净合一思想及其历史影响》,杭州佛学院编《永明延寿大师研究》,宗教文化出版社,2005。

李祖荣:《寺院林立,梵音不绝——东南佛国》,周峰主编《吴越首府杭州》,浙江人民出版社,1988 年。

林保尧:《雷峰塔出土重要文物:五代吴越王钱弘俶造阿育王塔杂记》,(台湾)《艺术家》2005 年第 6 期。

林伯谦:《论〈宋高僧传〉之阙录——自柳宗元释教碑铭说起》,(台湾)《东吴中文学报》2008 年。

林克智:《学佛修行,万善同归——兼论延寿大师的〈四料简〉》,杭州佛学院编《永明延寿大师研究》,宗教文化出版社,2005。

林士民:《吴越国时期的明州佛教》,第十届吴越佛教学术研讨会,杭州佛学院,2012 年 10 月。

林星儿:《湖州飞英塔建造历史初探》,《湖州师专学报》1988 年第 3 期。

林星儿:《湖州飞英塔发现一批壁藏五代文物》,《文物》1994 年第 2 期。

林亚桢:《永明延寿首倡"唯识二观"及其意义》,《东南学术》2013 年第 1 期。

鈴木哲雄「浙江の禪宗に関する資料:唐・五代」『愛知學院大學文學部紀要』第 5 號、1975。

鈴木哲雄「浙江における禪宗の推移:五代時代について」『禪研究

所紀要』第6、7號合刊、1976。

刘闯:《浅谈五代时期吴越国住入和迁出高僧的文化贡献》,第十届吴越佛教学术研讨会,杭州佛学院,2012年10月。

刘伶利:《论北宋僧人赞宁》,《华章》2012年第2期。

刘莺:《雷峰塔地宫出土文物的清洗和保护》,《东方博物》2004年第1期。

刘元春:《延寿"一心为宗"的现实意蕴》,《佛学研究》,1995。

刘元春:《延寿〈宗镜录·标宗章〉读解》,杭州佛学院编《永明延寿大师研究》,宗教文化出版社,2005;又刊觉醒主编《觉群·学术论文集（2005）》,宗教文化出版社,2005。

刘泽亮、林亚桢:《延寿观心思想考论——以〈宗镜录〉、〈观心玄枢〉为中心》,《厦门大学学报》（哲学社会科学版）2012年第1期。

柳幹康「『宗鏡録』と『楞伽経』」『印度學佛教學研究』第63卷第1號、2014。

柳幹康「栄西と『宗鏡録』」『印度學佛教學研究』第65卷第1號、2016。

柳向春:《雷峰塔藏经若干问题刍议》,黎毓馨主编《吴越胜览国际学术研讨会论文集》,中国书店,2011。

瀧朝子「十世紀の鏡の一様相——中国・吴越国の線刻鏡について」久保智康主編『東アジアをめぐる金属工芸——中世・国際交流の新視点』、勉誠出版、2010。

瀧朝子「日本僧奝然請來の釈迦如來像の吴越仏教における意義について」黎毓馨主編「吴越勝覽國際學術研討會論文集」、中國書店、2011;中译《日本僧人奝然请来的释迦如来像在吴越佛教上的意义》,收入同书。

路秉杰:《雷峰塔创建记——关于吴越王钱俶所书雷峰塔跋记的解读》,《同济大学学报》（社会科学版）2000年第2期。

陆晚霞:《智觉禅师永明延寿与日本文学:以佛教说话集〈沙石集〉吸收的延寿著作为例》,第十届吴越佛教学术研讨会,杭州佛学院,2012年10月。

吕有祥:《永明延寿禅师的念佛禅》,《1999年第二届两岸禅学研讨会论文集——念佛与禅》,（台湾）慈光禅学研究所,1999。

吕有祥:《永明延寿禅师的念佛论》,《佛藏》2000年第16期。

吕有祥：《永明延寿禅师论念佛与修禅》，杭州佛学院编《永明延寿大师研究》，宗教文化出版社，2005。

麻天祥：《永明延寿与宋代禅宗的综合》，《世界宗教研究》1996年第4期。

牧田諦亮「『僧史略』の世界」『印度學佛教學研究』第2卷第1號、1953。

牧田諦亮「君主獨裁社會に於ける佛教教團の立場（上）——宋僧賛寧を中心として」『佛教文化研究』第3號、1953。

牧田諦亮「贊寧とその時代」氏著『中国近世仏教史研究』平楽寺書店、1957；中译《赞宁与其时代》，《新觉生》第9卷第10期，1971；收入张曼涛主编《佛教人物史话》，台湾大乘文化出版社，1978。

倪士毅：《五代吴越国的佛教文化》，《东南文化》1989年第6期。

聂士全：《赞宁〈大宋僧史略〉述评》，《戒幢佛学》第一卷，岳麓书社，2002。

聂士全：《永明延寿的问与答——以〈万善同归集〉为中心》，杭州佛学院编《永明延寿大师研究》，宗教文化出版社，2005。

潘桂明：《永明延寿的融合思想及其影响》，《佛学研究》1994年第3期。

彭燕：《"五代"绍兴雕版印刷探源》，《图书馆研究与工作》2007年第1期。

彭燕：《浅析吴越国时期绍兴雕版印刷文化》，《图书馆工作与研究》2014年第2期。

橘村愛子「呉越国の仏塔に納められた法華経と日本」；中译本题《收藏于吴越国佛塔里的〈法华经〉与日本》，同时收入黎毓馨主编《吴越胜览国际学术研讨会论文集》，中国书店，2011。

秦瑜：《高丽僧义通与天台佛教在四明的开展》，第十届吴越佛教学术研讨会，杭州佛学院，2012年10月。

邱环：《略论唐宋时期禅净关系涉及的几个问题——兼论永明延寿融合禅净的作用》，杭州佛学院编《永明延寿大师研究》，宗教文化出版社，2005。

冉云华：《延寿的戒律思想初探》，（台湾）《中华佛学学报》1991年第4期。

冉云华：《延寿佛学思想的形成——文献学上的研究》，《1991年佛学研究论文集》，台湾：佛光出版社，1992。

冉云华：《〈宗镜录〉中所见的华严宗思想》，镰田茂雄博士古稀纪念会编《华严学论集》，日本：大藏出版社，1997。

任光亮、沈津：《杭州雷峰塔及〈一切如来心秘密全身舍利宝箧印陀罗尼经〉》，《文献》2004年第2期。

任平山：《传奇、建筑、容器：吴越阿育王塔缘起》，第一届国际宗教艺术与文化学术研讨会，成都：四川大学，2018年11月3~4日。

任平山：《吴越阿育王塔四本生图辨》，《文物》2019年第3期。

日置孝彦「永明延寿の禅と念仏——『万善同帰集』を中心として」『印度學佛教學研究』第23卷第2號、1975。

三浦彩子：《受〈宗镜录〉启示的日本庭园与禅净一致思想》，第二届吴越佛教文化与社会学术研讨会，杭州佛学院，2004年11月。

桑宝靖：《赞宁》，陈耀东、陈思群主编《浙籍文化名人评传》，浙江大学出版社，2003。

桑吉扎西：《第十一届吴越佛教学术研讨会在杭州举行》，《法音》2014年第1期。

森江俊孝「延寿と天台德韶の相見について」『印度學佛教學研究』第23卷第2號、1975。

森江俊孝「永明延寿の人間観」『駒澤大學佛教學部論集』第6號、1975。

邵灿园：《中国天台宗中兴与高丽入学僧留华传法》，《山西农业大学学报》2006年第3期。

沈海波：《北宋初年天台教籍重归中土的史实》，（台湾）《中华佛学研究》2000年第4期。

沈仁岩：《了彻诸法实相之〈宗镜录〉》，第二届吴越佛教文化与社会学术研讨会，杭州佛学院，2004年11月。

施东颖：《永明延寿及其〈宗镜录〉》，《宗教学研究》1996年第3期。

施建平：《宋代图书出版大繁荣的先声——吴越国高僧永明延寿的出版活动及对后世的影响》，《图书馆学刊》2015年第4期。

石井修道「『宗鏡錄』におよぼした澄観の著作の影響について——永明延寿の教禪一致説成立過程の疑問」『印度學佛教學研究』第17卷第

2号、1969。

释澂性：《永明延寿思想的历史影响及现代价值》，杭州佛学院编《永明延寿大师研究》，宗教文化出版社，2005。

释道坚：《永明延寿的万善同归论》，杭州佛学院编《永明延寿大师研究》，宗教文化出版社，2005。

释道荣：《永明延寿与〈宗镜录〉》，杭州佛学院编《永明延寿大师研究》，宗教文化出版社，2005。

释大觉：《论永明延寿的禅净兼修观》，杭州佛学院编《永明延寿大师研究》，宗教文化出版社，2005。

释法缘：《永明延寿之禅净思想》，杭州佛学院编《永明延寿大师研究》，宗教文化出版社，2005。

释刚晓：《〈宗镜录〉三量说》，杭州佛学院编《永明延寿大师研究》，宗教文化出版社，2005。

释宏一：《永明延寿禅师思想探源——与〈万善同归集〉之要义》，《佛教文化学报》1980年第9期。

释慧仁：《中国化佛教性觉思想刍议——以〈宗镜录〉为考虑》，杭州佛学院编《永明延寿大师研究》，宗教文化出版社，2005。

释界性：《永明大师净土思想研究》，《吴越佛教》第五卷，宗教文化出版社，2010。

释巨赞：《延寿》，中国佛教协会编《中国佛教》第二辑，知识出版社，1982。

释觉明：《论禅净融会的现实意义——纪念永明延寿大师诞辰1100周年》，杭州佛学院编《永明延寿大师研究》，宗教文化出版社，2005。

释可祥：《天台德韶及其禅法》，《中国佛学》2014年第1期。

释冷晓：《五代吴越国"信佛顺天"的佛缘因果》，杭州佛学院编《永明延寿大师研究》，宗教文化出版社，2005。

释隆德：《赞宁三教思想初探》，《闽南佛学》第2辑，岳麓书社，2003；又刊杭州佛学院编《吴越佛教学术研讨会论文集》，宗教文化出版社，2004。

释隆德：《永明延寿的忏法思想刍议》，杭州佛学院编《永明延寿大师研究》，宗教文化出版社，2005。

释圣圆：《赞宁儒律合一思想略窥》，《五台山研究》2016年第2期。

释圣圆：《赞宁的生平及其所处时代的社会环境和思想背景》，《中国佛学》2017年第1期。

释唯妙：《略述永明延寿的佛学思想》，《闽南佛学》1993年第1期。

释心皓：《永明禅师以事功圆修理悟的思想——以〈万善同归集〉为主的考察》，杭州佛学院编《永明延寿大师研究》，宗教文化出版社，2005。

释心悟：《"第七届吴越佛教暨东南佛国学术研讨会"会议报道》，《五台山研究》2009年第4期。

释印海：《永明延寿之禅净双修论》，（台湾）《现代佛教学术丛刊》第65期，1980。

释印旭：《永明延寿的〈宗镜录〉及归宗净土对后来的若干影响》，杭州佛学院编《永明延寿大师研究》，宗教文化出版社，2005。

释智学：《永明延寿传记研究》，（台湾）《法光学坛》2001年第5期。

释智学：《中国疑伪佛典研究（1）——永明延寿与疑伪佛典》，（台湾）《正观》2007年第40期。

释智学：《永明延寿著作总论》，（台湾）《正观》第43期，2007。

释智学：《中国佛教的忏悔观——以永明延寿为中心》，（台湾）《正观》第48期，2009。

宋道发：《吴越王钱俶与宋代天台宗的复兴》，杭州佛学院编《吴越佛教学术研讨会论文集》，宗教文化出版社，2004。

宋道发：《从宗密的禅教一致论到延寿的禅教融合论——禅教合一思想源流述略》，杭州佛学院编《永明延寿大师研究》，宗教文化出版社，2005。

宋立道：《读〈景德传灯录〉等书中的延寿本传》，杭州佛学院编《永明延寿大师研究》，宗教文化出版社，2005。

苏玲怡：《雷峰夕照，因佛光更动人！——五代吴越钱氏及其东南佛国盛世》，《典藏·古美术》2009年第10期。

苏勇强：《五代时期吴越国印刷文化传统》，《深圳大学学报》（人文社会科学版）2008年第5期。

孙劲松：《佛教的创世纪——永明延寿以心为本的创世说》，第十五届国际中国哲学大会，武汉大学，2007。

孙劲松：《延寿一心六度说述评》，《佛学研究》第17期，2008。

孙劲松：《永明延寿的真心妄心说》，《宗教学研究》2009年第3期。

孙劲松：《唯识古今学对九识学说的不同解读——兼论〈宗镜录〉对

此问题的态度》,《中山大学学报》(社会科学版) 2009 年第 4 期。

孙劲松:《永明延寿的乘戒兼急观》,《吴越佛教》第五卷,宗教文化出版社,2010。

孙劲松:《永明延寿对五乘佛戒的比较探究》,黄夏年主编《赵州禅研究:首届河北赵州禅临济禅生活禅学术论坛论文集》,中州古籍出版社,2011。

孙劲松:《永明延寿的戒律思想研究》,《人文论丛》2017 年第 2 期。

孙群:《从艺术到文化:泉州宝箧印经石塔与吴越国金涂塔雕刻艺术的比较研究》,《福建师范大学学报》(哲学社会科学版) 2014 年第 2 期。

孙旭:《吴越国杭州佛教发展的特点及原因》,《浙江社会科学》2010年第 3 期。

唐思鹏:《〈宗镜录〉的中观思想》,《国学论衡》第 4 辑,中国藏学出版社,2007。

田道英:《贯休与钱镠交往考辨》,《乐山师范学院学报》2002 年第 3 期。

田丰:《龙泉高僧德韶生平及功绩考》,《图书馆研究与工作》2016 年第 2 期。

田青青:《永明延寿"佛化儒道"思想漫议》,刘泽亮主编《佛教研究面面观》,宗教文化出版社,2006。

田青青:《一心生万善,万善归一心——永明延寿的心行实践论》,《中国宗教》2009 年第 6 期。

畑中淨園「呉越の佛教——特に天台德韶とその嗣永明延寿について」『大谷大學研究年報』第 7 集、1955。

童赛玲:《五代吴越国杭州地区的佛教石窟造像艺术》,《大众文艺》2017 年第 4 期。

王翠玲「永明延寿の懺悔観について」『印度學佛教學研究』第 46 卷第 2 號、1998。

王翠玲「永明延寿の禅宗観について——特に以心為宗、和会諸宗を中心として」『印度學佛教學研究』第 47 卷第 1 號、1998。

王翠玲「『宗鏡録』の成立」『印度學佛教學研究』第 48 卷第 1 號、1999。

王翠玲「永明延寿の戒律観——戒律の相関用語から見る」『印度學

佛教學研究』第 49 卷第 2 號、2001。

王翠玲「敦煌残卷『観音証験賦』について——永明延寿との関わりを中心として」『印度學佛教學研究』第 51 卷第 1 號，2002；中译《敦煌残卷〈观音证验赋〉与永明延寿》，（台湾）《成大中文学报》2002 年第 10 期。

王翠玲「『宗鏡録』と輯佚」『印度學佛教學研究』第 52 卷第 1 號、2003；王翠玲：《〈宗镜录〉与辑佚——以典籍之校补、补阙为中心》，（台湾）《成大中文学报》2003 年第 11 期。

王翠玲「『宗鏡録』に保存された盧山慧遠の著作」『印度學佛教學研究』第 53 卷第 1 號、2004。

王翠玲：《永明延寿的修行析论：以有关朝暮二课的陀罗尼为主》，（台湾）《中正大学中文学术年刊》第 18 期，2011。

王公伟：《永明延寿与中国净土宗的发展》，《烟台师范学院学报》（哲学社会科学版）2005 年第 3 期。

王公伟：《永明延寿的净土信仰及其在中国净土思想史上的地位》，杭州佛学院编《永明延寿大师研究》，宗教文化出版社，2005。

王力：《"宝箧印经塔"与吴越国对日文化交流》，《浙江大学学报》（人文社会科学版）2002 年第 5 期。

王倩：《灵隐考古重大发现，五代法堂遗址出土》，《杭州日报》2000 年 2 月 19 日，下午版；收入《钱镠研究》第 9 辑，2001。

王荣国：《吴越国割据时期的福州佛教》，《闽都文化研究》2006 年第 2 期。

王祥伟：《吴越诸王与沙州曹氏归义军节度使同佛教关系之比较》，《吴越佛教》第五卷，宗教文化出版社，2010。

王心喜：《五代钱氏吴越国与日本的交往——兼说吴越国与日本佛教交往的年次及特点》，第十届吴越佛教学术研讨会，杭州佛学院，2012 年 10 月。

王心喜：《吴越国王钱镠与余杭径山洪諲禅师的交往》，《余杭史志》2013 年第 3 期。

王心喜、胡雪花：《钱氏吴越国崇佛影响研究》，《吴越佛教》第七卷，九州出版社，2012。

王招国：《永明延寿传记之新数据——中国国家图书馆藏〈永明智觉禅师方丈实录〉》，氏著《佛教文献论稿》，广西师范大学出版社，2017。

王仲尧：《永明延寿易佛会通思想研究》，杭州佛学院编《永明延寿大师研究》，宗教文化出版社，2005。

魏祝挺：《吴越国经幢初步研究》，《东方博物》2016年第4期。

魏祝挺：《闸口白塔原名及营造年代考》，《东方博物》2017年第3期。

魏祝挺：《唐五代铁塔略考》，《东方博物》2018年第3期。

闻人军：《宋初博物名僧赞宁事迹著作考评》，徐规主编《宋史研究集刊》第1集，浙江古籍出版社，1986。

闻人军：《析赞宁〈括浙江潮候〉诗》，杭州大学历史系宋史研究室编《宋史研究集刊》第二集，浙江省社联《探索》杂志增刊，1988。

吴可为：《〈宗镜录〉关于变带与挟带概念的分析》，杭州佛学院编《永明延寿大师研究》，宗教文化出版社，2005。

吴天跃：《日本出土的吴越国钱俶造铜阿育王塔及相关问题研究》，《艺术设计研究》2017年第2期。

吴天跃、李军：《材质、形制、图像与信仰——五代吴越国阿育王塔的综合研究》，《美术研究》2017年第4期。

吴正荣：《永明延寿禅修思想境界的诗证——试以〈永明山居诗〉为中心》，杭州佛学院编《永明延寿大师研究》，宗教文化出版社，2005。

吴忠伟：《心为文字之性——永明延寿判教原则的语言哲学分析》，杭州佛学院编《永明延寿大师研究》，宗教文化出版社，2005；又刊《江苏社会科学》2005年第5期。

萧永明：《唯心与唯识关系论辩——从〈宗镜录〉说起》，杭州佛学院编《永明延寿大师研究》，宗教文化出版社，2005。

小川貫弌「錢氏吳越國の佛教に就て」『龍谷史壇』第18號、1936。

小岛岱山：《论〈宗镜录〉的根本思想在五台山系华严思想——渊源于李通玄的一真法界思想》，杭州佛学院编《永明延寿大师研究》，宗教文化出版社，2005。

谢彦卯：《一个保存完整的五代刻本——〈宝箧印陀罗尼经〉》，《华夏文化》2001年第3期。

辛德勇：《元刻本〈宗镜录〉零册漫记》，氏著《书者生也》，未来出版社，2016。

新骥：《吴越国的文化瑰宝——梵天寺经幢》，《杭州通讯》2006年第9期。

徐东来：《永明延寿对"真唯识量"的分析》，《闽南佛学》第 2 辑，岳麓书社，2003。

徐东来：《从〈宗镜录〉看延寿法师的因明研究》，杭州佛学院编《永明延寿大师研究》，宗教文化出版社，2005。

许抗生：《延寿〈万善同归集〉诸宗融通思想》，杭州佛学院编《永明延寿大师研究》，宗教文化出版社，2005。

玄忠赫、吴贤姬：《吴越佛教与高丽佛教及慧因高丽寺的相互影响》，《第十五届中国韩国学国际研讨会论文集·宗教文化卷》，民族出版社，2016。

薛正昌：《钱氏家族与吴越佛教文化》，《浙江社会科学》2013 年第 3 期。

闫爱宾：《钱弘俶、汉传密教与宝箧印塔流布》，《建筑历史与理论》第 11 辑，《兰州理工大学学报》第 37 卷，2011。

闫爱宾、路秉杰：《雷峰塔地宫出土金涂塔考证》，《同济大学学报》（社会科学版）2002 年第 2 期。

闫继来：《吴越国王钱俶在中日佛教文化交流中的作用初探》，第十届吴越佛教学术研讨会，杭州佛学院，2012 年 10 月。

扬之水：《雷峰塔地宫出土"光流素月"镜线刻画考》，《东方博物》2006 年第 4 期。

杨冰华：《"第十一届吴越佛教学术研讨会"会议论文综述》，《中国佛学》2015 年第 1 期。

杨鸿勋：《杭州雷峰塔复原研究》，《中国历史文物》2002 年第 5 期。

杨柳：《禅净合一、万善同归——永明延寿与宋代以后汉传佛教的转型》，《新世纪宗教研究》第 4 卷第 4 期，2006。

杨柳、张家成：《论永明延寿的"万善观"》，杭州佛学院编《永明延寿大师研究》，宗教文化出版社，2005。

杨维中：《以〈宗镜录〉为例论永明延寿对唯识思想的摄取》，杭州佛学院编《永明延寿大师研究》，宗教文化出版社，2005。

杨文斌：《延寿、宗密"禅教合一"论的差异》，《安徽大学学报》（哲学社会科学版）2009 年第 2 期。

杨笑天：《延寿的唯心净土与指方立相》，《佛学研究》第 6 期，1997。

杨笑天：《永明延寿的净土信仰之确立》，《佛学研究》第 7 期，1998。

杨笑天：《永明延寿与僧伽教育》，《法音》2001 年第 7 期。

杨笑天：《举一心为宗，照万法如镜——〈宗镜录〉"标宗章"之发现与浅释》，《法音》2001 年第 12 期。

杨笑天：《永明延寿〈四料拣〉的背景、意义及真伪问题》，《佛学研究》第 13 期，2004；杭州佛学院编《永明延寿大师研究》，宗教文化出版社，2005。

杨笑天：《永明延寿的生因说》，《法音》2005 年第 2 期。

杨笑天：《永明延寿与雪窦山》，2008 中国奉化雪窦山弥勒文化节·海峡两岸弥勒文化研讨会，2008。

杨笑天、罗时进：《延寿》，陈耀东、陈思群主编《浙籍文化名人评传》，浙江大学出版社，2003。

杨曾文：《永明延寿的心性论》，（台湾）《中华佛学学报》2000 年第 13 期。

杨曾文：《延寿的禅、教会通思想》，《佛学研究》第 12 期，2003。

杨曾文：《永明延寿及其著作》，杭州佛学院编《永明延寿大师研究》，宗教文化出版社，2005。

杨志飞：《〈宋高僧传〉成书考》，《山西财经大学学报》2012 年增刊。

叶恭绰：《五代〈金字法华经〉》，初刊《遐庵谈艺录》，收入氏著《遐庵小品》，北京出版社，1998。

伊雷：《永明延寿形象净土化及其"阿弥陀佛"信仰研究》，《北京化工大学学报》（社会科学版）2013 年第 3 期。

伊雷：《永明延寿"性宗圆教"思想研究》，《北京化工大学学报》（社会科学版）2014 年第 2 期。

伊雷：《永明延寿"禅教一致"思想研究》，《北京化工大学学报》（社会科学版）2015 年第 1 期。

夷风：《雷峰塔地宫出土古钱分析》，《安徽钱币》2009 年第 4 期。

于应机、程春松：《北宋僧人赞宁的译学思想》，《宁波大学学报》（人文科学版）2008 年第 1 期。

俞朝卿：《由〈宗镜录〉看佛教应势而进之必然与必要》，杭州佛学院编《永明延寿大师研究》，宗教文化出版社，2005。

俞平伯：《雷峰塔考略》，氏著《杂拌儿》，开明书店，1928 年；又刊《钱镠研究》第 9 辑，2001。

袁宏禹：《永明延寿对"三玄"的融通与料简——从"体用"范畴谈起》，《宗教学研究》2009 年第 4 期。

袁林、和广汉：《杭州雷峰塔出土钱币——日本"饶益神宝"在中国首次出土》，《西安金融》2002 年第 8 期。

曾国富：《五代吴越国崇佛的原因及其影响》，《宗教学研究》2007 年第 3 期。

张爱林：《永明延寿的因明现量论解析》，《世界宗教研究》2012 年第 2 期。

张风雷：《五代宋初天台教籍复归中土问题的再检讨》，杭州佛学院编《吴越佛教学术研讨会论文集》，宗教文化出版社，2004。

张福金：《杭州五代法雨寺》，《杭州研究》1997 年第 1 期。

张家成：《永明延寿与吴越佛教》，《浙江大学学报》（人文社科版）2006 年第 5 期。

张剑光：《略论唐五代太湖地区佛教的发展》，韩金科主编《1998 法门寺唐文化国际学术讨论会论文集》，陕西人民出版社，2000。

张靖龙：《延寿及其佚诗——唐五代佚诗辑考续》，《温州师专学报》（社会科学版）1986 年第 3 期。

张乃翥：《龙门〈石道记〉碑与宋释赞宁》，《文物》1988 年第 4 期。

张琴：《论永明延寿的理事无阂观——以〈万善同归集〉为中心》，《中国佛学》2016 年第 2 期。

张松涛：《中国千年佛经翻译的总结者——赞宁》，《外交学院学报》2002 年第 2 期。

张煜：《教内的融合：永明延寿佛学思想研究》，《社会科学研究》2007 年第 4 期。

张云江：《羲寂法师与宋初天台宗往高丽、日本求取教籍事略论》，《五台山研究》2018 年第 2 期；收入可祥主编《首届天台佛教学术研讨会：唐宋天台佛教论文集》，上海书店出版社，2018。

张志芳：《永明延寿的"一心"说评析》，《闽南佛学》第 3 辑，宗教文化出版社，2004。

赵永东：《吴越国王钱俶三印〈宝箧印经〉与造金涂塔、雷峰塔的缘起》，《东南文化》2004 年第 1 期。

仲威：《金石善本过眼录——吴越国金涂塔拓本三种》，《艺术品》

2015 年第 7 期。

周贵华：《〈宗镜录〉之圆融观——围绕"一心说"之三重唯心观的一个简单考察》，杭州佛学院编《永明延寿大师研究》，宗教文化出版社，2005。

周景崇：《杭州佛教石窟造像考》，《美术观察》2015 年第 5 期。

周炅美：《吴越国时代宁波阿育王塔及其影响》，黎毓馨主编《吴越胜览国际学术研讨会论文集》，中国书店，2011。

周新华：《盛世重光——雷峰塔地宫秘藏文物出土记》，《文物世界》2002 年第 2 期。

周意群：《安吉五代灵芝塔》，《东方博物》2014 年第 4 期。

朱封鳌：《延寿〈宗镜录〉之天台修持思想》，氏著《天台宗修持与台密探索》，宗教文化出版社，2004。

祝炜平、黄世强、李江林：《杭州雷峰塔遗址地下遥感考古研究》，《地球信息科学》2002 年第 2 期。

后 记

吴越钱氏是五代宋元以来江浙第一望族，无论是该家族本身所出的人才，还是研究该家族的学者，皆已蔚为大观。不过相关研究尚有许多可进一步深入的余地，本书前言已经予以揭示，此处不必饶舌。四年前，我在写《钱惟演集》后记时，也已经就自己关注吴越国和吴越钱氏的历程进行了简单的回顾，无须再费笔墨。因此，此处仅抒发一点感想而已。

作为浙江人，却十四年来一直在省外求学、工作的我，依然十分关注故乡的历史文化。虽然相隔千里，好在便捷的交通给我提供了时常回家的机会，得以数次参与家乡的学术活动。但对浙江高等教育相对于邻近的江苏、上海所产生的差距，每每引以为憾。这种差距，导致许许多多优秀的浙江籍人才往外流，甚至被迫在外漂泊。我能做的，也只是时时关注乡邦文献，参与故乡区域史研究而已。

好在目前有许多在故乡坚守文化传承的同道，比如浙江大学长兴冯培红、义乌陈志坚，浙江省文物考古研究所玉环郑嘉励，杭州师范大学桐乡张天杰、诸暨楼培、瑞安吴天跃，中国美术学院长兴钱伟强，浙江古籍出版社德清郁震宏，浙江海洋大学诸暨楼正豪，等等。也有许多外乡在浙江工作的同道，已经为浙江文脉的传承做出了重要的贡献，比如浙江大学榆中刘进宝、浙江大学禹州孙英刚、温州大学巴中邱志诚、浙江师范大学寿光孟国栋、衢州学院太和魏俊杰等。我们身在外乡的浙江人，自然也不能落后。

对于成就在省外的浙江籍学者来说，最有声望的群体，当在敦煌吐鲁番学领域。近年，由刘进宝、冯培红等先生发起出版的"浙江学者丝路敦煌学术书系"，已经出版了将近二十册浙江籍学者关于敦煌学的论文集。其中，大部分学者是在省外工作和成名的，或者祖籍是浙江的。敦煌作为一座西北城市，敦煌学作为一门国际性学问，浙江学者能够在此耕耘出成果，形成一个有影响力的群体，颇可反映浙江人潜力无限，学问无界。而身为浙江籍学者，对本省的学问，自然也不能懈怠。

  我虽不才，也想为家乡做一点微小的贡献，故而在唐宋史范围内，围绕吴越国和吴越钱氏，进行了一些初步的关注，汇集成这本小书。在此，首先向十年来接纳我的陕西师范大学历史文化学院的领导、师长和青年同人表示感谢！其次向家乡人民表示感谢，希望有朝一日魂归故里，不至于空手而回。学问无止境，未来我还会继续研究吴越国和吴越钱氏。期待更多同道关注浙江，关注浙江人；关注浙江的学问，关注浙江人的学问！

德清胡耀飞
戊戌仲冬
长安城南
越扬湖海阁

图书在版编目(CIP)数据

吴越国与吴越钱氏研究/胡耀飞著. -- 北京：社会科学文献出版社, 2020.2（2024.6重印）
（陕西师范大学史学丛书）
ISBN 978 - 7 - 5201 - 6113 - 8

Ⅰ.①吴… Ⅱ.①胡… Ⅲ.①中国历史-研究-吴越 ②家族-史料-中国-吴越 Ⅳ.①K243.207②K820.9

中国版本图书馆CIP数据核字（2020）第026696号

陕西师范大学史学丛书
吴越国与吴越钱氏研究

著　　者／胡耀飞

出 版 人／冀祥德
责任编辑／赵　晨
文稿编辑／侯婧怡
责任印制／王京美

出　　版／社会科学文献出版社·历史学分社（010）59367256
　　　　　地址：北京市北三环中路甲29号院华龙大厦　邮编：100029
　　　　　网址：www.ssap.com.cn
发　　行／社会科学文献出版社（010）59367028
印　　装／唐山玺诚印务有限公司

规　　格／开　本：787mm×1092mm　1/16
　　　　　印　张：24.5　字　数：405千字
版　　次／2020年2月第1版　2024年6月第3次印刷
书　　号／ISBN 978 - 7 - 5201 - 6113 - 8
定　　价／98.00元

读者服务电话：4008918866

版权所有 翻印必究